Adnan Keskin

Unbedingt Blau

bahoe books

literatüre

Adnan Keskin
Unbedingt blau

Aus dem Türkischen
von Hülya Engin

Unter Mitarbeit von
Heike Brauckmann und
Çiler Firtina

Lektorat
Dogan Akhanli, Haidy Damm,
Martin Rapp

ISBN 978-3-903290-13-6

bahoe books | Wien 2019

bahoe books
Fischerstiege 4-8/2/3
1010 Wien

bahoebooks.net

Inhalt

Haftanstalt Erzincan, Februar 1987

Eins.
Fluchtträume (1)

Eine weitere eisige Februarnacht war zur Hälfte verstrichen und das Tal hüllte sich in stille Finsternis. Außer den Wachtposten des Militärs hatten sich alle zurückgezogen. Nur der Wind, der sich vom Gebirge losgerissen hatte und herüberwehte, das ansteigende Hundegebell in den Dörfern und das Gebrüll der Wachen waren zu hören. Şahin lehnte am Eckpfosten des Etagenbetts an einem Kissen und las seit Stunden, eine Angewohnheit, die er im Gefängnis nicht aufgegeben hatte. Eine Hand steckte unter der bis zum Hals hochgezogenen Decke, mit der anderen hielt er das Buch.

Lesen, in diesen stillen Stunden, wenn alle schliefen, lesen und zuweilen, die Augen an die Decke geheftet, seinen Gedanken nachhängen, bereitete ihm großes Vergnügen. Er sann dem gerade Gelesenen nach und ließ sich in ferne Welten treiben. Dann war er grün wie Berghänge, klar wie das blaue Wasser im Ozean. Und splitternackt. Frei. In solchen Momenten kamen ihm weder die vier Wände noch die Eisengitter in den Sinn. Er tauchte so tief in das Universum der Worte ein, dass er sogar vergaß, wie er steckbrieflich gesucht wurde: geboren 1957 in Artvin-Şavşat, Gemeinde Taşköprü, 1,63 groß, Statur: normal, Haarfarbe: hell, Gesicht: oval, Nase: normal, Augenfarbe: braun; gilt als gefährlich.

Bis der Tag anbrach, verwandelte er sich in General Panfilow und trank, unbeeindruckt von den verirrten Kugeln der Besatzerarmee, den heißen, von den Soldaten der Roten Armee aufgebrühten Tee und unterhielt sich mit ihnen. Mit Mado kämpfte er in Frankreich in der Résistance. Während er die Nacht in Paris in den Armen von Flauberts Madame Bovary verbrachte, erinnerte er sich an jenen lauen Frühlingsabend mit Gönül, der so lange zurücklag, an ihr Liebesgeflüster, und eine Träne rann ihm aus dem Augenwinkel. Dann wieder setzte er sich auf Marquez' Zeilen wie auf Schwingen und reiste verzaubert in Lateinamerika umher. In seinem Gedicht *Einige Ratschläge, an den, der im Gefängnis sitzt* meinte Nazım* zwar: ‹Den Blick an die Decke heften und nachdenken/schön ist das, doch gefährlich›, doch Şahin nahm der Schönheit willen die Gefahr in Kauf.

Lang zurückliegende Erinnerungen, einmal verblasst, einmal so frisch wie seinerzeit, als sie erlebt wurden, wurden vor seinen Augen lebendig. Schöne wie schmerzliche Erinnerungen an Freunde, von denen einige heute im Gefängnis waren, andere auf dem Friedhof. Erlebnisse auf dem Land, in der Stadt, in der Schule, zu Hause, in den Bergen, auf der Straße. Seine Kindheit, die Schulzeit, Verliebtheiten, der Kampf, Gefängnisaufenthalte, die Tage auf der Flucht. Sie hatten tausendjährige Träume über Nacht verwirklichen wollen.

Er horchte auf die Geräusche von draußen. Wenn der Morgen graute, umfasste er immer die Gitterstäbe seines Zellenfensters und hörte die Hähne krähen, manchmal auch einen Esel schreien, der in der Nähe sein musste. Er stellte sich die langsam erwachenden Menschen vor, wie sie sich aufmachten, die Straßen zu füllen. Er stellte sich die Nomaden vor; die konnten hingehen, wohin sie wollten, bleiben, wo sie wollten, waren trotz Sklaverei frei. Immer zu dieser Zeit, während alles schlief, erwachte in ihm der Wunsch zu schreien. Als sie einmal alle miteinander, die ganze Zelle, losgeschrien hatten, bekamen es einige Häftlinge überhaupt nicht mit. Andere hatten behauptet, sie hätten sich angehört wie Esel. Ach, selbst wenn sie wie Nachtigallen gesungen hätten, hätten sie dasselbe zu hören bekommen! Nun vernahm er die entlang des Luftgeschwadergeländes fahrenden Züge und begab sich mit ihnen auf die Reise. Şahin träumte von der Ferne, vom Wiedersehen und Zusammenkommen. Von endender Sehnsucht. Vom Blau.

Während er las und träumte, wurde es Morgen. Şahin schlug sein Buch zu, sann bei geöffnetem Fenster dem Vogelgezwitscher nach und legte sich schlafen. Solche Augenblicke waren weich wie der sich öffnende blaue Himmel. Und leicht wie eindringendes mattes Licht, vergnüglich wie das Rodeln von einem hohen Schneehügel. Doch was Şahin am allermeisten beglückte und erregte, war der Gedanke an Flucht. Tag für Tag, Nacht für Nacht glitt ein Teil seiner Gedanken dorthin. Bisweilen gelang es ihm, eine ergiebige Ader zu erwischen, der er durch riesige Felsbrocken hindurch zu folgen versuchte. Er machte Pläne, verwarf sie, machte neue, verwarf sie wieder. Er überwand eine Welle, und eine andere riss ihn mit in die Meerestiefen der

Träume. Wenn er wieder auftauchte, war er außer Atem. Flucht, das war für ihn die Meerjungfrau aus der Märchenwelt, die ständig auf- und abtauchte, um zum Tiefenrausch zu locken.

Närrische Stunde meines Herzens/nicht einmal der Tod kann sie entzaubern/leg dein Ohr an und lausche/wie ihre Worte pochen

War es das über ihn verhängte Todesurteil, das ihm den Gedanken an Flucht derart aufdrängte?

In den ersten Jahren, der Phase einer regelrechten Flut an Todesurteilen, waren alle seine Freunde und Weggefährten davon ausgegangen, dass das Urteil gegen ihn vollstreckt würde. Er hat das auch geglaubt. Doch es hat ihn erstaunlicherweise nicht geängstigt. Seinem Herzen hat er immer wieder eingeschärft, sollte es zum Galgen gehen: keine Angst, kein Frösteln, keine Gänsehaut. Diese Haltung hat er sich bewahrt. Mehr noch, er war stolz auf die verhängte Strafe. Zum Abschluss seiner Verteidigungsrede hatte er den Militärrichtern gesagt: «Je höher die Strafe, die Sie verhängen, desto besser für mich. Sie wird der Maßstab dessen sein, wie gut ich gegen den Faschismus gekämpft habe.»

Im Gefängnis sitzen. Zwischen vier Wänden, in finsteren Arrestzellen, in bedrohlich engen Einzelzellen hat er so viele Jahre vergeudet. Natürlich war es nicht einfach. Er hatte Sehnsucht, er war es leid, er wollte weg. Jahrelang hatte er sich weder auf grüne Blumenwiesen legen können noch an strahlend blaue Meereswellen und sanft umspülte Strände. Weder hat er unter einem Nieselregen die nassen Gehsteige einer Stadt durchschreiten noch auf einem Efeu umrankten, vom Mondschein erhellten Balkon seinen Tee genießen können. Weder hat er auf Nebel umhüllte Gipfel steigen und den Rücken in den Wind lehnen noch, ein Lied schmetternd, durch die Wälder streifen können.

Nicht ein einziges Mal hat er sich nach einem kirschroten, maulbeerweißen, quittengelben Zweig strecken, sich aus der hohlen Hand an Quellwasser satt trinken können. Da war so viel, wonach er sich sehnte. Alles, was draußen war, vermisste er eindringlich. Maiskolben auf glimmender Glut zu rösten, in rauschenden Bächen zu angeln, in Winternächten zu rodeln, auf Hochzeiten stampfend dem Brauch nach

Horon zu tanzen. Alles, alles. Auf Dorfstraßen durch knietiefen Gatsch zu waten, sogar das.

Freunde hatte er draußen, mit manchen hatte er Cowboy und Indianer gespielt, mit den einen war er hinter Mädchen her gewesen, mit anderen hatte er die Flagge der Revolution in Fabriken, auf Felder und Plätze getragen. Keinen von ihnen hat er all die Jahre gesehen. Und die hennageschmückte Liebste, die seit neun Jahren auf ihn wartete, hatte er verletzt, schmerzensreich.

Die Summe jahrelanger Sehnsucht, die ihn verzehrte. Aber er hatte die Kraft, sie auszuhalten. Selbst wenn es ein Leben lang dauern sollte, würde er sie zu ertragen wissen. Davon war er überzeugt.

Was ihn derart intensiv an Flucht denken ließ, war ein weitaus stärkeres Gefühl, eine weitaus tiefere Leidenschaft. Der Name einer betörenden, atemberaubenden Schönheit namens Freiheit, erwacht aus einer leidenschaftlichen Liebe. Das Land wurde nach Kasernenreglement regiert, mit vorgehaltenem Bajonett. Das Recht wurde mit Füßen getreten, sogar verhöhnt. ‹Er rutschte aus und schlug mit dem Kopf gegen die Wand›, hieß es, wenn jemand zu Tode gefoltert worden war. Je länger die Tyrannei währte, desto mehr entfaltete sich die Schönheit der Freiheit. Von ihr ging eine überwältigende Anziehung aus. Sie hatte sich in den Vollmond inmitten von finsterer Nacht, den Frühjahrsboten zum Winterausklang, eine weiße Taube inmitten von Blau verwandelt. Flucht war das Lied der Freiheitsliebe, ihre Elegie. Brennend und verlockend. Ihre Lawine, ihr Sommergewitter, ihr Schneesturm, ihr Ausbruch, ihr Zufluchtsort. Es galt, die Freiheit der Hand der Tyrannei zu entreißen. Es war nicht unmöglich.

Şahin sah vom Buch auf, sein Blick streifte durch die Zelle. Mit ihm zusammen waren sie 14 in sieben Etagenbetten. Die anderen schliefen tief und fest. Er legte das Buch beiseite und verließ das Bett. Er holte die Dose mit dem Kleber und die mit Wasser gefüllte Plastikschale aus dem Versteck, wo er sie nach der Abendzählung verstaut hatte. Einen Eierkarton, nach dem Kantinenkauf zurückbehalten, hatte er schon am ersten Abend darin zerkleinert, mit Wasser übergossen und zum Auflösen beiseite gestellt.

Es war eine mondlose Nacht. Die Umrisse der einander überragenden Berge konnte er nicht ausmachen. Die Eisenbahnstrecke, die die Ebene in zwei Hälften teilte, die Asphaltstraße sowie der Fluss Karasu waren erst zu erkennen, wenn man direkt vor ihnen stand. Die Stadt im Norden, zu Füßen des Esence-Gebirges, leuchtete wie ein Lichterfeld. Die Ebene war in eine lautlose Februarfinsternis gehüllt. Sie war wie ausgestorben. Unter den Straßenlaternen war niemand zu sehen. Wie in den Dörfern waren wohl auch im Stadtzentrum die schweren Vorhänge zugezogen und die Lichter in den Häusern gelöscht. Şahin hatte einmal gehört, dass der Menschenschlag dieser Region auch im Schlaf auf der Hut war, das Ohr am Boden, die Augen halboffen. Nicht zu Unrecht. Man konnte nie wissen, was die Ebene, die zuweilen wie eine Wiege bebte und noch vor kurzer Zeit 130.000 Menschen unter sich begraben hatte, wann vorhatte.

Şahin, Gefangener in der Zelle Nr. 10 des fünf Kilometer südlich der Stadt, inmitten der Ebene liegenden 1. Militärsondergefängnisses, ging, mit der Dose Kleber in der Hand, zum Toilettenraum. Die vor den Zellen zur Innenwache abgestellten Soldaten saßen auf ihren Stühlen oder machten mit knarrenden Stiefeln ihre Runden durch die schmalen Korridore. Die Außenwachen, zu zweit entlang der Mauern postiert, patrouillierten von einer Ecke zur anderen. Und der in der Nachtkälte gefrorene Schnee knirschte unter dem Gewicht der mit ihren G-3-Schnellfeuergewehren und den Patronentaschen sowie dicken Winteruniformen beladenen Soldaten. Nur die plötzlich aufheulenden Wolfshunde und die Turmwachen, die zum Nachweis, dass sie nicht eingeschlafen waren, halbstündlich einen Schrei ausstießen, zerrissen die Nachtstille des Gefängnisses und der gesamten Ebene.

«Halt, stehenbleiben! Wer da? Hände über den Kopf! Langsam näher kommen!» Diese Stimmen und Geräusche, an die sie sich in all den Jahren gewöhnt hatten, rissen die Gefangenen nicht mehr aus dem Schlaf. Nur gelegentliche Hustenanfälle brachten ihre entspannten Atemzüge kurz aus dem Takt. Seit einigen Monaten hatten sie Ruhe. Sie mussten nicht mehr mit durch Stockschläge ballonartig aufgequollenen Fußsohlen und blau geschlagenem Rücken im Bett liegen oder im beißenden Rauch der Gasbomben ausharren, der sich tagelang in den Betten festsetzte. Vor einem Monat hatten sie gegen zwei wichtige Haftregeln Stellung bezogen. Zum einen ignorierten sie bei den täglichen Zählungen die Befehle ‹Stillgestanden!› und ‹Rührt euch!› und sie nahmen freitags nicht länger an der Militärzeremonie teil. Sie, das waren etwa 100 Gefangene, keiner älter als 30, die meisten unverheiratet. Nahezu alle waren am 12. September 1980 verhaftet worden, hatten also seit sieben Jahren keinen ruhigen Tag mehr gehabt. Manche waren vor dem Putsch schon hier gewesen, einige wurden noch nicht einmal dem Richter vorgeführt, und wußten nicht, warum sie hier waren. Wieder andere waren bereits verurteilt. Todesstrafe oder lebenslänglich.

Die vom 3. Korridor hatten keine Probleme mit den Gefängnisregeln. Sie nahmen bei der Zählung vollendet Haltung an, sprachen vor dem Essen das Soldatengebet, sangen alle zehn Strophen der Nationalhymne und bekundeten bei jeder Gelegenheit ihre Verbundenheit mit der Armee. Das waren diejenigen, die physisch inhaftiert, psychisch jedoch an der Macht waren. Sie saßen ein, damit der Staat sich den Anstrich von Unparteilichkeit geben konnte. Allerdings ohne zu begreifen, warum sie einsaßen. In einer der Gemeinschaftszellen des 2. Korridors waren die Soldaten untergebracht, die als Gefängniswärter eingeteilt waren, in der anderen die Geständigen. In der Hoffnung, bald freigelassen zu werden, schlummerten sie träumend. Auch zwei besondere Zellen befanden sich auf diesem Korridor, deren Wände durch markerschütternde Schreie und getrocknete Blutflecken besudelt waren, der Boden einen halben Meter hoch mit kaltem Wasser bedeckt. Zwei finstere Arrestzellen.

Das Gefängnis, geschützt durch einen Ameisenstaat an Wachen, auf Schritt und Tritt patrouillierenden Militärs sowie Reihen von Stacheldraht, befand sich genau in der Mitte des mit militärischen Einrichtungen gespickten Luftgeschwadergeländes der 3. Armee. Im ersten der quadratisch angebrachten Korridore, der zur Anstaltsverwaltung gehörte, schlief der wachhabende Offizier tief und fest in dem ihm zugewiesenen Zimmer, beschützt von einem Regiment Soldaten und ebenso vielen Wolfshunden. Ganz außen befand sich ein quadratischer, eineinhalb Meter tiefer und zwei Meter breiter Graben, der innen wie außen mit Stacheldraht umzäunt war. Einige Meter weiter schloss sich die an allen vier Ecken mit einem Wachturm ausgestattete, in ganzer Breite mit Stacheldraht versehene, drei Meter hohe Umfassungsmauer an. Zwei bewaffnete Soldaten patrouillierten ohne Unterlass zwischen Graben und Mauer. Und mitten auf dieses so umzingelte Gelände hatte man ein einstöckiges, mit einem Blechdach bedecktes

Gefängnisgebäude gesetzt, dessen rund um die Uhr wachenden, bewaffneten Turmwärter alles im Auge hatten, was sich zu Luft und zu Lande in dieser Gegend bewegte. Die Entfernung des Gebäudes zur Umfassungsmauer betrug auf zwei gegenüberliegenden Seiten etwa 40, auf den anderen etwa 25 Meter. Auch das Blechdach des Gebäudes, an dessen vier Mauern jeweils zwei bewaffnete Soldaten – die Außenwachen – patrouillierten, war mit Stacheldraht umgrenzt. Die Fenster der Zellen, die sich zur Umfassungsmauer öffneten, waren mit Eisengittern und Stacheldraht geschützt, die Türen, die sich zu den Korridoren öffneten, in denen die Innenwache rund um die Uhr patrouillierte, waren immer verschlossen. Jede Zelle hatte zwei hintereinander gebaute Türen, eine aus Eisen, die andere aus Holz. Außerdem waren an den Zugängen des 1. Korridors – des Verwaltungstraktes – zum 2. und 4. Korridor rund um die Uhr bewaffnete Innentürwachen, am Haupteingang Außentürwachen postiert. Zwischen der Umfassungsmauer und dem Gefängnisgebäude zogen Wolfshunde ihre Runden. Riesige Scheinwerfer tauchten alles in grelles Licht, einmal in der Woche wurden die Zellen penibel durchsucht. Der wachhabende Offizier sang sogar im Schlaf die Litanei vom Gefängnis, ‹aus dem nicht einmal ein Vogel entfliehen könnte, tralala›. Nachdem Şahin die Tür des Toilettenraums verriegelt hatte, ging er zum Waschbecken. Die Eierkartonstücke waren aufgeweicht, er schüttete das überschüssige Wasser weg, goss etwas Kleber drauf und knetete. Bald hatte sich eine handtellergroße teigige Masse gebildet.

Damit kehrte er in die Zelle zurück. Die Schale und das Waschbecken säuberte er, um keinerlei Spuren zu hinterlassen. Er ging zum Bett, holte sein Buch und setzte sich auf einen kleinen Hocker hinter den Ofen in der Zellenmitte. Die platte Teigmasse legte er auf den noch brennenden Ofen, hinter das Rohr. Hätte der Wachhabende, der direkt vor der Zellentür auf seinem Stuhl saß, durch das Gitter der Zellentür geschaut, hätte er sie nicht sehen können. Ab und zu war das Knarren seiner Stiefel zu hören, wenn er sich bewegte. Şahin gab vor zu lesen. Dabei konzentrierte sich sein gesamtes Denken auf die Masse auf dem Ofen. Immer wieder betrachtete er die beim Trocknen dampfende, wie Kuchenteig aufgehende Masse und fragte sich, ob das, was da entstand, Ähnlichkeit mit dem hatte, was ihm vorschwebte. Er hatte keinen konkreten Plan, aber falls er eine passable Maske herstellte, könnte er dazu vielleicht eine Fluchtmöglichkeit erdenken. Als die Stiefel des Wachhabenden zu hören waren, konzentrierte sich Şahin auf sein Buch.

Zehn Minuten später war das gesamte Wasser der Masse verdampft. Er schob sie zwischen die Seiten des Buches und legte sich wieder ins Bett. Aus der Schlafanzugtasche zog er das Messer hervor, das aus einer an den Stiel eines Wegwerfrasierers befestigten Anspitzerklinge bestand, und begann, die Masse zu bearbeiten. Er lag mit dem Gesicht zur Wand, so dass die Wache, sollte sie durch das Gitterfenster schauen, nicht bemerken würde, was er tat. Leicht war es nicht. Die Masse war härter als nötig, und je mehr sie erkaltete, desto fester wurde sie. Er musste sie also bereits als Teig formen und erst dann erwärmen.

Seine Gedanken schweiften ab. Während er die Masse in seiner Hand betrachtete, merkte er, wie sehr sie Beton glich. Nun war sein Hirn von diesem Gedanken erfüllt: Wenn ich statt Karton Sand verwende? Etwas ähnliches wie Beton. Ach, Unsinn, wohl kaum! Und wenn ich es doch probiere?

Er war so tief in diesen Gedanken versunken, dass er sich nicht um seine beiden gegenüberliegenden Zimmergenossen scherte, die wieder einmal im Schlaf Zwiesprache hielten. Während er, abwechselnd den Blick auf die Wände geheftet, nachdachte und die Masse weiter bearbeitete, verging die Zeit. Sein Schädel war voller Fragen und allenfalls halbfertiger Antworten. Das Grübeln erschöpfte ihn. Er legte Buch, Messer und Masse unter das Kopfkissen und kroch unter die Bettdecke, zog sie bis über die Ohren und schloss die Augen. Flucht war die schwierigste Sache der Welt. Man musste einen Weg finden, mit dem man alle Hindernisse überwand. Einen blinden Punkt erwischen in einem kleinen, von Beton, Graben, Stacheldraht und den Augen der Wachen umzingelten Raum. War es unmöglich? Zerbrach er sich vergeblich den Kopf? Wer hatte denn in all den Jahren schon fliehen können? Kein Einziger! Einige, die es versucht hatten, waren erschossen worden. ‹Uns entgeht keiner!› Das war die Botschaft des Ausnahmerechtskommandanten. Aus diesem Gefängnis schon gar nicht. Der stellvertretende Anstaltsdirektor, ein Oberleutnant, kam anlässlich seiner regelmäßigen Gespräche mit den Zellenvertretern schon einmal auf Flucht zu sprechen: «Nicht einmal ein Vogel könnte hier entfliehen, selbst dann nicht, wenn die Soldaten helfen. Nicht einmal mit meiner Hilfe.» Oder sollten Şahins Fluchtträume der Geschichte von jener Schildkröte auf dem Wege nach Bagdad ähneln? Und wenn ich's nie erreiche, so sterbe ich eben auf dem Weg dorthin. Als er in den Schlaf, in den wievielten auch immer in Gefangenschaft, versank, beschwor er mit schier unendlicher Geduld und Hoffnung: «Trotzdem weiter!» Es war beschlossene Sache: Am nächsten Tag würde er es mit Sand probieren. Sollte er etwas wie Beton hervorbringen, könnte das sehr wohl der Anfang eines Tunnels sein, der in die Freiheit führen würde. Auch wenn man bekanntlich nicht zwei Mal im selben Fluss geboren werden kann, schien zumindest theoretisch nichts dagegen zu sprechen, ein zweites Mal aus dem Gefängnis auszubrechen.

Haftanstalt Artvin, 1978

Zwei.
Damals in Artvin (1)

Es war Mitte August. Die Glut der Sehnsucht setzte den Inhaftierten der geschlossenen Haftanstalt Artvin mehr zu als die Hitze. In den beiden nebeneinanderliegenden Komplexen der Anstalt befanden sich jeweils zehn Großraumzellen, in denen etwa 200 Menschen einsaßen.

200 lebendige, zwischen Hoffnung und Hoffnungslosigkeit eingezwängte, zwischen Haufen von Beton und Eisen begrabene Körper, von denen die einen lauthals eine Amnestie vom Staat forderten und die anderen nach der erstbesten Gelegenheit zur Flucht Ausschau hielten. Es gab Küken, die gerade einmal einen Tag abgesessen hatten neben solchen, die zum Inventar gehörten und ihre 15 Jahre zu verbüßen hatten; leichte Straftäter, die nach zwei Tagen wieder gehen konnten neben schweren Jungs, für die es mindestens zwei aufeinander folgende Amnestien gebraucht hätte; Anfänger, die sich mit dem Runden drehen im Hof schwer taten neben denjenigen, die mit ihren Runden schon eine Entfernung bis zum anderen Ende der Welt zurückgelegt hatten; solche, die schworen, nicht einmal mehr an einem Gefängnistor vorbeizugehen, wenn sie rauskämen neben solchen, die sich wünschten, für drei Tage freizukommen, drei Tage nur, um mit allen abzurechnen: den Spitzeln der Verwaltung und den Handlan-

gern der Wärter. Dann solche, die aus der Verbannung kamen neben anderen, die in die Verbannung gehen würden; solche mit Bartflaum neben anderen mit Narben von Rasierklingen auf der Brust; solche mit allwöchentlichem Besuch neben solchen, die niemals Besuch bekamen, Leibwächter neben Großgrundbesitzern; Gewöhnliche neben Politischen.

Einen Tag nach dem offenen Besuchstag anlässlich des Zuckerfestes drehte Şahin gerade beim Hofgang mit ein paar Freunden seine Runden. Die einzige Begrünung im betonierten Hof waren drei Pfirsichbäumchen im unteren Bereich der Mauer, die die beiden Hoftrakte voneinander trennte. Necmi kam, wie gewöhnlich, mit schweren Schritten auf ihn zu.

«Können wir ein wenig reden?»

«Klar!»

Necmi gehörte zu denen, die am längsten einsaßen. Fast zweieinhalb Jahre war er schon hier, 20 Jahre alt, mittelgroß, schlank, gut aussehend, mit relativ hellem Teint, einem länglichen Gesicht, einer kleinen Nase und langen schwarzen Wimpern. Er hatte einen geordneten, disziplinierten Lebensstil, machte Sport, las viel und achtete auf sein Äußeres. Alles wägte er bis aufs Kleinste ab und war bemüht, Fehler zu vermeiden. Necmi verfügte über solch eine starke Selbstdisziplin, dass er noch zehn, 20 Jahre, ja sogar lebenslang hätte einsitzen können. Gekünsteltes Verhalten war ihm verhasst, ebenso Möchtegern-Revolutionäre. Die nahm er nicht ernst.

Sie gingen gemeinsam ins obere Stockwerk, wo sie als Gruppe in zwei nebeneinanderliegenden Gemeinschaftszellen wie in einer Kommune zusammenlebten. Selbst die übelsten Raufbolde verhielten sich dieser 20-Mann-starken Gruppe gegenüber mucksmäuschenstill, auch die Gefängniswärter, als «Knochenbrecher» berüchtigt, verwandelten sich vor ihnen in kleinlaute Wesen. Schließlich waren sie Teil der revolutionären Bewegung, die draußen die Straßen kontrollierte. Und früher oder später hatte auch ein Gefängniswärter Dienstschluss und musste den Heimweg antreten.

Sie nahmen beide einen Hocker aus der Zelle und gingen in den leeren Tischtennisraum. Necmi kam sogleich auf den Vorschlag der Leute von der Isolation zu sprechen. «Sie wollen die Wand ihrer Toilette durchbrechen und von dort in den Zellentrakt gelangen, genauer in die leere Zelle, die mit dem Fenster zu unserem Hof. Da wollen sie sich durch den Beton durcharbeiten, um ins Erdreich zu gelangen. Die ausgehobene Erde wollen sie in die leere Zelle schütten. ‹Wir graben und ihr führt uns im Gegenzug nach der Flucht sicher aus Artvin hinaus›, schlagen sie vor. Was meinst du dazu?»

Die in der Isolation waren zu viert, zwei von ihnen saßen wegen Raubes und zwei wegen Mordes. Keiner war aus Artvin, sie waren hierher verbannt worden. Den größten Teil ihrer Haftzeit hatten sie in Trakten und Zellen mit Revolutionären verbracht. Sie hatten Respekt vor ihnen und betrachteten sie als Ansprechpartner für ihre Sorgen und Nöte.

«Eine Zusammenarbeit mit ihnen wäre denkbar», entgegnete Şahin. «Das ist nicht das Problem, aber ihr Plan ist nicht gut genug durchdacht. Lass uns erst einmal gründlich darüber nachdenken. Danach können wir ihnen antworten.»

Nach einer Weile standen sie auf. Şahin ging zurück auf den Hof und drehte allein seine Runden, um über den Tunnel nachzudenken.

Gleich in der ersten Nacht im Gefängnis, vor acht Monaten, am 15. Dezember 1978, hatte er an Flucht gedacht. An jenem Tag war er verhaftet und in den Abendstunden in das kleine Gefängnis von Şavşat in eine leere Gemeinschaftszelle gesperrt worden. Er hatte sich früh erschöpft hingelegt. Die Nacht zuvor hatte er auf der Polizeiwache verbracht und war dort geschlagen worden. Doch er hatte nicht schlafen können, mit offenen Augen dagelegen und lange an Gönül gedacht. Ihr hübsches Gesicht, das nachts dem Mond gleich auf seinem Kissen strahlte. Sein Baum, dessen Blüten seine Hände füllten, war nicht mehr da. Es war zwar nicht das erste Mal seit ihrer Heirat, dass er die Nacht ohne sie verbrachte, aber diesmal war es anders, es würde wohl länger dauern. Gönül. Gönül. Aber nein, es kamen keine geflüsterten Antworten von ihr. Weder das Wispern, einer lauen Sommerbrise gleich, noch die flammenden Lippen, die die seinen suchten, waren da. Ach, sie zu küssen, hatte den Geschmack von Rosen.

«Liebst du mich?»

«Ich liebe dich, mein Liebster.»

«Wie sehr?»

«Am allermeisten!»

Sich zwischen den Küssen mit ihr zu unterhalten, war wie Poesie. Doch es war von so kurzer Dauer gewesen! Schon bald hatte Schmerz die Nacht besudelt. Dies war nicht eine der gewöhnlichen Nächte, in denen die Lichter des Tages von den Sternen, das Vogelgezwitscher von angeregten Unterhaltungen und diese vom lustvollen Stöhnen der Liebesspiele abgelöst wurden. Häuser gab es, in denen die Menschen nicht sprachen, nicht schliefen. Eine Trauer, schwarz wie Kohle, hatte sich auf die Herzen gelegt. Alle waren still, alles war still. Nur in der Wache der Gendarmerie von Şavşat war es laut. Schlagstöcke, Flüche und durchdringende Schreie, die sich miteinander vermischten.

Endlich öffnete sich die Eisentür der Gewahrsamszelle. Es war nach Mitternacht. Der wachhabende Gendarm brüllte: «Şahin!»

In der drei Meter langen, einen Meter breiten Zelle lagen sie zu fünfzehnt zusammengepfercht. Şahin zog seine Gliedmaßen unter denen der anderen hervor, befreite sich und richtete sich auf. Er trat hinaus. Der Gendarm schloss die Zellentür und deutete auf den Korridor. «Los, beweg dich!»

Nach fünf Schritten ließ er ihn rechts vor der Tür des Kommandanten anhalten. Das war der Raum, aus dem die Schreie der Gefolterten kamen, die sie den ganzen Abend gehört hatten. Von den Männern – den einen oder anderen hatten sie an seinem Schrei erkannt – hatte man wissen wollen, wer einen gewissen Halil verprügelt habe. Sie brauchten wohl Zeugen. Wann immer die Antwort ‹Weiß ich nicht, hab ich nicht gesehen› lautete, kamen Schlagstöcke, Gewehrkolben und die Bastonade zum Einsatz. Der Gendarm, der Şahin hineinführte, salutierte vor einem am Tisch sitzenden Hauptmann, etwa 35-jährig, hoch gewachsen mit harten Gesichtszügen, dunklem Teint und schwarzem, struppigem Haar, trat wieder hinaus und schloss die Tür.

Şahin sah den Hauptmann am Tisch zum ersten Mal. Es handelte sich um den Kommandanten der Blaubarettler-Einheit aus Artvin, die gegen Abend Razzien in den Vereinen, Teestuben und Häusern durchgeführt und sie bei der Gelegenheit festgenommen hatte. Er saß am Tisch und blätterte in einer Zeitschrift.

Nach einer Weile sah er auf und starrte Şahin durchdringend an. Dann fragte er mit zorniger, kräftiger und angewiderter Stimme:

«Welcher Fraktion gehörst du an?»

«Devrimci-Yol*.»

«Dev-Genç* also!»

«Ja. Sowohl als auch.»

«Was ist das hier?»

Der Hauptmann deutete auf den roten Stern mit der Faust auf dem Deckblatt der Zeitschrift vor sich.

«Das Logo unserer Zeitschrift.»

«Wofür steht das?»

«Die Faust symbolisiert den Kampf, der Stern den Sieg.»

Der Hauptmann sprang wütend von seinem Stuhl auf, machte ein paar schnelle Schritte auf Şahin zu und baute sich vor ihm auf. «Du Giftzwerg willst Revolution machen?» Der abfällige Ton war nicht zu überhören.

«Nicht ich, sondern das Volk wird die Revolution herbeiführen.»

«Ich gebe dir gleich Revolution und Volk, Mistkerl!»

Wutentbrannt und wie von Sinnen begann er Şahin mit den Fäusten ins Gesicht zu schlagen und schrie: «Was glaubst du eigentlich, wozu wir da sind, Mistkerl? Glaubt ihr, dass die Türkische Armee schläft?» Dann hörte er auf.

«Warum hast du den alten Halil verprügelt?»

«Ich habe ihn nicht verprügelt!»

«Wer dann?»

«Ich weiß es nicht.»

Diesmal begnügte der Hauptmann sich nicht damit, ihm die Fäuste ins Gesicht zu rammen, er trat ihn noch mit den Spitzen seiner Stiefel gegen die Schienbeine.

«Wen glaubst du denn zu verarschen? Meinst du vielleicht, wir wüssten nicht, dass das alles auf deinem Mist gewachsen ist? Los, gib's zu! Wie viele wart ihr? Wer, außer dir, war noch dabei?»

Nach einiger Zeit begann Şahin zu taumeln. Sein Kopf dröhnte und ein fürchterlicher Schmerz durchdrang seine Schienbeine. Der Hauptmann schlug und trat noch eine halbe Stunde lang auf ihn ein. Dann rief er den wachhabenden Gendarmen und ließ Şahin abführen.

Die Prozedur hatte bis zum Morgen angedauert. Jeder von ihnen, der abgeführt worden war, kehrte mit unzähligen Blutergüssen im Gesicht und blutigen Schienbeinen zurück. Trotzdem gaben sie sich fröhlich und erzählten einander, was sie mit ihnen gemacht hatten. Und fanden Komisches zu berichten, das den Hauptmann oder sie selbst betraf, und lachten laut. Den meisten war das Vorgefallene ohnehin nicht fremd. Sie hatten mehr als einmal Bekanntschaft mit einer Zelle gemacht.

Am Nachmittag des folgenden Tages mussten sie alle aus der Zelle treten und sich in einer Reihe auf dem Korridor vor einem Aufgebot bewaffneter Feldwebel und Gendarmen aufstellen. Die beiden Hauptmänner waren ebenfalls anwesend. Der Kommandant der Gendarmerie-Einheit Şavşat, Hauptmann Burhan Alpı, hatte seinen Helm aufgesetzt und eine leichte Maschinenpistole zur Hand genommen. Die Feldwebel fesselten die Gefangenen zu zweit aneinander.

«Mein Name ist Sezai Şirin. Merkt euch den gut! Von heute an streicht ihr das Wort ‹Revolution› aus eurem Gedächtnis. Wer es nicht tut, bekommt es mit mir zu tun und wird sich wünschen, er wäre nie geboren!» Der Mann hatte die ganze Nacht geprügelt und getreten und nun drohte er mit künftigen Schlägen! «Raus mit euch!»

Die Gefangenen setzten sich in Bewegung. Von den Zellentüren bis zur Straße vor der Wache standen die Gendarmen und Blaubarettler Spalier, mit dem Finger am Abzug ihrer G3-Gewehre, jederzeit bereit abzudrücken. So, zwischen den Sicherheitskräften, sollten sie durch die Straßen in Richtung Stadtzentrum geführt werden.

In der sonst so geschäftigen Stadt war keine Menschenseele zu sehen. Was war hier geschehen? Wo waren all die Leute? Als er genauer hinsah, bemerkte Şahin, dass sich die Gardinen bewegten und sie von neugierigen Blicken beobachtet wurden. Sie mussten also eine Ausgangssperre verhängt haben.

Reşats Geschichte kam ihm in den Sinn. Man erzählte sich, Reşat sei auf dem Weg zum Gericht und zurück jedes Mal von sämtlichen Einwohnern beobachtet worden, aber nicht hinter Gardinen. Wenn bekannt wurde, dass Reşat wieder zum Gericht gebracht werden sollte, stellten sie sich schon zu früher Morgenstunde an den Straßenrand und erwarteten ihn. Selbst Schüler hätten den Unterricht geschwänzt, um ihm die Ehre zu erweisen. Und Reşat, der gut aussehende, sei unter den bewundernden Seufzern und von Zuneigung erfüllten Blicken der Umstehenden, stolz und aufrecht vorübergeschritten.

Şahin gab sich Mühe, noch aufrechter zu gehen. Ihm war bewusst, dass sie die tiefe Zuneigung der Leute hinter den Gardinen genossen. Wie hätten sie sich am Straßenrand aufstellen können? Zeigten doch die Gewehrkolben in ihre Richtung, auch wenn die Gewehrläufe auf die Gefangenen gerichtet waren. Es war offensichtlich, dass sie mit voller Absicht auf diese Weise zum Gericht gebracht werden sollten, in Handschellen, aneinandergefesselt, von bewaffneten Kräften begleitet statt in Fahrzeugen. Sie sollten vorgeführt werden. Die Botschaft lautete: ‹Seht her! Das machen wir mit euren Revolutionären, die ihr ach so gern habt und auf die ihr eure Hoffnung setzt, so geht es ihnen an den Kragen! Wer immer ihnen nacheifert oder nacheifern möchte, wird genauso enden!› Das wollte man den Einwohnern von Şavşat übermitteln.

Im Gericht im unteren Geschoß des Regierungsgebäudes angekommen, setzten sie sich auf die leeren Bänke. Gendarmen und Feldwebel postierten sich, die Gewehre auf sie gerichtet, in einer Reihe vor ihnen. Die Hauptmänner betraten sogleich das Zimmer des Staatsanwalts. Während sie im Saal auf ihre Vernehmung warteten, stürmte ein Gendarm die Treppen herunter und meldete, der Hauptmann werde am Telefon verlangt. Burhan Alpı verließ das Zimmer des Staatsanwalts und entfernte sich in Richtung seines Dienstzimmers im oberen Stockwerk. Nach zehn Minuten kam er wieder herunter und brüllte mit zorniger Stimme: «Da haben wir's! Umgebracht habt ihr den Mann!»

Dann verschwand er wieder im Zimmer des Staatsanwalts. Für einen Moment machte sich ein betretenes Schweigen im Saal breit. Das bedeutete, dass der alte Halil, der am Vortag in der Stadt zusammengeschlagen worden war und nach dem man sie in der Nacht unter Schlägen befragt hatte, im Krankenhaus verstorben war.

Der im Zentrum des Unterbezirks Meydancık wohnhafte alte Mann war Mitglied der Adalet Partisi* und im Kreisparteivorstand von Şavşat. Şahin kannte ihn gut, da er aus einem Dorf stammte, das zum gleichen Unterbezirk gehörte. Der alte Halil legte ein autoritäres Gebaren an den Tag und wollte jedermann zu seinem Untertan machen. Er verabscheute Revolutionäre, Demokraten und fortschrittliche Leute. Als seine Partei an der Regierung war, tat er alles, was in seiner Macht lag, um ihnen zu schaden.

Nach etwa einer halben Stunde kamen die beiden Hauptmänner aus dem Zimmer des Staatsanwalts. Nun würde die Vernehmung beginnen. Man nahm Şahin die Handschellen ab und brachte ihn zum Staatsanwalt. Kaum eingetreten, wurde er schon von diesem gemaßregelt.

«Wie oft habe ich dir gesagt, dass du die Finger davon lassen sollst?»

«Was meinen Sie?»

«Einer Zeugenaussage zufolge warst du unter denjenigen, die den Mann zusammengeschlagen haben.»

«Aber das stimmt nicht! Vormittags war ich zu Hause und nachmittags gemeinsam mit meiner Frau bei einer Freundin. Sie können sie gleich rufen lassen und fragen.»

«Das machen wir später. Außerdem, was hast du überhaupt bei der Freundin deiner Frau zu suchen?»

Diese Frage war dermaßen unsinnig, dass selbst die Hühner darüber gelacht hätten. Şahin ignorierte sie.

«Wer ist der Zeuge, der gegen mich ausgesagt hat?»

«Das erfährst du später.»

Er unterschrieb die Niederschrift seiner Aussage, dass er mit der Sache nichts zu tun habe, und verließ den Raum. Nachdem ihm die Handschellen wieder angelegtwurden, setzte er sich auf seinen Platz. Seit geraumer Zeit wollen sie mir etwas anhängen, dachte er. Nun haben sie eine willkommene Gelegenheit, weil der alte Halil aus der gleichen Gegend stammt wie ich.

Nach eineinhalb Stunden waren die Vernehmungen beendet. Dann wurden sie dem Richter gemeinsam vorgeführt. Sie wiederholten vor ihm, nichts mit der Sache zu tun zu haben. Knapp diktierte der Richter dem Protokollführer den Beschluss. Demnach waren Şahin und drei seiner Freunde in Haft zu nehmen, die Übrigen zu entlassen.

Obwohl Şahin mit der Sache nichts zu tun hatte, überraschte ihn der richterliche Beschluss nicht. Als sie hinausgeführt wurden, monierte Sezai Şirin: «Es sollten doch fünf sein, wieso sind nur vier verurteilt worden?» Dieser Şirin war es, ging es Şahin durch den Kopf, für den ihre Verurteilung bereits beschlossene Sache war, bevor der Richter sich überhaupt damit befasst hatte.

Zum Abschied umarmten sie ihre freikommenden Freunde. Sie selbst mussten noch einige Zeit im Gerichtssaal warten, bis ihre Haftbefehle geschrieben waren. Danach wurden sie, von denselben Sicherheitskräften begleitet, hinausgeführt. Draußen war es inzwischen dunkel geworden, die Straßenlaternen brannten und in den Häusern hatte man ebenfalls Licht gemacht. In der Stadt herrschte dieselbe Totenstille wie zuvor. Ein düsterer, diesiger Abend. Nun war eine bedrückende Schwermut hinzugekommen. Mit ihrem hässlichen Brummen durchbrachen die Militärfahrzeuge, die vor dem Regierungsgebäude warteten, die Stille der Nacht. Während sie in die Fahrzeuge stiegen, lächelten sie ihren Genossen zu, die am Straßenrand auf sie gewartet hatten, und winkten zum Abschied.

Dann setzten sich die Fahrzeuge in Bewegung. Şahin blickte vom Rückfenster auf Gebäude, Ecken und Straßen, die immer weiter zurückblieben. Tausende, Zehntausende Fußspuren hatte er hier hinterlassen. Hier, genau hier, war er ihr begegnet und hatte sich an ihrem feurigen Blick verbrannt. Auf dem Balkon hinter diesem Haus hatten sie in sternenklaren Sommernächten den Tee getrunken, dessen Geschmack er noch immer auf der Zunge spürte. Als diese Parole hier an die Wand geschrieben wurde, stand er dort an der Ecke Schmiere. Und hier waren sie mit den Faschisten aneinandergeraten und trieben sie schließlich hinunter zum Fluss. All diese Orte bitterer wie süßer Erinnerungen ließen sie nun rasch zurück und bewegten sich auf diese winzige, düstere Welt zu, deren Länge und Breite man in kaum 20 Schritten durchmaß.

In der Haftanstalt Şavşat wurden sie in eine leerstehende Zelle gesperrt. Die Etagenbetten und der Boden waren mit Staub und Schmutz übersät. An den Wänden und den Bettgestellen hatten sich frühere Gefangene verewigt, mit Namen und Strafmaß. Manch einer hatte ‹Opfer des Schicksals› unter den Namen geschrieben. Şahin kannte das Gefängnis genauso gut wie die Polizeiwache. Er wurde schon ein paar Mal kurz eingesperrt und hat auch schon Freunde besucht.

Familien und Freunde versorgten sie mit dem Nötigsten, mit Nahrungsmittel und Bettzeug. Während sie die eingehenden Sachen auf die nackten Etagenbetten legten, unterhielten sie sich.

«Menschenskind, wer hat wohl gegen uns ausgesagt?»

«Bei so vielen, die sie unter Prügel befragt haben, wird sich schon der eine oder andere angebliche Zeuge gefunden haben.»

Immer wieder unterbrachen sie ihre Unterhaltung, weil Gefangene aus anderen Zellen nach ihnen riefen, sie willkommen hießen und baldige Entlassung wünschten. Dann stellten sie sich an die Tür und riefen ihre Antworten laut nach draußen.

Sie waren genauso fröhlich und voller Begeisterung, wie am Tag zuvor, als sie noch auf freiem Fuß waren. Die nackten Wände der

Haftanstalt schallten von ihrem Lachen und dem Klang ihrer inbrünstig angestimmten revolutionären Lieder. Sie lebten in einem Land, das ihnen sehr wenige Freiheiten gewährte und nun hatte man ihnen das bisschen noch weggenommen. Sie aber hatten sich auf den Weg gemacht, aus diesem Land einen Ort zu machen, wo Freiheiten in vollen Zügen genossen werden konnten, ohne plötzlich aufgebraucht zu sein und waren von Anfang an entschlossen, alle Konsequenzen in Kauf zu nehmen.

Zu später Stunde zogen sie sich in ihre Betten zurück. In diesem Moment war Şahin der Gedanke an Flucht gekommen. Es war der Augenblick, in dem er an Gönül, seine Genossen und den Kampf, der ihnen eine Herzensangelegenheit war, dachte. «Ich haue ab! Und ob ich abhaue!»

Am nächsten Tag richteten sie sich erst einmal in der Zelle ein und beim Hofgang veranstalteten sie eine Schneeballschlacht. Die ganze Nacht hindurch hatte es geschneit, alles war knietief mit frischem Neuschnee bedeckt. Die Haftanstalt lag am Hang des Berges Efkar Tepesi, der sich jedem Besucher von Şavşat wie eine zum Gruß geöffnete Hand entgegenstreckte und einen zu allen Jahreszeiten an Dinge wie die Liebe denken ließ. Den schmalen Fußweg, der zum Hügel führte, ließen sie nicht aus den Augen. Sie beobachteten vom Zellenfenster aus, wer dort entlangging und grüßten Bekannte und Unbekannte mit Pfiffen und Winken. Die Gefängniswärter hatten alle Hände voll zu tun, Obst und alles andere Essbare, das ihre Familien und Freunde für sie abgaben, hereinzutragen. Wenn das so weiterging, würden sie in einigen Tagen kaum einen Schritt mehr in der Zelle machen können. Das meiste reichten sie an die Häftlinge der Nachbarzellen weiter, Leute, die durch Konflikte mit dem Forstgesetz, Ackerlandstreitigkeiten, Brautentführungen oder Verkehrsdelikte ins Gefängnis geraten waren. Hier saßen stets acht bis zehn Häftlinge aus diesen Gründen ein.

Şahin wusch sich nach dem Abendessen gerade die Hände am Waschbecken, als er Schlüssel klirren hörte. Er warf einen Blick durch das vergitterte Fenster der Zellentür und sah den Gefängniswärter im Dunkeln näher kommen. Während er die Tür aufschloss, hinter der man sie eine Stunde zuvor eingeschlossen hatte, fragte Şahin angespannt:

«Ist etwas, Wärter?»

«Raus mit dir!», erwiderte er.

«Wieso denn? Wohin?»

Seine Mitgefangenen hatten es mitbekommen und kamen ebenfalls zum Zelleneingang. Laut Gesetz war es verboten, einen Gefangenen aus dem Gefängnis heraus zum Verhör auf die Wache zu bringen. Doch lebten sie nun einmal in einem Land, in dem Polizei und Gendarmerie sich ohne mit der Wimper zu zucken jederzeit gesetzwidrig verhielten. So gesehen war auch Folter verboten, doch seine Schienbeine waren noch immer nicht abgeschwollen und die Blutergüsse im Gesicht noch frisch.

Er folgte dem Wärter in den Verwaltungsraum und stand nun Hauptmann Sezai Şirin und je zwei Feldwebeln und Gendarmen gegenüber. Der Hauptmann befahl den anderen, den Raum zu verlassen. Er setzte sich, zündete sich eine Zigarette an und hob mit aufgesetzt freundlicher Stimme zu einer Ansprache an.

«Junger Mann! So wie ein Vater sein Kind prügelt, wenn es ungezogen war, so prügelt Vater Staat seine Bürger, um sie wieder auf den rechten Weg zu bringen. Ihr lasst euch von fremden Ideologien hinreißen und stellt euch gegen den Staat. Es wäre besser gewesen, du hättest die Faust des Staates viel eher zu spüren bekommen. Vielleicht wäre dir dann das Gefängnis erspart geblieben!»

Şahin fand den Mann unerträglich und hätte ihm gerne die Worte zurück ins Maul gestopft.

«Was ist das schon, was ihr Staat nennt? Ein Apparat, von Leuten gesteuert, die das Volk ausbeuten, ein Apparat, der das Land dem Imperialismus schenkt, ausgestattet mit Gesetzen, die lediglich der Unterdrückung dienen. Und ihr seid die Wächter dieses Apparates. Ihr bekommt den Löwenanteil der Steuern, die das Volk bezahlt, um die Unabhängigkeit des Landes zu schützen, doch dient ihr nicht dem Land, sondern der NATO! Mit euren Schulterklappen und Rangabzeichen seid ihr dem amerikanischen Imperialismus verpflichtet. Ihr gewährleistet nicht die Sicherheit des Volkes, sondern die des Regimes, das das Volk ausbeutet und unterdrückt. Also seid ihr es, die sich entfremdet haben. Wir aber kämpfen für die Unabhängigkeit unseres Landes. Wir wollen, dass das Volk nicht ausgebeutet wird, dass es frei wird. Ich werde unaufhörlich auf diesem Weg weiterkämpfen, auch wenn der Preis dafür die Faust von Vater Staat ist.»

«Du kannst kämpfen, solange du willst. Du bleibst mindestens 24 Jahre im Gefängnis. Mindestens vierundzwanzig Jahre!»

«Nein, Hauptmann. Ich werde herauskommen!»

«Unmöglich!»

«Sie werden es sehen!»

Mindestens 24 Jahre. 24 Jahre wollen sie mich von dir fernhalten, mein Sonnenschein. 24 Jahre wollen sie mich im Finsteren einsperren, fern von dir, meinem hellen Schein, fern von deiner Stimme, deinen sommerlichen Küssen, fern von deinem Lachen, das einem Sonnenaufgang gleicht. Eingeschlossen in einem Gehäuse aus Eisen und Beton. So lange, bis zum Ende unseres Jahrhunderts, ging es Şahin durch den Kopf, als er, in die Zelle zurückgekehrt, auf der Pritsche lag und zu Gönül sprach.

Am nächsten Morgen rasierte er sich und zog saubere Sachen an. Gönül würde zu Besuch kommen. Schon jetzt hatte er große Sehnsucht.

Kaum war die Besuchszeit eingeläutet, strömten die Besucher in Scharen herein. Die Gruppen gaben sich die Klinke in die Hand. Familienangehörige und Freunde, Lehrer von verschiedenen Schulen, Bekannte aus Şavşat, selbst Leute, die sie überhaupt nicht kannten. Ein Meer von Menschen, mit Zigarettenpäckchen und prall gefüllten Obstkörben bepackt, die ihre Zuneigung und ihren Kummer zurückließen und wieder verschwanden.

Wie immer brach seine Mutter sofort in Tränen aus. Seit zwei Jahren waren die Tränen in ihren Augen nicht getrocknet. Sie flehte Şahin an, sich von dieser Sache, die nur Ärger einbrachte, abzuwenden und das Studium fortzusetzen. Genau das hatte auch sein Großvater immer gewollt. Şahin hatte ihm jedoch stets scherzend geantwortet: «Aber ein Studium allein macht doch aus niemandem einen anständigen Menschen.»

Der Großvater hatte sich mehr als einmal darüber geärgert. Auch heute, gleich nachdem er ihn aus seiner Umarmung entlassen hatte, wies er ihn zurecht: «Du bist wohl nicht imstande, eine gescheite Aussage zu machen», um dann von seinen eigenen früheren Vernehmungen zu berichten, wonach er sich meisterlich verhalten hätte und demgemäß umgehend freigelassen worden war. Der Vater, der ihm mehr ein enger Freund als ein Vater war, wirkte diesmal auf Şahin ausgesprochen traurig.

Nach dem, was Freunde erzählten, trieb Hauptmann Sezai Şirin mit seinem Kommando weiterhin sein Unwesen. Er stürmte in Teestuben und Dörfer und drangsalierte die Umgebung, in der Absicht, die Bevölkerung in Angst und Schrecken zu versetzen. Die Einwohner liessen sich, nachdem sie den ersten Schrecken überwunden hatten, nicht mehr so sehr davon beeindrucken.

Gegen Mittag kam eine Gruppe von Freundinnen, darunter auch Gönül. Eine Zeit lang unterhielten sie sich gemeinsam. Später zog Şahin sich, ungeachtet der spöttischen Kommentare der anderen, mit Gönül in eine ruhige Ecke zurück.

«Wie geht es dir?»

Gönül schaute ihn mit traurigem Lächeln an.

«Du fehlst mir.»

«Und du mir.»

«Wann wirst du entlassen?»

«Ich kann es nicht einschätzen. Es sieht so aus, als würde es länger dauern.»

Über Gönüls Gesicht, strahlend wie eine frische Blüte, huschte ein bitterer Schatten. Dann besiegte sie ihren Schmerz und lächelte ihn in all ihrer Schönheit an. Mit funkelnden Augen sahen sie sich unverwandt an. Sie wussten nicht recht, was sie sagen sollten. Sie liebten sich, sie vermissten einander, sie wollten zusammen sein, mehr nicht. Und nie wieder getrennt sein. Doch die Besuchszeit war beendet und der Gefängniswärter schob sich wie eine Regenwolke zwischen Gönüls Sonnenantlitz und Şahins strahlend blaue Freude. Keime der Sehnsucht umherstreuend stand Gönül auf und ging.

In der Mittagszeit strömten Gymnasiasten herein, die Pause hatten. Sie erzählten, dass sich draußen eine lange Schlange von Besuchern gebildet habe. Leider wurden nach den ersten Gruppen, die für jeweils fünf Minuten hereingelassen wurden, keine weiteren Besuche mehr gestattet. Die Wache, durch die starken Sympathiebekundungen beunruhigt, hatte kurzerhand eine Besuchersperre verhängt.

Gegen Abend des 24. Dezember trat Şahin an die Zellentür, als er Yusuf von gegenüber rufen hörte.

«Habt ihr Radio gehört?»

«Nein. Wieso? Gibt's was Wichtiges?»

«In Maraş* soll etwas Schreckliches passiert sein. Man weiß noch nicht, wie viele Tote es gibt, aber es sind wohl mehr als 50. Der Ausnahmezustand wurde verhängt.»

Wut überkam Şahin, ausgelöst durch seine Enttäuschung. Schau an, was sie machen, ging es ihm durch den Kopf. Anstatt gegen die Faschisten vorzugehen, rufen sie den Ausnahmezustand aus, genau das, was die wollten. Seine Wut schien ihm zuzuflüstern, dass er fliehen und dem Faschismus, der inzwischen offen die blutrünstigen Zähne zeigte, entgegentreten müsse.

Einige Tage später, als sie einander am Nachmittag, über die gerade eingegangenen Zeitungen gebeugt, die wichtigsten Meldungen vorlasen, donnerten plötzlich unzählige Stiefelschritte in der Haftanstalt. Als sie vor die Zellentür traten, standen sie den beiden Hauptmännern Sezai Şirin und Burhan Alpı gegenüber. «Packt eure Sachen! Fünf Minuten habt ihr! Ihr kommt weg!»

Eilig bereiteten sie sich vor. Das hatten sie nicht erwartet. Natürlich war ihnen klar, dass sie nicht in Şavşat, weil es hier keine Große Strafkammer gab, vor Gericht gestellt würden. Aber sie waren davon ausgegangen, dass sie noch eine Zeit lang hierbleiben würden, bevor es nach Artvin ging. Insgeheim hatten sie fast ein wenig gehofft, vorher entlassen zu werden.

Sie wurden im mittleren Anstaltskorridor mit Handschellen aneinandergekettet und durchs Außentor geführt. Es schneite dicke Flocken. Eine große Zahl Soldaten hatte sich, breitflächig und in voller Ausrüstung, vor der Anstalt aufgebaut. Sie beäugten sie mit eisigen Blicken, die kälter noch als der Schnee waren. In sicherer Entfernung stand eine Gruppe von etwa 40 Leuten auf der Straße. Als Ersten erkannte Şahin seinen Großvater, gleich danach Gönül. Ihm wurde warm ums Herz. Die Wärme ging in Wellen durch seinen gesamten Körper. Als sie an den Soldaten vorbeizogen, hob er die gefesselten Hände und winkte. Sorgenvoll nahm er innerlich Abschied. ‹Lebe wohl, meine Liebste, meine Rose! Lebe wohl, mein Schneeglöckchen, meine Weggefährtin, hell und rein wie Schnee, lebe wohl! Lebt wohl, ihr Guten, lebt wohl, meine Menschen! Lebt wohl, mein Şavşat, meine Berge und Wälder, die ihr mir Wiege und Bettstatt wart. Lebt alle wohl! Ich verspreche

Euch: Ich werde zurückkehren! Selbst wenn es die Hölle wäre, die mich erwartet, und nicht nur das Ausnahmerecht, eines Tages werde ich auf jeden Fall zurückkehren!›

Die Gerichtsverhandlungen im Artviner Gefängnis begannen spät. Obwohl er nichts mit der Sache zu tun hatte, sagte ein Augenzeuge gegen ihn aus. Ein Militärangehöriger. Eine Aussage, die sowohl private als auch politische Gründe haben könnte. Şahin hatte keine Ahnung. Wenn dieser Zeuge zu den Verhandlungen käme und eine Aussage machte, fände man es womöglich heraus, aber der Mann war unauffindbar. Er wurde von einer Einheit zur nächsten, vor jeder Verhandlung in eine andere Provinz oder Kreisstadt versetzt. Die Vorladungen kamen alle mit dem Vermerk zurück, die Angelegenheit könne nicht bearbeitet werden, weil der Mann versetzt worden sei. Şahin wägte verschiedene Möglichkeiten ab. Sollte er aus dem Besucherraum fliehen? Oder die Wärter als Geiseln nehmen? Oder aus dem Gerichtsgebäude flüchten? Alle Ideen lösten sich in Luft auf.

Der Tunnel. Er fühlte, dass eine neue Welle der Hoffnung aufkeimte. Sollte er sich von ihr treiben lassen? War sie stark genug, um ihn auf ihrem Kamm von dieser Insel fortzutragen? Ihn ans andere Ufer, das Ufer der Freiheit zu bringen? In der Geschichte dieses Gefängnisses hatte es nicht einen einzigen Tunnelbau, ja nicht einmal den Versuch gegeben. Der Einzige, dem vor Jahren die Flucht gelang, war Reşat. Er war einfach über die Mauer geflohen. Das Gleiche hatten vor einigen Jahren drei andere Gefangene versucht, zwei waren an der Mauer erschossen worden, der Dritte war im Graben festgenommen worden.

Das Gefängnis befand sich inmitten eines hügeligen Gebiets, das hier und da steil abfiel, zwischen der Stadt, die an einem Hang des mit Wäldern und schroffen Felsen bedeckten Gebirgszugs lag, und dem im Tal schäumend fließenden Çoruh. Eine Hügellandschaft, die von Obstbäumen wie Apfel und Birne, Kirsche und Maulbeere, Walnuss und Herlitze sowie Gemüsegärten und schlanken Pappeln in ein Meer von Grüntönen getaucht war. Das Areal um das Gefängnis herum war dagegen karg und trocken. Ein schmaler, asphaltierter Weg führte in scharfen Kurven von der Stadt hinauf zum Gefängnis. Oberhalb davon befanden sich die Gebäude des Gendarmerie-Regiments, unterhalb Einrichtungen des Infanterie-Regiments, in denen Hunderte von Soldaten kaserniert waren. Dahinter ein steil zum Çoruh abfallender Abgrund.

Eine hohe Mauer, mit Stacheldraht und Reflektoren ausgestattet und an vier Stellen von bewaffneten Gendarmen bewacht, umgab das Gefängnisareal, das eine Hauptmauer in zwei Trakte teilte. Im ersten, vorderen Trakt, also zur Straße, befand sich das zweistöckige Verwaltungsgebäude; im zweiten, hinteren Trakt, zum Steilhang, das lange, dreistöckige Gebäude mit den Gemeinschaftszellen im ersten und zweiten Stock, den Speisesälen sowie Einzelzellen und dem Isolationsbereich im Erdgeschoss. Während das Verwaltungsgebäude an die Umfassungsmauer grenzte, gab es zwischen dem Zellentrakt und der Mauer einen länglichen Innenhof. Den Durchgang zwischen beiden Trakten ermöglichte eine Eisentür in der Mauer, die zum Hof führte und an der ein Wachmann postiert war. Der Hinterhof erstreckte sich bis zum hintersten Teil des Geländes, die Umfassungsmauer grenzte unmittelbar an den Steilhang.

Um im Tunnel arbeiten zu können, mussten sie die Wand des Speisesaales durchbrechen und in den Zellentrakt gelangen. Das wäre jedoch erst am Fluchttag möglich. Nein, der Tunnel musste ohne sie gegraben werden! Jedes Mal, wenn er auf seinen Runden während des Hofgangs an dem für den Tunnelbeginn vorgesehenen Raum vorbeikam, warf er, darauf achtend, dass es weder der Turmwache noch dem im Hof zwischen den Gefangenen umherstreifenden Wärter auffiel, einen kurzen Blick durch das etwa brusthohe, vergitterte, unverglaste Fenster, um festzustellen, ob die Erde, die dort deponiert werden sollte, von außen zu sehen sein könnte. Şahin suchte nach einer Alternative. Vergeblich. Für den Tunnel war dieser Raum am geeignetsten. Weil er am nächsten zur Umfassungsmauer lag, müsste der kürzeste vom Zellentrakt aus zu grabende Tunnel von diesem Raum ausgehen. Der Tunnel, unter dem Fenster beginnend, würde, unter Berücksichtigung der Fundamente, allenfalls zehn oder zwölf Meter lang sein und könnte sowohl am Hinterhof als auch an der Umfassungsmauer vorbei nach draußen führen. Zum anderen Teil des Zellentrakts hin verbreiterte sich der Hof auf bis zu 20 Meter.

Bei jedem Fluchtplan galt es, die Regeln zu beachten. Selbst Wahrscheinlichkeiten von einem Prozent waren relevant. Je kürzer ein Tunnel, desto schneller ist er fertig und desto höher die Chancen. Es war grundsätzlich nicht zu verhindern, dass die Soldaten den Trakt betreten und den Tunnel entdecken würden. Auch wenn es sehr wohl möglich war, dass Wärter, die aus irgendeinem Grund den Arrestzellentrakt betraten, der leeren Zelle keine Beachtung schenkten.

Außerdem konnte nicht ausgeschlossen werden, dass sie jemanden in die Zelle steckten, dort irgendetwas lagern oder herausholen würden. Auf ihrem Rundgang konnten sie die Zelle auch einfach so betreten. Man musste es darauf ankommen lassen. Dank ihrer Proteste steckten sie seit geraumer Zeit niemanden mehr in die Arrestzelle. Sogar diejenigen, die hierher verbannt wurden, wurden umgehend einer Gemeinschaftszelle zugewiesen. Und auch sonst betraten sie die Zelle eigentlich kaum.

Und wenn die Gendarmen sie durchsuchten? Unwahrscheinlich. Die letzte Durchsuchung war vor etwa zehn Tagen gewesen. Demnach war in den nächsten vier Wochen keine zu erwarten, vorsichtig geschätzt in den nächsten 20 Tagen. Der Tunnel wäre in zehn, spätestens 15 Tagen fertiggestellt. Außerdem gab es bei jeder Flucht, wie gut durchdacht sie auch war, Unwägbarkeiten und Risiken. Wer fliehen wollte, musste in Kauf nehmen zu scheitern.

Zwei Tage später setzten sich Şahin und Necmi erneut im Tischtennisraum zusammen. Beide hatten gründlich nachgedacht. Schließlich erstellten sie einen Plan und weihten einige ihrer Kumpel ein. Als auch diese zustimmten, war die Flucht beschlossene Sache.

Am darauffolgenden Tag baten sie die Wärter zwei Stunden vor der Abendzählung um Umschluss zu denen in der Isolation.

«Seid willkommen, Hoca*.»

«Danke.»

Sie drückten jedem einzeln die Hand, wie es im Gefängnis üblich war, und setzten sich auf die ihnen angebotenen Plätze. Die Isolation war eine winzige, aus vier nebeneinanderstehenden Doppelbetten bestehende Zelle mit einem kleinen Fenster. Sie grenzte an den Arrest. Wenn man sich durch den Toilettenraum dahinter durcharbeitete, würde man unmittelbar den Raum erreichen, in dem sie arbeiten würden. Burhan, ein untersetzter, plattnasiger Mann mit einer Narbe im runden Gesicht, der beim Reden ständig die Augen verdrehte, hatte hier das Sagen. Er bot ihnen sofort eine Zigarette an. Und Vefa ging zum kleinen Gaskocher und setzte Teewasser auf. Nach dem Austausch von Höflichkeiten kamen sie zur Sache. «Von uns aus geht es klar. Aber unter gewissen Bedingungen», begann Şahin. Er sprach ruhig, aber bestimmt. Einige murmelten: «Klar, klar», während andere zustimmend nickten.

Vor der Abendzählung verabschiedeten sie sich. Alle Einzelheiten waren besprochen, alles genau geplant. Das Loch an der Toilettenwand würde nach Beendigung der Arbeit jedes Mal mit einem Deckel aus Gips abgedichtet und getarnt. Den Gips würde Şahins Zelle bestellen und denen von der Isolation vorbeibringen. Am Beton des Zellenfundaments konnten sie nur tagsüber arbeiten, wenn es überall reichlich laut zuging, und zwar nachmittags, denn die Durchsuchungen fanden vormittags statt. Natürlich müssten Şahin und die anderen im Hof Vorkehrungen treffen und den Platz vor dem Fenster in Beschlag nehmen. Nach dem Durchbruch durch das Fundament würden sie nachts arbeiten und vor Schichtbeginn das Fenster der Zelle mit einer dicken Decke abdichten, damit kein Licht nach draußen drang. Die ausgehobene Erde würde in der entferntesten Ecke des Zimmers so aufgehäuft, dass der Haufen vom Hof aus nicht zu sehen sein würde. Sie mussten darauf achten, dass nichts zu hören war, und man würde die Arbeit, für den Fall einer Durchsuchung, immer um fünf Uhr beenden. Ihr Informationsaustausch durfte nicht dem Zufall überlassen werden. Şahin und seine Freunde würden täglich zur Schleuse gehen, sich beim Hofgang in der Nähe der Außentür zur Isolation aufhalten und sich durch das Gitter verständigen. Und gelegentlich würden sie, mit Büchern und Zeitschriften unter dem Arm, um Umschluss bitten. Die Wärter würden das für ihre üblichen Bildungs- und Propagandaveranstaltungen halten und keinen Verdacht schöpfen. Die von der Isolation sollten aber möglichst nicht herüberkommen, und wenn es doch unumgänglich wäre, den Wärtern sagen, dass sie neuen Lesestoff brauchten.

Bevor sie in ihren Trakt zurückgingen, plauderten sie eine Weile mit den Wärtern an der Schleuse. Necmi brachte das Gespräch auf die Mäuse und Kakerlaken, klagte, wie sehr sie davon geplagt würden und schimpfte vor sich hin. Anschließend drückte er einem von der Tagwache, der gleich Feierabend hatte, Geld in die Hand und sagte: «Kannst du uns etwas Gips besorgen? Wir müssen alle Löcher abdichten.»

Wegen der Löcher, in denen sich Kakerlaken und Mäuse einnisteten, war es normal, sich jederzeit Gips besorgen zu lassen.

Zufrieden kehrten sie in die Zelle zurück. Sie waren davon überzeugt, dass jeder dieser erfahrenen Männer dichthalten würde. Es würde klappen und sie würden es schaffen! Şahin dachte an seine erste Nacht im Şavşater Gefängnis, an seinen Traum, an den letzten Tag, an das Wort, das er den Menschen und Bergen Şavşats gegeben hatte, als er ihnen aus der Ferne zuwinkte, und er freute sich, sein Versprechen so bald schon einlösen und seinen Traum verwirklichen zu können.

Am Besuchstag gingen sie zur Schleuse hinunter. Während Necmi das Gipspaket von dem Wärter entgegennahm, betrat Şahin den Besucherraum, um eine Nachricht nach draußen bringen zu lassen. An jedem Besuchstag kamen einige ihrer revolutionären Freunde aus Artvin zu Besuch. Es dauerte nicht lange, bis er einen von ihnen entdeckte. «Geh bitte zu Haydar in die Stadt und sag ihm, dass ich ihn noch am Vormittag erwarte.»

Zwei Stunden später rief der Wärter seinen Namen. Haydar erwartete ihn bereits im Besucherraum. «Komm zur letzten Kabine, Haydar. Lass uns reden.»

Der Raum bestand aus vier Kabinen aus Eisengittern, die ein Drahtgitterfenster hatten. Weil sie ein wenig dunkler war, ging kaum jemand in die letzte Kabine, solange die vorderen drei frei waren. Şahin drückte sein Gesicht gegen das Drahtgitter. Haydar verstand, dass es um Vertrauliches gehen würde und tat es ihm gleich.

«Wir werden einen Tunnel graben, Haydar. Gemeinsam mit einigen Mitgefangenen.» Er berichtete in knappen Worten, was sie vorhatten.

«Alles klar. Wir helfen euch, so gut wir können», entgegnete Haydar.

«Fürs Erste brauchen wir Hacke und Schaufel. Gleich heute! Legt Obst, Gemüse, Bohnen, Reis und so in eine große Kiste und das Werkzeug drunter. Oben drauf legt ihr bitte jede Menge Eier. Sag mir, wer die Sachen bringen wird. Sobald er an der Schleuse gemeldet wird, gehen wir runter und verwickeln die Wärter in ein Gespräch, damit sie nicht so gründlich durchsuchen. Noch besser wäre es natürlich, wenn er nicht allein, sondern in einer Gruppe käme und die anderen auch irgendwas anschleppen.»

Haydar nannte den Namen des Kumpels und ging. Nach dem Mittagessen wurde die Besuchszeit fortgesetzt. Necmi und Şahin postierten sich in der Bücherei, um das Treiben draußen im Auge zu haben. Die Bücherei, in der es nicht ein einziges Buch gab, befand sich, als Zwischenraum beider Trakte, im oberen Stockwerk, direkt über der Schleuse, gegenüber dem Tischtennisraum. Weil er der größere der beiden Räume war, stand die Tischtennisplatte hier und wurde, im wöchentlichen Wechsel, einer der beiden Gemeinschaftszellen zugewiesen. Vom Fenster aus hatte man das Verwaltungsgebäude, den Außeneingang der Anlage und auch den zur Anstalt führenden Asphaltweg im Blick.

Als sie die achtköpfige Gruppe erblickten, unter ihnen den von Haydar genannten Kumpel, der gerade eine große Kiste aus dem am Eingang stehenden Lieferwagen holte, winkten sie ihnen zu und gingen hinunter. Einige von ihnen hatten sich bereits in der Nähe der Schleuse und im Hof strategisch verteilt. Necmi begrüßte die Ankommenden lautstark und sorgte für reichlich Lärm. Der Innenwärter, der auf Aufforderung des Außenwärters die Tür aufgesperrt hat, schob die auf den Boden gestellte Kiste und die anderen Sachen mit dem Fuß herein, schloss die Tür wieder ab und begann mit der Durchsuchung. Außer der bestellten Kiste hatten die Freunde allerlei andere Dinge mitgebracht. Ein Blech Baklava, ein Blech Börek, einige Töpfe mit Essen, Joghurt und vieles mehr.

Sie hatten Glück. Der Wärter stocherte lediglich oberflächlich hier und da in der Kiste herum und wurde dabei durch die obenauf liegenden Eier behindert und durch das Gespräch abgelenkt, in das Özgüç, Şahin und Necmi ihn verwickelten. Sie bekamen an jedem Besuchstag kistenweise Gemüse, Hackfleisch, Eier, Reis oder Bohnen und auch volle Töpfe und Bleche. Für ihre Lebensmitteleinkäufe erstellten sie jeweils eine Wochenliste und bestellten das bei Freunden, die sie im Gefängnis besuchten. Dazu kam, dass sie immer viel Besuch hatten und kaum einer mit leeren Händen kam. Deshalb war es auch für die Wärter nichts Ungewöhnliches, wenn so viele Lebensmittel gebracht wurden. Da sie an Besuchstagen ohnehin alle Hände voll zu tun hatten, händigten sie ihnen die Lebensmittel ohne gründliche Durchsuchung aus.

«Necmi, ich bring die Sachen schnell in die Zelle. Die sollen bitte bleiben, bis ich wieder unten bin», sagte Şahin.

Da sich alle wegen des Besuchstages an der Schleuse versammelt hatten, war die Zelle leer. Er legte die Eier in eine Schüssel, zog Hacke und Spaten unter dem Gemüse hervor, steckte sie in einen Sack und verstaute ihn unter dem Bettzeug. Dann holte er das Gipspaket, das Necmi im Toilettenraum abgestellt hatte, legte es mit etwas Gemüse in einen Plastiksack und ging damit zur Schleuse.

Bevor er den Besucherraum betrat, ging er an die Eingangstür zur Isolation und warf einen Blick durch das Gitterfenster. Der wachhabende Wärter saß dahinter auf seinem Stuhl. Er stierte müde und überdrüssig vor sich hin. Ein paar Gefangene drehten im Hof ihre Runden.

«He, Isolation! Kommt die Sachen abholen, die ihr bestellt habt», rief Şahin durch die Gitterstäbe.

Remzi kam im Jogginganzug zur Tür und Şahin rief so laut, dass es alle hören konnten:

«Na, wieder keinen Besuch? Also, weißt du, eure Familien gehören eingesperrt, an die Kette gelegt!»

«Hast ja recht, Hoca. Aber glaub ja nicht, dass du so oft Besuch bekämest, wenn du in ein entferntes Gefängnis verlegt würdest.»

Şahin reichte ihm den Plastiksack durch die Gitterstäbe. Dann holte er seine Zigaretten hervor und bot Remzi eine an, bevor er sich selbst eine ansteckte. Leise setzte er das Gespräch fort, in einem Ton, den die anderen für das übliche Geplauder halten mussten:

«In der Tüte ist Gips. Hacke und Spaten sind auch da. Und wie sieht's bei euch aus? Lächele beim Sprechen, so wie ich. Ab und zu sollten wir auch mal laut auflachen.»

«Die Toilettenmauer ist so gut wie fertig, Hoca. Gegen Abend sind wir sicher durch.»

«Den Tarndeckel müsst ihr heute Abend auch erledigt haben und bis morgen früh muss das Loch verdeckt sein. Wer weiß, vielleicht steht eine Durchsuchung an.»

«Alles klar, Hoca.»

«Dann könntet ihr morgen damit beginnen, den Betonboden zu durchbrechen. Haltet euch morgen ab neun Uhr hier auf. Sobald wir unten im Hof alle Vorkehrungen getroffen haben, kommt jemand von uns hierher und gibt euch ein Zeichen. Dann könnt ihr loslegen.»

Sie plauderten noch ein wenig und lachten dabei immer wieder laut auf. Schließlich verabschiedete sich Şahin und kehrte in den Besucherraum zurück. Abends vor Einschluss nahmen sie den Beutel mit der Hacke und dem Spaten und brachten ihn in die unverriegelte Zelle links vom Eingang zum Trakt, wo aufeinandergestapelte Stahlschränke lagerten. Zu dieser Zeit sahen die meisten Gefangenen fern oder aßen zu Abend. Trotzdem machte Özgüç sicherheitshalber seine Runden, für den Fall, dass doch noch jemand auf den Beinen war.

Diese Zelle mit den Stahlschränken, in die sich kaum ein Wärter verirrte, wurde ‹Emils Zelle› genannt. Emil, der hier bis vor kurzem drei Monate gesessen ist, war Rumäne. Aufgrund einer Anzeige hatte man im Hafen von Hopa ein rumänisches Schiff durchsucht und Schmuggelware gefunden. Daraufhin war Emil, der Kapitän, verhaftet worden. Weil er aus einem sozialistischen Land stammte, wurde er der Linken zugeordnet und Şahins Kommune hatte sich bereit erklärt, ihn aufzunehmen. Doch er hatte sich nicht so recht an das Gefängnisleben und die Kommune anpassen können. Er vernachlässigte die Körperpflege, riss alles egoistisch an sich, statt zu teilen, drückte sich vor Gemeinschaftsaufgaben wie Kochen, Spülen oder Aufräumen. Soll das etwa der neue Menschentyp des Sozialismus sein, fragte sich die Kommune. Einige behaupteten halb belustigt, halb verärgert, Emil sei das Produkt des revisionistischen Sozialismus.

Emil fühlte sich zusehends unwohl, geriet in eine Krise und äußerte gegenüber den Wärtern den Wunsch, allein sein zu wollen. Daraufhin wurde für ihn eine Ecke in der Zelle freigeräumt und ein Bett hingestellt. Wenige Tage später wurden sie nachts durch Geschrei geweckt. Emil hatte Bleichmittel getrunken und wurde umgehend ins Krankenhaus gebracht. Zwei Tage später wurde er, mit einem Verband am Kopf, zurückgebracht. Er reckte die Faust und rief: «Faschistengendarmen! Faschistenwärter! Einzig, Einzig, Einzig!»

Was er mit ‹Einzig-Einzig› meinte, war ‹Der einzige Weg ist die Revolution›. Man erzählte sich, er habe dem an seinem Krankenbett wachenden Gendarmen zehn Lira in die Hand drücken wollen und ‹Ich finish› gesagt und prompt den Gewehrkolben auf den Schädel bekommen. Emils Zelle stand nun leer und diente jetzt als Versteck für ihr Fluchtwerkzeug.

Necmi und Şahin verließen Emils Zelle. Beim Hofgang drehten sie gemeinsam mit Özgüç ihre Runden und summten gut gelaunt Lieder.

Der Durchbruch durch den Beton gelang in den Abendstunden tatsächlich. Um das Fundament zu überwinden und unter den Gefängnishof zu gelangen, mussten die in der Isolation tagsüber arbeiten. Da direkt unter dem Fenster gegraben wurde, gingen sie morgens vor allen anderen in den Hof, besetzten die Plätze am Fuß der Mauer und drehten dort ihre Runden.

Dann sagten sie in der Isolation Bescheid, dass sie mit der Arbeit loslegen sollten. Da es auffallen würde, wenn die gleichen Personen immerzu am gleichen Ort ihre Runden drehten, wechselten sie sich ab. Wenn andere mit ihnen im Hof gehen wollten, lehnten sie das unter einem Vorwand ab. Sie machten immer viel Lärm im Gefängnishof, rissen Witze, lachten oder diskutierten lautstark miteinander, so, als ob sie stritten.

«Also, entschuldige bitte, was du da sagst, ist blanker Opportunismus», sagte der eine. Der andere entgegnete:

«He, sprich ordentlich, mein Freund! Merkst du nicht, dass du beleidigend wirst?»

Manchmal drehten sie zu viert oder zu fünft ihre Runden, blieben immer wieder vor dem Fenster stehen und lärmten herum. Ihre Ohren waren dabei ständig auf das Zimmer gerichtet. Wenn die Geräusche von drinnen einmal zu laut wurden, rutschte ihnen das Herz in die Hose. Dann begannen sie so laut miteinander zu streiten, dass die drinnen wussten, was los war. «Mensch, sprich etwas leiser. Warum schreist du? Wir sind doch nicht taub!»

Manchmal stritten sie um das Radio, das sie immer vor dem Fenster laufen ließen. Sie debattierten, welchen Sender sie suchen sollten. Die Störgeräusche, die sie dadurch erzeugten, übertönten die Geräusche aus dem Zimmer bei weitem.

Es war ein schwieriges Unterfangen, nicht nur wegen des nahen Wachhäuschen. Um erfahrene Häftlinge hinters Licht zu führen, mussten sie ihre ganzen Schauspielkünste aufbieten. Die wurden schliesslich bei jedem ungewöhnlichen Verhalten sofort misstrauisch. Eines Tages sprach ein Häftling sie mit breitem Grinsen an: «Hoca, ihr hört aber ganz schön oft Jazzmusik». Er war nicht auf den Kopf gefallen, denn ihre Welt waren revolutionäre Lieder. Jetzt spielten sie oft Jazz und drehten die Musik voll auf. «Du weißt wohl nicht, dass Jazz die Musik der Unterdrückten ist», erwiderten sie.

Zum Glück endete diese Sorge schnell. Wie ein sanfter Windhauch erreichte sie am dritten Tag die Nachricht, dass sie mit dem Tunnel unter dem Fundament durch waren und sich nun unter dem Gefängnishof befanden. Gespannt blickten sie auf die Umfassungsmauer auf der anderen Seite des Hofs. Ob sie die Mauer auch so schnell untergraben würden?

«Ganz sicher», sagten sie mit dem Selbstvertrauen, das sie aus dem ersten Erfolg schöpften. Gegen Abend gingen Necmi und Şahin in die Isolation.

«Sei gegrüßt, Chef der Falken-Bande. Sag einmal, wieso bist du immer noch hier?», sagte Şahin scherzhaft.

«Nur noch ein paar Tage, Hoca», antwortete Burhan.

«Bist du sicher, dass die Arbeit in ein paar Tagen tatsächlich erledigt ist?»

«Ich denke schon, Hoca.»

Burhan, der wegen Raubes schon lange saß, stammte aus Kars. Stolz zeigte er bei jeder sich bietenden Gelegenheit einen Zeitungsartikel herum. Die Schlagzeile lautete: Chef der Falken-Bande gefangen. Burhan war ein mittelgroßer, starker Naturbursche.

Als er angekommen war, ließ er sich zuerst einige Tage nicht im Hof blicken. Er hielt in der Zelle Hof, empfing Gefangene aus anderen Zellen und stattete Gegenbesuche ab. Danach drehte er immer wie ein Stier in der Arena seine Runden im Hof. Seinen Spitznamen Streithammel bekam er, weil er sofort mit einigen Gefangenen aneinandergeraten war und deshalb in die Isolation gesteckt wurde.

«Wir brauchen Kabel und Glühbirnen, Hoca», sagte er. «Weil es da unten zu wenig Luft gibt, gehen die Kerzen ständig aus. Wenn wir Strom im Tunnel verlegen könnten...»

«Wie soll das gehen?», fragte Şahin.

«Kein Problem», antwortete Remzi. «Ich hab bei einem Elektriker gearbeitet.»

«Gut, dann geht das klar», bestimmte Şahin.

«Hoca, komm und schau dir unseren Tunnel einmal an!»

Şahin ging mit Remzi zur Toilette. Es war dunkel. Nur durch ein kleines Loch in der Wand drang etwas Licht. Remzi glitt durch das Loch in die Kammer und ging gebückt bis unter das Fenster. Er war gertenschlank. Als er zurückkam, hielt er einen Trainingsanzug in der

Hand. «Zieh das hier an, Hoca, sonst versaust du dir die Klamotten», flüsterte er.

Şahin zog sich aus, schlüpfte in den Trainingsanzug und glitt durch das Loch in die Kammer. Durch das Fenster waren die Stimmen der Häftlinge im Hof zu hören. Um nicht gesehen zu werden, bückte er sich und ging zu Remzi, der am Eingang des Tunnels wartete. Der Einstieg war genau unter dem Fenster. Şahin ließ sich in das von einer Kerze schwach beleuchtete Loch hinunter. Auf dem Boden angekommen, schob er sich auf allen vieren in den Tunnel, der einen halben Meter hinter dem Fundament endete und sie in die Freiheit führen sollte.

Der feuchte, schneidende Geruch der Erde drang in seine Nase. Erde! Das war es, wonach er sich inmitten von Beton und Stahl sehnte, nach ihrem Geruch, ihrer Farbe, ihrer Weichheit. Nach der Erde, die den Bäumen, Blumen und Blättern, die allen Pflanzen Leben spendet. Nun war die Erde bereit, Freiheit zu spenden. Sie war ein Taubennest, ein Lichterfeld. Şahin dachte an den Direktor, die Wachen, Gendarmen und Kommandanten. Sie alle glaubten, dass in dieser dunklen Welt, wo sie jeden Winkel kannten, alles in bester Ordnung sei. Sie ahnten nicht, dass unter ihnen eine neue, strahlende, aufgeklärte Welt erbaut wurde.

Anschließend besprachen sie erneut alles in der Isolation. Die erste Stufe war abgeschlossen, die zweite und letzte hatte begonnen. Von nun an sollte in der Nacht gearbeitet werden. Sobald die Wachen nach der Abendzählung überall abgeschlossen und sich in ihre Kammern zurückgezogen hatten, konnte die Arbeit beginnen. Sie würden immer zu zweit arbeiten, einer graben, der andere die Erde wegtragen. Die Zellengenossen sollten die Betten der Arbeitenden so drapieren, als würden sie schlafen. Die Zelle durfte in keinem Fall in Arbeitskleidung betreten werden. Sie mussten die verdreckten Sachen vor der Tunnelkammer ausziehen und die Schlafanzüge im Toilettenraum anziehen, bevor sie in ihre Zellen zurückkehrten. So würde ein Wachmann, der das zufällig mitbekam, denken, der Mann käme von der Toilette. Das zum Gefängnishof gelegene Fenster der Tunnelkammer sollte fest mit Wolldecken abgedichtet werden, damit keine Geräusche oder Licht nach draußen drangen. Die Arbeiten sollten gegen fünf Uhr morgens beendet und das Loch in der Toilettenwand verschlossen und getarnt werden. Sie mussten aufpassen, dass die Hände nicht zu stark beansprucht wurden und niemand zu müde aussah. Die aus der Isolation sollten tagsüber im Hof umherlaufen und den Wachen den Eindruck vermitteln, sie würden träge ihr Leben vergeuden und von dem Tag träumen, an dem sie in den offenen Vollzug verlegt würden. Sollte es nötig sein, tagsüber zu arbeiten, dann nur an Besuchstagen. Sie erhielten nie Besuch und die Wachen wären beschäftigt.

Sie wünschten einander Erfolg und gingen zurück in ihre Zellen. Nach der Abendzählung gab Necmi einer Wache Geld und bestellte für den nächsten Abend Kabel und einige Nachttischlampen. «Kauf 15 Meter. Viele wollen was haben», sagte er. Das war normal. Viele Gefangene zweigten Strom ab und stellten Nachttischlampen an ihre Etagenbetten.

Şahin war davon überzeugt, dass sie, wenn nicht in einer Woche, dann doch in zehn Tagen frei sein würden. Er würde diesen Haufen aus Beton und Stahl hinter sich lassen, seinen Platz in einem Leben ohne Mauern und Grenzen finden, in Wäldern umherstreifen, auf Hügel und Berge klettern. Er und seine Freunde würden den Wachen mit den finsteren Gesichtern entkommen, und er würde mit Gönül, der Liebe seines Herzens, vereint sein. Er würde sich wieder am Kampf beteiligen. Für jede Minute, die sie im Gefängnis verbracht hatten, für alle Vögel und Sterne, die sie durch die Gitterstäbe hatten zählen müssen, würde er mit dem Zorn aller Häftlinge, gleichgültig ob er sie kannte oder nicht, gegen den Faschismus und die Tyrannei kämpfen.

Die Flucht, bisher nur ein süßer Traum, ein magisches Wort, wurde zu einer hoffnungsvollen, konkreten Aktion. Sie teilten ein großes Geheimnis, das sich jederzeit in Luft auflösen konnte, und sie ließen sich gegenüber den Wachen, den Gefangenen und ihren ahnungslosen Genossen nichts anmerken. Sie verhielten sich so ruhig wie der Mond, der reglos dem Treiben auf der Erde zusieht, so still wie der See, in dem die Fische schlafen und unterhielten sich nun vorzugsweise über Themen, die die lange Dauer ihrer Gefangenschaft in den Vordergrund stellten.

«Ich werde die Familie bitten, mir eine Matratze aus Wolle zu bringen. Diese Schaumstoffmatratze bringt mich noch um.»

«He, Wachmann, frag doch einmal den Direktor, ob wir im nächsten Jahr von hier aus an den Zugangsprüfungen zur Universität teilnehmen können.»

Sie verbargen ihre Freude vor ihren Familien, die mindestens genauso sehr vor Sehnsucht brannten wie sie. Gönül war gemeinsam mit Freunden aus Şavşat gekommen. Şahin erzählte ihr, als spräche er von einem Traum. «Gestern, in meinem Traum, da bin ich geflohen und zu dir gekommen. Du hast geschlafen. Ich habe dich wach geküsst. Wir haben uns umarmt und sind umschlungen nach draußen gegangen. So sind wir in Richtung Efkar Tepesi gegangen.» Ein warmes Gefühl der Freude breitete sich auf Gönüls Gesicht aus. Ihre Wangen röteten sich, als wäre Kirschsaft auf sie getropft.

Doch der ersehnte Tag schob sich immer weiter hinaus und sie waren längst nicht am Ende des Tunnels angelangt. Ihre Hoffnungen zerrannen. Sie waren wütend und schimpften auf die in der Isolation:

«Die tun keinen Handschlag, diese Kerle!»

«Denen kann man nicht vertrauen! Wahrscheinlich haben die aus Angst davor, am Tunnelausgang erschossen zu werden, die Arbeit komplett verlangsamt.»

«Die wollen wohl lieber bei der Durchsuchung erwischt werden.»

Mit der Zeit wurden die gegenseitigen Anschuldigungen schärfer. Şahin hatte sie regelrecht zusammengestaucht: «Trödelt ihr da unten, Leute? Warum geht's nicht voran?» Doch auch sie hatten interne Spannungen, warfen einander vor, die Arbeit zu vernachlässigen. Das meiste bekam Burhan ab.

«Kaum dass du unten bist, kommst du wieder hoch. Du bleibst kaum eine halbe Stunde drin», schnauzten sie ihn an.

«Wofür ihr zwei Stunden braucht, erledige ich eben in einer halben», konterte er. Burhan beendete den Streit.

«Natürlich arbeiten wir, Hoca. Keine Frage. Aber es ist schwer, die Erde hart und eure Hacke taugt nichts. Außerdem ist der Raum zu eng, um mit Schwung zu schlagen. Es bleibt uns nichts anderes übrig, als mit Eisenstangen zu scharren. Und dann die Steine und Felsbrocken. Riesige Brocken müssen wir lösen und nach draußen befördern. Lass uns einmal zusammen runtergehen. Dann kannst du dich selbst davon überzeugen, Hoca.»

«Gut», sagte Şahin.

Sie zogen sich in der Toilette aus, nahmen die Abdeckung von der Wand und betraten in Unterhosen Emils Zelle. Şahin ergriff das Kabelende und hielt es Burhan hin. Er steckte den Stecker in die Steckdose. Sie nahmen die am wenigsten schmutzigen und feuchten Arbeitsklamotten vom Erdhaufen, der fast den gesamten Raum bis zur Zimmerecke füllte und zogen sich an. Dabei sah Şahin die Umrisse der riesigen Steine, die sie aus dem Tunnel geholt hatten. Nein, das waren keine Steine, das waren Felsen.

Im Tunnel verflogen Şahins Sorgen. Es war so, als würden Sterne leuchten, Mond und Sonne in seinem Herzen aufgehen. Vor seinen Augen erstreckte sich eine erleuchtete Straße in die Ferne, auf der er sich kriechend vorwärts bewegte: zuerst links, dann zwei Mal rechts, danach über eine Rampe nach oben. Mit dieser Rampe waren sie bis unter den Beton des Hofes gekommen, der dem anschließenden geraden Teil des Tunnels von oben folgte. Die Schritte derer, die oben ihre Runden drehten, waren unten eins zu eins zu hören. Das Stromkabel war mit feuchten Erdklumpen an der Tunneldecke befestigt und die Lampen tauchten den Gang in verschiedene Farben. Am Ende begann Burhan direkt mit einem vom Bettrahmen abgebrochenen Stück Eisen zu arbeiten. Er musste seinen wuchtigen Körper mehrfach krümmen, denn es war unmöglich, in dem etwa 40 bis 50 Zentimeter hohen und 30 bis 40 Zentimeter breiten Tunnel bequem sitzend zu arbeiten.

«Schau Hoca, wie hart die Erde ist.» Sogar Burhans kräftige Hände konnten die Erde nur scheibchenweise abtragen.

«Meinst du nicht, dass man die Schläge oben hören kann?», fragte Şahin besorgt.

«Nein. Sonst hätte der Wächter im Turm längst etwas mitbekommen.»

Şahin kauerte wie ein Knäuel hinter Burhan, schob die lose Erde mit Händen und Füßen nach hinten und füllte die Säcke. Dann schob er sie bis zum Tunneleingang vor sich her und leerte sie in Emils Zelle. Beim Kriechen stieß er ständig mit dem Kopf an die Decke und dort, wo die Ummantelung des Kabels gerissen war, spürte er beissende Stromschläge. Nach seiner dritten Tour war er schweißgebadet und völlig fertig. Auch Burhan atmete schwer, er klang wie ein Blasebalg. Obwohl sie gerade einmal 20 Minuten gearbeitet hatten, gab es kaum noch Sauerstoff. Burhan machte sich an einem riesigen Stein zu schaffen. Nach einer Weile gelang es ihm, ihn zu lösen. Nun musste Şahin ihn nach draußen befördern. Dabei wurde er fast ohnmächtig. Am Tunneleingang musste er sich erst einmal eine ganze Weile ausruhen. Dann ergriff er den Stein, aber Schieben war unmöglich. Er musste ihn hochheben und als er es endlich geschafft hatte, brach er auf dem Erdhaufen zusammen. Es fühlte sich an, als fließe kein Blut mehr in seinen Adern. Burhan kroch direkt nach ihm aus dem Loch. Sein Gesicht war dunkelrot und an seinen Schläfen traten die Adern wie Ballons hervor.

«Wie geht's dir, Hoca?», fragte er Şahin leise. Sein Atem war so heiß, als speie er Feuer. «Schwierig, oder?»

Şahin wusste nicht, was er sagen sollte. «Ja, sehr schwierig. Aber auch sehr schön. Wenn du wüsstest, wie glücklich ich bin.»

Burhan lächelte. Sie zogen die mit Erde und Matsch verdreckten Trainingsanzüge und die Kappen aus und kehrten zurück in den Isolationstrakt.

Sie beschlossen, nun auch tagsüber zu arbeiten. Es war zwar nicht mehr viel zu graben, aber es war Eile geboten. Die Wachen waren auf der Hut.

An einem melancholischen Abend, als die Sonne gerade hinter den hohen Felsen verschwand, erhielten sie die Nachricht, der Tunnel sei fertig.

Nach dem Abendessen versammelten sich Necmi, Özgüç, Şahin und drei weitere Freunde um den kleinen Tisch in der Zelle. In den Teegläsern auf dem Tisch dampfte der beste Tee, den es gibt, der Gefängnistee. Seit gestern Nacht wurden sie draußen erwartet. Mit Haydar hatte Şahin beim Besuch verabredet, sich auf dem Berggipfel hinter der Stadt zu treffen, damit sie auf dem Weg nicht durch die Stadt mussten. Es dauerte lange, bis sie alle Einzelheiten abgesprochen hatten und sich trennten. «Auf Wiedersehen, Çavuş», rief Özgüç ihnen hinterher.

Çavuş, Unteroffizier, war eine Anrede, mit der Özgüç alle anredete. Şahin hatte ihn letztes Jahr kennengelernt, als er untertauchen musste und für einige Tage nach Şavşat kam. Er war 18 Jahre alt und in der Abschlussklasse des Handelsgymnasiums in Artvin. Wegen seiner Entschlossenheit, seines Mutes und seiner Kampfeslust war er in der gesamten Provinz Artvin bekannt. Özgüç war Studentenführer. Wo auch immer eine Aktion stattfand, dort war Özgüç an vorderster Front. Und egal, ob er an einer Aktion teilgenommen hatte oder nicht, die Polizei machte ihn dafür verantwortlich. Da ihm seit frühester Kindheit ein Auge fehlte, erkannte man ihn überall. Sein gesundes Auge war grün, seine Haut hell, und obwohl ihm ein Auge fehlte, hatte er ein schönes Gesicht. Er war hoch gewachsen, von athletischer Statur. Er las am liebsten die Bücher von Che und hatte immer ein Lied auf den Lippen. Er war in einem Dorf am Çoruh geboren und aufgewachsen, und dieser wilde Fluss hatte sein Wesen geprägt. Seine Wut war von ungezähmter Wildheit, doch meistens war er fröhlich. Er hatte sich kürzlich in Ankara ein künstliches Auge einsetzen lassen und nun konnte man nicht mehr sehen, dass er auf einem Auge blind war. Bei seiner Rückkehr aus Ankara wurde er wegen eines Streites mit MHPlern* verhaftet. Seitdem saß er im Gefängnis, und er würde nicht so bald wieder herauskommen.

Der Tee stand bereit. Der Countdown für die Freiheit hatte begonnen. In ihren Gesichtern war freudige Erregung zu erkennen. Alles war besprochen, jeder kannte seine Aufgabe. Özgüç kam als Erster heraus, die anderen nach ihm, in Abständen von ein bis zwei Minuten. Nachdem auch Necmi draußen war, blieb Şahin noch in der Zelle. Er stand Schmiere, bis die Sache mit dem ‹Versteck im Speisesaal› erledigt war. Er sah aus dem Fenster die undeutlichen Schatten der gegenüberliegenden Berge und die immer heller leuchtenden Sterne am Himmel. Es war ihm, als hätte er jemanden winken sehen. Ein aufforderndes Lachen. ‹Ich komme›, flüsterte er. Sein Flüstern glitt an den verlassenen Betten vorbei und verflog. Als er die Zelle verließ, traf er zwei Freunde, die im Gefängnisflur auf und ab gingen. Er grüßte mit einem Nicken. Seine Kehle war wie zugeschnürt, er versuchte nicht zu weinen. Es war bitter wegzugehen und die Freunde zurückzulassen. Sie hatten denselben Weg gewählt, gemeinsam das Leid im Gefängnis ertragen. Wie bedeutungsvoll sie ihn angesehen hatten. Als ob sie Bescheid wüssten und Abschied nahmen. Als ob sie sagen wollten: ‹Vergesst uns nicht› und ‹Grüßt die da draußen›. Er ging schnurstracks die Treppen zum Speisesaal hinunter.

Özgüç tat so, als wäre er mit den Zutaten für das Essen beschäftigt und öffnete die obere Schranktür. Şahin steckte Kopf und Arme hinein und zog sich mit voller Kraft hindurch. Özgüç verschloss sie hinter ihm. Es war stockfinster und ein scharfer Modergeruch füllte seine Lungen. Dann tastete er die Wände ab, fand die Tür und ging hinaus. Als er auf den dunklen Gefängnisflur kam, hörte er ein Knistern und dachte, jemand hätte die Zelle betreten. Kurze Zeit später war er an der Tür der Tunnelzelle. Er ging hinein und drängte sich zwischen seine Freunde, die am Erdhaufen hockten und auf ihn warteten. Aus der Isolation waren nur Burhan und Vefa da.

Burhan sagte: «Einer sollte mit mir kommen, um den Durchbruch vorzubereiten. Die Erdschicht ist einen halben Meter dick. Wenn wir ein wenig gegraben haben, rufen wir euch, graben den Rest und hauen ab.» Necmi und Burhan glitten in das Loch und verschwanden. Innerhalb von fünf Minuten kamen auch Bahattin, Ahmet, Tahir und Özgüç.

Remzi steckte seinen Kopf durch das Loch an der Toilettenwand und fragte: «Sollen wir»? Sie flüsterten ihm zu, in der Zelle zu bleiben, bis er ein Zeichen von unten bekomme. Mucksmäuschenstill warteten sie. Die im Zehn-Minuten-Takt ertönenden Pfiffe der Turmwärter erfüllten die Zelle. Auf diese Weise kontrollierten sie, ob einer von ihnen eingeschlafen war. Sollen sie ruhig glauben, dass sie nicht schlafen. Heute Nacht werden sie merken, dass andere ausgeschlafener sind als sie, dachte Şahin. Sie starrten ungeduldig auf den Durchbruch, warteten auf das vereinbarte Zeichen und nahmen schon einmal ihre Formation zum Ausbruch ein.

Dann folgte die Schreckensnachricht: «Der Tunnel ist nicht fertig. Sagen die da vorne.» Was war los? Der Tunnel war nicht fertig? Gott! Necmis Flüstern umwehte sie wie ein eisiger Windhauch. Sie waren wie erstarrt und hielten den Atem an. Şahin wartete vergeblich, dass Necmi diesen schlechten Scherz auflöste. Burhan kam dem zuvor:

«Der Tunnel ist nicht fertig, Hoca! Als wir ein wenig gegraben hatten, war da Beton. Das heißt, wir sind noch immer unter dem Hof. Was machen wir jetzt?»

«Was weiß ich, verdammt nochmal!»

Necmi war der Einzige, der Fassung bewahrte:

«Wir kehren sofort um. Ihr geht rein und bereitet euch auf die Zählung vor und kommt später wieder zum Arbeiten hierher. Und kontrolliert bitte alles ganz genau. Es darf nirgendwo Dreck oder eine andere Spur zu sehen sein. Macht die Tarnung bloß ordentlich. In den nächsten zwei Tagen wird es bestimmt Durchsuchungen geben.»

«Was machen wir, wenn die Sache dabei auffliegt?»

«Wir zetteln eine Revolte an! Wir müssen verhandeln, sonst machen sie uns gnadenlos fertig.»

Özgüç steckte seinen Kopf durch den Schrank und achtete auf jedes Geräusch im Speisesaal. Als er sicher war, dass die Luft rein war, schob er die Schranktür auf und stieg auf die andere Seite. Nach zehn Minuten waren alle wieder in der Zelle. Während die einen mit gesenktem Kopf auf und ab gingen, warfen sich andere wie leblose Kadaver auf's Bett. Şahin lag mit geschlossenen Augen da. Er wollte nichts mehr hören und sehen. Die Sterne schon gar nicht. Etwas in ihm brannte lichterloh. Er hatte so fest daran geglaubt, dass sie ganz nah dran seien und nur noch den fehlenden letzten Schritt tun würden. Wieder hörten sie von draußen Pfiffe. Die Turmwachen pfiffen, als wollten sie sie verhöhnen. Dann die Zählung. Er spürte, dass ein Wärter den Vorhang seines Etagenbetts zur Seite schob und ihn ansah. Şahin verspürte den Drang, die Waffe zu ziehen, aufzuspringen und dann irgendwie abzuhauen. Er konnte es einfach nicht ertragen, wieder in der Zelle eingesperrt zu sein. Doch dann schloss sich die eiserne Tür mit dem Schmettern des Riegels.

Einige Stunden später kam wieder Leben in die Zelle. Zuerst war da Gemurmel. Einer ging schlurfend auf die Toilette. Dann hörte man die fröhliche Stimme von Özgüç:

«He, Leute! Seid ihr tot oder was?» Er ging zu jedem einzelnen Bett und sagte: «Aufstehen, Çavuş!»

«Ich mache Tee, steht auf.»

«Vergiss den Tee! Rakı! Hast du Rakı?», rief einer.

Der Ruf nach Rakı nahm ihnen den unerträglichen Stress, der auf ihnen lastete, so dass es plötzlich aus allen herausbrach. Einzelne, verhaltene Lacher wuchsen zu lautem, ungezügeltem, orkanartigem Gelächter an. Sie hielten sich vor Lachen den Bauch.

«Wo sollten wir die Rakı-Tafel denn aufbauen? Wie wäre es unter der Pappel da?»

«Unter der Zypresse da drüben wär's viel schöner.»

«Was haltet ihr davon, wenn wir aus dem Gemüsegarten neben dem Bach ein paar Tomaten und Paprika für die Meze stibitzen?»

«So Gott will, sind wir in ein paar Tagen fertig, Hoca. Wir haben ja nicht von ungefähr als ‹Chef der Falken-Bande› Ruhm erlangt!»

Doch dann versiegte ihr Lachen. Die Trauerwolke, die für einen Moment verflogen schien, hing wieder über ihnen. Sie setzten sich zur Besprechung zusammen. Einige saßen im Schneidersitz. Die einen ließen die Finger knacken, andere knabberten am Schnurrbart. Özgüç schob den kleinen Tisch zwischen die beiden Etagenbetten und stellte die Teegläser darauf. «Meint ihr, die Sache fliegt bei der Durchsuchung auf?»

Das war die Frage, die wie ein Fleischerhaken in allen Köpfen festsaß und auf die niemand eine sichere Antwort geben konnte. Nun gab es nicht nur ein Loch, sondern gleich zwei. Eins davon war sehr auffällig. Sollten sie den Schrank nur ein wenig verrücken, um nachzusehen, was dahinter ist, würde sich das riesige Loch offenbaren.

Zur Durchsuchung des Speisesaals wurde jeweils ein Gefangener je Zelle beordert.

«Özgüç, wie läuft eigentlich die Durchsuchung des Speisesaals? Gründlich?»

«Sie sehen sich halt alles an. Je nachdem, welcher Gendarm es macht, ist es einmal mehr und einmal weniger gründlich.»

«Du hast die Schrankrückwand wieder dran gemacht, oder?»

«Ja, klar.»

«Gut. Ziehen sie den Schrank vor und schauen dahinter?»

«Das kommt auf den Gendarmen an», sagte Özgüç. «Einige tun das.»

Jeder hatte etwas zu fragen. Sie suchten nach einem Ausweg, doch es gab keinen.

«Wenn die wenigstens das Toilettenloch gut verschließen.»

«Und wenn sie mit Eisenstangen gegen die Wände klopfen? Ob dann der Deckel abfällt?»

«Ist doch egal, der Ton würde sowieso verraten, dass dahinter ein Hohlraum ist.»

«Ein anderes Problem ist das Fenster zur Tunnelzelle. Es braucht bei der Durchsuchung des Hofes bloß einer der Gendarmen die Nase an die Scheibe zu drücken. Schon sieht er den Erdhaufen.»

«Nein, so hoch ist die Erde noch nicht. Aber riechen könnten sie die Erde.»

«Verdammt! Es ist so verworren.»

«Wenn sie in die Zellentrakte gehen, dann war's das.»

Keiner von ihnen wusste, ob sie bei den vorherigen Durchsuchungen reingegangen waren oder nicht. Das Einzige, was sie tun konnten, war, dass Özgüç die Gendarmen, die den Schrank öffneten, von einer gründlichen Durchsuchung abhielt.

«Aber das ist nur bis zu einem gewissen Grad möglich», sagte Özgüç.

«Nun wartet einmal! Vielleicht wird ja nicht sofort durchsucht und der Tunnel ist in ein, zwei Tagen fertig.»

«Die aus der Isolation doch nicht! Die sind in einem ganzen Monat doch keine Handbreit vorangekommen! Als ob es sie umbringen würde, wenn sie etwas schneller arbeiten!»

Als sie sich zu später Stunde schlafen legten, schimpften sie immer noch. Şahin hatte gedöst und saß sofort aufrecht im Bett, als die Tür zum unteren Trakt geöffnet wurde. Wumm, wumm, wumm. Das Vogelgezwitscher, das durch die Zellenfenster drang, wurde nun von dem widerwärtigen Getrampel der Soldatenstiefel übertönt. Sie kamen. Eine Tür nach der anderen wurde geöffnet. Pechschwarz wie Teer werden sie hereinströmen, dachte Şahin, während er im Licht der Morgendämmerung die Zelle betrachtete. Sie kommen, um unsere Morgenröte zu verfinstern, um unsere Freude zu ersticken, um die Knospen der Hoffnung herauszureißen. Sie kommen mit gierigen Augen, die danach lechzen, unsere Geheimnisse zu entweihen, und mit ihren Händen, die es gewohnt sind, unsere Gedanken zu ersticken.

Die Schritte der Soldaten verteilten sich im gesamten Gefängnisflur. Eine Abteilung blieb vor ihrer Zelle stehen. Mit einem lauten Scheppern wurde die Tür aufgestoßen. Die Stimme des Oberfeldwebels, ebenso scheppernd wie die Tür, drang noch vor ihm herein: «Durchsuchung! Aufstehen!»

Şahin erinnerte sich an seine erste Nacht und seinen letzten Tag im Şavşater Gefängnis, an seinen Traum, sein Versprechen. Es war also vergeblich, eine Illusion. Er fühlte eine große Leere.

Drei.
Damals in Şavşat (1)

Der Menschenschlag in Şavşat ist wie die Natur. Massiv wie das Gebirge, temperamentvoll wie das Wasser, geschwisterlich wie die Wälder. Seine Worte gleichen dem Honig, den Şavşats Blumen spenden. Er nimmt die Gaben der Natur und speist damit Leib und Seele.

Der Menschenschlag Şavşats nimmt von der Natur und bildet damit seine Stimme, legt Farbe und Duft von Wiesenblumen, Nebel und Wind der Hochebene auf die Wunden seines Herzens und brennt Lieder daraus. Anschließend verbreiten sich diese Lieder, rot und schwarz, schneereich und nebelumwoben über das ferne Gebirge, hallen an den Felsen wider, vermischen sich mit dem Schaum der Flüsse, dem Rauschen der Wälder und steigen mit ausgedehnten Melodien in den Himmel. Vogelschwärme, Schmetterlinge und Sternhaufen gesellen sich zu diesen Stimmen und weilen tags und nachts über Şavşat.

Himmel und Erde, beide gaben dem Şavşater ihr Bestes. Ihre kühlsten Quellen für seine Hochebenen, ihre üppigsten Tannen für seine Wälder; seine Berge bedeckt mit Blumen mit dem schönsten Rot, dem herrlichsten Violett, dem wohlriechendsten Duft. Die allergrünsten Wiesen bedecken seine Täler, das allerklarste Wasser mit dem allerweißesten Schaum fließt in seinen Bächen. Der allerblaueste Himmel mit den strahlendsten aller Sterne bedeckt ihn. Die Jahreszeiten sind vereint. Während in Rabat, Carat und Satlel die Kirschen rot werden und die Maulbeeren reif, sind in Samcel die Quitten gelb, erblühen auf dem Cin Dağı, der Garnison Kocabey und der Keda-Platte die ersten Frühlingsblumen. Während im Papart-Wald die Tannenzweige sich unter der Sonne röten, liegt in Sahara, auf dem Kaçkar-Gebirge und dem Saçarhiya-Hügel Schnee.

Seit Menschengedenken lebt der Şavşater geknechtet. Wenn er jemanden in Lackschuhen sieht, zieht er den Hut, weil er ihn für einen Herrn hält. Sieht er einen Anzugträger, und sei es nur ein Schreiber, nimmt er demütig Haltung an. Seit Menschengedenken liest er dem Landrat, dem Kreisvorsteher, dem Gendarmeriekommandanten, Steuereinnehmer und Forstaufseher sowie Müftü* und Hoca jeden Wunsch von den Augen ab. Und für eine Glückwunschkarte, eine Schachtel Bauernzigaretten, ein Stück Kernseife, einen Blechkanister Petroleum kauft man seine Stimme, um Abgeordneter, Senator, Minister zu werden.

Seit Menschengedenken stirbt der Mensch in Şavşat jung. Stürzt vom Weg, schmal wie ein Ziegenpfad, in den Abgrund und stirbt, wird von einem Holzklotz getroffen und stirbt, wird von Lawinen und Sturzbächen mitgerissen und stirbt, ist auf einem Ochsenkarren unterwegs zum Arzt und stirbt, wird schwanger und stirbt vor der Geburt.

Seit Menschengedenken ist er Fürbitter des Gebenden; der Erde und dem Himmel ist er dankbar und zeigt sich ihnen erkenntlich. Zieht seine geblümten Kleider, seine Hemden aus Schalstoff an, legt die gelben und roten Tücher um, nimmt die weißen Taschentücher in die Hand, veranstaltet einen Reihentanz, der in Cengelek beginnt und erst in Nisrata und Gadacril endet und erweist diesen Hochebenen, die ihm Butter und Käse spenden, seinen Dank. Nicht einmal das entlegenste Waldstück überlässt er sich selbst, der wehmütige Zılgıt-Ruf eines jungen Mädchens, das übermütige Geschrei eines Halbwüchsigen hallt auch dort wider. In aller Herrgottsfrühe beginnt er zu arbeiten und hört Mitternacht erst auf, nicht einmal ein Büschel Kraut lässt er im Fels vertrocknen, selbst die entlegensten Felder versorgt er mit dem schäumenden Wasser der Bäche, nicht einmal ein Bündel Reisig lässt er verrotten, sondern trägt es als Feuerholz nach Hause. Im Sommer beißt er in aufeinandergelegte Frühlingszwiebeln, im Winter rollt er seinen steinharten, salzigen Käse und stippt sein Maisbrot in dessen Krumen. Was die Erde und der Himmel hergeben, erfreut das Auge, macht aber nicht satt. Sein einziger Reichtum ist der Wald, und den fällt der Staat seit Jahr und Tag. Füllt Lastwagen damit und bringt ihn fort. Dennoch spricht er stets Fürbitten für den Staat und bleibt ihm gewogen.

Bis. Ja, bis Mitte der 1970er Jahre. Zur zweiten Hälfte der 1970er Jahre ist der Mensch in Şavşat zornig, wie alle Erwachenden. Es reicht ihm. Er streckt seine nach Erde, Milch, Tanne riechenden Hände empor und fordert Arbeit, Brot, soziale Sicherheit. Fordert Krankenhäuser, Schulen, Straßen, Strom und ruft nach Gleichheit! Freiheit! Gerechtigkeit!

Sein Herz begann zu rasen, als der Minibus, mit dem er seit eineinhalb Stunden unterwegs war, die Carat-Brücke passierte und die Serpentinen bei Kaleboyu hochkroch. In einer Viertelstunde würde Şahin die Kreisstadt erreichen. Es war Anfang Februar. Längst hatte eine dicke Daunendecke Schnee Şavşat überzogen. Er betrachtete lächelnd die schneeweißen Hügel, Wälder und Felsen und dachte, dass all diese endlose Schneemasse nicht ausreicht, um das Feuer seines Herzens zu löschen. So groß war sein Heimweh nach Şavşat, nach dem Haus seines Onkels, den Freunden.

Seit er 1974 das Gymnasium abgeschlossen und die Stadt verlassen hatte, war er nicht mehr da gewesen. Zwei lange Jahre. Bei den Hochschulzulassungsprüfungen hatte er eine zu niedrige Punktzahl erreicht und stand mit Hunderttausenden anderer Gymnasiasten auf der Straße. Das darauf folgende Jahr verbrachte er in İstanbul und nahm an einer Vorbereitungsklasse teil. Dieses Mal hatte er zwar eine höhere Punktzahl, aber keinen Studienplatz zugewiesen bekommen. Daraufhin bewarb er sich am Pädagogischen Institut Selçuk in Konya, das war besser als nichts. Als im September klar war, dass er dort aufgenommen würde, schrieb er sich ein und war nach Konya gezogen. Vor einer Woche packte er die Koffer und machte sich auf den Weg nach Şavşat.

Die sechs Jahre in der Mittelschule und im Gymnasium hatte er in Şavşat bei seinem Onkel gelebt. Seit Şahin denken konnte, lebte der Onkel mit zwei Frauen und den Kindern in Şavşat. Er war der einzige Zahnarzt, ein angesehener Bürger und wohnte in einem großen Haus mit Garten, in dem sich auch seine Praxis befand.

Er erinnerte sich noch gut, wie er das erste Mal in dieses Haus gekommen war. Es war ein düsterer Herbsttag, als der Großvater ihn bei der Hand genommen und auf einen Lastwagen des Dorfes gehievt hatte. Er war gerade 13 Jahre alt geworden, als er nach Şavşat zu seinem Onkel kam, um die Mittelschule zu besuchen. Bis dahin hatte er das Elternhaus nie verlassen. Er war in einem Dorf, in dem sein Vater als Lehrer arbeitete, zur Welt gekommen und hatte sein bisheriges Leben in Dörfern verbracht.

Während der ganzen Fahrt hatte ihm der Großvater ins Gewissen geredet: «Lerne fleißig! Lerne und werde was Großes! Sonst wirst du an diesen Hügeln und Bächen verkümmern und es zu nichts bringen. Sieh dir einmal unsere Dörfler an und dann deinen Vater! Hätte ich ihn nicht studieren lassen, würden wir jetzt genauso ein ärmliches

Leben führen wie sie. Aber vergiss nicht, dass ein Studium allein nicht ausreicht, um ein redlicher Mensch zu werden.»

An dieser Stelle hatte er innegehalten, in sich hinein geschmunzelt und ihn ermahnt, gut zuzuhören. Er werde ihm eine Geschichte erzählen.

«Es war einmal ein Mann, der hatte einen Nichtsnutz zum Sohn. So einen richtigen Taugenichts. Faul, frech, mäkelig, geizig. Und uneinsichtig. Irgendwann reichte es dem Mann. ‹Aus dir wird nie was!›, schrie er den Jungen an und warf ihn mit einem Tritt aus dem Haus. Aber, siehe da, der Junge studierte und studierte und brachte es zum Gouverneur. Seine erste Amtshandlung war, seinen Vater in Handschellen zu seinem Amtssitz bringen zu lassen. ‹Siehst du, Vater, du hast gesagt, dass aus mir nie was wird, aber ich bin Gouverneur geworden›, sagte er triumphierend. Der Vater sah ihn lange an und sagte: ‹Ich habe nicht gesagt, dass aus dir nie ein Gouverneur wird. Ich habe gesagt, dass aus dir nie was wird.›»

Anschließend hatte der Großvater hinzugefügt: «Lerne fleißig. Aber vergiss diese Geschichte nie!»

Der Großvater hatte viele Abenteuer erlebt und war das lebendige Geschichtsbuch der Region, sodass man daraus mehrere Romane hätte schreiben können. Gegenüber Gästen kam er immer in Fahrt und erzählte, einmal im Flüsterton, einmal so laut, dass einem das Trommelfell platzte. Auch Şahin hörte ihm, den Kopf auf seine kleinen Hände gestützt, aufmerksam zu. Das meiste konnte er weder begreifen noch irgendwie deuten. Als wären es keine wahren Geschichten, sondern Märchen.

Der Großvater hatte an den Osmanisch-Russischen Kriegen teilgenommen.

«Wir mit unseren Mausergewehren und die Russen mit Maschinengewehren! Wir hatten ja nicht einmal Zeit, den Kopf zu heben, geschweige denn zu schießen. Eines Tages hatte der neben mir die Nase voll, er wollte wenigstens einmal auf die da drüben schießen. Auf meine Warnungen hörte er nicht. Kaum hatte er sich aufgerichtet, hatte er eine Kugel in der Stirn und sackte blutüberströmt zu Boden.»

Bei seinen Erzählungen schnellte er immer wieder hoch und stellte die Schlachtszenen mit so flinken Bewegungen nach, die man von ihm in seinem Alter nicht erwartete. Er ahmte das Zischen der Gewehrkugeln so gekonnt nach, dass die Leute auf der Straße glauben konnten, im Haus werde geschossen.

In seiner Jugend war er der beste Ringer der Gegend gewesen.

«Sie hatten meinem Gegner eingebläut, komme was wolle, sein rechtes Handgelenk im Auge zu behalten. Die wussten nämlich, dass es kein Entkommen gäbe, wenn ich ihn erst einmal in der Armklemme habe. Deshalb hampelte er wohl, sein rechtes Handgelenk hinter dem Rücken, um mich herum. Schließlich ergab sich die Gelegenheit, ihn dort zu fassen. Er stöhnte und bäumte sich ruckartig auf, um sich zu befreien. ‹Bitte, bitte, lass mein Handgelenk los!›, flehte er mich an. Ich tat ihm den Gefallen. Der ist dann mehrere Schritte rückwärts getaumelt und hat sich mit so einer Wucht rücklings langgelegt, dass die Umstehenden in lautes Gelächter ausbrachen.»

Er erzählte mit Begeisterung und lachte mit seinen Zuhörern. Von ihrem Gelächter ließ er sich zu immer neuen Abenteuergeschichten hinreißen. Zwischen Şavşat und Batum war er auch als Schmuggler tätig gewesen. Taşköprü war ein georgisches Dorf in der Region Meydancık, an der Grenze zur Sowjetunion.

«Das war alles nicht so streng damals. Man konnte einfach so hin und her. Eines Tages hat mich ein russischer Soldat erwischt. Ich vorneweg, er hinterher, so liefen wir los. Ich ahnte nichts Gutes! Und weil ich kein Georgisch kann, konnte ich ihm auch nichts erklären.»

An solchen Stellen der Erzählung machte er eine Kunstpause, atmete tief ein und wartete, dass die Zuhörer vor Neugierde platzten.

«Unterwegs hab ich mich dann auf ihn geworfen. Ein Faustschlag, noch einer, noch einer. Da fiel der Soldat zu Boden. Ich nahm sein Gewehr und haute ab. Tage oder Wochen später stand unser Dorfwächter bei uns vor der Tür; der Kreisvorsteher wünschte mich zu sprechen. Es stellte sich heraus, dass die Russen in einem Telegramm den Vorfall beschrieben hatten und den Mann um jeden Preis wollten. Ich hab natürlich erst einmal geleugnet. Hat aber nichts geholfen. ‹Das kannst nur du gewesen sein›, sagte der Vorsteher nur. Am Ende hat er mich wieder nach Hause geschickt und mir sogar noch ein ‹Bravo!› hinterhergerufen, weil ich einen russischen Soldaten verprügelt hatte.»

Şahin mochte diese Geschichte des Großvaters, er liebte sie regelrecht. Den Vorfall selbst begriff er nicht, aber die Zuhörer applaudierten mit Begeisterung, ‹Gut gemacht!›, ‹Hut ab!› und der Großvater war voller Stolz und strahlte über beide Ohren, so dass Şahin klar war, welch fabelhafte Tat der Großvater vollbracht haben musste, und er war insgeheim sehr stolz auf ihn.

Dreimal war der Großvater verheiratet gewesen. Seine letzte Ehefrau war vor einigen Jahren gestorben. Er dachte zwar an eine erneute Heirat, hatte aber zu hohe Ansprüche. Sein Leben war reich an Liebesabenteuern gewesen.

«Eines Nachts ging mir diese Frau einfach nicht mehr aus dem Kopf. Nichts zu machen, ich musste zu ihr! Meiner Frau habe ich zugeraunt, dass ich auf der Weide schlafen will, und bin raus. Wir hatten eine abgelegene Weide, die ich am Tag abgemäht hatte. Ich hab ihr weisgemacht, ich würde die abgemähten Kräuter bewachen, damit sie keiner klaut! Kaum aus dem Haus, hab ich mich natürlich auf den Weg zur Hochebene gemacht. Den dreistündigen Weg schaffte ich in einer Stunde, denn in der Früh musste ich ja auf der Weide sein. Es war stockdunkel, ich näherte mich vorsichtig ihrem Haus. Das ausgemachte Zeichen war nicht an der Tür. Die Luft war also rein. Ich klopfte. Die Tür wurde auch aufgemacht, aber nicht von ihr, sondern von ihrem Mann. Die dumme Kuh hatte das Zeichen vergessen!»

Şahins Sorgen erwiesen sich als unbegründet und er lebte sich schnell in Şavşat wieder ein. Der Onkel und dessen Ehefrauen behandelten ihn wie die eigenen Kinder. Für den Onkel waren Şahin und Gönül gleich. Meist war er mit der ein Jahr älteren Sema und dem gleichaltrigen Murat zusammen. Im Laufe der Jahre betrachtete er dieses Haus als sein Zuhause und die Menschen als seine Familie. Şavşat war im Handumdrehen zu einem Ort geworden, wo er Freundschaften schloss, sich immer wieder aufs Neue verliebte und den er mit so mancher Erinnerung verband. Ein Ort, an den er sich sofort zurücksehnte, wenn er woanders war.

Er wurde ein guter Schüler. Auch wenn er Freunde hatte, mit denen er herumhing und Spiele wie Klicker und Fußball liebte, denen er sich ausgiebig widmete, vernachlässigte er das Lernen und die Hausaufgaben nie. Er ging zudem oft ins Kino, auch wenn ihn all die anwiderten, die sich einen runterholten und er sich vor den klebrig-glitschigen Sitzen ekelte. Jedes Schuljahr schloss er mit Auszeichnung ab. Auch in anderer Hinsicht war er ein Vorzeigeschüler. Er hatte bereits alle Romane in der Stadtbücherei gelesen. Die kompletten Bände von Schwarze Pranke und Battal Gazi, auch Kızıltuğ, Dschingis Khan, Barbaros Hayrettin und Leventler, die Osmanische Marine-Elite. Seinen Lehrern und allen Erwachsenen gegenüber ließ er es nicht an Respekt fehlen. In den Sommerferien ging er zum alten Dorf-Imam, lernte den Koran zu rezitieren. Er hatte ihn schon zweimal durchgelesen und das Yasin-i Şerif*auswendig gelernt. Als nach dem 12. März 1971 die Balyoz-Angriffe* gegen die Linke eingeläutet wurden, hatte er, wie alle Schüler, den Lehrern und Erwachsenen Glauben geschenkt und zu Gott gebetet, damit die Anarchisten, deren Bilder am Rathausplatz, am Regierungsgebäude und an den Busbahnhöfen prangten, gefasst wurden. Ein Unheil namens Linke war über das Land hereingebrochen und die Armee hatte interveniert, um uns zu erlösen. Linke, das waren Anarchisten, Kommunisten. Kommunismus bedeutete Moskau-Hörigkeit und Vaterlandsverrat. Es bedeutete, Feind von Staat, Nation und Religion zu sein. Es bedeutete, dass Ruhm und Ehre, Stolz und Ansehen des Türkentums mit Füßen getreten wurden. Alle hatten dem Glauben geschenkt, was sie im Rundfunk gehört, in der Zeitung gelesen, was die Ausnahmerechtskommandanten verkündet hatten, ohne Nachfrage. Alle plapperten nach, was Gouverneure, Landräte, Richter und Staatsanwälte, Sicherheitsbeauftragte, Kommissare, Gendarmen, Kommandanten, Kreisvorsteher, Ober-Gendarmen mit Doppelbalken am Ärmel vorbeteten: Feinde von Staat, Fahne und Religion. Anarchisten! Anarchist, das war ein bisher ungehörtes, nagelneues Wort. Jeder sprach es anders aus. Die einen sagten *Anarşinist*, andere *Anarşilist*. Einige vereinfachten es zu *Anarşit*. Und alle, vom Hirten im Gebirge bis zum Gymnasiasten, hatten sich mit Soldaten und Polizisten verbündet. Sie beteten für die Festnahme dieser 40 oder 50 Anarchisten und hatten sich aufgemacht, diejenigen zu erwischen, die deren Fotos nachts von den Plätzen herunterrissen oder heimlich die Namen anarchistischer Organisationen an Klassenwände schrieben. Wurde ein Anarchist gefasst oder erschossen, feierten und jubilierten sie. Als dann der berühmteste dieser Anarchisten, Mahir Çayan*, mit seinen Gefährten erschossen und Deniz Gezmiş* mit seinen Freunden gehenkt wurden, hatten alle tief aufgeatmet. Heimat und Staat waren gerettet, der Glaube nicht verloren! Şahin war einer von denen, die sich freuten.

Es gab auch solche, die aus der Reihe tanzten. Es kursierten Gerüchte, einige der jungen, neu eingestellten Lehrer, frisch von der Uni kommend, seien Kommunisten und hätten schon einige Jugendliche und Schüler vom rechten Weg abgebracht. Die wurden, einer nach dem anderen, auf der Straße verprügelt. Şahin fand, dass die Schläger im Recht waren. Doch die Zahl der anderen stieg. Langsam, aber stetig. Auch einige, mit denen Şahin befreundet war. Eines Tages hatte einer von denen doch tatsächlich behauptet, dass es keinen Gott gebe, da hatte Şahin ihm solch eine Ohrfeige verpasst, dass sich alle fünf Finger abgezeichnet hatten. Ein anderer hatte ihm in der Pause gestanden, Sozialist zu sein, und ihm ein Buch zur Lektüre aufgedrängt. Şahin hatte das Buch schreiend in eine Ecke geschleudert. Fast hätte er ihn verdroschen. Daraufhin war die Aufsichtslehrerin, seine Lieblingslehrerin, zu ihnen gekommen, hatte das Buch aufgehoben, es seinem Besitzer zurückgegeben und zu Şahin gesagt: «Für einen, der aus Artvin stammt und kein Sozialist ist, habe ich nur Mitleid übrig.» Şahin war platt. Sie auch? Sie gehörte also auch zu denen? Wenn es ihm ein anderer gesagt hätte, hätte er es niemals geglaubt. Was war denn dieser Sozialismus, dass diese tolle Lehrerin ihn bemitleidete, weil er sich nicht dazu bekannte? Und was hatte es damit zu tun, dass man aus Şavşat stammte? ‹Gib her›, hatte Şahin zu seinem Freund gesagt und das Buch an sich gerissen. Es war Maxim Gorkis *Die Mutter.*

Noch in jener Nacht hatte er es ausgelesen. Er war verstört. Es hatte ihn umgehauen. Gott, wie anders war doch dieses Buch als die anderen! Er hatte noch nie ein solches Buch gelesen, nicht einmal annähernd. Ausbeutung der Arbeitenden also, der Staat als Unterdrückungsmechanismus also, der Sozialismus als Internationalismus gegen großes Unrecht also, eine große Menschenliebe also. Oh Gott, das hieß, seine Leute, seine Dörfler, das Elend in Şavşat folglich eine Frage der Ausbeutung. Pawel hat sich demnach für die Glückseligkeit der Werktätigen... Das hieß, dass auch Mahir und Freunde, Deniz und Freunde... «Wir Sozialisten», sagte Pawel. «Für eine Welt ohne Ausbeutung, in der der Wert der Arbeitskraft honoriert wird.»

«Ich bin auch Sozialist!», hatte Şahin gerufen und war zu seinen Freunden geeilt.

Nicht nur Şahin, da noch einer, dort ein anderer und noch einer. Den neuen Lehrern hingen sie mit großer Neugierde und Wonne an den Lippen. Am Ende hatte nahezu die gesamte Schule auf die neuen Lehrer gehört, der Generation von Mahir und Deniz und ihren Freunden, von denen nicht wenige mit ihnen gemeinsam studiert oder im selben Wohnheim gewohnt hatten. Und so hatte die Zahl derer, die sich als Sozialisten bezeichneten, rapide zugenommen. Auf die früheren Geschichtslehrer, die in den höchsten Tönen von den Heldentaten Osmanischer Sultane und der Akıncı* und zum Jahresende von den Moskauer Gräueln* sprachen und was für ein Hurenvolk die Griechen sind*, hörte kaum noch einer. Die meisten lauschten den neuen Geschichtslehrer, die erklärten, dass die Geschichte eine Geschichte des Klassenkampfes zwischen Unterdrückern und Unterdrückten, Ausbeutern und Ausgebeuteten sei. Während Chemielehrer, deren Erfindungsgabe sich in Hasan2, saudummer Osman4 (H2SO4) erschöpfte und die damit dieses Fach in Gänze gelöst zu haben glaubten, an Ansehen verloren, fanden die neuen Lehrer zusehends Beachtung, die lehrten, dass Weder Sein zu Nichts noch Nichts zu Sein werden kann. Im Philosophieunterricht blieben die Schulbänke nicht leer wie früher. Bislang war Philosophie eine bombensichere Ausrede gewesen, die Schule zu schwänzen. Sogar gegenüber den Eltern. Schließlich war Philosophie etwas, das einen in den Wahnsinn treiben konnte, wenn man sich zu sehr den Kopf darüber zerbrach. Und außerdem: Weil viele Denker und Philosophen den Namenszusatz İbn-i trugen, hatten ihn schon frühere Schülergenerationen als *ibne*, schwule Sau, bezeichnet. Das war es, was den meisten als Erstes einfiel, wenn sie das Wort Philosophie hörten. Jetzt aber sprachen Lehrer von materialistischer Philosophie, vom Alltagsleben der Menschen. Und die Philosophie wurde ernst genommen. Der größte Wandel vollzog sich allerdings im Literaturunterricht. Niemand scherte sich hier mehr um die Lehrer alter Schule, die wie Imame, deren Medrese-Schüler das Elif ba auswendig lernen mussten, die Schüler im Chor alte Versmaße wie *failatun, failatun, failün* sprechen ließen. Alle Augen ruhten auf den neuen Literaturlehrern, die Gedichte von Nazım Hikmet, Enver Gökçe, Ahmet Arif und Hasan Hüseyin vorlasen. Man verzichtete sogar auf die Pause, um noch mehr von diesen verbotenen Gedichten zu hören. Die Schüler lernten eifrigst, lasen Tevfik Fikrets *Tafel der Plünderer*, Nazım Hikmets *Das ist unser Land*, Ahmet Arifs *Anatolien*, Hasan Hüseyins *Kızılırmak* und andere mehr.

Es war in Mode gekommen, Bücher zu lesen. Selbst Lesemuffel taten so, als ob. Schüler, die bislang kaum die Lehrbücher aufgeschlagen hatten, lasen unter der Schulbank, was das Zeug hielt. Aber es waren weder Schulbücher noch Abenteuer- oder Comicserien. Jetzt wurden ganz andere Bücher in der aufgeschlagenen Schullektüre versteckt: Grundprinzipien der Philosophie, Wirtschaftspolitik, *Das Kommunistische Manifest, Staat und Aufstand, Die Mutter, Tabak, Wie der Stahl gehärtet wurde, İnce Memed*. Die meisten von ihnen waren verboten. Es war schwer in Mode, verbotene Bücher dabei zu haben. Man steckte sich, gut sichtbar, ein Buch in den Hosenbund und zog es bei jeder Gelegenheit heraus, um es jedem zu zeigen, der einem über den Weg lief. Man lernte brandneue Worte, brandneue Begriffe, wie ‹Die Arbeitskraft ist das höchste Gut› oder ‹Ausgebeutete Minderheit und Millionen von Ausbeutern› oder ‹Der Staat ist der Unterdrückungsapparat der herrschenden Klasse›. Wie Imperialismus und Unabhängigkeit, wie Revolution und Sozialismus. Innerhalb von zwei Jahren hatte eine große Masse an jungen Menschen diese Worte und Begriffe verinnerlicht. Die Jugend hatte sich gewandelt, sie war nicht mehr wiederzuerkennen. Die Jugend, die im Winter in den Schulen und im Sommer in den Moscheen paukte, hier die Formeln und dort die Yasin-i Şerifs auswendig lernte, deren Fleisch, wie eine Redewendung sagt, Lehrern und Hocas, deren Knochen den Eltern gehörten, war nicht mehr da. Die Jugend, die davon träumte, Arzt, Architekt, Diplomat, Gouverneur, Landrat, Staatsanwalt oder Richter zu werden, in weiß getünchten Häuschen mit zartrosa Fensterläden glückselig mit der Liebsten und den blonden, blauäugigen Kindern zu leben, war verschwunden. An ihre Stelle war eine Jugend getreten, die jedwedem persönlichen Glück abschwor, verbotene Bücher las, sich nicht von Liebesliedern, sondern revolutionären Gesängen begeistern ließ, statt der Kriegs-, Schmuggel- und Liebesabenteuer der Großväter Geschichten von Mahir Çayan und Deniz Gezmiş Gehör schenkte, Glückseligkeit und Freiheit des Volkes sowie Unabhängigkeit des Landes zum Ideal erkoren hatte, bereit, für diese zu sterben wie Mahir, wie Deniz.

Als der Literaturlehrer suspendiert wurde und sechs weitere Lehrer in die Verbannung geschickt wurden, hatten alle Mittelschüler und Gymnasiasten, mit Ausnahme einer Handvoll nationalistischer Idealisten*, einen Tag lang den Unterricht boykottiert. Şahin gehörte dazu.

Die anderen, die weiterhin den früheren Geschichts- und Religionslehrern Glauben schenken wollten, ihre Verbundenheit mit Glaube, Nation, Staat und der tausendjährigen, ruhmreichen Geschichte der Vorväter beschworen, die Flagge der Osmanen mit den drei Sichelmonden als Emblem benutzten, Janitscharen-Märsche hörten, trugen das Ideal der Gründung eines türkischen Weltreiches unter Zusammenführung aller Türken dieser Erde, unter der Führung ihres Başbuğ* im Herzen. Diese anderen hatten ihrem Namen, der Guerilla zum Trotz, den Zusatz Kommando vorangestellt und verübten, aufgebracht, weil sie in der Minderheit waren, weitere Übergriffe. Ein Mathematiklehrer wurde in der eigenen Wohnung überfallen, ein Mittelschullehrer auf dem Weg in sein Dorf zusammengeschlagen und ein Literaturlehrer durch Messerstiche verletzt. Die Angegriffenen plädierten dafür, miteinander zu sprechen, statt einander zu bekämpfen. Gedanken und Meinungen konnte man schließlich nicht mit Waffen und roher Gewalt unterdrücken. Als die Überfälle nicht aufhörten, waren sie mit ihrer Geduld am Ende und beantworteten Kampf mit Kampf. Nach einigen Straßenschlachten hatten sie die Idealisten zerschlagen. Auch Şahin hatte sich an einigen dieser Auseinandersetzungen beteiligt.

Ein Volkshaus war gegründet worden, in dem Lyrik-Abende, Saz-Konzerte und Theater veranstaltet wurden. Man trug revolutionäre Gedichte vor, sang die Lieder revolutionärer Volksdichter, brachte revolutionäre Theaterstücke auf die Bühne. Şahin nahm überall teil, ohne seine Schulleistungen zu vernachlässigen. Es wehte ein sozialistischer Wind in Şavşat, warm, heftig, magisch. Şahin sog diese Luft ein, tief und begeistert.

Der Minibus fuhr nun an der Gendarmerie der Kreisstadt vorbei. Immer wenn Şahin hier vorbeikam, musste er an Reşat denken. In Şavşat war seine Generation mit Reşats Geschichte groß geworden. Sie selbst waren gerade geboren, als er zur Legende wurde. Auch sein Ausgangspunkt war Liebe. Er hatte sich in ein Mädchen verliebt, dessen Vater verlangte, sie mit Gold aufzuwiegen. Doch Reşat war arm. Oder, wie der wohlhabende Vater es ausdrückte, ein Hungerleider. So einer bekomme seine Tochter niemals zur Frau. Aber die Liebe kennt keine Grenzen. Und die Liebe im Herzen eines Reşat erst recht nicht. Die beiden brannten durch. Gendarmen wurden auf sie gehetzt, Unteroffiziere, Feldwebel, Hochrangige und Berufsunteroffiziere. Das Mädchen wurde schließlich dem Vater, Reşat den Gefängniswärtern übergeben. Doch nichts und niemand konnte Reşat im Gefängnis halten, er floh. Er wurde wieder festgenommen und floh wieder. Immer wieder verhaftete man ihn, immer wieder entkam er. Nicht nur aus dem kleinen Gefängnis in Şavşat, auch aus dem großen Artviner Gefängnis. Auf der Gefängnismauer sei er geschritten wie auf der Straße. Abgründe ließen ihn kalt, er übersprang sie genauso wie meterhohe Erhebungen. Eigentlich hätte man ihn niemals erwischen können, aber einmal habe er Mitleid mit den armen Gendarmen gehabt, einmal sei ihm einfach nach einer Rast gewesen, so erzählte man sich. Also sei er geblieben, wo er war, und habe sich festnehmen lassen. Und dann sei der Tag gekommen, da sich dieser Wirbelwind, den weder Wände noch Mauern aufhalten konnten, für immer aus dem Staub gemacht habe und zu einer Legende geworden sei. Der Staat, seiner überdrüssig geworden, habe ihm eine ansehnliche Summe Geld dafür geboten, dass er sich nach Amerika absetzte. Reşats Abenteuer erschienen Şahin noch unwahrscheinlicher als die des Großvaters. Im Gefängnis sitzen, aus dem Gefängnis fliehen, das waren so außergewöhnliche Dinge, die so gar nichts mit ihm zu tun hatten, und die er sich nicht einmal vorstellen konnte.

Endlich hielt der Bus in der Stadtmitte. Das vor zwei Jahren abgebrannte Stadtzentrum war wieder aufgebaut und an den in den Park mündenden Straßen zweistöckige, weißgetünchte Häuser erbaut worden. Erfüllt von der Leichtigkeit einer warmen, süßen Anspannung stieg er aus. Trotz des Winters war es ein lauer, schöner Tag. Die Sonne stand nackt und nur über der von Hügeln umrahmten Stadt. Geblendet vom Widerschein der Lichter auf dem Schnee, betrachtete er eine Weile voller Heimweh Gebäude, Straßen und Passanten. Dann zog er seinen Parka über, nahm seine Reisetasche und lief auf dem knirschenden Schnee. Wenn er Bekannten begegnete, ließ er sich nicht aufhalten. Er wollte so schnell wie möglich nach Hause.

Da stand er nun vor der Tür. Er klopfte ein paar Mal hastig, hatte die Reisetasche abgesetzt und war entschlossen, wer immer die Tür öffnen sollte, ihn in die Arme zu schließen und durch die Luft zu wirbeln. Dann ging die Tür auf. «Ja, bitte? Zu wem wollen Sie?»

Das Lächeln auf seinem Gesicht gefror. Mit ihrem hellbraunen, auf die Schultern fallenden, dichten Haar, ihrem makellosen Teint, ihren dunkelbraunen Augen stand Gönül vor ihm. Sie kniff ein wenig die Augen zusammen, lächelte und machte Şahin zum Sklaven einer lebenslangen Liebe.

«Äh, ich, ich meine. Ich bin wieder da, wollte ich sagen», stotterte er.

«Musst du etwa zur Nachprüfung?», fragte Gönül spöttisch.

«Schlimmer», sagte Şahin. «Ich hab das Studium geschmissen.»

«Ich hoffe, du hast einen triftigen Grund, um es deinem Vater zu erklären. Wie auch immer. Komm rein. Es sind alle daheim.»

Sie ging voran, wobei sie ihr Haar und den Saum ihres Kleides wehen ließ, öffnete die Wohnzimmertür und ließ Şahin eintreten.

«Şahin, Kind!» Der Onkel, die Tanten, die Schwägerinnen, alle sprangen auf. Das Wohnzimmer war erfüllt mit den Kosenamen, die die Familie für ihn erdacht hatte: Yavrumcan, Oğulcan, Şahincan. Şahin beschloss, das mit dem Studium vorläufig zu verschweigen. Er wollte ihre Freude nicht trüben. Es war diese grenzenlose, bedingungslose Liebe, die Şahin an diesen Landstrich band, und wann immer er in die Ferne reiste, hallten die Kosenamen in seinen Ohren wider. Kurz dachte er daran, dass er das Studium an den Nagel gehängt hatte, der Gedanke verdross ihn, und im selben Moment fiel sein Blick auf Gönül. Er fühlte, dass die Wärme, die sich über seinen Körper verbreitete, nun auch sein Gesicht erreicht hatte, und ihm wurde bewusst, dass er Gönül niemals zuvor als Frau wahrgenommen hatte.

Man trank Tee. Und lästerte über die Regierung. Şahin bat nach dem Abendessen um Erlaubnis auszugehen. «Ich würde gerne nach meinen Freunden schauen. Kann spät werden.»

Als er hinausging, warf er Gönül einen Blick zu, der nicht zu missdeuten war. Er lief die einzige Hauptstraße der Kreisstadt entlang, begrüßte die Geschäftsleute, die ihn erkannten, tauschte mit jedem Einzelnen Höflichkeiten aus, so dass er recht spät im Volkshaus ankam. Dort traf er auf Ensar, der gerade mit einem großen Tablett voller Teegläser in den Gemeinschaftsraum balancierte. «Şahin! Du hier?» Fast hätte er vor Freude sämtliche Gläser fallen lassen. Er stellte das Tablett auf dem Boden ab, breitete die Arme aus, um ihn zu umarmen.

«Langsam, langsam! Du erdrückst mich ja fast. Erzähl schon, wie geht's dir, was gibt's Neues?»

«Wie soll's mir schon gehen, ich führ hier das Teehaus.»

«Hast du keinen Studienplatz bekommen?»

«Nein. Außerdem sehen wir ja, was mit denen passiert, die einen bekommen haben. Kehren einer nach dem anderen zurück. Hast du etwa auch abgebrochen?»

«Ja. Wer noch?»

«Frag besser, wer nicht! Komm erst einmal rein. Die versammelte Mannschaft ist da.»

Alle Tische waren besetzt. Şahin kannte fast jeden im Raum. Einen nach dem anderen begrüßte er mit einer Umarmung, bevor er sich setzte.

«Lass mich raten: Die Schule wurde von den Faschisten besetzt, ihr habt nichts dagegen unternehmen können, und du hast das Studium abgebrochen und bist zurück. Richtig?»

«Ja. Woher weißt du das?»

«Das ist genau das, was jedem von uns zugestoßen ist.»

Einer nach dem anderen erzählte seine Geschichte. Lehrer und Studenten, die als Kommunisten galten, waren mit Amtsschreiben, die aus einem einzigen Satz bestanden, aus gegebenem Anlass verbannt, entlassen beziehungsweise exmatrikuliert worden. Dieser staatliche Druck war verstärkt worden durch rohe Gewalt. Ihre Schulen waren besetzt und sie selbst von den Idealisten, die ihre Stärke aus der Tatsache bezogen, dass ihre Partei an der Regierung war, mit Schlagstöcken, Schlagringen, Ketten und Messern angegriffen worden. Die Hochschulverwaltung, Polizei und Gendarmerie hatten die Idealisten geschützt. Und als sie die Besetzung der Schule nicht verhindern konnten, waren sie heimgekehrt, weil sie es nicht übers Herz brachten, das Studiengeld, das ihnen die Familien schickten, zu verplempern. Jeder erzählte, wie die Familie reagiert hatte. Immer gleich. Wenn sie sahen, dass ihre Kinder, in die sie ihre Hoffnungen gesetzt hatten, zusammengeschlagen, verwundet, obendrein exmatrikuliert heimkehrten, ließen sie zunächst kein gutes Haar an der Regierung, aber am Ende waren es doch die eigenen Kinder, an denen sie kein gutes Haar liessen. «Hättest du dich da nicht raushalten können?» Diese rhetorische Frage, die vielmehr als Vorwurf gemeint war, hatten nahezu alle Familien mit genau den gleichen Worten gestellt.

«Ich mische mich da nicht ein. Weder links noch rechts.»

«Ich halte mich da raus.»

«Den Rechten sag ich, ich bin rechts, den Linken, ich bin links.»

«Ich halte den Kopf gesenkt und lerne.»

«Willst du dich als Retter des Landes aufspielen?»

Selbst das Verständnis der fortschrittlichen Eltern hatte Grenzen. «Ich gehe weder voran noch bleib ich zurück. Hättest du nicht im Mittelfeld laufen können?»

An Şahin gewandt sagte Ensar:

«Mach dich darauf gefasst, dass du diese Sprüche auch zu hören bekommst. Und, was hast du jetzt vor?»

«Keine Ahnung! Ich geh erst einmal ins Dorf. Ob ich mich dann in einer Vorbereitungsklasse anmelde oder zu Hause lerne, weiß ich noch nicht.»

Bis spät in die Nacht tauschten sie sich aus. Dann kamen sie auf die Organisationen und Zeitschriften zu sprechen. Landesweit war man an einem Punkt angekommen, an dem Rechts und Links sich positionierten und Spaltungen innerhalb der Linken an der Tagesordnung waren. Immer neue Zeitschriften schossen wie Pilze aus dem Boden, immer neue Organisationen wurden gegründet. Jede von ihnen gab sich Mühe, unter Beweis zu stellen, wie marxistisch sie war, beziehungsweise wie opportunistisch und revisionistisch die anderen waren, in der Hoffnung, die große Masse, die noch unentschieden war, auf ihre Seite zu ziehen.

«Und wozu gehörst du, bist du Frontler oder Armist?», wurde Şahin gefragt. Mit Ersterem war die von Mahir Çayan gegründete Volksbefreiungsfront gemeint, mit dem Zweiten die Volksbefreiungsarmee, deren Mitglied Deniz Gezmiş gewesen war. Unentschlossen, welche der zahlreichen Organisationen die bessere war, gaben die meisten von ihnen doch den Linien einer dieser beiden den Vorrang. Auch wenn sie kurzzeitig Sympathien für einige Organisationen gehegt hatten, die Mahir Çayan und Deniz Gezmiş als Gauchisten und bourgeoise Abenteurer diskreditierten, hatten sie sich gerade wegen dieser Äußerungen von ihnen abgewandt. «Noch zu keiner. Ich muss noch viel lesen und recherchieren, um mich zu entscheiden», antwortete Şahin.

Schließlich begann jemand, Saz zu spielen. Volkslieder und Märsche wurden gesungen. Gemeinsam, voller Begeisterung. Als sie aufbrachen, war es weit nach Mitternacht. Mit der Hoffnung, Gönül wäre noch wach, kehrte er in das Haus seines Onkels zurück, doch vergeblich. Wie immer war die Tür nicht abgeschlossen. Er trat leise ein.

Während er die Tür des Zimmers öffnete, das seit Jahren seines war, gab er sich für einen Moment der Vorstellung hin, dass Gönül ihn in seinem Bett erwartete. Wut überkam ihn, gepaart mit Scham darüber, seine Fantasie nicht zügeln zu können, während er zu Bett ging. Er schlief sofort ein.

Am nächsten Tag schaute er in Ender Hocas Buchhandlung vorbei, ehe er sich ins Dorf aufmachte. Er wollte den Hoca sehen, aber auch ein paar Bücher kaufen. Ender Hoca war sein Literaturlehrer am Gymnasium gewesen. Der Erste, den man zusammengeschlagen hatte. Er war unter dem Ausnahmerecht suspendiert worden. Später, nach dem Antritt der CHP-Regierung*, wurde er zwar wieder eingestellt, aber von der Front-Regierung erneut vom Dienst entfernt. Schliesslich hatte er einige vom Vater geerbte Felder verkauft, einen kleinen Buchhandlung und eine kleine Druckerei eröffnet. Mittlerweile hatte er zwei Bücher geschrieben, die ihn landesweit bekannt machten. Er brachte eine zweiseitige Wochenzeitung heraus, die fast die gesamte Kreisstadt abonniert hatte. *Şavşat Postası*, Zeitung für Wirklichkeit und Träume.

«Auch du?», begrüßte ihn Ender Hoca. «Das Schicksal der Şavşater Jugend. Als ob die Zugangsprüfungen nicht schon schwierig genug sind, jetzt sind wir schon so weit, dass man nicht einmal studieren kann, wenn man bestanden hat. Ihr seid aber auch aufmüpfig!»

«Dank Ihnen, mein Hoca.»

«Ich habe niemals gewollt, dass ihr nicht studieren könnt.»

«Aber es ist ja nicht Ihre Schuld. Sie sind doch auch suspendiert worden.»

«Jetzt haben sie schon angefangen zu töten», fuhr er traurig fort. «Früher hat man einander wenigstens leben lassen. Wenn's so weitergeht, wird noch viel Blut vergossen. Wenn ihr es ihnen wenigstens nicht gleich tun und nicht zu den Waffen greifen würdet.»

«Wie auch immer, mein Hoca. Wir werden sehen. Ich wollte ein paar Bücher kaufen.»

«Marx? Engels? Oder doch Lenin oder Stalin? Was anderes lest ihr ja schon lange nicht mehr.»

«In dieser Zeit brauchen wir deren Bücher am allermeisten, mein Hoca.»

«Keineswegs. Wo es doch so viele andere wertvolle Bücher gibt. «

«Dann überlasse ich Ihnen die Auswahl.»

Ender Hoca schien erfreut und zog gleich ein paar nebeneinanderstehende schmale Bändchen aus den Regalen. «Shakespeare», sagte er. «Shakespeare musst du lesen. Du solltest die Bedeutung menschlicher Tugenden kennen. Aufrichtigkeit, Redlichkeit, Zuneigung, Liebe, Würde. Du musst begreifen, dass selbst ein König liebenswert sein kann, wenn er Tugenden hat, und ohne Tugenden selbst ein Marxist nur widerwärtig ist.» Şahin kaufte die Bücher, auch wenn er ihm nicht wirklich zustimmte, und verabschiedete sich. Der Kleinbus ins Dorf würde bald abfahren.

Als er noch zur Schule ging, hatte er es, obwohl er sich in Şavşat gut eingelebt hatte, kaum erwarten können, bis die Ferien begannen und er sein Dorf wiedersehen konnte. Das größte Wintervergnügen war Rodeln. Alle jungen Leute stiegen zusammen auf die Hügel hinterm Dorf und rodelten auf ihren metallbeschlagenen Schlitten um die Wette, bis hinunter in die Stadt. Dort lief man denen über den Weg, die von einem Abendspaziergang oder Familienbesuchen kamen. Es wurde übermütig in die Hände geklatscht und gepfiffen. Erst recht, wenn ein Mädchen mit Familie unterwegs war. Dann schossen sie, als hätten sie die Kontrolle über den Schlitten verloren, gekonnt bis vor die Füße des Mädchens, warfen vor ihr den Schlitten um, rissen sie mit sich herunter, balgten mit ihr herum. Und bevor die Eltern des Mädchens irgendetwas unternehmen konnten, machten sie sich auf dem Schlitten davon. Das Sommervergnügen war, in den Bächen und Seen zu schwimmen, Forellen zu fangen und sich abends mit Gleichgesinnten auf den Weg zur Alm zu machen, um zu Mitternacht dort anzukommen, auf einem der Hügel zu thronen und ein Volkslied zu schmettern:

Über dem Gebirge Mondenschein, balam
Und drüben über den Villen
Die Liebste lädt mich ein, balam
Die Sehnsucht an ihrer Wang' zu stillen

Gewöhnlich waren es die alten Frauen und jungen Mädchen, die im Sommer auf die Alm zogen. Die Männer blieben mit ihren Frauen im Dorf und verrichteten Feld- und Gartenarbeit. In den Almhäusern brannte Licht, die Mädchen beantworteten die Lieder mit Gegenliedern. Zılgıt-Rufe, Pfiffe und Freudenschreie erfüllten Hügel, Abhänge, Bäche und die Wälder im Tal. Und Himmel und Erde.

Als Şahin das Haus erreichte, brach die Dämmerung bereits ein. Der Großvater war zwar noch so rüstig, dass er Holz spalten konnte, aber mit jedem Jahr wurde er schwerfälliger, wie ein Stein, der immer schwerer wiegt, je höher er an die Erdoberfläche steigt. Trotzdem war er noch immer an allem interessiert. Er verpasste nie die Nachrichtensendungen im Radio, ließ sich täglich die Zeitung vorlesen, stellte viele Fragen, um ja alles zu verstehen.

«Jetzt bin ich schon so alt und habe noch nie eine Regierung erlebt, die gegen Streitigkeiten und Auseinandersetzung gewesen wäre. Entweder bringen sie die eigenen Leute um, oder sie sorgen dafür, dass Menschen sich gegenseitig niedermetzeln», sagte er zu Şahin. Und wie jedes Mal, wenn er sich über etwas ärgerte, das er nicht ändern konnte, fügte er hinzu: «Ich hab mir eine verdammt schlechte Zeit zum Altwerden ausgesucht.»

Der Vater war wie ein Freund für Şahin. Er hatte Verständnis für ihn und machte keine Vorhaltungen. Die Mutter reagierte, wie seine Freunde es vorhergesagt hatten. «Hättest du dich da nicht raushalten können?»

Şahin lebte nun im Dorf. Abends ging er mit seinen Freunden rodeln, nachts zog er sich mit einer Porzellankanne voller Tee in sein Zimmer zurück und las bis in den frühen Morgen. Shakespeare hatte er zugunsten von Lenins *Was tun?* und Mahir Çayans *Ununterbrochene Revolution* vorerst beiseite gelegt. Er stand gegen Mittag auf und ging nachmittags in die Teestube im Dorf, um sich mit den Dörflern zu unterhalten, die die Ereignisse verfolgten und zu begreifen versuchten, was vorging. Alle stellten dieselbe Frage: «Wo kommt denn dieses Links-Rechts auf einmal her?»

Früher hatte es Streitigkeiten zwischen jungen Männern gegeben, die sich in dasselbe Mädchen verliebt hatten, oder zwischen denen, die in der Stadt zur Schule gingen und der Dorfjugend. Heute aber stritten und bekämpften sich die jungen Leute wegen Links und Rechts. Die Großväter, die alles gesehen, alles erlebt hatten, bei allem mit Rat und Tat zur Seite standen und an einem Abend Tausende von Abenteuern und Geschichten erzählen konnten, zerbrachen sich vergeblich den Kopf: «So etwas haben wir noch nicht gesehen, nicht gehört!»

Was die Rechten sagten, war im Grunde, was sie selbst jahrelang nachgebetet hatten: Vaterland, Nation, Religion, Leumund, Ehre. Was sie nicht begriffen, war, was die Linken von sich gaben. In Teestuben, auf den Straßen, in den Häusern, vor den Moscheen, in Medreses*, vor Schaufenstern kamen die Menschen zusammen, plauderten über Hochzeiten, Feste, Gepflogenheiten, gestiegene Lebenshaltungskosten, Jobsuche, die Frau von soundso oder den Mann von soundso, die Mär vom abgetrennten Kopf, die Geister auf dem Friedhof, über Gespenster, Elfen oder über Himmel und Hölle. Und prompt kam das Gespräch auf die Linken, auf jenen Lehrer etwa, der Gott geleugnet habe und diesen aus der Hochschule rausgeworfenen Sohn von irgendwem. Jeder gab irgendetwas zum Besten und erzählte das hier und da Aufgeschnappte an diesen oder jenen weiter.

Genau genommen hatten sie erst vor kurzem davon gehört, dass die Erde sich drehte. Sie mochten nicht glauben, dass Menschen auf dem Mond gelandet waren. Sie waren immer noch davon überzeugt, der Mensch wäre aus Lehm erschaffen. Sie hatten zwar von einer gewissen Atombombe gehört, aber sie wussten weder, was ein Atom war, noch, dass selbst das gespalten werden konnte. Zeitung war ein Stück Papier, das man benutzte, um Ritzen und Löcher im Haus zu stopfen, durch die der Wind pfiff. Das Buch war gleichbedeutend mit dem Koran. Sie hatten weder etwas von Dostojewski noch Zola noch Sartre gehört. Theater hieß bei ihnen Tiyatora und bedeutete für die einen, dass nackte Frauenzimmer Bauchtänze vorführten und für die anderen, die es besser zu wissen glaubten, dass ein paar Possenreißer herumkasperten. Von Darwin, Galileo, Kant, Hegel, Marx und Engels hatten sie nicht einmal die Namen gehört, geschweige denn ein paar Zitate. Ihr Geschichtswissen beschränkte sich auf osmanische Sultane, die beritten drei Kontinente unsicher gemacht und die Großen Sieben* herausgefordert hatten, den Großwesir Baltajı Mehmed Paşa*, der Katharina die Erste flachgelegt, Atatürk, der die Griechen ins Meer getrieben und İsmet Paşa*, der in Lausanne mit der Faust auf den Tisch gehauen hatte. Und ein wenig auch Makarios*. Napoleons Namen hatten sie zwar gehört, wussten aber weder etwas mit der Französischen Revolution anzufangen noch mit Robespierre oder Diderot. Der Zweite

Weltkrieg war für sie eine Worthülse. Der Begriff Hitler-Faschismus war ihnen nicht geläufig. Die Schlacht um Stalingrad, die Invasion in der Normandie, die Konferenz von Jalta waren ihnen unbekannt, ebenso die Konzentrationslager und Krematorien in Dachau und Auschwitz. Der Begriff Länder hinter dem Eisernen Vorhang war ihnen zwar schon einmal zu Ohren gekommen, aber sie wussten weder etwas über die Geschichte der Oktoberrevolution von 1917, noch, dass der Kommunismus eine Lehre war, die eine Gesellschaftsform ohne Staat, Klasse oder Partei anstrebte. Leben bedeutete für sie Schicksal und ein jeder hatte für sein täglich Brot dankbar zu sein. Die Reichen waren solche, die Köpfchen hatten. Studieren hieß Beamter werden und Beamter werden hieß, sich seinen Teil vom Staatsvermögen unter den Nagel zu reißen. Das war es, was sie wussten. Zu dem, was sie nicht wussten, hatte sich nun auch dieses Linkssein gesellt. Dass die Erde sich drehte und der Mensch zum Mond geflogen war, hatten sie sogar im Buch ausfindig gemacht, aber dieses Linkssein konnten sie einfach nirgends einordnen.

«Dieses Linksdings ist eine Erfindung der Ungläubigen!»

«Richtig, der Ungläubigen!»

«Die rechte Hand kommt im Buch vor. Aber die Linke?»

«Die hat keinen Platz darin!»

«Mit welcher Hand essen wir?»

«Mit der Rechten.»

«Mit welcher Hand verrichten wir unsere Arbeit?»

«Mit der Rechten.»

«Mit welcher Hand begrüßen wir einander?»

«Mit der Rechten.»

«Und wozu ist die Linke gut?»

«Wozu die gut ist? Na, zum Hintern abwischen!»

«Sag ich doch!»

Wo immer es etwas Schmuddeliges und Übles gab, wurde es der Linken zugewiesen. Und dann war da noch die Sache mit Ehre und Anstand, da hörte bei den meisten alles auf. Alle außer den Linken waren anständig und ehrenhaft: Stammkunden im Bordell, Geschäftsleute, die Waren aus İstanbul herfuhren und dort in den illegalen Freudenhäusern in Beyoğlu ein- und ausgingen, Bus- und Fernfahrer, die in jedem Dorf und Städtchen auf ihrer Strecke eine Geliebte hatten, ja selbst Zuhälter der eigenen Ehefrau wurden zu selbst ernannten Sittenwächtern, wenn die Sprache auf die Linken kam.

«Alles wird geteilt, sagen die Linken. Sogar die Ehefrauen.»

«Diese Ehrlosen!»

«Und zwar alle! Die machen nicht einmal vor Mutter und Schwester halt!»

«Gott bewahre!»

«Warum soll ein Wildfremder das Vergnügen haben, wenn meine Schwester schön ist, sagen sie.»

«Was? Ehrloses, anstandsloses, schamloses, gottloses Pack!»

Gegen den Spruch ‹Alles ist Staatseigentum› setzten sich am allermeisten jene zur Wehr, die noch nie auch nur einen Kuruş* vom Staat erhalten hatten. Mehr als die Großgrundbesitzer mit ihren 15, 20 Feldern liefen jene Bauern Sturm dagegen, die ihr Feld so oft unter den Söhnen aufgeteilt hatten, dass sie nur noch ein handtuchgroßes Stück bestellten. Mehr noch als die Industriellen mit ihren Fabriken empörten sich die Fabrikarbeiter, deren Arbeitsplatz von einem einzigen Wort ihres Chefs abhing. Sie besahen sich ihr Hab und Gut und setzten es auf die Liste der Dinge, die einem weggenommen werden würden.

«Es heißt, dass sie uns alles wegnehmen!»

«Unsere Felder auch?»

«Ja, sogar unsere Gemüsegärten!»

«Und unsere Ochsen?»

«Die auch, mitsamt dem Joch.»

«Unsere Häuser etwa auch?»

«Sogar die Hütten und Ställe!»

«Wozu das Ganze?»

«Dann sind angeblich alle gleich!»

«Alle gleich? Nicht einmal die fünf Finger einer Hand sind gleich!»

«Ja, eben!»

«Da stecken die Ungläubigen dahinter!»

«Ja, ein Werk der Ungläubigen!»

Eine Woche war Şahin bereits im Dorf. Als es klopfte, las er dem Großvater gerade einen Artikel aus der Cumhuriyet* vor. Sie saßen auf dem langen Diwan in der guten Stube. Es war kurz vor Mittag, sie hatten gerade den Frühstückstisch abgeräumt. Es war ein klarer, sonniger Tag. Die Mutter war bei der Nachbarin, der Vater in der Schule. Im Dorf war es nicht üblich anzuklopfen, also musste es ein Auswärtiger sein. «Hallo.» Das Lächeln dieses Mädchens. Wie sie mit den Blicken tief in sein Herz traf. So was aber auch. Was suchte sie hier? «Dieses Mal bist du es, der die Tür öffnet. Aber du bist es auch wieder, der zu Eis erstarrt ist. Vielleicht liegt's ja am Wetter?»

Während Şahin mit aufgerissenen Augen dastand und nach Worten für eine Antwort suchte, ließ Gönül ihn einfach stehen und trat ein.

Vier.
Damals in Artvin (2)

Gefolgt von zwei Wärtern und einem Trupp Gendarmen trat der Feldwebel in die Mitte der Zelle und wartete. Ohne Hast und völlig unbeeindruckt stiegen sie aus ihren Betten. Die Gendarmen sahen ihnen dabei zu, manche neugierig, andere angewidert, einige mitleidig.

«So! Stellt euch in einer Reihe auf. Dann ist erst mal Zählung», sagte der Feldwebel und fuchtelte mit dem Zeigefinger. Sie stellten sich in einer Reihe auf. Betont lässig. Ruhig. Ihre Gesichter verrieten nicht einen Hauch des Feuers in ihnen. Stolz und kampfbereit sahen sie die Gendarmen an. Sie waren auf eine Revolte vorbereitet und hatten auf der Toilette Waffen versteckt.

Der Feldwebel, der sie eine Zeit lang gemustert hatte, befahl: «Durchsucht sie!» Je ein Gendarm trat vor und tastete sie von den Schultern bis zu den Füßen gründlich ab, um sich dann, einzeln oder zu zweit, auf die Etagenbetten und Kleiderschränke zu stürzen. «Bleibt bei Euren Sachen stehen, ich übernehme keine Verantwortung, falls nachher was fehlt», sagte der Feldwebel.

Eine halbe Stunde später war die Kontrolle vorbei. Die Wärter, die Özgüç geholt hatten, schlossen die Zellentür wieder ab. Sie aber öffneten die Türen ihrer Herzen. Sorge und Aufregung, die sie für eine Weile tief in ihrem Innern verborgen hatten, legten sie nun wieder auf ihre Gesichter. Doch die eigentliche Gefahr sollte erst noch kommen.

Zehn Minuten später hörten sie hastige Schritte auf der Treppe in Richtung Hof. Ein paar von ihnen gingen ans Fenster und warfen einen Blick nach draußen. Die Gendarmen durchkämmten, die Augen auf den Boden geheftet, den Gefängnishof.

«Ob der wohl Hof auch gerade durchsucht wird?»

«Da sind die bestimmt auch», meinte Necmi.

Damit sie eventuelles Rufen oder Stiefeldonnern sofort mitbekamen, spitzten sie die Ohren. Immer wieder schlichen sie ans Fenster, sahen auf den Hof und zogen sich schnell zurück. Hin und her gerissen zwischen der Freude, nach wie vor in Sicherheit zu sein, und der Gewissheit, dass das Unheil augenblicklich über sie hereinbrechen konnte, wechselte ihre Gesichtsfarbe ständig von kreidebleich zu rot. Ungeduldig warteten sie ab. Die Minuten wollten einfach nicht verstreichen. Wenn sie doch endlich gingen! Ohne den Tunnel zu entdecken! Dieser Wunsch raubte ihnen den Atem. Dann wurde ihnen allmählich bewusst, dass die Schritte der Soldaten verhallten und einer wachsenden Stille Platz machten. Sie wechselten ungläubige Blicke. Es war nicht zu fassen! Zwei Minuten später hörte man unten eine Tür ins Schloss fallen, dann noch eine, noch eine. Mit jeder Tür breitete sich eine honiggelbe Freude auf ihren Gesichtern aus. «Die Durchsuchung ist vorbei. Gleich ist Zellenaufschluss. Hurra!» Wahnsinn! Manche hüpften vor Freude so hoch, dass sie beinahe mit dem Kopf an die Decke stießen, andere fielen einander in die Arme und der Rest fing an, ausgelassen herumzubalgen und sich auf die durchwühlten Betten zu werfen. Hätte man die Löcher entdeckt, wären die Zellen nicht aufgeschlossen worden. Vielmehr hätte es weitere Durchsuchungen und andere Maßnahmen gegeben. Als sie hörten, wie auch die Tür der Nebenzelle aufgeschlossen wurde, stockten sie und zügelten ihren lautstarken Jubel, denn sich nach einer Kontrolle so sehr zu freuen, hätte selbst den blödesten aller Gefängniswärter zumindest stutzig gemacht. Özgüç trat augenzwinkernd ein. Er grinste über beide Ohren. «Na, Gruppenführer, gibt's frischen Tee?», scherzte er und schmetterte dem Erstbesten seine Pranke wie einen Vorschlaghammer auf die Schulter. Der so Überrumpelte sackte fast zu Boden, während alle anderen befreit auflachten.

«Necmi, sie ziehen ab! Lass uns diesen Anblick genießen!» Necmi und Şahin gingen in die gegenüberliegende Zelle, weil deren Fenster nach vorne ausgerichtet waren. Dort waren einige noch damit beschäftigt, ihre Sachen wieder herzurichten.

«Grüß Gott, Vorsitzender! Wie's aussieht, ist euer Versteck mal wieder nicht aufgeflogen.»

«Ach, mein Lieber! Wir und Versteck!»

«Nicht doch! Heimlichtuereien sogar vor uns?»

Necmi führte einen Plausch mit dem Gefangenen, der von allen Vorsitzender genannt wurde. Gleich beim Eintreten ans Fenster zu gehen und rauszuschauen, hätte Mitgefangene stutzig machen können. Also plauderte Şahin ein wenig, bevor er sich dem Fenster näherte, als wolle er frische Luft schnappen. Kaum hatte er einen Blick erhascht, verzog er das Gesicht. Zwei Soldaten waren in dem Moment durch die Tür des Trakts in den Hof gegangen. Dies konnte nur bedeuten, dass der Isolationstrakt noch nicht durchsucht worden war.

«Die von der Isolation bekommen Besuch», sagte er betont beiläufig, ohne Necmi direkt anzusprechen. Jemand fragte neugierig: «Haben die einen Neuzugang?»

«Ach wo. Die Gendarmen gehen jetzt in deren Trakt.» Er gab sich Mühe, so ruhig wie möglich zu antworten und sah wieder aus dem Fenster. Und wenn die in der Isolation den Deckel vergessen hatten? Oder sonst etwas übersehen hatten? Bange Fragen, die ihn erschauern ließen.

Als er jedoch Burhan aus dem Isolationstrakt kommen sah, im Schlafanzug und völlig gelassen mit dem Feldwebel plaudernd, seufzte er erleichtert. Da kamen auch schon die Gendarmen mit den Wärtern aus dem Trakt. Und wenn sie jetzt auf die Idee kämen, den dortigen Zellentrakt zu betreten? Diese Befürchtung währte nur eine Sekunde. Der Feldwebel würdigte die Tür zum Trakt keines Blickes und Burhan tat sein Bestes, um ihn abzulenken.

Dann verschwanden die Gendarmen wieder, ohne den Tunnel entdeckt zu haben. Şahin war fast verrückt vor Freude und Erleichterung.

Er wollte schreien, sich an die Gitterstäbe klammern, dem milchweißen Blau der Freiheit entgegen schreien. Mit Inbrunst, aus vollem Hals alles hinausschreien, Gönüls Namen. Die Namen seiner Lieblingsblumen, der Berge, der Farben. Die Parolen des Kampfes. Beglückt stierte er auf die langsam hinter dem immergrünen Berg hervorkommende Morgensonne. Die Freiheit würde ebenso hell erstrahlen am Ende des Tunnels. Nun wollte er noch fester daran glauben. Leicht wie ein Blatt im Wind kehrte er in die Zelle zurück.

«Ich schlage vor, dass wir uns ab sofort an der Arbeit beteiligen», sagte er beim Frühstück. «Wenn wir mittlerweile einen Zugang zum Tunnel und hierher zurückhaben, bedeutet das, dass wir uns auch an der Arbeit beteiligen können. Abends schleusen wir vor dem Einschluss einen von uns rüber und drapieren das Bettzeug, als würde er darin liegen. Die Wärter lüpfen ja eh nur den Vorhang des Etagenbettes und werfen einen flüchtigen Blick dahinter. Bis jetzt haben sie niemandem die Bettdecke vom Kopf gezogen.»

«Und wenn doch?»

«Dann werden wir ein Gezeter veranstalten, dass sie den Mann in Ruhe schlafen lassen sollen. Was sollen die schon machen? Ihr wisst doch, wie verschüchtert die in unserer Gegenwart sind. Klar ist das nicht frei von Risiken, aber die müssen wir in Kauf nehmen. Wir haben ja nun gesehen, dass es mit denen von der Isolation allein nicht läuft.»

Sie glaubten denen von der Isolation, dass sie hart arbeiteten. Dennoch waren sie der Meinung, dass Erschöpfung keine Entschuldigung sein konnte. «Morgens, kurz nach Aufschluss, geht einer von uns in den Speisesaal und holt den im Tunnel noch vor der Morgenzählung zurück. Um diese Zeit ist ja dort keiner.»

Die Morgenzählung fand erst zwei Stunden nach Aufschluss statt, so gegen acht Uhr. Niemand hatte einen Einwand. Das war machbar. So oder so waren in den nächsten zwei Monaten keine neuerlichen Kontrollen zu erwarten. Bis dahin hätten sie nicht einen, sondern zwei Tunnel fertiggestellt!

«Außerdem könnten wir jemanden aus Bahattins Zelle in die Isolation einschleusen», schlug Şahin vor. «Ahmet etwa, der hat einen guten Draht zu denen. Der könnte sie im Auge behalten und disziplinieren. Es wäre schlau, wenn er vor seinem Umzug einen Streit mit Bahattin und Tahir vom Zaun bricht. So wäre sein Umzug für die Gefangenen und die Wärter glaubwürdiger.»

Auch dieser Vorschlag wurde angenommen. Nun konnten sie sicher sein, dass der Sieg nah und gewiss war. So bekämen die erschöpften Freunde in der Isolation Verstärkung. Außerdem wären viel mehr Leute an der Arbeit beteiligt. So würde es nicht mehr lange dauern. Der ersehnte Tag war nah!

Die Wärter, die an diesem Abend zur Zählung kamen, zählten Kissen und Bettdecke anstelle von Cemal. Alles lief nach Plan. Auf diese

Nacht folgten nun weitere, in denen jeweils einer von ihnen fehlte. Auch Ahmet war, wie abgesprochen, in die Isolation verlegt worden und sorgte dort dafür, dass mit mehr Einsatz gearbeitet wurde.

Bereits vor Ablauf einer Woche mussten sie sich eingestehen, dass die von der Isolation recht hatten. Die Arbeit war wirklich hart und kräftezehrend. Krämpfe durchzuckten ihre Körper, in einem fort stießen sie sich Kopf und Knie, Mund und Nase füllten sich mit Staub und Erde, und es fühlte sich an, als würde man ersticken. Ganz zu schweigen von dem Wasser, das sich jede Nacht bis zur halben Höhe des Tunnels anstaute. Um weiter graben zu können, mussten sie es erst einmal fortschaffen. Obwohl sie zu dritt arbeiteten, brauchten sie dafür zwei Stunden. Dabei bildeten sie eine Kette in der kalten, matschigen Brühe, schöpften das Wasser mit ihren Essenstellern und reichten es nach hinten durch. Dort schütteten sie es in einen Plastikkübel. Der letzte Mann brachte den Kübel bis zur Toilette, wo er ihm abgenommen wurde. Der Tunnel versank in schmierigem Schlamm. Abgesehen davon, dass sie Nacht für Nacht zwei bis drei Stunden vergeudeten, würden sie sich auch noch eine Lungenentzündung holen. Jedes Mal, wenn er sich die nassen, dreckigen Arbeitssachen anzog und in den Tunnel hinabstieg, fielen Şahin jene Verse ein:

Die Bauenden singen Lieder/Doch Bauen ist nicht wie Singen/Die Arbeit will nicht so leicht gelingen/Die Herzen der Bauenden sind/wie ein Jahrmarkt, vergnügt und heiter/Doch der Bau ist kein Jahrmarkt/ Es geht nur mühsam weiter/Der Bau ist Erde und Staub/Schnee und Schlamm/Am Bau verstaucht dein Fuß/bluten dir die Hände/Doch es geht voran/mit Schweiß und Blut

Nein, es ging einfach nicht voran. Selbst, wenn sie bis zum Umfallen schufteten. So konnte das nichts werden! Sie waren noch nicht dahinter gekommen, warum sich das Wasser im Tunnel sammelte. Aber dass es unmittelbar aus dem darüber liegenden Waschraum kam, war klar.

Am nächsten Tag nahm Necmi der Zelle, die zuletzt gebadet hatte, mit einem lapidaren «Wir haben Badetag» die Schlüssel ab. Ab jetzt wurden die Schlüssel keinem mehr ausgehändigt. Wenn wer nach den Schlüsseln fragte, sagte Necmi: «Der Wasserspeicher ist defekt, das Wasser wird nicht warm. Wir haben es schon der Verwaltung gemeldet.»

Der Tunnel wäre noch vor Ablauf der Woche fertig. Bis dahin würden sie die Mitgefangenen schon hinhalten können. Aber es vergingen weitere zwei Wochen, ohne dass das Ende der Betonschicht in Sicht war. Sie waren immer noch nicht über den Gefängnishof hinausgekommen.

«Ich kapier das nicht. Wir haben doch schon fast 20 Meter gegraben, dabei hätten wir schon nach zehn Metern draußen sein müssen.»

«Scheinbar sind wir vom Ziel abgekommen.»

«Angenommen, du hast Recht. Selbst dann müssten wir längst fertig sein.»

Während des Frühstücks versuchten sie, diese paradoxe Situation zu begreifen. Zweifellos waren sie von der Strecke abgekommen. Schließlich hatten sie wegen einiger Steinbrocken immer wieder leicht versetzt weitergegraben. Nur, wo befanden sie sich jetzt? Sie berechneten jede einzelne Stelle, an der sie vom Kurs abgewichen waren. Demnach mussten sie irgendwo in der Mitte der Umfassungsmauer herauskommen. Also wäre der Tunnel heute oder morgen fertig, denn hier war die Mauer knapp 20 Meter von der Tunnelzelle entfernt. Es gab keinen Grund zur Resignation. Sie mussten sich noch ein oder zwei Tage gedulden, das war alles. Nur noch ein oder zwei Tage, mehr nicht.

Burhan war anderer Meinung. Necmi und Şahin waren nach Umschluss zu denen von der Isolation gegangen, um die Sache mit ihnen zu besprechen. Burhan blieb dabei: «Hoca, ich geb dir Brief und Siegel darauf, dass wir unter dem Pfirsichbäumchen rauskommen.» Sie fuhren ihn brüsk an: «Nein! Schau dir doch einmal an, wo der Pfirsichbaum ist und wo wir sind! Willst du uns alles mies machen, oder was?» Der Pfirsichbaum befand sich zwei Meter vor dem Speisesaal. Was sollte der mit dem Tunnel zu tun haben? Alle regten sich über Burhan auf. «Wer weiß, was der im Schilde führt? Aus Angst, dass der Tunnel noch nicht fertig ist, könnte er uns womöglich verraten!» Doch Burhan ließ nicht locker: «Hoca, ich schwöre, der führt dahin!» Natürlich hörte niemand auf ihn. Sie versuchten, ihn vielmehr von dieser fixen Idee abzubringen.

Die Nerven lagen blank, wenn es nach Feierabend hieß, dass sie wieder nicht fertig geworden waren. Immer häufiger machte nun die Befürchtung die Runde, es könnte eine Kontrolle geben, bei der sie am

Ende garantiert auffliegen würden. Sie saßen wie auf glühenden Kohlen. Die Tage vergingen. Ihre Hoffnungen hatten sich in gelbes Laub verwandelt, das mit dem Herbst von den Zweigen fiel. Mittlerweile schickten sie nachts zwei Leute in den Tunnel und kamen trotzdem nicht zum Ende.

Eines Abends, Şahin hatte es sich gerade auf dem Bett eines Mitgefangenen vor dem Fernseher bequem gemacht, tauchte Özgüç auf. Was hatte der hier zu suchen? Vor nicht einmal einer Stunde war er gemeinsam mit Cemal in den Tunnel gekrochen, um bis zum Morgen dort zu arbeiten. Warum hatte er aufgehört, ohne Vorkehrungen zu treffen? Şahin konnte Özgüçs Mine nichts entnehmen. Dann wandte sich Özgüç an ihn, so laut, dass es alle hören konnten: «Also ehrlich! Was findest du nur an diesem Film? Sei mein Gast, anstatt fernzuschauen. Du bekommst auch richtig guten Tee.»

«Warum eigentlich nicht?», antwortete Şahin und stand auf.

Als sie die eigene Zelle betraten, war auch Cemal zurück. Sonst niemand. «Menschenskinder, wieso seid ihr schon zurück?» Beide machten ein betretenes Gesicht.

«Vor uns hat sich ein solcher Felsblock aufgetan, den wir weder wegschaffen noch umgehen konnten», berichtete Cemal.

«So ein Mist aber auch! Wir werden vom Pech verfolgt! Ihr hättet trotzdem weitermachen sollen. Irgendwie wärt ihr mit dem Brocken fertig geworden.»

«Die Jungs aus der Isolation haben's drangegeben. Wir haben noch ein wenig weitergearbeitet, aber weil wir total kaputt waren, sind wir auch zurückgegangen.»

«Ihr wollt mir also erzählen, dass wegen eines Felsbrockens alles vorbei ist, ja? Sehen die von der Isolation das auch so?»

Şahin knirschte vor Wut mit den Zähnen. Das konnte einfach nicht wahr sein! Özgüç grinste: «Er ist fertig, Herr Gruppenführer.» Cemal feixte ebenfalls. «Wie jetzt?» Şahin stand auf der Leitung. Dann fiel endlich der Groschen, und er umarmte die beiden. «Ihr gottlosen Kerle! Mit so einer Nachricht spaßt man nicht!» Ausgelassen warfen sie sich auf die Betten und begannen zu raufen. Sie schrien und lachten. Mit einem Mal verstummte Şahin. Ihr früherer Irrtum war ihm eingefallen. Voller Sorge sah er die beiden an.

«Und woran habt ihr gemerkt, dass der Tunnel fertig ist?»

«Daran, dass die Betonschicht über uns aufhörte. Danach haben wir ein wenig nach oben gegraben, um sicher zu sein. Unsere Hände berührten Graswurzeln. Um ganz sicher zu gehen, bohrten wir noch ein fingerdickes Loch nach draußen. Als wir den Sternenhimmel sahen, hörten wir auf und kehrten um.»

Şahin war außer sich vor Freude. Diesmal war der Tunnel also tatsächlich fertig!

«Hoffentlich habt ihr an der Stelle nicht zu viel Erde abgetragen. Nicht, dass der Boden einbricht, wenn die Wachen da drübergehen.»

«Ach wo! Wir haben nur ein winziges Loch gebohrt, mehr nicht. Dann haben wir alles wieder mit Erde zugestopft.»

«Und da, wo die Betonschicht zu Ende ist, taucht da nicht die Grundmauer auf?»

«Wir müssen längst an der Grundmauer vorbei sein, ohne es gemerkt zu haben. Schließlich ist der Tunnel fast 30 Meter lang!»

In diesem Augenblick kam Necmi herein. Seine Neugierde hatte ihn nicht länger vor dem Fernseher gehalten. «Wo möchtest du morgen Abend deinen Tee trinken, mein Freund? Im Wald, an einem Bach oder auf einem blumenbehangenen Balkon?» «Sag bloß, er ist fertig?» Sie antworteten mit dem Victoryzeichen. Necmi streckte ein paar Mal die Fäuste in die Luft. Auch er war außer sich vor Freude.

Nach der Zählung setzten sie sich bei einem Tee zusammen. Sie beschlossen, die Flucht zu vertagen und noch weitere zwei Tage zu arbeiten, um am Steilhang herauszukommen. Damit wäre die Wahrscheinlichkeit, vom Wachposten gesehen zu werden, gleich Null. In zwei Tagen würden sie fliehen, ganz egal, ob sie die Böschung erreicht hatten oder nicht. Die nächste Zellendurchsuchung stand vor der Tür und sie konnten alles verlieren.

Doch es kam anders. Necmi hatte beim Hofgang vom wachhabenden Gendarm gesteckt bekommen, dass am nächsten Tag die Durchsuchung anstand. Glücklicherweise gab es unter den Wachen einige Fortschrittliche, die ihnen gelegentlich Informationen zukommen ließen, damit sie verbotene Bücher und Messer rechtzeitig verschwinden lassen konnten. Doch nun mussten sie ihren Plan ändern und die von der Isolation informieren. «Wir fliehen heute Nacht.»

Sie beschlossen, nach Mitternacht zu fliehen. Sollte es ihnen gelingen, das Ende des Tunnels so zu verschließen, dass es von der Patrouille unbemerkt blieb, hätten sie bis zum nächsten Morgen Zeit. Ansonsten würde spätestens bei der Zählung, also bereits eineinhalb Stunden später, ihre Flucht entdeckt.

Nachdem Ahmet in die Isolation verlegt worden war, hatten sie Bahattin und Tahir in ihre Zelle geholt. Somit waren alle, die fliehen wollten, beisammen. Wie sie die Zellentür nach dem Einschluss aufschließen würden, wussten sie. Sie mussten nur den Zellenschlüssel aus der Schublade des Oberwärters stehlen. Am Nachmittag gingen sie gemeinsam in die Nähe der Schleuse. Şahin und Özgüç verwickelten die beiden Wärter im Büro des Oberwärters in ein Gespräch. Das gleiche machten die anderen mit den Wärtern im Innenhof. Wenig später fädelten sie ein strittiges Thema so ein, dass sie nach draußen gerufen wurden, um zu entscheiden, wer im Recht war. Özgüç hielt sich währenddessen in der Nähe der Bürotür auf, um zufällig vorbeikommende Wärter abzulenken. Viel Zeit brauchte Şahin ohnehin nicht. Er zog die Schreibtischschublade auf, schnappte sich mit einem gezielten Griff den Schlüssel, auf dessen Etikett ihre Zellennummer stand und ließ ihn in der Hosentasche verschwinden.

Nachts um halb eins schob Özgüç den Schlüssel durch die Gitterstäbe der Zelle und jemand steckte ihn von außen in das Vorhängeschloss der Zellentür. Dann nahm Özgüç das Schloss ab und zog langsam den Eisenriegel zurück. Tagsüber hatten sie ihn heimlich geölt, damit er nicht quietschte. Zwei Minuten später war die Tür offen.

Abgesehen von den Trillerpfeifen der Wachen und dem schwachen Klang des Radios im Wärterraum war es mucksmäuschenstill. Alle Zellen lagen im Schlaf, die Innenhöfe verwaist. Wie leichtfüßige Schatten huschten sie durch die Nacht, Innenhöfe, Flure und Wände, auf denen die Seufzer Tausender Gefangener verewigt waren, hinter sich lassend. Die von der Isolation hockten auf der aufgeschütteten Erde und erwarteten sie.

Özgüç und Cemal stiegen als erste in den Tunnel, um die Öffnung so vorzubereiten, dass sie sich binnen weniger Minuten öffnen ließ. Die anderen warteten aufgeregt auf den Beginn der großen Aktion. Flüsternd ermahnten sie einander ein letztes Mal, worauf unbedingt zu achten war. Für den Durchbruch war der richtige Zeitpunkt überaus wichtig. Sie durften sich beim Streifengang der Wachen nicht irren, denn genau drei, höchstens vier Minuten danach musste die Freilegung begonnen werden. Nachdem sie aus der Öffnung ausgestiegen waren, mussten sie über den Boden robben, bis sie den Steilhang herunterrutschen konnten. Andernfalls liefen sie Gefahr, vom Wachturm aus gesehen zu werden.

«Alle tragen dunkle Kleidung und Schuhe, oder?»

«Ja.»

Es lief alles nach Plan. Şahin strich über den Griff der Pistole an seinem Hosenbund. Schade, dass sie nicht mehr Patronen hatten, dann hätte jeder von ihnen ein ganzes Magazin in die Luft feuern können, um ihren Sieg gebührend zu feiern, wenn sie den Hügel erreicht hätten. Şahin ließ Träume Träume sein und machte sich für den Ausbruch bereit. Sie würden abhauen. Was brauchte es da Patronen? Mit ihrer Flucht würden sie diesem finsteren Regime einen empfindlichen Schlag versetzen.

Özgüç kam aus dem Tunnel zurück. «Bleibt, wo ihr seid, Leute, wir kommen unterm Pfirsichbaum raus!» Şahin verstand zunächst nicht. Was sollte das heißen? Was meinte Özgüç? Das konnte doch nicht wahr sein. Er musste sich verhört haben. «Wir sind unterm Pfirsichbaum gelandet», wiederholte Özgüç. Ein stechender Schmerz bohrte sich in Şahins Herz, die Enttäuschung schnürte ihm die Brust zu. Er war völlig verzweifelt, vernichtet. Allen ging es so, als wäre das Gefängnis über ihnen zusammengestürzt. Regungslos verharrten sie auf der Stelle. «Ich hab's gesagt, Hoca! Mindestens hundert Mal hab ich's euch gesagt, aber ihr habt ja nicht auf mich gehört.» Burhans Bemerkung traf sie wie ein Kugelhagel aus einem schallgedämpften Maschinengewehr.

Allmählich gewannen sie ihre Fassung wieder. Es blieb ihnen nichts anderes übrig, als der bitteren Realität ins Auge zu blicken. Sie konnten die Flucht vergessen und mussten jetzt an die bevorstehende Durchsuchung denken. Mehrmals gingen sie hin und zurück und trugen einen Teil der aufgehäuften Erde in die Zellen. Den Rest stampften sie mit ihren Füßen so platt, wie es nur ging. Bevor sie hinauf in ihre eigenen Zellen gingen, schärften sie denen von der Isolation ein, die dreckige Kleidung sofort zu waschen und das Loch im Toilettenraum sorgfältig zu verschließen. Zum zweiten Mal mussten sie unverrichteter Dinge zurück, die Freude war ihnen im Hals steckengeblieben.

Özgüç und Şahin waren die ersten im Speisesaal. Sie hockten sich auf die Treppenstufen, so, dass sie einander auf fünf Schritt Entfernung gegenüber saßen. Auf diese Weise versperrte der eine die mit einer Eisenplatte verstärkte Eingangstür zu ihrem Trakt und der andere behielt sie im Blick. Durch diese Tür drangen Stimmen aus dem Wärterraum zu ihnen. Sollte die Tür der Wärter geöffnet werden, würde Şahin Özgüç ein Zeichen geben, woraufhin dieser die Kumpel im Speisesaal warnen würde, sich dort mucksmäuschenstill zu verhalten, bis der Wärter wieder im Büro verschwunden war. Die Gitter der Tür ermöglichten auch eine freie Sicht auf die Treppe nach oben.

Die Waffe in der Hand, horchte Şahin in den Korridor und hatte gleichzeitig seine Kumpel im Blick, wie sie einer nach dem anderen an ihm vorbei und die Treppe hinauf schlichen. Nachdem schon drei oben angelangt waren, durchdrang plötzlich ein ohrenbetäubender Knall die Nachtruhe im Gefängnis, so laut, als wäre eine Bombe detoniert. Das war die Eingangstür ihres Trakts. Durch eine ausgeleierte Feder knallte sie derart laut, wenn man sie nicht festhielt und behutsam zudrückte.

Während Şahin vor sich hin fluchend an der Tür kauerte und sich so klein wie möglich machte, rannte Özgüç schnell nach oben, um die anderen zu warnen. Da ging auch schon die Tür des Wärterraums auf. Einer kam bis zur Tür, hinter der Şahin hockte und spähte durch die Gitter. Er versuchte herauszufinden, woher der Knall gekommen war. Şahin wagte kaum zu atmen. Doch vergeblich. Özgüç hatte seinen Posten verlassen, so dass die Verbindung zum Speisesaal gekappt war und er ihnen nicht klar machen konnte, dass der Wärter aufgetaucht war. Zwar schlich niemand mehr nach oben, denn Özgüç war ja nicht da, wo er sein sollte, aber das Knarren ihrer Schritte im Speisesaal drang bis zur Tür. Der Wärter entfernte sich hastig, bestimmt hatte er einen Verdacht und würde die Schlüssel holen. Şahin sprang auf und rannte in den Speisesaal. Bahattin, Tahir und Necmi waren gerade dabei, den Schrank an die Wand zu rücken. Şahin legte den Zeigefinger an die Lippen. Dann hörten sie Schlüssel klirren.

Als die Trakttür aufgeschlossen wurde, hatten sie den Schrank bereits an die Wand gerückt und sich unter der Treppe verkrochen. Den

Schritten nach zu urteilen, war es ein einzelner Wärter, der sich nun auf die Treppe zubewegte. Şahin hielt die Pistole fest umklammert und überlegte fieberhaft, was er tun sollte, wenn der Wärter sie entdeckte. Sie müssten ihn lautlos überwältigen. Über alles andere konnten sie sich später Gedanken machen.

Fünf.
Damals in Şavşat (2)

Gönül und Şahin holten sich zwei Schlitten aus der Holzhütte. Der Weg durchs Dorf war für Şahin wie Spießrutenlaufen. Er fühlte sich verpflichtet, jedem, dem sie begegneten, wortreiche Erklärungen abzugeben: «Das ist die Tochter meines Onkels. Die sind gerade bei uns zu Besuch.» Es war natürlich falsch, sich von der Last der eigenen Gefühle zu befreien, indem er die Schuld auf die Dörfler schob. Gönül verhielt sich völlig unverkrampft und natürlich, als sei sie schon seit Jahr und Tag im Dorf. Kaum hatten sie die letzten Häuser hinter sich gelassen, kletterte sie auf einem Pfad, den die Dörfler zum Holz holen nutzten, den Vahat-Hügel hinauf. Sie wirkte immer noch völlig locker. Sie könnte ja vergessen, dass ich der Sohn ihrer Tante bin und es mit der Angst zu tun bekommen. Aber sie denkt gar nicht daran, wunderte er sich. So allein im Wald mit einem Mann, wobei sie sich auch noch gelegentlich an ihm festhielt. Dann fragte Gönül auch noch, woran er gerade denke. Şahin fühlte sich ertappt und zuckte zusammen.

«An nichts», antwortete er hastig.

«Wie, nichts? Du sagst keinen Ton, wenn ich dich nicht was frage. Ich glaube nicht, dass du so wortkarg bist. Dir geht bestimmt irgendwas durch den Kopf. Los, raus damit!»

Wie geradeheraus, wie offen sie war. Und wie stur. Sie machte, was sie wollte, sagte, was sie dachte. Wie könnte er ihr sagen, was ihm durch den Kopf ging. Seine Antwort war lächerlich: «Ich habe mich gefragt, ob du keine Angst vor Bären und Wölfen hast, so mitten im Gebirge.» Sie lachte so laut, dass es im Wald widerhallte. «Du bist doch da! Ich bin in guten Händen. Du solltest dich um die Bären und Wölfe sorgen», sagte sie und rannte los.

Dann verließ sie den Pfad, hängte sich an den Ast eines Baumes und schaukelte einige Male daran. Sie sah aus wie eine Schneefrau. Wie schön sie ist, ein Stückchen strahlende Sonne inmitten des Schnees. Sie hatte ihn mit ihrer Unbeschwertheit angesteckt. Es war für ihn eine wahre Wonne. Mit solch einem Mädchen, einer Gazelle gleich, in einem verschneiten Tannenwald. Gott, diese Blicke, die den Schnee zum Schmelzen brachten.

Den besseren Schlitten hatte Gönül. Schnell wie der Wind und laut kreischend sauste sie vor ihm den Berg herunter. Dabei war Şahin gut im Schlittenfahren. Er hatte seine Tricks drauf, um zu beschleunigen, so dass er sie immer wieder einholte und sie mit einem sanften Stoß in den Rücken vorwärts trieb. Dieses Mal musste er übertrieben haben, denn sie überschlug sich und stürzte in den Schnee. Şahin gelang es nicht, gleich anzuhalten. Er stürzte auf sie. So ein Pech! Was würde sie jetzt von ihm denken? Gönül lachte. Şahin sah sie unsicher an. Ihre Gesichter berührten sich fast, Arme und Beine waren umeinander geschlungen, Şahin erregt. Oh Gott, dachte er, ich sterbe. Gönül hörte plötzlich auf zu lachen. Sie ordnete Arme und Beine, als habe sie gerade erst bemerkt, was geschehen war. Schweigend, nachdenklich. War sie etwa auch beschämt? Jedenfalls war ihr Gesicht leicht gerötet. «Steh auf. Lass uns umkehren», sagte sie.

Am späten Nachmittag kehrten sie heim. Den ganzen Abend verbrachten sie im Wohnzimmer, das von den Tannen- und Eichenscheiten im Ofen gewärmt und beleuchtet wurde. Als sie sich verabschiedeten, war er über die in ihr wachsenden Gefühle ebenso sicher wie über die eigenen.

Şahin blieb eine weitere Woche im Dorf. Anschließend ging er nach Şavşat. Er wagte es nicht mehr, im Haus des Onkels zu übernachten, und zog es vor, bei seiner älteren Schwester zu bleiben, die vor Kurzem mit ihrem Mann in die Kreisstadt gezogen war. Von Zeit zu Zeit ging er für einige Tage ins Dorf, um seine Eltern zu besuchen. Seine Zeit verbrachte er größtenteils mit Lesen und ideologischen Diskussionen mit Freunden. Das Studium hatte er endgültig an den Nagel gehängt, um sich ganz dem revolutionären Kampf zu widmen und ein professioneller Revolutionär zu werden. Er organisierte Infoabende und Seminare, ging mit plakatieren, besuchte umliegende Dörfer, führte dort Propaganda- und Agitationsveranstaltungen durch, beteiligte sich an

Auseinandersetzungen mit Grauen Wölfen, die sich in einigen Dörfern festgesetzt hatten und hin und wieder in die Kreisstadt kamen. Seine Weggefährten und er hörten weder auf die Rüffel ihrer Eltern noch ließen sie sich einschüchtern. Trotz der ablehnenden Haltung der meisten bedrängten sie die Leute, die Eltern, Geschwister, die Dörfler, die Arbeiter und die Beamten: «Wacht endlich auf!»

Inzwischen hatte Şahin Bekanntschaft mit Polizeistationen und Gewahrsamszellen gemacht. Mitte Jänner war der von ihnen gegründete Verein der Bevölkerung der Walddörfer ohne Begründung verboten und Şahin, als Mitbegründer, in Gewahrsam genommen, vernommen und gefoltert worden. Ender Hoca empfing Şahin anschließend überschwänglich in seinem Geschäft. Er zeigte ihm die soeben erschienene Ausgabe der Şavşat Postası. Normalerweise beschäftigte er sich darin kaum mit Politik, aber in dieser Ausgabe gab es fast kein anderes Thema.

«Sie ertragen es nicht, dass ein paar Jugendliche und Lehrer zusammenkommen. Wie sollen sie da Aktionen ertragen, die das Volk aufrütteln? In diesem Punkt scheren sich die Obersten kaum um die Verfassung», sagte er. «Und genau das ist die Hauptaufgabe, Şahin: Das Volk aufrütteln! Aber ich meine nicht nur politisch aufrütteln, sondern etwas Tieferes, Umfassenderes. Ich spreche von Aufklärung. Glaube bitte nicht, dass ich das, was ihr tut, geringschätze. Aber ich finde es unzureichend, mangelhaft, ja sogar grobschlächtig. Was ihr macht, ist Politisierung, die auf Schlagworten und Agitation basiert. Das reicht nicht! Man muss das Volk Geschichte lehren, Recht, Literatur, Kunst, Philosophie. Dann erst gibt es wahre Veränderungen, ansonsten werden die Schlagworte bald schon in Vergessenheit geraten. Du verstehst mich doch, oder?»

Şahin ärgerte sich insgeheim über ihn. Sie eilten doch von Aktion zu Aktion. Was wollte dieser Mann denn noch? Und wenn sie so unzureichend waren, warum kam er nicht mit ihnen in die Dörfer? Zudem waren dies auch Worthülsen. Şahin lächelte spöttisch: «Den Dörflern Recht, Philosophie, Literatur beibringen. Wie soll das gehen? Wir stürzen dieses Regime, errichten überall Schulen und Büchereien, so dass kein einziger Mensch unwissend und ungebildet bleibt. Das Wichtigste ist doch, die Macht an sich zu reißen und die da oben zu entmachten. Dafür braucht es Propaganda, Agitation, Aufklärungsveranstaltungen, um politische Wahrheiten offenzulegen, um das politische Bewusstsein und die Organisationsfähigkeit des Volkes zu stärken. Den Rest erledigen wir nach der Revolution, mein Hoca!»

Der letzte Satz war ihm reichlich großspurig über die Lippen gekommen. Sein Gegenüber brüllte: «Das ist falsch, falsch, falsch! Von wegen unmöglich. Denk an Sokrates. Der brachte Menschen, die nicht die geringsten Mathekenntnisse hatten, dazu, Matheprobleme zu lösen. Denk an Aristoteles: Der versammelte Menschen in Höhlen und lehrte sie im Kerzenschein Philosophie. Es ist sehr wohl möglich, solange man seine Sprache, seine vorhandenen Mittel einsetzt. Außerdem ist all das von großer Bedeutung. Ihr seid doch ständig auf dem Lande. Statt immer nur über Preiserhöhungen, Folter und Anschläge zu reden, solltet ihr ihnen die Geschichte nahebringen, die Französische Revolution zum Beispiel. Eure Gegenspieler lehren doch auch die theologische Philosophie, obwohl sie in Arabisch verfasst ist. Warum könnt ihr sie nicht in Türkisch, sagen wir mal, in materialistischer Philosophie unterrichten? Erzähl mir doch nichts.»

Während sich der Hoca immer mehr ereiferte, versuchte Şahin zu beschwichtigen. Er musste sich eingestehen, dass ihm seine tiefe Begeisterung für die Volksaufklärung gefiel. Aufrichtig entgegnete Şahin: «Machen wir, mein Hoca, machen wir. Wir tun alles, was für das Volk wichtig ist.»

Mitte September organisierten sie eine Kundgebung zur Verteidigung der Rechte von Wald- und Forstarbeitern. Die Holzsaison war vorüber, die Forstbetriebsleitung weigerte sich, die Löhne auszuzahlen. Sie wollten gegen diese Haltung protestieren und sich darüber hinaus für eine Lohnerhöhung einsetzen. Dies war die erste Kundgebung, die unter Führung der revolutionären Jugend geplant wurde.

Und sie war erfolgreich. Obwohl die Herren Forstpfleger in grünen Uniformen, Stiefeln und breiten Gürteln wie persönliche Beschützer des aus Şavşat stammenden Forstministers agiert und wüste Drohungen ausgestoßen hatten, war eine ansehnliche Menge von Arbeitern und Dörflern ihrem Aufruf gefolgt. Hunderte hatten Dev-Genç-Parolen skandiert: «Forstarbeiter sind keine Sklaven!» Die schönste Stimme der Kundgebung aber war das von Gülpaşa vorgetragene Gedicht *Gottverdammter Forstingenieur*. Es hatte alle in Begeisterung versetzt.

Das Rednerpult stand unmittelbar unter dem Balkon von Şahins Onkel. Nach seiner Rede mischte sich Şahin unter die Menschenmenge und hörte den folgenden Rednern zu. Er hatte sich von der Menge mitreißen lassen und skandierte alle Slogans mit. Die geballte Faust in die Luft gestreckt, lauthals schreiend, stand er plötzlich mit offenem Mund da. Gönüls Blick ruhte auf ihm. Er wünschte sich, die Kundgebung möge auf der Stelle beendet werden, gleichzeitig verfluchte er sich für diesen Wunsch. Der Gedanke, dass er für sie der Revolution den Rücken kehren könnte, erschütterte ihn. Niemals, brach es aus ihm heraus, niemals!

Wie immer dauerte die Kundgebung länger als geplant. Es gab Teilnehmer aus den umliegenden Kreisstädten, auch andere linke Gruppierungen waren dabei. Jede Kreisstadt, jedes Dorf, jede Gruppierung begehrte Redezeit oder zumindest die Verlesung einer Grußbotschaft. Und sie wollten niemanden abweisen. Ender Hoca hielt als letzter Redner eine Ansprache an sie alle. Ruhig, selbstsicher. Er appellierte an Respekt, Freundschaft, Genossenschaft. Man lauschte ihm still.

Erst spät in der Nacht kehrte Şahin heim. Er klingelte und es passierte genau das, was er erhofft hatte: Gönül öffnete ihm lächelnd die Tür.

«Na, dann komm mal rein.»

«Danke.»

Sie ist wie das Meer, dachte er. Nein, sie ist das Meer. Sieh dir nur diese Augen an, voller Meeresleuchten.

Auch wenn Şahin den gesamten Winter über in Liebesfieber verbrachte, gelang es ihm nicht einmal andeutungsweise, mit Gönül über seine Gefühle zu sprechen. Selbst in jenen Momenten mit den verliebtesten Blicken brachte er es fertig, lang und breit über Bücher oder Geschichte zu sprechen, über das, was in China, Russland, Deutschland oder Frankreich geschah, um auf das Liebesleben literarischer Gestalten zu kommen, schaffte es aber nicht, über den gemeinsam erlebten Augenblick zu sprechen.

Auch wenn Gönül von seinem Tun durchaus angetan war, suchte sie die Verantwortung für seine Zurückhaltung bei sich selbst und kam nicht umhin zu glauben, dass sie all diese feurigen Blicke falsch gedeutet haben musste.

Jahre später, in jenen Tagen, da er in der Erzincaner Haftanstalt mithilfe von Papier, Kleber und dem vom Boden des kleinen Innenhofs in Gefängnismanier zusammengekratzten Sand eine Art Beton herzustellen versuchte, erinnerte Şahin sich an diesen mit Gönül verbrachten Winter und ärgerte sich über sich selbst: «Einen ganzen Winter hast du vertan. Verdammte Scheiße!»

Noch bevor der Frühling begann, hatte sich, von wenigen Ausnahmen abgesehen, nahezu die gesamte Şavşater Jugend Dev-Genç angeschlossen. Sie gewannen fast die gesamte Schülerschaft von Mittelschule und Gymnasium für sich und begannen jetzt, die Sympathien von Händlern und Handwerkern, Beamten und Hausfrauen zu erwerben. So manches Dorf hatten sie fest in der Hand und waren so zu einer bedeutenden Kraft geworden. All die Schreckensmeldungen, die von rechten Gruppen über sie verbreitet wurden, verloren nach und nach an Wirkung.

Söhne, Töchter und Schwiegerkinder zahlreicher Familien waren zu Revolutionären geworden: Die eigenen Kinder konnten die Dörfler schlecht als Feinde von Ehre und Anstand beschimpfen. Nun machten sie sich über ihre anfänglichen Vorbehalte lustig.

«Was sollen die schon mit unseren Frauen in den verschissenen Unterhosen, wo es doch so schöne Filmstars gibt?»

«Ich hab eh nur ein handtuchbreites Feld. Sollen die sich sorgen, die ganze Ländereien besitzen!»

Şahin, nunmehr zum Vorsitzenden des Volkshauses gewählt, musste sich nur gegenüber Ender Hoca rechtfertigen.

«Das Volkshaus habt ihr zur Filiale von Dev-Genç gemacht. Eure Plakate und Sprüche an den Wänden. Das geht nicht. Das Volkshaus muss offen für alle Weltanschauungen sein. Ihr könnt es nicht unter die Vorherrschaft einer einzigen Anschauung stellen.»

«Aber wir haben die Leitung in der Hand. Wir stellen den gesamten Vorstand. Homogene Leitung eben.»

«Und wenn schon. Geht die Leitung des Landes nicht mit genau derselben Logik vor? Wenn wir an der Macht sind, muss sich jeder nach uns richten. Alle öffentlichen Ämter werden mit unseren Leuten besetzt. Die anderen bleiben auf der Strecke. Das nennt man Diktatur. Dabei steht über der Macht stets die Verfassung, und die gehört den Menschen aller Gesellschaftsgruppen, aller Couleur. Außerdem hat dieses Volkshaus eine Satzung, die über der Vereinsleitung steht. Ihr müsst nicht nur eure eigene Leitung sein, sondern die aller. Ansonsten seid ihr eine Kopie der Staatsmacht. Auch wenn eure Absichten und Ziele andere sind – die Methode ist dieselbe.»

«Ich möchte Sie doch bitten, auf Ihre Wortwahl zu achten, mein Hoca. Dieser Vergleich ist unangebracht. Ich weiß nicht, wie es bei Ihnen ist, aber wir sind auch die Basis. Alle gehören jetzt zu uns. Sehen Sie das nicht oder wollen Sie es nicht sehen?», erwiderte Şahin verärgert.

«Alle, alle, alle. Das ist die Gesamtheit, aber eine Gesamtheit, die aus Unterschieden besteht.»

«Das ist Haarspalterei. Nicht der Rede wert.»

«Nein, das ist nichts anderes als die Ablehnung und Leugnung der Unterschiede. Überdenkt das gründlich. Und glaubt mir, das führt nur zur Diktatur. Es schmälert euren Kampf und macht ihn unergiebig. Missversteht mich nicht. Ich will euch freundschaftlich warnen. Denn das ist ein äußerst wichtiger Punkt.»

Şahin wollte das Thema beenden: «Wir regieren niemanden mit Gewalt. Unsere Türen stehen allen offen. Und es kommen ja auch alle.»

Ja, es kamen alle. Zur Beisetzung von Vural Ural waren Unzählige gekommen. Frauen und Männer, Alte und Junge. Graue Wölfe der Kreisstadt Hopa hatten den revolutionären Lehrer in einen Hinterhalt gelockt und regelrecht durchlöchert. Die Menschen kamen in Kleinbussen und Lastern nach Hopa. Der Leichnam wurde nach Şavşat überführt und unter Beteiligung einer schier unendlichen Menschenmenge zu Grabe getragen. Als Osman in der Kreisstadt Borçka ermordet wurde, fuhren sie auch in einem Konvoi dorthin.

Im April erzählte ein Genosse, der mit einer Tasche voller Broschüren und Flugblätter aus Ankara kam, dass der Aufruhr das gesamte Land erfasst habe. «Es gibt eine neue Zeitschrift. Darin wird berichtet, dass die Organisation lawinenhaft wächst und die Grenzen unserer Bewegung längst gesprengt sind. Unsere Anhänger sind schon lange nicht mehr nur Jugendliche und Studenten. Wir erreichen mittlerweile die Fabriken, die Armenviertel, Städte, Dörfer, Zehntausende von Menschen. Unsere Jugendzeitschrift wird weiterhin als Sprachrohr der Jugend erscheinen und *Devrimci Yol* wird zum Presseorgan der gesamten Volksbewegung», berichtete er begeistert.

Die erste Ausgabe der Zeitschrift brachte ein gewisser Ensar nach dem 1. Mai mit. Groß, stattlich, auffallend blond und mit einem ansteckenden Lachen war er plötzlich im Volkshaus aufgetaucht. Weder Şahin noch irgendein anderer kannte ihn. Nur seinen Begleiter kannten sie. Der war aus dem Dorf, Ensar aus İstanbul. Er war exmatrikuliert worden, ohne Beschäftigung und Geld und hatte sich kurzentschlossen auf den Weg ins Dorf gemacht. Er war bei der 1. Mai-Demonstration auf dem Taksim Platz in İstanbul gewesen und hatte das Blutbad hautnah erlebt.

«Wir sollten eine Versammlung abhalten, damit alle hören, was du zu sagen hast», schlug Şahin vor.

«Tu mir das nicht an! Zeig mir lieber ein Heer von Faschisten, um sie ohne Rücksicht auf Verluste fertig zu machen. Aber verlange von mir nicht, vor so vielen Menschen zu reden. Tu mir das nicht an!»

«Wo sollen wir auf die Schnelle ein Heer von Faschisten für dich auftreiben? Da hast du ein Heer des Volkes, das die Wahrheit erfahren möchte. Und du wirst sie ihm nicht vorenthalten!», entgegnete Şahin.

Als Ensar merkte, dass es kein Entrinnen gab, stimmte er zögernd zu. Şahin hatte seine unkomplizierte Art so sehr gefallen, dass er Ensar gleich ins Herz schloss. Sie mieteten den Kinosaal und luden die gesamte Kreisstadt ein. Als der Saal sich gefüllt hatte, verließen Şahin und Ensar das Volkshaus und betraten den Saal durch die Tür, die unmittelbar zur Bühne, zum Mikrofon führte. Auch wenn viele Ältere dabei waren, stellten Gymnasiasten die Mehrheit im Saal. Mädchen in Schuluniform, Jungs in Parkas. Parkas, selbst im Frühjahr. Militärparkas, manche khakigrün, andere schwarz gefärbt. Şahins war schwarz gefärbt. Er trat ans Mikrofon und rief die Anwesenden zu einer Schweigeminute für die Märtyrer der Revolution auf. Der ganze Saal stand, mit erhobener Faust. Sie jedoch sind begraben in Sonne, deklamierte eine Stimme aus dem hinteren Teil des Saales. Der Sturm bricht auf, zur Sonne empor, nahm eine andere kräftige Stimme das Gedicht auf. Wir bezwingen der Sonne Lauf, und erobern die Sonne im Chor, setzte jemand aus der Mitte des Saales fort. Şahin beendete die Schweigeminute mit den Worten: «Möge ihr Andenken Vorbild für unseren Kampf sein».

«Wir sind heute zusammengekommen, um das Massaker am 1. …» Weiter kam er nicht. Sein Blick war auf Jemanden in den mittleren Reihen haften geblieben. Şahin konnte nur noch stammeln. Seine Aufregung wuchs ins Unermessliche. Unter diesen Blicken. Wie soll ich da reden können. Er reichte Ensar das Mikrofon, ging ein paar Schritte zurück und lehnte sich gegen die Bühnenwand. So sehr er sich anstrengte, dem Vortrag zu folgen, konnte er sich dem Zauber dieser Augen nicht entziehen.

Inzwischen hatte Ensar seine Ausführungen über die Weltlage beendet und kam auf das Massaker zu sprechen. «Und als der Regen nachließ, lagen sie da auf dem Platz. 34 Körper, leblos, blutüberströmt und durchnässt. Der Festplatz war zum Grab für 34 Leben geworden. Das ist eine offene Kriegserklärung, Freunde! Alle amtlichen und zivilen, geheimen und offenen Gegenkräfte, unter der Führung der Nationalistischen Front*, haben uns den Krieg erklärt!»

Zwei Tage nach dieser Versammlung stand ein Feldwebel mit einem Trupp Gendarmen vor dem Vereinslokal. Die Staatsanwaltschaft hatte Haftbefehl gegen Şahin und Ensar erlassen, wegen Beleidigung der ideellen Persönlichkeit der Regierung sowie kommunistischer Propaganda. Das Vereinslokal wurde für einen Monat geschlossen. Şahin und Ensar ergriffen Parolen rufend die Flucht, die Gendarmen hefteten sich an ihre Fersen. Es war unter ihrer Würde, sich gleich zu ergeben und sich brav auf den Weg zur Polizeistation zu machen. Eine Woche lang waren sie auf der Flucht. Diese Flucht kam Şahin ziemlich gelegen, so konnte er die folgenden Tage im Hause seines Onkels verbringen.

Jahre später, als sie in der Erzincaner Haftanstalt mit dem Tunnelbau begonnen hatten, dachte Şahin: ‹Wie gut, dass wir an jenem Tag diese Versammlung organisiert haben und ich fliehen musste›. Tage und Nächte verbrachte er so in Gönüls Nähe, mit dem Traum von einem schönen, gerechten Land ohne Herr und Knecht, ohne Hunger und Elend, ohne Tyrannei und Gewalt. Er war von einer solchen Glückseligkeit erfüllt, dass er in mancher Nacht gebetet hatte, er möge ein Leben lang auf der Flucht sein, zusammen mit Gönül.

In der ersten Nacht hatte ihm Gönül geöffnet und ihn aufgeregt und besorgt hereingelassen: «Komm, schnell. Rein mit dir, bevor dich jemand sieht.» Er fand, dass ihr die Aufregung gut zu Gesicht stand. Aber nicht nur die, auch ihr Rock und ihre Bluse standen ihr gut. Und dieses Haar, diese Brauen! Sie waren so schön, dass ihm schwindelte.

«Ich muss mich setzen. Mir dreht sich alles», sagte er. Und sie fing besorgt an, die Schränke leer zu räumen.

«Natürlich. Du musst hungrig sein.»

«Schon, aber das ist nicht das eigentliche Problem.»

«Was dann? Sag es mir. Lass mich die Linderung für dein Leid sein», erwiderte Gönül spöttelnd.

Das genügte Şahin, um zu stottern. Er räusperte sich einige Male, aber es half nichts. «Ich, ich meine», stammelte er. «Ich, du», setzte er erneut an. «Was ich sagen will, ist», versuchte er es wieder, aber er konnte den Satz nicht beenden. Gönül begann zu kichern und so kam er gar nicht mehr aus dem Stammeln heraus. Es war wieder einmal Gönül, die die Situation rettete.

«Willst du von nun an ständig auf der Flucht sein? Willst du dein Leben so verbringen?», fragte sie naiv und wahrhaftig, nicht wissend, dass sie tatsächlich an der Schwelle zu einem Leben standen, das nach nicht endender Flucht aussah.

«Nein, nein», versuchte Şahin zu beschwichtigen. «In ein, zwei Tagen müssen wir vor dem Staatsanwalt aussagen.»

«Was wirst du sagen?»

«Ein paar Notlügen. Sonst nichts.»

«Aber wie kannst du nur an so etwas denken? Ich finde, du musst alles haargenau wiedergeben, was ihr gesagt habt. Es war doch alles richtig.»

Şahin war wirklich verblüfft. Sie ist so gradlinig, so unverstellt, ging es ihm durch den Kopf. Nicht einmal Notlügen. Das ist ja schön und gut, aber mal angenommen, dass sie sich der revolutionären Bewegung anschlösse, würde sie mit Sicherheit gleich beim ersten Polizeigewahrsam für mehrere Jahre ins Gefängnis wandern. Menschenskind, wie soll ich es ihr erklären. Auf der Polizeistation, im Gerichtsgebäude. Lügen, Lügen.

«Abgesehen davon, hast du ja nicht wirklich was gesagt. Eher so ein Gestammel und Gestotter. Das war's.» Weiter kam sie nicht, weil sie lachen musste. «Und das Gestammel und Gestotter schilderten sie dem Staatsanwalt gegenüber als kommunistische Propaganda.»

Oh Gott, dieses Lachen, einem Konzert gleich. Şahin konnte sich nicht länger beherrschen, er musste loslachen. Sie sahen sich tief in die Augen, prusteten immer wieder los:

«Der Staatsanwalt zum Kommunisten: Gestammel und Gestotter.»

«Und der Kommunist zum Staatsanwalt: Gestammel und Gestotter.»

Lautes Auflachen und die beiden Worte herausplatzend: «Gestammel und Gestotter.» Minutenlang ging es so weiter. Schließlich wünschte Şahin ihr eine gute Nacht und wandte sich zur Tür.

«Ich möchte nicht wegen deines Gestammels und Gestotters geschnappt werden.»

«Pass auf dich auf. Gestammel und Gestotter sind auf der Flucht nicht empfehlenswert.»

Dann zogen Sommertage übers Land. Als Şahin eines Morgens früh von einer Tour auf dem Land zurückgekehrt war, die Geschäftsleute gerade ihre Läden öffneten und die Dörfler mit Kleinbussen und Lastern in die Stadt kamen, ging er vom Busbahnhof schnurstracks zum Haus seines Onkels. Er verging vor Sehnsucht nach Gönül, er hatte sie so sehr vermisst. Er merkte sofort, dass alle sich merkwürdig verhielten. Alle waren kurz angebunden und mieden seine Nähe. Nachdem er allein in der Küche gefrühstückt hatte, setzte er sich auf den Balkon zu Murat.

«Was hast du, Murat?»

«Nichts!»

«Warum nimmt jeder Reißaus vor mir?»

Keine Antwort. Şahin war enttäuscht. Obwohl er Gönül noch nicht gesehen hatte, wollte er gleich wieder gehen. Auf dem Flur hörte er Sema im Zimmer nebenan sagen: «Das ist doch nichts für eine Verlobung, Mama!» Die haben wohl irgendein Geschenk für eine Verlobung geholt, dachte er, während er durch die Tür trat. Er ging direkt zu seiner Schwester. Sie fegte gerade das Zimmer und schien auch irgendetwas zu haben. Das war unübersehbar.

«Wo warst du denn die ganze Zeit?», fragte sie vorwurfsvoll.

«Auf dem Land.»

«Ja, geh du nur aufs Land. Mach deine Touren. Und während du herumtourst...»

«Ja, während ich herumtoure?»

Er wollte endlich wissen, warum sich alle so merkwürdig verhielten.

«Was soll schon sein. Während du herumtourst, wird Gönül verlobt.» Was, wie? Wie mit tausend Messerspitzen verletzte ihn diese Nachricht. Es war bitter, ein Weltuntergang, wie der Tod, wie das Ende von

Allem. Und so unerwartet. Seit ihrer ersten Begegnung war er in sie verliebt. Der Liebeskeim, der an jenem Tag in seinen Herzensgarten gefallen war, war Tag um Tag aufgeplatzt, Nacht um Nacht gegrünt und war zu einem tausendästigen und tausendblütigen Baum angewachsen. Und ausgerechnet jetzt, da er Früchte zu geben bereit war, schlugen Beile auf ihn ein. Aber er sammelte sich schnell.

«Und? Was ist dabei?»

«Was dabei ist? Glaubst du, dass ich nicht weiß, dass du sie liebst?»

«Wie kommst du denn da drauf?»

«Ich weiß es!»

Mit Nachdruck hatte seine Schwester den Satz gesagt. Şahin leugnete nicht länger. «Mit wem wird sie verlobt?» Fieberhaft erwartete er die Antwort. Wer war dieser Schatten, der seinen Lichtstrahl verdunkelte? Wer war der Kerl, der seine Träume durchkreuzte und sein Herz vergiftete?

«Das ist doch nicht wichtig. Wer will dich schon zum Schwiegersohn, wenn du so wie jetzt weitermachst? Ich meine, ich bin deine Schwester. Versteh mich nicht falsch, ich gäbe dir die ganze Welt. Aber wenn ich ein Fremder wäre und ich mir deiner Herzensgüte nicht sicher wäre, würde ich dir meine Tochter auch nicht zur Frau geben. Verstehst du, was ich meine?»

Am Abend lief Şahin zum Haus des Onkels. Er mochte es nicht glauben und wollte es aus Gönüls Mund hören. Und wenn sie es ebenfalls bestätigte? Oh Gott, und ich dachte, dass sie mich auch? Warum sollte sie so einen wie dich lieben? Hast du dich jemals um sie bemüht, hast du sie bezirzt, deine eigene Liebe jemals ernst genommen? Du Idiot!

«Glückwunsch. Ich hab gehört, dass du dich verlobst.» Gönül erwiderte nichts und schaute Şahin mit einem kaum merklichen Lächeln an. Sie war allein auf dem Balkon und hörte Radio. «Und? Sieht er gut aus?» fragte Şahin herausfordernd. «Er ist ein feiner Mensch», antwortete sie etwas schroff.

Şahin schürzte die Lippen, wie ein Kind, das zum Weinen ansetzt. Für wen hältst du dich, dass du die Verlobte eines Anderen zur Rechenschaft ziehst, wies er sich selbst zurecht. Er ist ein feiner Mensch, hat sie gesagt. Also liebt sie ihn. Und du? Gestammel und Gestotter. Es ist Zeit zu gehen. Verschwinde. Ohne sich zu verabschieden, ging er in den Flur. Gönül rief ihm nach. Şahin wandte sich um und sah sie an. Mit einem tiefen Blick. Ach, diese Augen! Was will sie? Dass du etwas sagst? Dass du deine Liebe gestehst? Warum musstest du dich auch ausgerechnet in sie verlieben? Was kann ich ihr schon bieten? Ein glückliches Eheleben? Meine Tage und Nächte gehören der Revolution. In ein oder zwei Jahren bin ich tot. Erschossen. Ich und heiraten, eine Ehe führen! Wo ich doch jede einzelne Stunde der Revolution widmen würde, selbst wenn der Tag 48 davon hätte. Das ist mein Leben, basta! Außerdem, wie kann man den Augen dieses Mädchens trauen. Womöglich schaut sie alle mit diesem Blick an. Und du bildest dir ein, dass diese Blicke dir allein galten.

Şahin blieb nicht stehen und ließ sich nicht wieder bei seinem Onkel blicken. Er versuchte, Gönül zu vergessen. Seinen Herzensgarten verriegelte er. Er goss ihn nicht mehr, er missgönnte ihm das Sonnenlicht. Sollten doch all seine Zweige verdorren, all seine Blüten faulen.

Sechs.
Damals in Artvin (3)

Als die Schritte an der Treppe ankamen, miaute Bahattin zweimal, genau wie eine Katze. Nachts streunten jede Menge Katzen im Gefängnis herum. «Verschissene Katze», grummelte der Gefängniswärter, der am Treppenabsatz kurz stutzte und sich dann entfernte. «Selber verschissen!», zischte Bahattin und fügte hinzu: «Herr im Himmel, wozu ich mich hinreißen lasse. Also wirklich.»

Der Fluch des Gefängniswärters machte ihn wütend, sein Gesicht war rot angelaufen. Auch wenn die Situation durchaus komisch war, war keinem von ihnen nach Lachen zumute. Um ein Haar wären sie aufgeflogen. Sie konnten kaum glauben, dass sie noch einmal davon gekommen waren, alle schauten Bahattin anerkennend an und atmeten erleichtert auf. Kurze Zeit später waren alle wieder in der Zelle. Necmi und Özgüç gingen kurz in Emils Zelle, um die Waffen zu verstauen. Danach schloss Özgüç die Zellentür ab, indem er seinen

Arm durch die vergitterte Luke hangelte. Nun waren sie wieder in der Zelle, die sie für immer verlassen wollten. Obendrein eigenhändig eingeschlossen.

Sie wuschen die dreckige Kleidung im Toilettenraum, zogen die Pyjamas an und machten es sich auf den Betten bequem. Alle schwiegen. Angesichts der bevorstehenden Zellenkontrolle war die Laune bei allen im Keller. Şahin fühlte sich erbärmlich. Er war so voller Wut auf sich selbst. Wären sie mit einem Tunnel von ein paar Metern Länge aufgeflogen, hätte es ihnen wohl nicht so sehr zugesetzt. Doch sie würden nun mit einem Tunnel von ganzen 30 Metern auffliegen, mit dem man die Freiheit gleich dreimal hätte in die Arme schließen können. Dabei waren so viele Tage, so viele Nächte verstrichen und sogar eine Kontrolle hatten sie heil überstanden. Wem war das jemals vergönnt? In welchem Gefängnis? Jeder andere wäre in der Zeit mindestens zehnmal abgehauen. Aber sie? Man könnte glauben, sie hätten den Hofgang kurzerhand unter die Erde verlegt! Statt geradeaus hatten sie seitlich gegraben und waren auf der Stelle getreten. Şahin war unschlüssig, ob er sich über ihre Dummheit und Unfähigkeit ärgern oder eher um die unmittelbar bevorstehende Zellenkontrolle sorgen sollte, die alles beenden würde. Voller Wut und Besorgnis sah er mit aufgerissenen Augen zu, wie die Zeit verstrich.

Schon schepperten Türen. Stiefel donnerten. Gendarmen strömten gruppenweise in die Flure, die Zellen, den Speisesaal und den Hof. Verglichen mit der ersten Durchsuchung war ihre Unruhe nun doppelt so groß, der Kummer doppelt so finster, die Anspannung doppelt so hoch. Und die Hoffnung gleich Null, ach was, noch unter Null. Die Erde drehte sich nicht mehr, die Zeit stand still, und der Moment des Jüngsten Gerichts brach über sie herein.

Ihre Erleichterung war dann doppelt so groß wie zuvor. Als hätte die Zeit aufs Neue beschlossen sich zu bewegen, als wäre der Tag gerade angebrochen, als hätten sich die Farben in diesem Augenblick erst auf Äste, Bäume und die Erde niedergelegt. Die Gendarmen waren wieder abgezogen, ohne irgendetwas gefunden zu haben. Hurra! Hundertmal Hurra, tausendmal Hurra!

«Und nun?» Zuallererst mussten sie herausfinden, unter welchem Pfirsichbaum sich das Tunnelende befand. Dazu begaben sich drei sogleich in den Hof. Nach einigen Runden taten sie, als spielten sie ausgelassen Fangen. Wer weglief, umrundete einen der Pfirsichbäume und ging hinter dem Stamm in Deckung. Die anderen Gefangenen schenkten ihrem Tun keinerlei Beachtung. Zunächst kontrollierten sie jenen Baum, der der Außenmauer am nächsten stand. Burhan musste sich doch geirrt haben. Wenn überhaupt, hätte es dieser Baum sein müssen. Aber nein! Er wackelte nicht. Dann bestimmt der Mittlere. Aber auch dieser wackelte nicht. Oder war ihr Irrtum noch fataler? Waren sie etwa schon unter einem Baum außerhalb des Gefängnisses angelangt und hatten fälschlich angenommen, es sei einer der Pfirsichbäume im Hof? Weit gefehlt! Als sie an dem vordersten Pfirsichbaum rüttelten, dem, den Burhan gemeint hatte und der sich gerade mal zwei Meter vor dem Speisesaal befand, trauten sie ihren Augen nicht. Der Baum bewegte sich kaum merklich an der Wurzel. Burhan hatte tatsächlich Recht. Der Tunnel hatte regelrecht kehrtgemacht und erneut die Richtung zum Gefängnisgebäude eingeschlagen.

Trotzdem mussten sie wegen dieser sonderbaren Situation immer wieder lachen.

«Hut ab! Burhan hat es als Einziger gemerkt.»

«So ein Schlaumeier. Alle Achtung.»

«Am liebsten hätten wir ihn verdroschen, wenn er mal wieder mit dem blöden Pfirsichbaum anfing.»

Nun leisteten alle bei ihm Abbitte. «Irgendwie gut, dass es so kam, wie er es vorhersagte. Stellt euch mal vor, wir wären nicht zufällig auf den Baum gestoßen.» Nicht auszudenken! Der Hof, auf dem sie ihre Runden drehten, war betoniert, nur um die Pfirsichbäume herum lag in einem Durchmesser von etwa 30 Zentimetern Erde. Wären sie nicht zufällig unter einem der Bäume gelandet, hätte die Betonschicht über ihnen überhaupt kein Ende genommen und sie hätten endlos weitergegraben, völlig ahnungslos, dass sie sich noch immer unter dem Gefängnis befanden. Jetzt galt es, im Tunnel die Stelle mit der kürzesten Entfernung nach draußen auszumachen und mit neuem Kurs weiterzuarbeiten.

Denen in der Isolation ging es genauso. Ratlosigkeit, Kummer und zerronnene Hoffnung las er in ihren müden Augen, als Şahin am Nachmittag mit Necmi zu ihnen kam. Nur Burhan lächelte stolz im Bewusstsein, endlich Vertrauen und Respekt aller erworben zu haben.

Sie hatten sich sogar schon im Tunnel umgesehen. Necmi und Şahin stiegen auch nochmal kurz hinab.

Nach den ersten zwei Metern war der Tunnel fortwährend nach rechts gegraben worden. Es waren nicht nur die Felsbrocken, die ihnen immer wieder im Weg standen. Ihr Wunsch, so weit entfernt vom Wachturm wie möglich herauszukommen, hatte auch seinen Teil dazu beigetragen. So waren sie bis zur Mitte des Gefängnishofes gelangt und hatten dann die entgegengesetzte Richtung, zurück unter das Gefängnisgebäude, eingeschlagen. Der Tunnel hatte die Form eines Bogens. Nun mussten sie an der Kehrtwende des Bogens die Außenmauer anpeilen. Von diesem Punkt aus würden sie an der Stelle herauskommen, die vom Wachturm am wenigsten einzusehen war. So gesehen hatte ihr Irrtum durchaus einen Nutzen. Außerdem würden sie die Erde nun nicht mehr hinausschaffen müssen, sondern in den irrtümlich gegrabenen Teil verbringen. Letztendlich hatten sie nur noch fünf Meter zu graben. Angenommen, sie schafften einen halben Meter pro Tag, wäre der Tunnel in zehn Tagen fertig. Die Durchsuchungen hatten sie gerade hinter sich, für Gendarmen und Aufseher war also alles in bester Ordnung, und die nächste Kontrolle stand frühestens in einem Monat an. Über kurz oder lang wären sie die Sieger. Nur einmal mussten sie noch in die Hände spucken. Şahin sorgte dafür, dass die Freunde draußen beim nächsten Besuch ins Bild gesetzt wurden. Von da an fieberten sie mit.

Drei Tage später unterhielt Şahin sich abends auf dem Bett mit Necmi über seine Gerichtsverhandlung, die am nächsten Tag stattfinden sollte. Er freute sich, Gönül zu sehen. Das würde ihm nach dem ganzen Stress sehr gut tun. «Vielleicht wirst du morgen freigesprochen», scherzte Necmi. «Das wäre wirklich komisch: Höflich durch die Vordertür hinausgebeten zu werden, während man dabei ist, durch die Hintertür abzuhauen.» Şahin konnte sich das Lachen nicht verkneifen.

«Nie und nimmer. Hätten die das jemals vorgehabt, wäre es längst passiert.»

«Nur mal angenommen. Wie würdest du dich fühlen?»

Darüber hatte Şahin überhaupt nicht nachgedacht. Ja, wie würde er sich fühlen? Wäre er erfreut? Nein. Nicht im Geringsten. Mittlerweile war es Ehrensache, die Angelegenheit zum Abschluss zu bringen. Und bei der Vollendung wollte er dabei sein. Er hätte womöglich versucht, die Richter dazu zu bringen, den Entlassungsbeschluss zurückzunehmen.

«Nun hör auf mit dem Unsinn und sag mir lieber, wann wir durch die Hintertür verschwinden.»

«Das weiß ich nicht, aber diesmal werden wir es definitiv schaffen.»

«Gibt es eigentlich keinerlei Fragen mehr wegen der Schlüssel zum Waschraum?»

«Nein. Einige warten tatsächlich noch auf die Instandsetzung, andere scheinen aber längst im Bilde zu sein. Du hast das ja neulich mitbekommen.»

Ein paar Tage zuvor war Cemil, der mit ihnen ausbrechen wollte, wegen einer Lappalie mit einem Mitgefangenen aneinandergeraten und hatte ihm sogar Schläge verpasst. Sie fanden sein Verhalten weit überzogen und hatten ihn zurechtgewiesen. Schließlich mussten sie alles vermeiden, was Grund zu Isolationshaft liefern könnte.

Necmi und Şahin hatten sich bei dem Geschlagenen entschuldigt, ihn aber auch ermahnen wollen, den Vorfall auf keinen Fall der Verwaltung zu melden. Er aber hatte sie rasch unterbrochen und gesagt:

«Wie könnt ihr nur so etwas von mir denken, Hoca? Wäre ich ein Spitzel, hätte ich längst andere Dinge über euch ausgeplaudert.»

«Was zum Beispiel?»

«Ich weiß alles, Hoca.»

Sein Gesichtsausdruck hatte keinen Zweifel daran gelassen, dass er im Bilde war. Also war er vertrauenswürdig. «Nicht, dass du dich irgendwo verplapperst! Es käme dich teuer zu stehen!» Tatsächlich schienen nicht wenige Mitgefangene etwas mitbekommen zu haben, ließen sich jedoch nichts anmerken. Das waren sie ihrer Gefangenenehre, Unerschrockenheit und Solidarität schuldig.

Die Gerichtsverhandlung am nächsten Tag dauerte nur kurz. Nachdem der Richter in einem Gemisch aus reichlich arabisch, persisch, osmanisch und einer Prise türkisch jede Menge Unverständliches von sich gegeben hatte, lautete sein letzter Satz wie immer: ‹wird Haftfortdauer beschlossen›. Şahin lächelte. Bei der nächsten Verhandlung könnt ihr lange nach mir suchen, dachte er. Eine Stunde später stand ihm Gönül im Besuchsraum gegenüber, ein Licht in der Finsternis. Gönül und die Freunde aus Şavşat besorgten sich zu jedem Verhandlungstermin eine Besuchserlaubnis, um ihn anschließend sehen zu können.

«Am besten, ich bewerbe mich hier als Aufseherin.» Gönül lächelte. «Da sie dich ja nun nicht rauslassen.»

«Oder ich mache es wie Reşat.»

«Da können wir lange warten! Mein Vorhaben scheint mir aussichtsreicher.»

«Vielleicht lassen wir es darauf ankommen.»

Gönüls Gesichtsausdruck wurde ernst: «Führst du etwa irgendwas im Schilde?»

«Ach wo. Ich hab nur Spaß gemacht. Aber mal ehrlich, würdest du wollen, dass ich fliehe?»

Für einen Moment runzelte Gönül ihre makellose Stirn und dachte nach. «Dann könnte ich dich ja überhaupt nicht mehr sehen», murmelte sie bedrückt. Doch gleich danach hörte sie auf, sich weitere Gedanken darüber zu machen. «Das musst du wissen», sagte sie lachend. Ihr Duft, der durch die Gitterstäbe zu ihm drang, belebte Şahins erschöpften Körper. Dann ging sie, sich immer wieder umsehend.

Şahin sah ihr nach. Meine Rose, die du mir die Sinne raubst! Kaum blühtest du, da hat man dir das Wasser versagt, auf dass du welkest. Du aber entfaltest ihnen zum Trotz neue Blütenblätter. Wer weiß, wie sehr es dich dürstet. Warte noch ein wenig, meine Rose! Warte auf jene Nacht, da ich als Regenschauer zu dir finde!

Die Tage und Nächte verliefen nun ruhiger. Sie schwebten in stiller Glückseligkeit. Das Ende der Erdschicht rückte näher und näher. Die großzügigste, liebevollste Erde war förmlich dabei, zu gebären. So vergingen vier weitere Tage. Und plötzlich schien ein Blitz auf dem Korridor eingeschlagen zu sein, auf dem sie wie im Hof ihre Runden drehten. Ihre Herzen brannten lichterloh. Ein Mann mittleren Alters, von durchschnittlicher Größe, mit Stiernacken und einem stattlichen Bauch, war im Flur zu den Zellen aufgetaucht. Ein Anzug- und Krawattenträger, der in den Zellen ein und aus ging und dieses und jenes inspizierte. Gefolgt von einem Hauptaufseher, dessen Hände gefaltet auf seinem Bauch ruhten und zwei weiteren Wachen.

«Das ist der neue Vollzugsstaatsanwalt», erklärte ihnen ein Aufseher, den sie beiseite genommen und gefragt hatten. «Wenn der andere in Urlaub geht, wird ihn der hier vertreten. Der inspiziert alles für die Dienstübergabe.» Das hatte gerade noch gefehlt!

«Sag mal Necmi, wie läuft so eine Dienstübergabe ab?»

«Der Neue sieht sich überall um.»

«Das heißt?»

«Das heißt, dass er leider auch vor den Zellen nicht Halt macht.»

Sofort lösten sie das Versteck in der Toilette auf und holten ihre Messer heraus. Auch die Pistolen in Emils Zelle. Sobald der Staatsanwalt den Tunnel entdeckte, würden sie ihm in den Nacken springen. Zuerst würden sie ihn nach Herzenslust verprügeln. Wieso musste er auch den Tunnel entdecken, den all die Aufseher und Gendarmen nicht hatten entdecken können? Sie waren panisch und wütend. Wut, so ein Pech zu haben. Danach würden sie einen Aufstand anzetteln. Und danach? Lebe wohl, Freiheit! Das war's!

Jeweils zu zweit verteilten sie sich im Gefängnis. Sie waren überall, in den oberen und unteren Fluren, im Speisesaal, auf dem Hof. Sie behielten den Staatsanwalt unauffällig im Auge. In den Gemeinschaftszellen richtete er kaum ein Wort an die Gefangenen. Dann ging er hinunter in den Speisesaal. Sie waren nicht beunruhigt. Es handelte sich ja schließlich nicht um eine Durchsuchung. Hinter die Schränke würde er nicht schauen. Als der Staatsanwalt auf den Hof trat, vor dem Fenster stehenblieb, um einen Blick hineinzuwerfen, machte sich Entsetzen breit. All ihre Geheimnisse befanden sich dort. Es war die Stelle, an der sie mit der Erde vereint waren. Wohin der erste Samen gefallen war. Der Hauptaufseher hatte sich ebenfalls heruntergebeugt und gab Auskunft. Gut, dass sie einen Teil in die Zellen getragen und die zuletzt ausgehobene Erde im Gang verteilt hatten.

Mit unverändertem Gesichtsausdruck hob der Staatsanwalt den Kopf. Dann sah er sich noch flüchtig im Hof um und verschwand, gefolgt von den Aufsehern, im nächsten Trakt. Die eigentliche Gefahr würde beginnen, wenn sie dort fertig waren. Necmi und Şahin liessen sich von einem Aufseher die Zelle aufschließen und gingen zur Schleuse, um zwischen der zum Innenhof führenden Treppe und der Außentür zur Isolation auf- und abzugehen. Sie sprachen mit denen von der Isolation. Für den Fall, dass der Staatsanwalt Anstalten machte, in die Zellen zu kommen, würden sie ihm hinterhergehen, die Messer zücken und einen Aufruhr anzetteln. Gleichzeitig würden ihnen zwei Mithäftlinge im Speisesaal zur Hilfe eilen. Şahin und Necmi würden die Waffen aus dem Hosenbund ziehen und den Raum der Aufseher stürmen.

Nach etwa 20 Minuten kam ein Aufseher zu ihnen. «Ich schließe euch jetzt ein. Der Staatsanwalt kann jeden Moment herauskommen, und wenn er euch hier sieht, könnt ihr was erleben.»

«Wieso? Seit wann ist es verboten, hier herumzugehen! Außerdem haben wir ihm etwas mitzuteilen», protestierte Necmi mit Bestimmtheit.

Der Aufseher trottete achselzuckend davon. Kurz darauf wurde die Tür des Traktes geöffnet. Şahin flehte innerlich: Na geh schon, Staatsanwalt! Mach, dass du wegkommst! Du hast doch schon genug gesehen. Geh, trink draußen einen Kaffee oder geh schön essen. Warum schlägst du deine Zeit hier tot?

Vergeblich! Im Innenhof angekommen, steuerte der Staatsanwalt auch schon den Isolationstrakt an. Mit einem Satz war Necmi bei ihm und begann, ihm irgendetwas von Problemen im Gefängnis zu erzählen. Keine schlechte Idee, womöglich hatte der Staatsanwalt draußen eine Verabredung und es blieb ihm keine Zeit mehr, den Trakt zu betreten. Doch der Mann scheute das Gespräch mit Gefangenen wie der Teufel das Weihwasser. Er wimmelte Necmi ab und ging zum Isolationstrakt. Ein Aufseher öffnete schnell die Tür und nahm Haltung an. Der Staatsanwalt ging, gefolgt von den Aufsehern, in den Hof. Während sie vor der Tür des Isolationstraktes auf und ab gingen, konnten Necmi und Şahin von der Luke aus beobachten, wie sie schnurstracks durch die letzte Tür im Hof in den Trakt gingen.

«Keine Angst, Burhan wird ihn derart in ein Gespräch verwickeln, dass er so schnell nicht wieder rauskommen kann», flüsterte Necmi. Tatsächlich verließ der Staatsanwalt den Isolationstrakt erst nach ziemlich langer Zeit. Nach wenigen Schritten wandte er sich zur Tür des Zellentraktes. Der Hauptaufseher, noch immer die Hände über dem Bauch gefaltet, stand unmittelbar hinter ihm. Auch die Gefangenen waren herausgetreten und hatten, wie die Aufseher, Haltung angenommen, um dem Staatsanwalt Respekt zu zollen.

Şahin und Necmi ließen ihn nicht aus den Augen. Der gefährlichste Augenblick war nun gekommen. Minuten verstrichen in sekundenschnelle. Die Erde zitterte kaum merklich, als bereite sie sich auf ein nahendes Beben vor. Selbst die Vögel am Himmel verharrten im Flug und blickten neugierig zu ihnen herab.

Sieben.
Damals in Şavşat (3)

Je mehr sich ihnen anschlossen, desto größer wurde ihre Begeisterung, desto aktiver wurden sie. Sie arbeiteten Tag und Nacht. Ihr Zusammenhalt war eng und fest. Was sie verband, war längst über bloße politische Zusammengehörigkeit hinausgewachsen und hatte sich in eine Gemeinschaft verwandelt. Alles durchlebten sie gemeinsam, Lachen, Übermut, Sorgen und Zorn. Es war die wahrhaftigste Form von Freundschaft und Gemeinschaft. Einer für alle, alle für einen. Hand in Hand, Schulter an Schulter hatten sie sich dem Kampf für eine freie Welt verschrieben. Sie kannten keine Hindernisse, boten jedem Unheil lachend die Stirn. Die Tage vergingen in leidenschaftlicher Betriebsamkeit. Gedichte, Lieder und Slogans auf den Straßen zeugten von Lebensfreude und Kämpfen.

Die Gewahrsamsräume der Polizei, die Korridore des Gerichtsgebäudes, selbst die winzigen Zellen des Şavşater Gefängnisses, die sie nun regelmäßig aufsuchen mussten, vertieften ihre Freundschaft und verbanden sie zu einer Schicksalsgemeinschaft. Ensar war in Şavşat geblieben. Was für ein feiner Kerl. Ein Hüne und doch ein Kind. Seine Aufrichtigkeit war sein größter Vorzug. Man konnte mit ihm Pferde stehlen und ein guter Kämpfer war er obendrein. Alle schlossen ihn ins Herz. Er führte jetzt das Lokal des Lehrervereins und kam so über die Runden.

Sie alle wurden Tag für Tag revolutionärer, aber Ender Hoca schien Rückschritte zu machen. Oder trog der Schein? Şahin ging oft bei ihm vorbei, aber sie gerieten jedes Mal aneinander. Ender Hoca deutete auf die wie Pilze aus dem Boden schießenden sozialistischen Zeitschriften, die in Şavşat von Anfang an Ladenhüter waren, und meinte:

«Es ist offensichtlich, dass ihr die Aktivsten und zahlenmäßig Stärksten seid. Ihr seid nahe dran, zu einer Volksbewegung zu werden. Doch hoffe ich, dass ihr nicht zu viele Zugeständnisse an das Volk macht, um auf Teufel komm raus eine solche zu werden.»

Şahin widersprach entschieden: «Wieso Zugeständnisse ans Volk, mein Hoca? Was ist daran verwerflich? Wir sind doch sogar bereit, für das Volk zu sterben.»

«Du verstehst nicht! Das Volk hat derbe, grobschlächtige Seiten. Wenn ihr euch mit dem Volk gemein macht, gebt ihr das Fortschrittliche an euch auf.»

«Wir sorgen dafür, dass das Volk zu Revolutionären wird. Also verändert sich das Volk. Sehen Sie sich doch lieber mal Ihre eigenen Artikel an. Hat Ihre Zeitschrift überhaupt noch etwas mit den Realitäten unserer Zeit zu tun? Ein Haufen abwegiger Hirngespinste, die dem Volk fremd sind! Von wegen, dass auch Dörfler Tennis und Schach spielen sollten, Walzer mit ihren Frauen tanzen, die Frauen Schminkkurse besuchen. Dass ich nicht lache. Was bitte soll all das den Dörflern bringen?»

«Pass mal gut auf. Was gewisse Leute als Revolution verherrlichen, ist meiner Ansicht nach nichts anderes als eine schlimme Evolution. Und das, was andere als Evolution geringschätzen, halte ich für die wahre Revolution.»

«Hören Sie doch mit diesem hochtrabenden Gefasel auf. Beschäftigen Sie sich denn überhaupt mit irgendetwas anderem als Literatur? Aber ja doch! Ich vergaß ja Ihre Zecherei. Was haben Sie als Intellektueller der Unterdrückung und den Massakern entgegenzusetzen?»

«Glaub ja nicht, dass ein rasender Militanter, der sich vom erstbesten Wind treiben lässt, stark ist! Der Wind kann lediglich Schwaches und Kraftloses mitreißen. Feurige Militante beispielsweise. Wer kraftvoll und fest ist, dem kann das Feuer nichts anhaben.»

Sie entfernten sich immer weiter voneinander, ihre Meinungsverschiedenheiten weiteten sich aus. Dieser Hoca war irgendwie zu einem richtigen Revisionisten geworden, ja einem Opportunisten. Doch selbst jetzt hielten ihn alle für den größten Revolutionär und alles an seinem Verhalten wurde als Tugend der Revolutionäre gepriesen. Als dann noch das Gerücht aufkam, er habe etwas mit einer Gymnasiastin, konnte Şahin sich nicht mehr beherrschen.

«Haben Sie keine andere gefunden, mein Hoca? Das Volk zerreißt sich das Maul. Mit einem Mädchen, das Ihre Tochter sein könnte, sagen sie.»

Ender Hoca unterbrach ihn streng: «Volk, Volk, Volk. Hat das Volk sonst kein Gesprächsthema? Was geht die mein Privatleben an? Die sind ja ach so viel aufrichtiger als ich. Von wegen. Als ob all die Hurereien nicht ein offenes Geheimnis wären. Und ihr? Wofür haltet ihr euch? Maßt ihr euch an, euch in jedermanns Leben einzumischen, weil ihr Revolutionäre seid?»

«Aber alles, was Sie tun, müssen wir ausbaden!»

«Das ist mir gleich. Ich tue, was ich für richtig halte. Fasst euch lieber an die eigene Nase. Damit ihr das Volk auf eure Seite ziehen könnt, werdet ihr allmählich selbst wie das Volk. Die Haare kurz, Alkoholverbot, Liebesverbot. Den Weingenuss der Bourgeoisie wollt ihr dem Ayran von Dörflern opfern. Da in der Bourgeoisie Mann und Frau zusammen tanzen, zieht ihr die nach Geschlechtern getrennten Rundtänze der Dörfler vor. Und die freie Liebe der Bourgeoisie wollt ihr der Kinderverlobung des Dörflers opfern. Kommt zur Vernunft. Und wagt es nicht wieder, euch in mein Privatleben einzumischen.»

Wütend verließ Şahin das Geschäft. Der Teufel soll mich holen, wenn ich je wieder meinen Fuß hier hereinsetze, dachte er.

Das Jahr ging zu Ende. An einem Wintertag, als von den Gipfeln der Berge bis zu den Bächen und Tälern alles unter einer dichten Schneedecke lag, ging er zur Hochzeit der Tochter seines Großonkels ins Dorf. Er hatte gerade drei Wochen im Gefängnis verbracht. Verurteilt worden war er nach einem dreitägigen Boykott von Mittelschülern und Gymnasiasten wegen Aufhetzung der Schülerschaft. Als er mit seinen Freunden aus Kinderzeiten am späten Abend zur Hochzeit kam, schoss ihm das Blut ins Gesicht. Gönül saß zwischen den Dorffrauen in ihren bunten Hochzeitsgewändern. Ihr Gesicht war wie die Sonne, die auf ein buntes Blumenfeld fällt. Sehnsüchtig, heiß wie Feuer, betrachtete Şahin sie. Er hatte sie seit Monaten nicht gesehen. Sie waren sich zwar einige Male auf der Straße begegnet, aber da hatte er entweder einen großen Bogen um sie gemacht, oder er war an ihr vorbeigegangen, ohne sie anzusehen. Nun genoss er ihren Anblick. Es war eine Hochzeitsfeierlichkeit und alle waren ausgelassen. Der Raum erfüllt vom süßen Klang des Akkordeons. Die den Georgiern eigenen Begeisterungsrufe hallten gen Himmel. Mit dem rhythmischen Stampfen der Füße, als wolle man das Parkett durchbrechen, wurde der «Verrückte Horon» getanzt, und bei den rasendsten, wildesten Figuren des Tanzes gesellten sich zu den Klängen des Akkordeons die Freudenschüsse in die Luft, als kämen sie aus Begleitinstrumenten. Es dauerte nicht lange, da erwiderte Gönül seine Blicke. Von Auge zu Auge bildete sich zwischen ihnen eine Brücke aus Flammen. Und während der drei Tage und drei Nächte dauernden Hochzeitsfeier schossen Millionen von Funken über diese Brücke hin und her.

Als er im Anschluss an die Hochzeit nach Şavşat zurückkehrte, ertrug er es nicht mehr, einen Bogen um das Haus seines Onkels zu machen. Er schaute nun häufig vorbei, blieb gelegentlich sogar über Nacht und immer war Gönül da. Seinen Herzensgarten hatte er nun wieder dem Tageslicht und den Frühlingsschauern geöffnet. Bei jeder Gelegenheit trafen sich ihre Blicke, und sie führten lange Gespräche über Gedichte, Bücher, den Kampf gegen den Faschismus, die Verbote, die Revolution, das Leben als Revolutionär. Es war ein strenger Winter, es schneite ohne Unterlass, der Himmel hatte sich verdüstert. Doch all das bemerkte Şahin nicht. Bei diesen Gesprächen voller schwindelerregender Verse und Worte atmete er Liebe ein, schwebte in die Lüfte und wollte immerzu fliegen.

Er konnte an nichts anderes mehr denken als an Gönül. Was auch immer er tat, wo auch immer er war, fanden seine Gedanken über kurz oder lang zu ihr. Wohin er auch schaute, sah er sie; ihr Antlitz, ihre gelb, rosa, rot funkelnden Augen. Seit jeher schlief er schlecht, nun ging es gar nicht mehr. Er begann zu trinken. Dabei hatten sie es sich verboten. Ein Revolutionär trank nicht. Sich einen hinter die Binde zu kippen, galt als Dekadenz und Verlumpung und war wider der «revolutionären Ethik». Şahin war einer der hitzigsten Verfechter dieser Haltung gewesen. Doch nun, eine Nacht, noch eine, noch eine. Zwar trank er heimlich, nicht vor aller Augen, doch kritisierten ihn seine Weggefährten und verlangten, dass er sofort damit aufhöre.

Die politische Arbeitsmoral hatte sich gelockert, es wurden nicht mehr viele Aktionen durchgeführt. Dabei war so viel zu tun. Vor allen Dingen durften sie nicht zulassen, dass die regierenden Sozialdemokraten die revolutionäre Energie der Massen auslöschten. Dann musste man sich noch vor den neuerdings aufgetauchten «Hausierern aus Maraş» in Acht nehmen. Das waren als Straßenverkäufer getarnte Zivilpolizisten, die sich die Klinke in die Hand gaben, mit ihrem Krimskrams auf den Straßen ihr Unwesen trieben und Zugang zu den Häusern hatten. Eines Abends wurde auf die Fenster des Lehrervereins geschossen. Einige von ihnen, darunter Şahin, bekamen Drohbriefe. Erkan wurde in der Kreisstadt Borçka am helllichten Tag auf der Straße entführt, mit verbundenen Augen auf die Wache gebracht und stundenlang geschlagen. Einer von Şahins Freunden starb auf dem Nachhauseweg im Kugelhagel ziviler Polizisten. In solch einer Zeit, in der alles verworren war, war Şahin wie gelähmt. Er schob die Dorfbesuche immer wieder vor sich her, nahm nur noch unregelmäßig an Fortbildungsmaßnahmen und Gruppensitzungen teil, vernachlässigte übernommene Aufgaben. Er befand sich am entscheidenden Wendepunkt der Liebe. Er verblutete innerlich, er schmolz dahin, er verging vor Liebe.

Eines Abends fand er sich am Tisch einer Schenke wieder, wo sich jene trafen, die sich spät abends noch ein paar Gläschen genehmigen wollten. Er saß allein an einem Tisch. «Rakı», sagte er zum Kellner. «Einen Rakı». Er ignorierte den erstaunten Blick des Kellners. Von einem Ecktisch vernahm er Ender Hocas Stimme. Der war hier Stammgast. Zu seiner Linken saß jemand, der Ud spielte, zu seiner Rechten dieser bärtige Aşık*, ihm gegenüber ein anderer Aşık. Dieser Mann hatte schon immer ein Händchen dafür, alle Aşık zu Dichtern zu machen.

Ein Gläschen reichte Şahin nicht. Er trank gerade sein Drittes, mit vernebelten Augen, als Ender Hoca, mit dem Rakı-Glas in der Hand, plötzlich neben ihm stand. «Der große Revolutionär führt heute Abend eine Trinkaktion durch?» Ja, selbst schuld, wenn du dich zum Affen machst. Ohne eine Antwort abzuwarten, nahm der Hoca ihm gegenüber Platz. Dann bat er den Kellner, seine Teller herüberzubringen und eine Halbe dazu zu bringen. «Soll ich dir was sagen? Das Einzige, was dich hierher getrieben haben kann, ist die Liebe.»

Der ist vom alten Schlag, der sieht das mit einem Blick. Ja, die Liebe. Und? Du darfst und wir nicht, oder wie? Du bist es doch, der uns zu Revolutionären gemacht hat, dachte Şahin. Du machst mit der Gymnasiastin rum und wir, wir dürfen nur bis spät in die Nacht in den Dörfern Leute aufklären und bis in den frühen Morgen plakatieren und Wände beschriften. Das hättest du wohl gern.

«Liebe – was für ein erhebendes Gefühl», sagte Ender Hoca, als habe er Şahins Gedanken gelesen. Dann öffnete er die Flasche und füllte die Gläser nach. «Nim sun peymane saki, du hast mich verzehrt.» Verdammt, in welcher Sprache schwafelt der Kerl? Auf dem Gymnasium hat er uns ständig gepredigt, reines Türkisch zu sprechen. Hat er wohl vergessen. Wie er alles andere vergessen hat, was zu seiner Vergangenheit gehört.

«Das heißt: Schenke mir nur halb ein, du hast mich verzehrt. Das hier solltest du auch hören. Wie für dich geschrieben: Şarab-ı lalinde welch Behagen, löst mir die Zunge mestane mestane.

Los, sag ihm einmal *Dies ist unser Land* auf, oder *Anatolien*. Damit er sich in Grund und Boden schämt. Das hat er längst vergessen, auch vergessen, wie entrückt er sie vortrug. Revisionist eben, unverbesserlicher Revisionist. Ist jetzt wie verwässerter Rakı, hat sich verändert.

«Das heißt: Welch Behagen spendet der Wein deiner Lippen, dass er mir die Zunge löst so wunderlich.»

Zugegeben wirklich schön. Da sieht man es wieder: Die schönsten Verse hat er uns vorenthalten. Gönüls Lippen müssen auch wie Wein sein. Was für ein liebenswerter Mann dieser Hoca ist. Oh Gott, alles dreht sich und überall ist Gönül.

«Gönül, richtig?»

«Woher wissen Sie das, mein Hoca?»

«Ich bin ja nicht umsonst Şavşat-Korrespondent der Zeitung. Ich wette, du hast ihr noch nichts gesagt.»

«Ich kann ja eine Anzeige in Ihre Zeitung setzen! Es ist nicht, weil ich Angst habe, es ihr zu sagen, aber was kann ich ihr schon für eine Zukunft bieten?»

«Wohl keine Herbergen, Hamams und Paläste. Dein Herz und dein Hirn, was anderes braucht's nicht.»

«Und wenn ich in ein, zwei Jahren erschossen werde?»

«Es gibt Lieben, die einen Tag währen und ein Leben wert sind. Lass den Quatsch und geh sofort zu ihr. Einem Mädchen zu sagen, dass man es liebt, ist bisweilen eine viel erfreulichere Leistung als vor Tausenden von Menschen stundenlang eine Rede zu halten. Außerdem ist sie eine Junta-Tochter. Kann's eine größere politische Handlung geben? Im Ernst: Sprich sofort mit ihr!»

Am nächsten Abend ging Şahin tatsächlich zum Haus seines Onkels. Gönül war allein mit der Tante. Als Şahin das Wohnzimmer betrat, sah er Gönül auf dem Diwan liegen, die Augen geschlossen. Er trat vorsichtig näher und blieb an ihrem Kopfende stehen. Ihr Antlitz war wie der Mond, von Wolken umschwebt. Er betrachtete sie eine Weile und musste sich beherrschen, um diesen schönen Kopf nicht zu streicheln. Dann berührte er mit dem Finger sacht ihre Nasenspitze. Mit Sternengefunkel, von den Wolken befreit, öffnete Gönül die Augen.

«Hältst du ein Nickerchen?»

«Nein, nein. Ich wollte mich nur ein wenig ausruhen. Ich habe gar nicht bemerkt, dass du gekommen bist», sagte sie und richtete sich auf.

Die Tante kam mit einem Tablett aus der Küche, stellte das Essen vor Şahin ab, erkundigte sich nach seinem Befinden und setzte sich hinüber in die Ecke, wo Wollknäuel aufgehäuft waren. Sie saß mit dem Rücken zu ihnen. Şahin streckte sich zu Gönül hinüber und flüsterte: «Heute Nacht komm ich in dein Zimmer. Ich hab dir was zu sagen.» Gönül verstand sofort und schüttelte entschieden den Kopf. Bitte, sagten seine Blicke. Unmöglich, sagten ihre. Bitte! Unmöglich! Als das Telefon klingelte, hörte der wortlose Dialog auf. Ein Freund wollte mit Şahin einen trinken gehen. Einer, der sich in früheren Zeiten allabendlich einen genehmigte, diese Angewohnheit aber als Revolutionär aufgegeben hatte. Auch er musste also rückfällig geworden sein. Vermutlich seinetwegen.

«Wo bist du?»

«Bei Tekel. Im Zentrum des Alkohols.»

«Gut, ich komme.»

Er verließ das Haus, ohne sich noch einmal nach ihr umzusehen. Kurz drauf stieß er mit den anderen bei Tekel an. Es musste die Liebe sein, die ihn so schnell trunken machte. Nach kaum einer halben Stunde drehte sich die ganze Welt. Nim peymane. Falsch. Wie war das noch mal? Es ging also nicht. Wie, es geht nicht? Es bedeutete nichts, nichts! Aber wie sollte es gehen? Der Wein deiner Lippen. Mensch, werden wir etwa auch zu Revisionisten? Gut, dass ich dieses Gedicht nicht auswendig gelernt habe, sonst wäre ich ein richtiger Revisionist. Er griff zum Telefon und wählte mit dem Finger, den er nur schwer kontrollieren konnte, die Nummer.

«Hallo Gönül.»

«Du bist betrunken. Was tust du, um Gottes Willen?»

«Na, trinken eben.»

«Ja, fein.»

«Deinetwegen.»

«Du weißt, dass es nicht zu dir passt.»

«Es muss nicht immer alles passen.»

«Hör auf zu trinken!»

«Ich trinke weiter!»

«Bitte nicht. Komm nach Hause! Bitte.»

«Versprich mir, dass du mit mir sprechen wirst. Dann komme ich.»

Nach einer kurzen Pause sagte Gönül mit leiser, matter Stimme: «Also gut.»

Am nächsten Morgen saßen sie allein am Frühstückstisch. Wann hatte er Tekel verlassen, wie war er nach Hause gekommen, wer hatte ihm geöffnet, wann hatte er sich ins Bett gelegt? Şahin wusste es nicht. Sein Schädel brummte, in seinem Leib fühlte er eine schwere Erschöpfung. Die Frau des Onkels war schon zum Wäschewaschen.

«Also gut, Şahin, fang an. Aber eigentlich weiß ich schon, was du sagen willst.»

«Ja, klar. Ich habe dich eben nicht vergessen können. Mehr noch, diese Liebe hat mich um den Verstand gebracht.»

Sie saßen an den schmalen Seiten des Tisches einander gegenüber. Gönül heftete den Blick auf das Fenster hinter Şahin und wirkte abwesend. Trocken entgegnete sie:

«Wäre aber besser gewesen.»

«Ich habe es nicht in der Hand.»

«Warum nicht?»

«Wo das Feuer hinfällt, da brennt es.»

«Anschließend verglüht es und hinterlässt Asche.»

«Das ist ein anderes Feuer! Das erlischt nie.»

Gönül löste den Blick vom Fenster und sah Şahin direkt in die Augen.

«Es ist unmöglich. Viel zu spät.»

«Verstehe ich nicht. Wie zu spät?»

«Wo warst du zur rechten Zeit? Wo warst du, als man mich einem Anderen versprochen und verlobt hat? Wieso bist du jetzt erst zur Vernunft gekommen?»

Sie stand auf und begann zu spülen. Ohnmächtiger Zorn ergriff Şahin. «Es geht nicht», sagte sie wieder kurz und knapp. Aber es musste gehen! Gönül musste die Seine werden! Mit einem Mal sprang er auf und fasste sie bei der Hand.

«Nimm diesen Ring ab! Bitte nimm den Ring ab!»

«Das kann ich nicht, Şahin. Ich kann das nicht.»

Sie sprach flehend und lehnte sich zurück, um ihre Hand aus seiner zu lösen. In ihrer Stimme lag Bestimmtheit. Şahin ließ sie los und setzte sich zurück auf seinen Stuhl. Gönül lief hinaus auf den Balkon. Şahin zündete sich eine Zigarette an, voller Gram. Als er sich einigermaßen gefasst hatte, stand er auf und rief nach ihr. Sie kam und stellte sich wortlos wieder an die Abwasch. Sie verbarg ihr Gesicht, damit er nicht sah, dass sie geweint hatte. Nein! Es gab nichts mehr zu besprechen, das war klar und deutlich. «Lebe wohl, Gönül!» Wie flügellahme Vögel sich vom Himmelsgewölbe verabschieden, verließ er sie. Nur wohin? Wo und bei wem fände er Zuflucht? Ohne Freude und einen Hauch Hoffnung. Sein Herz war gefroren, hatte Eiszapfen gebildet.

Bei der Lehrergewerkschaft angekommen, ließ er sich matt auf den Stuhl neben seinem Freund fallen, der auf ihn wartete.

«Hat nicht geklappt, oder?»

«Hat nicht geklappt. Wird auch nicht klappen. Es ist aus.»

«Du bist ja völlig durch den Wind.»

«Ja. Ich fühle mich furchtbar. Am besten ist, ich gehe heim. Wir sehen uns morgen.»

Acht.
Damals in Artvin (4)

Ein weiteres Mal waren sie davongekommen. Der Staatsanwalt hatte darauf verzichtet, den Zellentrakt in Augenschein zu nehmen. Er verließ den Hof des Isolationstraktes und war weg. Wären die Wachleute nicht da, hätten Şahin und Necmi einen Freudentanz aufgeführt. Waren sie doch gerade tausend Tode gestorben. Sie sahen einander an.

«Noch einem Unheil davongekommen.»

«So ist es.»

In der zweiten Oktoberhälfte, beinahe zwei Monate waren sie mittlerweile zugange, die Jahreszeiten hatten gewechselt, war der Tunnel so gut wie fertig und sie begrüßten jeden neuen Tag mit dem Satz: «Unser letzter Tag im Gefängnis.» Zwei Nächte zuvor war eine handvoll Kiesel heruntergerieselt, nachdem sie einen größeren Steinbrocken am Tunnelende gelöst hatten. Außerdem war ein senkrechtes Rohr freigelegt worden. Demnach mussten sie am Gefängnishof, vor dem Regengitter angelangt sein. Aber was, wenn sie doch anderswo waren? Ihre Annahmen hatten sich bislang nur selten als zutreffend erwiesen. Das Beste wäre, genau zu erforschen, wo sie sich befanden.

An jenem Morgen schauten sie in allen Gemeinschaftszellen vorbei und kündigten an, nachmittags je einen Vertreter der Gruppen zu schicken. Eine übliche Informationsveranstaltung, um ihre Einschätzung zur aktuellen politischen Entwicklung im Land mit den Gefangenen zu teilen. Da es an einem ausreichend großen Saal für alle mangelte, hatten sie sich auf diese Lösung geeinigt. Sie ließen ihnen ausrichten, dass man nicht viel von ihrer Zeit in Anspruch nehmen werde und baten um vollzähliges Erscheinen.

Zur selben Zeit, als die Vertreter der Gruppen die Gemeinschaftszellen betraten, begab sich Şahin in den Hof. Der Gendarm auf dem Wachturm starrte, an die Mauer gelehnt, gelangweilt vor sich hin. Şahin stellte seinen Hocker in die Nähe des Regengitters, setzte sich und begann, in der mitgebrachten Zeitung zu blättern. Außer ihm war niemand im Hof. Die Mitgefangenen waren offenbar alle dabei, die Vorträge zu hören, und es war üblich, dass in dieser Zeit Leute im Gefängnishof blieben. So gingen heute alle davon aus, dass Şahin und Özgüç zu diesem Zweck draußen saßen. Özgüç tauchte am Hofeingang auf und fragte: «Çavuş, was meinst du? Soll ich langsam mit dem Abendessen beginnen oder ist es noch zu früh?»

«Fang ruhig schon an», erwiderte Şahin im Plauderton.

Özgüç entfernte sich wieder. Kurz darauf hörte Şahin, dass die Schleuse geöffnet und wieder geschlossen wurde. Özgüç war also heruntergegangen, um Bescheid zu geben. Şahin sah zum Turm hinüber. Der Gendarm lehnte jetzt am Fenster. Als sich ihre Blicke trafen, vertiefte Şahin sich wieder in die Zeitschrift.

Fünf Minuten später stand Özgüç wieder in der Tür.

«Das Essen steht auf dem Herd, Çavuş.»

«Gut. Lass es ja nicht anbrennen.»

Sie lachten. Der Gendarm starrte pfeifend in die Gegend. Die beiden setzten im Hof ihr Geplauder fort. Mit einem Mal hörte Şahin unter dem Beton Geklopfe. Er griff sich den Ball, dribbelte damit und ließ ihn immer wieder fest auf den Beton aufprallen. Doch statt abzuklingen, wurden die unterirdischen Geräusche immer lauter. Da unten hatten sie den Ball wohl nicht gehört. Şahin stand auf, spielte im Stehen weiter und ließ den Ball lauter aufprallen. Boing! Rums von unten. Oh nein! Şahin schoss den Ball gegen die Hofmauer, so dass er laut zurückprallte. Noch ein Rums von unten. Şahin trat den Ball schneller und schneller. Der Gendarm sah immer noch in die Ferne. Oh Gott, gleich hört er es, hämmerte es in Şahin. Boing! Boing! Den Ball dribbelnd und schmetternd näherte er sich Özgüç und sagte: «Komm, lass uns Ball spielen. Aber stell erst das Essen kleiner. Nicht, dass es verbrennt.»

Özgüç sah sorgenvoll aus und ging. Ganz offensichtlich war der Ball unten nicht zu hören. Zur Not müsste er sich an den Gendarmen ranmachen und ihn ablenken, bis Özgüç die anderen gewarnt hatte.

«Hör mal, Kumpel. Falls du dich langweilst, könnten wir uns den Ball zuspielen.»

«Geht nicht. Ist verboten», antwortete der Gendarm knapp.

Şahin blieb unter dem Turm stehen und schmetterte den Ball immer wieder hoch. Von der anderen Seite drang leises Brummen an sein Ohr.

«Ihr dürft aber auch gar nichts.»

«Im Dienst ist es verboten. Hast du gedient?»

«Nein.»

«Dann wüsstest du es.»

«Ich halte so viele Verbote nicht aus!»

«Und ob du das könntest! Sonst wird dir der Wehrdienst aberkannt.»

«Aberkannt. So, so. Meiner wäre ganz sicher aberkannt worden.»

Er hielt sich in der Nähe des Fensters zur Tunnelzelle auf und schlug immer weiter den Ball auf. «Glaubst du etwa, dass es nur für euch Verbote gibt? Unsereinem wird sofort die abgesessene Haftzeit aberkannt, wenn wir uns nicht an die Verbote halten. Dann kannst du herumschleudern wie der Ball hier. Boing!» Knall! Şahin sprach übermäßig laut und setzte jedem Aufschlag des Balls noch ein lautes Boing! nach. Endlich wurde es unten still. Wahrscheinlich hatte Özgüç unten Bescheid gesagt oder sie hatten endlich auf sein merkwürdiges Ballspiel reagiert. Şahin atmete auf.

«Und wenn. Man kann ja nicht jedes Verbot hinnehmen. Aber schlaf du ruhig weiter. Nicht, dass dein Dienst aberkannt wird!» Şahin hatte genug vom Ballspiel und ging weg. Ja, er hatte richtig gelegen. Sie befanden sich unter dem Regengitter knapp zwei Meter von der Aussenmauer entfernt. So nah waren sie am Ziel ihrer Hoffnungen.

Doch plötzlich tauchte ein neues Problem auf, das ihnen Sorgen bereitete. Die Gefangenen spielten mit dem Gedanken, die Öfen aufstellen zu lassen. Diese lagerten im Zellentrakt, in einem Raum, der früher als Weberei genutzt wurde.

Um das zu verhindern, klapperte Nemci eine Zelle nach der nächsten ab und sprach die einsetzende Kälte an. «Wenn wir die Öfen jetzt schon aufstellen lassen, stehen wir mitten im Winter ohne Kohle da. Ihr wisst ja, wie wenig Kohle die Verwaltung genehmigt. Das ist eine vorübergehende Kältewelle und wir sollten uns am Riemen reißen. Wir schaden uns nur selbst, wenn wir die Öfen zu früh aufstellen lassen.»

Doch es wurde kälter und kälter. Alle gingen in Mänteln herum und der Wunsch nach Öfen wurde lauter. So laut, dass sie sogar ernsthaft in Erwägung zogen, einige Mitgefangene einzuweihen. Natürlich war das absurd. Özgüç brachte einen besseren Vorschlag: «Lasst uns auch tagsüber arbeiten. Nach der Morgenzählung können wir einen losschicken und ihn vor der Abendzählung wieder raufholen. Außer an den Besuchstagen werden wir ja eher selten zur Verwaltung gerufen. Wer soll da schon merken, dass einer fehlt? Sollte mal einer nach dem fragen, der gerade unten arbeitet, müssen die anderen aus der Zelle sagen, er sei krank oder so was. In zwei, drei Tagen ist der Tunnel sowieso fertig.»

Sie wägten ab. Der Vorschlag war nicht unvernünftig. Der Tunnel musste so bald wie möglich fertig werden, sonst würde es ein böses Ende nehmen. Şahin und Necmi stimmten schließlich zu.

Am ersten Tag ging Özgüç arbeiten. Als niemand im Speisesaal war, öffneten sie den Deckel im Schrank, ließen Özgüç hineinkriechen und holten ihn fünf Stunden später zur vereinbarten Zeit wieder hoch. In dieser Zeit hatte ein Mitgefangener nach Özgüç gefragt und Necmi hatte ihm geantwortet, er sei erkältet und habe sich hingelegt. Doch der Mann wollte ihn unbedingt sehen, schließlich hielt man zusammen. «Ich will ihm nur kurz gute Besserung wünschen», erwiderte der Mann. Doch jedes Wort aus Necmis Mund war wie ein Gesetz. «Nein,

nein. Stör ihn jetzt nicht. Er braucht Ruhe. Zum Abendessen wird er aufstehen. Dann kannst du vorbeikommen.»

Der neue Plan lief gut. Özgüç hatte fast einen halben Meter gegraben. Sie rieben sich die Hände. Am nächsten Tag schickten sie Cemal hinunter.

Diesmal hatten sie Pech. Warum konnte das Glück nicht einmal auf ihrer Seite sein? Er war kaum eine Stunde unten, da rief ein Wachmann von der Schleuse herauf: «Cemal! Du hast Besuch.»

Was denn für Besuch, heute war doch gar kein Besuchstag. Selbst an Besuchstagen kam nur selten jemand zu Cemal. Seine Mutter im Dorf war alt und seine Brüder arbeiteten zu weit weg. Sie wechselten besorgte Blicke und wussten nicht, was sie tun sollten. Noch einmal rief der Wachmann herauf: «Cemal. Besuch!» Sie mussten sich etwas einfallen lassen ...

«Ich geh raus und versuche, ihn hinzuhalten. Ihr müsst in der Zwischenzeit eine Lösung finden», sagte Necmi. Özgüç folgte ihm, um im Speisesaal nachzuschauen. Die Nachricht, mit der er zurückkam, war niederschmetternd. «Da sind drei, die an ihren Herdplatten Essen zubereiten. Einen könnte ich weglocken, aber die anderen? Zu allem Übel sind unangenehme Typen dabei und sie sind noch mindestens eine Stunde zugange.»

Kurz darauf kam Necmi. «Cemals großer Bruder ist da. Er hat eine Besuchserlaubnis vom Staatsanwalt. Die Wärter sagen, er soll sich beeilen.» Oh Gott! Wie sollte er sich beeilen, wenn er nicht da war? Und wenn sie einfach sagten, er habe keine Lust? Aus Protest, weil der Bruder sich so lange nicht blicken ließ. Nein, die könnten Verdacht schöpfen. Da kommt der Bruder nach so langer Zeit. Das gehört sich nicht. Schließlich sind Revolutionäre respektvoll. Verdammter Respekt! Wir werden regelrecht zu Moralaposteln, verflixt! Alle stellen jeden erdenklichen Scheiß an, aber wenn wir einen winzigen Fehler machen, werden wir gemaßregelt.

«Ich geh zu ihm», sagte Şahin. «Ich sage ihm, Cemal ist im Bad. Er soll etwas warten. Ihr müsst Cemal da rausholen, bis ich wiederkomme. Egal, wie ihr das anstellt.»

Er begab sich zur Schleuse. Dem Wachmann sagte er, dass Cemal im Bad sei und gleich kommen werde. «Cemal und ich kommen aus Nachbardörfern. Ich würde seinem Bruder gern kurz Hallo sagen.»

Der Wachmann hatte nichts dagegen, schloss auf und Şahin durchquerte den Hof zum Besucherraum.

«Hallo. Herzlich Willkommen.»

«Danke.»

«Sie müssen Cemals Bruder sein.»

«Ja, ich komme aus İstanbul. Jetzt habe ich Jahresurlaub und wollte meinen Bruder sehen. Der Staatsanwalt hatte Verständnis.»

Hätte er das doch nicht gehabt.

«Cemal ist gerade im Bad. Sie werden ein wenig auf ihn warten müssen. Ich bin Şahin, aus Taşköprü. Ich leiste Ihnen gern Gesellschaft, bis er kommt.»

«Şahin also. Sehr erfreut. Ich habe schon von Ihnen gehört. Schön, dass wir uns kennenlernen. Ich wünsche baldige Entlassung! Wie geht es Ihnen?»

«Danke, gut. Und Ihnen?» Dann unterhielten sie sich, über İstanbul, das Dorf, über draußen und drinnen, die Arbeit, die Politik, die Gefangenschaft, die Vorkommnisse. Şahin stellte eine Frage nach der anderen. Wenn er selbst etwas erzählte, holte er weit aus. Wo blieb Cemal nur? Aber er kam auch nach einer halben Stunde nicht.

«Mein Bruder ist wohl im Bad ertrunken», scherzte er.

«Vielleicht macht er sich für den Besuch fein.»

Dann kam Necmi, begleitet von einem Wachmann, in den Besucherraum.

«Cemal lässt sich vielmals entschuldigen. Er hat kein Warmwasser mehr und steht eingeseift im Bad. Er hat gerade den Badeofen wieder angemacht und es wird noch ein wenig dauern», meinte er. «Ob Sie so freundlich wären, in der Zwischenzeit ein paar Besorgungen für uns zu erledigen? Wir brauchen ein paar Sachen. Mit den Wachleuten haben wir schon gesprochen, die werden Sie wieder in den Besucherraum lassen.»

«Ja, sicher, ich bin gern behilflich.»

Necmi reichte dem Wachmann die Liste und das Einkaufsgeld. Der entfernte sich, um es dem Besucher zu übergeben.

«Das wäre nicht nötig gewesen. Ich hätte das auch übernommen.»

«Vielen Dank, aber das können wir nicht annehmen», erwiderte Necmi. «Außerdem brauchen wir eine ganze Menge, einen Kanister Vita-Margarine, drei Kilo Reis.»

«Bis später.»

Necmi hatte so viel bestellt, dass der Mann nicht vor zwei Stunden zurück sein konnte.

Einer der Männer im Speisesaal war inzwischen fertig, die beiden anderen auch bald. Özgüç begann zu kochen. Şahin und Necmi gaben vor, ihm zu helfen. Als sie endlich unter sich waren, leerten sie den oberen Teil des Schranks und Necmi ließ sich hineingleiten. Eine Viertelstunde später kehrte er mit Cemal zurück. Alle atmeten erleichtert auf.

Tagsüber arbeiteten sie nun nicht mehr. Wenige Tage später wurden sie, als sie morgens noch in den Betten lagen, von einer beunruhigenden Nachricht überrascht, die noch eisiger war als die draußen herrschende Kälte. Vefa war ganz außer Atem, als Şahin die Augen öffnete.

«Die Aufseher sind hereingekommen, Hoca!»

«Wo herein?»

«In den Zellentrakt.»

Neun.
Damals in Şavşat (4)

Als er am nächsten Tag das Haus verließ und zur Lehrergewerkschaft ging, hatte er eine Entscheidung getroffen. Die ganze Nacht hatte er mit sich gerungen. Nun wollte er sie vergessen. Alle Blutbahnen hatte er verödet, das Eisen aus seinem Blut geschöpft und sein Herz damit zugeschüttet. Nie wieder würde es der Liebe wegen erweichen. Es war in eiserne Ketten gelegt. Mit aller Disziplin würde er sich seiner politischen Tätigkeit widmen und arbeiten, arbeiten.

Er holte sich einen Tee, setzte sich zu den Freunden an den großen Tisch und gab sich Mühe, sich an ihren Gesprächen zu beteiligen, in ihr Lachen einzustimmen. Mit aller Kraft versuchte er, den Schmerz, den er in sein Herz eingesperrt hatte, nicht nach außen dringen zu lassen. Dennoch fragte ihn Muhammet bald:

«Warum bist du so niedergeschlagen?»

«Das kommt dir nur so vor.»

Muhammet grinste vielsagend, rückte näher und flüsterte:

«Ich habe eine gute Nachricht.»

«Was denn für eine Nachricht?»

«Gönül war gestern bei uns. Sie hat geweint und Müge und mir ihr Herz ausgeschüttet.»

Şahin strahlte. Müge war Muhammets Schwester und seit Kindertagen mit Gönül befreundet.

«Sie hat von eurem Gespräch erzählt. Sie liebt dich und würde eher sterben, als den Mann heiraten, dem sie versprochen wurde. Wir haben sie bekniet, noch einmal mit dir zu reden.»

«Und? Was hat sie geantwortet?»

«Ja hat sie gesagt.»

Am liebsten hätte er sich Flügel angehängt um abzuheben. Alle Gletscher seines Herzens tauten sogleich wieder auf, sein Herzensbaum mit den gestutzten Ästen, der zu verdorren drohte, grünte von Neuem, wuchs, verzweigte und blühte. Ein Jauchzer stieg in ihm auf, stieg höher und höher und wollte hinaus aus seiner Kehle. Şahin unterdrückte ihn. Er wollte erst ganz sicher sein.

«Schwöre es!»

«Bei meiner Ehre.»

Jetzt konnte er den Freudenschrei nicht mehr halten. «Juchhu! Du bist ein Wahnsinnskerl, weißt du das? Der Weltbeste! Was möchtest du trinken?»

Und er bestellte ein Bier für Muhammet. «Also, morgen muss ich nach Artvin. Gegen Abend bin ich zurück. Sag Müge bitte, dass sie auf der Stelle zu Gönül gehen und ihr sagen soll, dass ich sie sprechen möchte, sobald ich wieder zurück bin.»

«Wird gemacht.»

Am nächsten Tag fassten sie mit den Freunden, die er in Artvin traf, den Entschluss, ein zweiwöchiges theoretisches Seminar anzuberaumen. Beim Abschied schlug Şahin vor, Erkan nach Şavşat mitzunehmen. «Einverstanden», antwortete Erkan kurzerhand.

Erkan war ein kleiner, hellhäutiger und hellhaariger Mann mit kleiner runder Nase, kurzen dichten Brauen und langen Wimpern. Er sprach so schnell, wie er sich bewegte. «Erstens: Ich will bei einer Familie untergebracht werden. Zweitens: Ich tue keinen Handschlag. Nicht ums Verrecken. Ich komme mit, um mich zu erholen.» So war er. Immer zu einem Scherz aufgelegt. «Versprochen», sagte Şahin und lächelte.

Erkan kannte Gönül von früheren Zusammentreffen und wusste, wie es um Şahin und sie stand, so dass er ihn unterwegs nur auf den neuesten Stand bringen musste.

«Wir sprechen unverzüglich mit ihr», sagte er spontan.

«Ich denke, du wolltest keinen Handschlag tun.»

«Das ist etwas anderes. So können wir die Heirat beschleunigen und mit etwas Glück bin ich dann auch irgendwann an der Reihe.»

Sie lachten. Şahin hatte Erkan schon bei ihrer ersten Begegnung sympathisch gefunden, so dass sie bald beste Freunde waren. Erkan war der Inbegriff von Freundschaft. Seine Zuneigung war frei von Berechnung und kam von Herzen. Şahin bewunderte ihn, seinen unerschütterlichen Glauben an die Revolution und seine Entschlossenheit, jederzeit dafür zu sterben.

Er war zwar von kleiner Statur, aber ein fabelhafter Kämpfer. Selbst die streitsüchtigsten Rechten in Borçka hatte er in die Knie gezwungen. Bei der Polizei hatte er den Spitznamen Sechsfünfunddreißig. Er war frei von Hochmut und behandelte alle gleich. Seine Bescheidenheit war nicht aufgesetzt, vielmehr ganz natürlich, so dass er überall in kürzester Zeit Freunde fand.

Am nächsten Tag trafen sie sich bei einem Freund mit Gönül. «Gönül, der Grund meines Kommens ist, dich im Namen meines Freundes hier zu entführen», verkündete Erkan theatralisch und lachte schallend. Sie stimmte in sein Gelächter ein und sagte: «Aber ich kann mich nicht von meiner Mama trennen». «Dann entführen wir die gleich mit», witzelte Erkan. Ihm fiel immer etwas ein, wie er alle zum Lachen bringen und die Spannung lösen konnte. Anschließend zogen sich Şahin und Gönül in ein anderes Zimmer zurück.

«Wollen wir gemeinsam durchbrennen?», fragte Şahin.

«Ja», antwortete sie entschlossen. Nach kurzem Schweigen fügte sie hinzu: «Meine Eltern können wir später besänftigen.»

Zehn.
Damals in Artvin (5)

Vefas Worte klangen wie die Ankündigung der Apokalypse. «Was ist passiert?», fragte Şahin. «Ich weiß es nicht. Als wir Geräusche vom Tor hörten, sind wir auf den Hof gegangen. Drei Wachen kamen in den Zellentrakt. Als die anderen mit ihnen hineingegangen sind, bin ich direkt hierher gekommen, um euch Bescheid zu geben. Ich habe dem Wachmann gesagt, ich wolle Tee holen.»

«Geh bitte sofort zurück, wir kommen nach.»

Sie mussten sich beeilen. Wahrscheinlich hatten sie unten schon die Wachen als Geiseln genommen und der Aufstand hatte begonnen. Sie nahmen ihre Messer und liefen los. Während einige im unteren Flur blieben und dort warteten, ließen sich drei die Tür aufschließen und gingen raus. In der Kammer der Wachen war es still. Als sie im Hof ankamen, standen die Wachen vor ihnen, schwer bepackt mit Stöcken und Ofenrohren. Remzi folgte ihnen und wirkte völlig entspannt.

«Was ist? Wollte jemand einen Ofen?», fragte Necmi.

«Ja, die in der ersten Zelle», antwortete eine der Wachen.

«Die sind fast erfroren heute Nacht», fügte ein anderer in einem Ton hinzu, als wäre das völlig selbstverständlich. Şahin beruhigte sich wieder.

«Warum gebt ihr jedem einzelnen einen Ofen und nicht allen Zellen gleichzeitig», wies Necmi sie zurecht. «Und werdet ihr uns mitten im Winter Brennholz geben, wenn wir jetzt schon heizen?»

«Was regst du dich auf, Necmi? Klärt das unter euch», erwiderte ein Aufseher.

«Gut, wir besprechen das. Aber ihr gebt niemandem etwas, ohne uns vorher Bescheid zu geben.»

«In Ordnung», erklärten die Aufseher und verschwanden.

Sie waren irritiert und konnten es einfach nicht fassen, aber die Wachen schienen mal wieder nichts mitbekommen zu haben.

«Sag mal, was war denn los, Remzi?»

«Nichts», antwortete Remzi. «Als wir merkten, dass die Wachen zum Zellentrakt kommen, haben wir uns an ihre Fersen geheftet, die Tunnelzelle umstellt und die Wachen so sehr in ein Gespräch verwickelt, dass sie weder etwas sehen, noch an etwas anderes denken konnten als an Öfen und Ofenrohre.»

«Und sie haben wirklich nichts mitgekriegt?»

«Nein, ganz sicher nicht.»

Wieder wäre beinahe alles aufgeflogen. Sie wuschen den Gefangenen der ersten Zelle dermaßen den Kopf, dass niemand mehr wagen würde, ohne Absprache mit ihnen einen Ofen zu verlangen. Zum Glück wurde es zwei Tage später wieder wärmer.

Um die Häftlinge fertigzumachen, nahmen sich die Polizisten nun die Wachen vor. «Wir können nicht mal mehr auf die Straße gehen, ohne von Polizisten aufs Übelste beschimpft zu werden. Und warum? Weil ihr Kommunisten im Gefängnis angeblich ein bequemes Leben führt!»

Dann tauchten am Gebäude der Gefängnisleitung und am Tor Zivilpolizisten auf. An Besuchstagen gingen sie mit in den Besucherraum. Um den Tunnel nicht zu gefährden, wagte niemand dagegen zu protestieren. Eines Abends klagte der Hauptaufseher Şahin sein Leid. In letzter Zeit hatten sie sich angewöhnt beim Wachwechsel vor der Tür regelmäßig ein Schwätzchen mit den Wachen zu halten, um ihnen Informationen zu entlocken und sie notfalls davon abzuhalten, in den Zellentrakt zu gehen. «Ich habe die Beleidigungen durch den Staatsanwalt und die Polizei satt», klagte der Hauptwachmann. «Es ist demütigend, wie aggressiv und vulgär sie uns behandeln. Dabei könnte ich ihr Vater sein. Sie beschuldigen uns, unsere Pflichten zu vernachlässigen. Doch nenn mir ein Gefängnis, wo mehr Ruhe herrscht, als in diesem! Keine Morde, keine Drogen, kein Glücksspiel, keine Aufstände. Oder, mein Sohn?»

Es war absurd, wenn die Wachmänner sich beklagten, aber die Situation war extrem gefährlich. Die Aufseher standen so unter Druck, dass jederzeit damit zu rechnen war, dass sie jemanden «in Erfüllung ihrer Pflicht» niedermachen oder Gefangene in Einzelhaft steckten. Eine Woche später kam endlich die ersehnte Nachricht aus dem Tunnel: «Das Fundament ist zu sehen.» Sie stießen den größten Freudenschrei ihres Lebens aus. «Wir sind hundertprozentig sicher, dass es das Fundament ist. Zur Sicherheit haben wir rechts und links von der Mauer gegraben», sagten sie.

Nach zwei Monaten harter Arbeit würden Sehnsucht, Geduld und Schmerz endlich ein Ende haben. Reşat hatte diese Grenze wie ein Schmetterling im Flug überwunden, sie würden sie grabend wie Maulwürfe hinter sich lassen. «Diese Nacht wird das Fundament durchbrochen, morgen Nacht ausgebrochen.» Wie einen Refrain wiederholten sie diesen spontan erdachten Satz immer wieder.

Doch in dieser Nacht schafften sie nur die Hälfte des Fundaments. Am nächsten Tag klauten sie den Ersatzschlüssel für die Zelle. Gegen Abend gingen sie in Emils Zelle und steckten die Waffen ein. Cemal stieg nachts als erster in den Tunnel. Es war ein tolles Gefühl, mit der Waffe am Gürtel eine Runde zu drehen. Sie warteten ungeduldig, dass Cemal ‹Los!› sagen würde. Doch Cemal kam nicht. Gegen zwei Uhr legten sie sich ins Bett, denn um diese Uhrzeit konnten sie nicht mehr flüchten. Ob sie es wollten oder nicht, sie mussten die Flucht auf den nächsten Abend verschieben. Einer musste nun Wache halten, da sie ihre Waffen aus den Verstecken herausgeholt hatten. «Ich bleibe wach», sagte Şahin.

Die Morgendämmerung setzte ihm im Gefängnis immer besonders zu. Sie war schmerzhaft, verletzend und wunderschön zugleich. Es dauerte nicht lange und der Tag brach an. Dünne Lichtstrahlen drangen durch die Gitterstäbe in die Zelle. Unten mussten nun die letzten Zentimeter gegraben werden. Und hinter diesen Zentimetern waren Stimmen, Lichter, Farben, Wonne.

Dort waren ihre Liebsten, in deren Augen alle Farben gleichzeitig leuchteten, dort waren ihre Freunde, aus deren Händen weiße Tauben hoch hinauf in den Himmel flogen. Ihre Freunde, die der Nacht die Morgenröte reichten. Man würde sie mit Schießbefehl suchen, Hinterhalte auf ihrem Fluchtweg legen. Hinter jedem Berg und jedem Stein würden sie nach Spuren suchen. Sei es drum. Auch wenn sie fliehende Tauben waren, sie würden zu den Berggipfeln emporfliegen. Sie würden nicht bei jedem zwanzigsten Schritt vor einer Mauer stehen. Şahin dachte an Gönül. In ihren Armen würde so manche Morgenröte anbrechen. Wie schön! Heute war es überhaupt nicht verletzend, den Anbruch des Tages zu beobachten. Heute strahlte die Morgenröte ihr Licht nicht wie Dolchstöße aus. Doch woher kam dann das Rauschen in seinen Ohren? Klang Vogelgezwitscher wirklich so widerwärtig?

Oder? Blitzschnell zog Şahin die Pistole unter seinem Kissen hervor und sprang aus dem Bett. Er riss den Vorhang an Cemals Etagenbett auf, zog Wolldecke und Kissen heraus und lief zu Özgüçs Bett. «Steh auf! Durchsuchung.»

Dann eilte er zur Toilette, schob den Seifenkasten an der Wand zur Seite, versteckte seine Pistole dahinter und zog die Verkleidung wieder vor. Da sie vorhatten, zu fliehen, hatten sie überhaupt keine besonderen Sicherheitsvorkehrungen getroffen. Dieses Versteck war alles andere als sicher. Jeder Aufseher wusste, dass hinter solchen Seifenkästchen Verstecke waren. «Das war's! Es ist aus!»

Atemlos kam Şahin aus der Toilette heraus. Im gleichen Augenblick öffnete sich die Zellentür. Ein Gendarm stürzte an ihm vorbei zu den Toilettenräumen. Şahins Blick traf den von Özgüç. Er war genauso beunruhigt. Seine Pistole war noch unter dem Kissen. Zwei mehr oder weniger offen herumliegende Waffen, ein leeres Bett und die Zelle voll mit Gendarmen. Şahins Herz war wie ausgebrannt, nur noch ein Häuflein Asche. Sie hatten die Freiheit gerade kurz mit ihren Fingerspitzen berühren können und schon war sie dabei, davonzufliegen. «In einer Reihe aufstellen, die Herren! Zuerst die Zählung», sagte der Oberoffizier wie bei jeder Durchsuchung. Schwerfällig wie Kartoffelsäcke stellten sie sich in eine Reihe.

«Wachmann, die Belegung dieser Zelle?»

«Acht, mein Kommandant!»

Der Oberoffizier ließ seinen Blick über sie streifen und zählte. Gleich würde alles auffliegen. Ungläubig würde der Vorgesetzte den Wachmann erneut fragen und der würde antworten: «Acht.» Der Vorgesetzte würde noch einmal zählen und rufen: «Einer ist flüchtig.» Dann bräche das Chaos los.

«Gut, Freunde, ihr könnt euch wieder rühren. Es wäre gut, wenn ihr eure Betten und Schränke bewacht. Sollte was wegkommen, übernehme ich keine Verantwortung.» Sie trauten ihren Ohren nicht und blickten staunend auf den Offizier. Machte er sich über sie lustig? Nein, er hatte sich einfach nur verzählt. Er hatte sieben für acht gehalten. Endlich kam das bei ihnen an und sie beeilten sich, aus der Reihe zu treten. Das Unmögliche war geschehen, aber die Gefahr war noch nicht gebannt. Die Gendarmen durchsuchten die Betten und kehrten das Unterste zuoberst. Unauffällig beobachteten sie den Gendarm, der das Bett von Özgüç durchsuchte und warteten darauf, dass er unter seinem Kissen die Pistole fand. Doch die erste Bombe platzte, als der Gendarm in der Toilette kurz darauf brüllte: «Mein Kommandant, würden Sie bitte kommen?»

Der Oberoffizier ging sofort in die Toilette. Das Versteck war aufgeflogen und sie hatten die Waffe gefunden. Der Tumult musste jeden Moment losgehen. Doch Şahin glaubte es nicht. Der Gendarm, der das Kissen hochgehoben hatte, legte es so hin, dass die Pistole darunter nicht zu sehen war. Şahin beobachtete ihn aufmerksam. Ja, er war es. Er kannte ihn. Er hatte ihn einige Male mit Necmi sprechen sehen. «Das ist ein linker Gendarm», hatte Necmi behauptet. Da er der älteste Politische im Gefängnis war, kannten ihn beinahe alle Beamten. Ja, die Linken unter den Gendarmen kannten Necmis Etagenbett und ließen bei Durchsuchungen keinen anderen Kollegen ran, damit es nicht zu genau durchsucht wurde. Und so hatte sich dieser Gendarm sein Etagenbett vorgenommen und zuerst das obere Bett, das von Özgüç durchsucht. Er musste nun die Nachkontrolle durch einen anderen Beamten fürchten, was durchaus üblich war. Doch er schien fest entschlossen, die Waffe nicht preiszugeben, denn er verließ den Platz nicht und schaffte es meisterlich, seinen Kollegen, der zur Ablösung kam, abzuwimmeln.

Derweil kam der Oberoffizier mit dem Soldaten aus der Toilette. «Seid ihr fertig, Jungs? Habt ihr alles gründlich durchsucht?» Weder seine Stimme noch sein Verhalten wirkten beunruhigend. Hatten sie etwa die Waffe nicht gefunden? «Wir haben alles gründlich durchsucht. Nichts, mein Kommandant», sagten die Gendarmen. «Gut. Dann lasst uns gehen.»

Sobald die Zellentür geschlossen wurde, stürzte Şahin in die Toilette und zog den Seifenkasten beiseite. Nein! Die Waffe war nicht am Platz, das Loch war leer.

«Sie haben die Waffe gefunden. Verdammt, aber warum haben sie sich nichts anmerken lassen?»

«So läuft das», erklärte Necmi. «Damit es keinen Aufstand gibt oder Geiseln genommen werden, lassen sie sich erst mal nichts anmerken. Später rufen sie einen dann zur Leitung und tun dort, was immer sie tun wollen.»

«Und zwar?»

«Sie nehmen deine Aussage auf und geben sie weiter ans Gericht. Das Gericht ordnet dann entweder Isolation oder eine andere Disziplinarstrafe an. Das braucht natürlich so seine Zeit.»

«Dann heißt das also, dass wir den ersten Sturm überstanden haben.»

Nun richtete sich ihre ganze Aufmerksamkeit auf Cemal im Tunnel. Was, wenn er die Durchsuchung nicht bemerkt hatte und versuchen würde, allein aus dem Schrank in den Speisesaal zu kommen?

«Verdammt!»

«Da hat man alle Hindernisse, alle kritischen Punkte überwunden, ist fast am Ziel und stürzt kopfüber ab!»

«Verdammt, verdammt, tausendmal verdammt! So ein Pech.»

Verzweifelt, hoffnungslos und traurig schimpften sie. Doch auch die Durchsuchung des Speisesaals und des Hofes waren normal verlaufen. Nun waren alle Gedanken bei denen in der Isolation. Verwundert, weil die Katastrophe bisher ausgeblieben war und bedrückt, weil die Wolken, die sie ankündigte, immer noch alles verfinsterten, warteten sie ab.

Özgüç, der für die Durchsuchung des Speisesaals nach unten gerufen worden war, stand plötzlich mit Cemal in der Zellentür. Sie trauten ihren Augen nicht. Cemal! Der konnte es auch nicht fassen, dass sie – obwohl er nicht in der Zelle gewesen war – die Durchsuchung überstanden hatten. «Wie sieht's unten aus, Cemal?»

«Schlecht! Das Loch in der Toilette ist noch offen. Remzi und ich haben gearbeitet und gegen Morgen waren wir so müde, dass wir nicht mehr konnten. Wir sind dann in die Isolation gegangen und müssen da eingeschlafen sein. Wir kamen erst zu uns, als die Außentür geöffnet wurde. Ich konnte gerade noch durch das Loch abhauen, bevor die Gendarmen hereinkamen. Als ich in die Zelle kam, wartete Özgüç dort auf mich. Ich habe keine Ahnung, was danach in der Isolation passiert ist.»

Özgüç, Necmi und Şahin gingen an die Fenster der gegenüberliegenden Zelle. Sie gaben sich einen Ruck und schauten hinaus in den Hof der Isolation. Es gab keinen Grund zur Hoffnung. Denn die Toilettenräume wurden besonders gewissenhaft durchsucht, und sobald sie den Toilettenraum betraten, würden sie das große Loch an der Wand vor ihrer Nase entdecken.

Verwundert rieben sie sich die Augen, als sie die Gendarmen völlig entspannt aus der Isolation kommen sahen. Sie verließen tatsächlich das Gefängnis. Um sicher zu sein, dass sie nicht träumten, zwickte Şahin sich einige Male. Unglaublich! Ein Wunder! Aber es war wahr! So wahr wie die strahlenden Gesichter von Özgüç und Necmi. Feine Gendarmen und Wachen waren das! Die schliefen doch mit offenen Augen!

Sie kamen um vor Neugier. Was war nur in der Isolation passiert? Sie hielten es nicht länger aus und eilten zur Schleuse. Kurz darauf kamen auch einige von der Isolation. Burhan platzte regelrecht vor Stolz. Er hatte die Gendarmen und den Oberoffizier so eingewickelt und abgelenkt, dass sie vergaßen, die Toilette zu durchsuchen. Regelrecht hypnotisiert hatte er sie. Ihm war etwas gelungen, was sonst niemand auf der Welt geschafft hätte: Er hatte den Tunnel, der zu einhundert Prozent aufgeflogen wäre, vor der Entdeckung bewahrt. «Respekt!», sagten alle.

Die Aufseher waren ratlos. Einige standen mit gesenkten Häuptern vor den Zellentüren, andere drehten ihre Runden durch die Korridore. Şahin trat an einen heran und fragte: «Warum schaust du so betrübt? Ist dir eine Laus über die Leber gelaufen?»

«Na, was wohl? Die Polizisten machen uns wegen der Waffen die Hölle heiß! Sie haben uns getreten und die Barthaare ausgerissen.» Der Wächter war kurz davor, wie ein Kind loszuweinen.

«Bei der Durchsuchung waren Polizisten dabei?»

«Ja, fünf oder sechs waren mit dem Staatsanwalt im Zimmer des Hauptaufsehers.»

«Aha. Und was sagt der Hauptaufseher?»

«Was soll er machen? Der Staatsanwalt hat ihm die Waffe unter die Nase gehalten und ihn zusammengeschissen.»

Sobald sie in der Zelle waren, besprachen sie den Zustand des Tunnels. «Er ist wieder nicht fertig geworden», sagte Cemal. «Aber diese Nacht könnte es so weit sein. Vorausgesetzt, dass es keine erneute Durchsuchung gibt.»

Die Situation war außerordentlich heikel. Angesichts des Waffenfundes mussten sie mit erneuten Durchsuchungen rechnen. Sie mussten deshalb tagsüber arbeiten und das Toilettenloch früh in der Nacht verschließen.

Gegen Mittag wurden sie einer nach dem anderen zur Leitung gerufen und zu der Waffe befragt. Doch keiner übernahm die Verantwortung, so dass alle angeklagt werden sollten. Beim Hofgang nahmen sie Kontakt zu denen in der Isolation auf und drängten sie, sofort am Tunnel weiterzuarbeiten. Gegen Abend bekamen sie an der Schleuse endlich die erhoffte Nachricht: «Das Fundament ist bald fertig. Das Ende ist in Sicht. Diese Nacht ist es geschafft.»

«Seht zu, dass ihr so früh wie möglich fertig werdet, damit der Durchbruch rechtzeitig geschlossen ist!»

In dieser Nacht beobachteten Özgüç und Şahin vom Leseraum aus, was draußen passierte. Sie wollten noch einmal den Gang der Patrouillen um das Gefängnis herum überprüfen. Sie stoppten die Zeit, die die Wache vom Wachturm bis zum Wachmann am Eingangstor brauchte. Dort wartete er zehn Minuten und ging dann wieder zurück zum Wachturm. Plötzlich tauchte auf einem Weg, der von der unten gelegenen Infanterie herführte, eine Gruppe Soldaten auf mit Fackeln in den Händen, Marschlieder singend. Die Gruppe marschierte am Gefängnis vorbei auf das Stadtzentrum zu.

«Heute ist Tag der Republikgründung», sagt Özgüç.

«Stimmt! Heute ist der 29. Oktober», sagte Şahin. «Deswegen die Durchsuchung. Nur damit die hohen Tiere vor uns sicher sind, falls sie am Festtag zur Inspektion kommen sollten. Sollen sie ruhig feiern. Morgen sind wir an der Reihe! Es wird das Fest der Freiheit sein.»

«Und wir werden für eine demokratische Volksrepublik kämpfen. Für den Sozialismus», sagte Özgüç mit einem Lachen, das die Gitter des Fensters erwärmte.

Ihre Geduld sollte nicht vergeblich gewesen sein. Am nächsten Morgen begannen tatsächlich die Festvorbereitungen.

«Hoca, der Tunnel ist fertig», sagte Burhan.

«Seid ihr sicher?»

«Völlig!»

«Dann treffen wir uns heute Abend schon gegen halb sieben am Tunnel. Um einer erneuten Durchsuchung zuvorzukommen, hauen wir noch vor Einschluss ab.»

Alle waren einverstanden, drehten ihre letzten Runden, tranken ihren letzten Tee, hielten ein letztes Schwätzchen. Als die Dunkelheit hereinbrach, legten sie mit einer fröhlichen Melodie auf den Lippen los. Die aus der Isolation warteten schon in Emils Zelle. «Lass uns alle gleichzeitig reingehen, Hoca. Wir haben den Ausgang schon etwas ausgeschachtet. Es wird deshalb schnell gehen, das Loch zu öffnen», flüsterte Burhan. Genauso machten sie es. Einer nach dem anderen glitt in den Tunnel. Im Schein der Lampen krochen sie um die Kurven herum, bis sie schließlich am Ende ankamen. Burhan, Özgüç und Cemal hockten sich in die breite Mulde auf der Außenseite der Mauer. Die anderen kauerten hinter ihnen, wie eine Menschenkette. Şahin lag genau unter der Grundmauer. Er trug den von Gönül gestrickten Pullover und den Schal. Die Augen auf seine Armbanduhr gerichtet, wartete er darauf, dass die Patrouillen vorbeigingen. Er vermutete, dass sie langsamer waren und verlängerte die geplante Zeit um drei Minuten. Dann bedeutete er Burhan zu beginnen. Das Geräusch herunterrieselnder Erde breitete sich im ganzen Tunnel aus. Er drehte sich zu Necmi um, der direkt hinter ihm lag.

«Bist du aufgeregt?»

«Ja! Und du?»

«Ich auch!»

Lächelnd wünschten sie einander Glück. «So, wir gehen jetzt raus!». Der Satz ging von Mund zu Mund bis nach hinten. Nach Özgüç und Cemal kletterte Şahin nach oben, hinauf zu einer Handvoll Sterne, deren Licht sich in das Loch ergoss. Burhan hatte sich, wie abgesprochen, zur Seite gerollt und ihn vorbeigelassen. Als er seinen Kopf durch das Loch steckte, gingen Özgüç und Cemal gerade gebückt an der Mauer entlang zum Wachturm auf der linken Seite. Die Stelle, an der sie herauskamen, wich ganz erheblich von ihren Berechnungen ab und der Abhang fiel auch nicht direkt neben dem Pfad steil ab, auf dem die Wachen patrouillierten. Der Abstand betrug fast drei Meter und war beleuchtet. Man konnte vom Wachturm aus den unteren Teil der Mauer zwar nicht einsehen, aber diesen hellen Streifen schon. Doch es gab kein Zurück mehr. Freiheit oder Tod!

Şahin begann, schnell und leise wie eine Schlange zu kriechen. Als er unter dem alten, lockeren und eingedrückten Drahtzaun auf den Abhang zurutschte, war er erleichtert, dass die Stille der Nacht nicht gestört worden war. Sich an Grasbüscheln festhaltend kletterte er den

Abhang herunter, bis das Dach des Gefängnisses nicht mehr zu sehen war.

Dann änderte er die Richtung und ging nach links. Um sich herum hörte er das Knistern und Rascheln der anderen. Bevor sie die Zelle verließen, hatten sie einen Kassettenspieler an das Fenster gestellt und den Ton bis zum Anschlag aufgedreht. Das Lied des revolutionären Musikers Ali Asker erfüllte den gesamten Abhang:

Damit ihr es alle wisst,
wer nicht für die Revolution kämpft,
der ist für uns kein Sozialist!

Mittlerweile hatten sie sich ziemlich weit vom Gefängnis entfernt. Die Wachen würden nicht einmal mehr ihre dunklen Schatten erkennen können. Şahin kletterte hoch und gelangte an einen Pfad, der am Gefängnis vorbeiführte und sich über die Hügel hinauf schlängelte. Er sah noch ein letztes Mal hinüber. Dann rannte er los, so schnell er konnte. Vor ihm die Freiheit, die sich so weit erstreckte wie die Dunkelheit. Hinter ihm die Schritte der anderen, die ebenfalls die Freiheit einatmeten. Wie schön, zu gehen soweit man konnte! Ach, und wenn sie erst einmal den Hügel erreicht hätten, wo sie erwartet wurden!

Plötzlich bemerkte er Özgüç an seiner Seite. Nach Luft schnappend sagte er, dass es ihnen nicht gelungen war, das Loch gut genug zuzustopfen.

«Oh je! Warum denn nicht?»

«Die Wolldecke war zu klein. Sie hat das Loch nicht ganz bedeckt. Die Patrouillen werden es sofort bemerken.»

«Dann müssen wir in die Stadt rein!»

«Da vorne lang», sagte Özgüç.

Sie standen vor einer schwierigen Situation. Es war nicht unbedingt notwendig, ihre Freunde auf dem Hügel zu treffen. Aber wenn sie die Straße nicht erreichten, bevor die Patrouillen das Loch bemerkten, würde alles in einer Katastrophe enden. Die Furcht, die gerade so mühsam erlangte Freiheit wieder zu verlieren, trieb sie an, schneller zu laufen. «Hier lang», rief Özgüç und blieb stehen. Den Schatten hinter sich riefen sie zu: «Wir gehen nach oben», und kletterten nun den Pfad geradewegs hoch. Der Anstieg war so steil, dass Şahin schnell außer Atem war. Nur Özgüç hielt durch. Alle außer ihm mussten immer wieder pausieren und sich ausruhen. Als sie an der Straße oberhalb des Anstiegs ankamen, waren sie schweißgebadet.

Unter der Führung von Özgüç gelangten sie in die Vororte der Stadt. Sie liefen durch enge Gassen, die zwischen den Häusern entlangführten, dann wieder vorbei an Obst- und Gemüsegärten. Ihr Ziel war der Wald an den Hängen des gegenüber liegenden Genya-Gebirges.

Als die erste Maschinengewehrsalve ratterte, schaute Şahin auf seine Uhr. Sie hatten richtig vermutet, es waren etwa 45 Minuten vergangen. Dann hörten sie die ersten Fahrzeuge. Polizei und Gendarmerie waren in Aktion getreten.

Sie schafften es, sicher in den Wald zu kommen. Nun drohte keine Gefahr mehr. Sie rannten nicht mehr, sondern gingen über einen von Nadelbäumen und Eichen umsäumten Pfad. Mit jedem Schritt warfen sie die Sorgen, die Aufregung und auch die Müdigkeit der letzten Monate ab. Auf einer Anhöhe ließen sie sich erschöpft nieder. Der Himmel war sternenklar, am Berghang gegenüber glänzten die Lichter des Stadtzentrums.

Während er den Duft der Tannen, Eichen und des Windes einsog, schaute Şahin wieder und wieder zum Lichtermeer des Himmels und der Stadt. Seine Lippen formten die Worte: «Freiheit, wie schön du doch bist!»

Erzincan, Februar 1987

Elf.
Fluchtträume (2)

Am nächsten Abend ging Şahin wieder in den Toilettenraum, um seinen Versuch fortzuführen. Er hatte es kaum abwarten können, bis seine Mitgefangenen eingeschlafen waren. Nach dem Abendessen hatte er sich wie immer zum Lesen aufs Bett gelegt, aber seine Gedanken waren bei seinem Versuch.

Am 30. Dezember 1980, vier Monate nach der Flucht aus dem Gefängnis in Artvin, war er gefasst worden und hatte sofort wieder an

Ausbruch gedacht. Seine gesamte Haftzeit, die er in den Militärgefängnissen von Amasya, Çorum, wieder Amasya, Erzincan, Samsun und wieder Erzincan verbracht hatte, fast sieben ganze Jahre, war von Fluchtträumen geprägt.

Einige hatte er in konkrete Pläne verwandeln können. Doch er hatte sich mit den beteiligten Genossen immer wieder überworfen und sie nicht in die Tat umsetzen können. Das setzte ihm stark zu. Er war wütend, aber keinesfalls hoffnungslos. So oder so werde ich eines Tages fliehen und damit nicht nur den Militärs, sondern auch diesen skeptischen Freunden zeigen, dass ich sehr wohl dazu imstande bin. Das jeweilige Gefängnis, in das er gebracht wurde, konnte noch so ausbruchssicher sein. Seine erste Tat war, die Sicherheitslücken zu finden. Dieses Mal verhielt es sich genauso. Als er vom Militärgefängnis in Samsun hierher gebracht wurde, war er zuerst wenig begeistert gewesen. Er war immer wieder im Arrest gelandet, weil er sich weigerte, den Boden des Aufenthaltsraumes der Wachsoldaten zu wischen. 1984 hatte er schon einmal zweieinhalb Monate hier in Erzincan gesessen und den Eindruck gewonnen, dass Flucht so gut wie unmöglich war. Nichtsdestotrotz hatte er bereits auf dem Weg nach Erzincan darüber nachgedacht.

Diesmal nahm er statt Kartonfetzen Sand. Einen Freund, der beim Thema Ausbruch auf einer Wellenlänge mit ihm war, hatte er gebeten, beim Hofgang vom Betonboden eine Handvoll Sand aufzusammeln. Um nicht gleich aufzufallen, wollte er es nicht selbst tun. Er vermischte den Sand und den Leim zu einer Masse und war gespannt, ob der Leim Zement ersetzen könnte. Dann könnte er Beton herstellen. Er steckte den Klumpen Mörtel hinter das Ofenrohr in seiner Zelle. Wie am Vortag verdampfte das Wasser und die Masse ging auf wie Brotteig. Sein Herz fing Feuer. Eine Viertelstunde später ging er mit der hart gewordenen, warmen Masse ungeduldig in den Toilettenraum, hielt sie unters Wasser und drehte sie in der Hand. Oh Gott, sieh dir das an! Was habe ich fertiggebracht! So was Schönes! Nach Farbe, Aussehen und Härte zu urteilen, könnte das Gemisch in seiner Hand ein Stück vom Betonboden des Toilettenraumes sein. Am liebsten wäre er nach draußen gestürmt und hätte wie Archimedes ‹Heureka!› gerufen.

Er ging zurück ins Bett, holte den Klumpen aus der Tasche und legte ihn in sein Buch, das er gerade las. Es müsste möglich sein, ein größeres Stück davon herzustellen. Damit könnten wir das Loch, das in den Toilettenboden gebohrt werden müsste, abdecken und tarnen.

Je länger er darüber nachdachte, desto mehr blitzten seine Augen vor Freude. Aber wie könnte man das Loch so verdecken, dass es nicht auffiel? Bei dieser Frage schloss er die Augen und versuchte sich vorzustellen, wie es aussähe. Eine Betonplatte, die das Loch passgenau abdeckte, könnte sehr wohl völlig unauffällig aussehen und nicht wie geflickt. Die Farbe war nicht schlecht. Wenn die Ränder auffielen, konnte man sie bearbeiten, beispielsweise mit irgendetwas beschmutzen. Schmutzflecken könnten die Kanten verdecken und, wenn nötig, unterschiedliche Farbtöne haben. Ja, ja! Es wäre ganz bestimmt möglich, die Soldaten zu täuschen. Bei Durchsuchungen schlugen sie mit Eisenstangen auf den Boden und die Seitenwände, um verdeckte Löcher oder Durchbrüche zu finden. Dabei schlugen sie so fest zu, dass Einkerbungen zurückblieben. Um härteren Beton herzustellen, müsste Eisendraht in die Masse eingearbeitet werden. Wenn es im Gefängnis etwas reichlich gab, dann Draht. Außerdem könnte man den Tarndeckel zusätzlich von unten abstützen. Sein Hirn arbeitete auf Hochtouren. Er wog alle erdenklichen Eventualitäten ab. Wie und womit könnten wir den Beton durchbohren? Wie laut wäre das? Angenommen, wir bekommen das irgendwie hin, wo verstauen wir die ausgehobene Erde? Der Tunnel müsste mindestens 50, 60 Meter lang werden. Eine Menge Erde. Man könnte sie durch die Toilette entsorgen. Vor dem Putsch am 12. September hatten Revolutionäre das in der Anstalt von Samsun vollbracht. Es müsste also machbar sein. Aber was, wenn die Kanalisationsrohre dort breiter waren als hier? Dann beseitigen wir die Erde eben langsamer und in kleinen Mengen. Eine Handvoll Erde und kanisterweise Wasser hinterher. Wenn die Tarnung mit dem Betondeckel nicht auffällt, kann die Arbeit ohnehin so lange dauern wie nötig. Und wenn die Erde verschwindet, merken sie eh nichts. Wir graben lediglich einen halben Meter pro Tag. Das kann nicht so viel Erde sein. Und die Steine, die in der Erde stecken? Auch auf diese Frage fand er sogleich eine Antwort. Sie könnten den Tunnel etwas breiter anlegen als notwendig und die Steine am Tunnelrand ablegen.

Mit jeder Antwort, die er auf neu auftauchende Fragen fand, stieg seine Freude und jedes Mal kam ihm Gönül in den Sinn. Dann schloss er die Augen, nahm das schöne Gesicht seiner Frau zwischen die Hände, senkte sich wie eine Schneeflocke auf ihre feurigen Lippen und schmolz dahin. Die Gefangenschaft ließe sich ertragen, wäre die Trennung nicht. Seit neun Jahren waren sie verheiratet, aber fast immer getrennt. Ihr Zusammensein war so kurz wie neun Sekunden. Nach dem Ausbruch aus Artvin hatte er sie nicht sehen können. Ganze neun Jahre untergetaucht, auf der Flucht, in Gefangenschaft, voller sengender Sehnsucht! Dabei war ein einziger Tag, eine einzige Nacht ohne den Anderen schon schwer für sie gewesen, als sie frisch verheiratet waren. Und jetzt? Neunmal 365 gleich 3285 Tage waren sie getrennt.

Tag um Tag von deiner Haut strömend
Ging die Sonne auf dreitausendzweihundertfünfundachtzig Mal
Jahr um Jahr
Umfingen Sterne dreitausendzweihundertfünfundachtzig Nächte
Verletzter Liebe gleich
Nestlosen Vögeln gleich
Entwurzelten Bäume gleich
Ward ich von deinem Nektar entfernt
Dein Name sei Trennung
Das hinzunehmen hab ich nicht gelernt

Dennoch war nicht eine Träne der Reue aus ihren Augen geflossen, hatte sich nicht eine Falte der Gewissensqual auf ihren Stirnen gebildet. Ihre Liebe war Leidenschaft, verschworen, ewig standzuhalten. Und Geduld, mein Herz, Geduld zähmt die Leidenschaft. Die Zukunft wird schön und sie wird uns gehören! So etwas hatten sie einander geschrieben. Şahin sah wieder auf den Klumpen in seiner Hand. Vielleicht halte ich diese schöne Zukunft bereits in meiner Hand?

Am nächsten Abend unternahm er weitere Versuche und erzielte wesentlich bessere Ergebnisse. Den Mörtel hielt er nun nicht mehr unter Wasser, denn dadurch wurde er weich und zerbröselte. Das gelungenste Stück nahm er mit, um es zu verstecken. Die anderen zerkleinerte er, mischte sie unter die Zigarettenstummel im Mistkübel. Wegen des Tarndeckels hatte er nun keinerlei Bedenken mehr. Den ganzen Tag hatte er über die übrigen Schwierigkeiten des Tunnelbaus nachgedacht. Die Frage der Belüftung konnten sie mit einem einfachen Blasebalg lösen, der sich bestimmt aus Lederjacken und Furnierplatten basteln ließe. Und was die Beleuchtung anging, die könnten sie mit Kerzen lösen, die sie in der Kantine kaufen konnten oder mit Taschenlampen, die sie aus Radiobatterien zusammenbasteln oder auch kaufen könnten. Wenn diese grundlegenden Probleme bewältigt waren, würden sie weitere erst recht lösen. Sie mussten sie einfach lösen können.

Doch sobald er sich Gedanken darüber machte, ob sich jemand beteiligen würde, erfasste ihn eine große innere Unruhe. Viele glaubten, dieses Gefängnis sei ausbruchssicher. Das hatte er früher schon feststellen müssen. Und an einen Tunnel wollte niemand auch nur einen Gedanken verschwenden.

In seiner Zelle würde er keine Mitstreiter finden. Dasselbe galt für die 7. Gemeinschaftszelle. Die 9. kam aus anderen Erwägungen genauso wenig in Frage. Es blieb lediglich die 8. und die war Şahins letzte Hoffnung. Sie hatten seine Vorschläge immer ernst genommen und stellten sogar eigene Überlegungen an. Und darauf kam es ihm an. Außerdem unterhielt er freundschaftliche Beziehungen zu den Befreiungsleuten* in der 8. Zelle.

Am nächsten Tag wollte Şahin beim Hofgang mit ihnen sprechen. Alle vier Zellen hatten zur gleichen Zeit Hofgang. Die MHPler und die Geständigen waren vor, beziehungsweise nach ihnen dran.

Im Hof ging er sofort zu Sebahattin.

«Können wir reden?»

«Klar.»

Sebahattin stand im Samsuner Prozess der Befreiungsleute vor Gericht. Sie drehten abseits der anderen Häftlinge ihre Runden. Nach den üblichen Höflichkeiten senkte Şahin die Stimme und kam zum Thema: «Ich möchte mit dir über Flucht sprechen, Sebahattin. Du weißt, dass mir das nicht aus dem Kopf geht.» In Gefängnissen war Flucht das seltenste und heimlichste Thema. Sebahattin sah ihn unverwandt an und fragte:

«Denkst du da an etwas Bestimmtes?»

«Ja! An einen Tunnel.»

«Einen Tunnel?»

Sebahattin hatte schon früher klar gesagt, dass er das für aussichtslos hielt.

«Ja, einen Tunnel! Ich weiß selbst, dass es das Allerletzte ist, an das man in diesem Gefängnis denken würde. Früher hätte ich es selbst für unmöglich gehalten. Aber nun denke ich, es ist machbar.»

«Inwiefern?»

«Ich habe etwas gefertigt, das man als Betonersatz benutzen könnte, zur Tarnung. Und die ist bei einem Tunnelbau einer der wichtigsten Punkte. Der Zweite betrifft die ausgehobene Erde. Ich stelle mir vor, sie über die Kanalisation zu entsorgen. Das ist gleichzeitig der wunde Punkt, aber ich denke, dass wir es hinbekommen könnten. Wenn wir täglich nur einen halben Meter graben und nach ein bis zwei Handvoll Erde reichlich Wasser hinterher schütten, könnten wir es lösen. Das würde zwar ziemlich lange dauern, aber ich halte es nicht für bedenklich, denn mit der Abdeckung aus Beton sind wir auf der sicheren Seite.»

«Wie sieht das Ding denn aus?», fragte Sebahattin neugierig.

«Ich habe ein Exemplar in der Tasche. Ich gebe es dir, dann kannst du es dir in der Zelle anschauen.»

Sebahattin war einverstanden und Şahin legte ihm einen Arm um die Schulter. Der Wachhabende durfte diesen heimlichen Austausch auf keinen Fall bemerken, ja nicht einmal die Mitgefangenen. Die Wache beaufsichtigte vom Turm aus den gesamten Hof. Als sie der Wache den Rücken kehrten und auf die gegenüberliegende Mauer zuschritten, steckte Şahin seine freie Hand in die Tasche, fischte die kleine Masse heraus und legte sie zügig in Sebahattins Hand. Der warf einen kurzen Blick darauf und ließ sie in der Tasche verschwinden. «Wie hast du das hingekriegt?» In seiner Stimme lag staunende Anerkennung. Şahin lachte kurz auf: «Ich bin gespannt, ob du dahinterkommst!»

«Also gut, Şahin. Ich werde das mit den Freunden besprechen. Wenn es uns einleuchtet, sind wir dabei.»

Şahin war außer sich vor Freude. Hauptsache, sie wägten seinen Vorschlag ab. Er war erleichtert und rechnete insgeheim mit einer positiven Antwort.

Drei Tage später kam Sebahattin mittags beim Hofgang auf ihn zu. Sein Herz machte einen Sprung. Sie gingen eine Weile schweigend nebeneinander her und achteten darauf, dass andere sie nicht hören konnten. «Wir haben es gründlich abgewägt und beschlossen, es zu probieren», begann Sebahattin leise. Şahin musste sich beherrschen, um ihm nicht um den Hals zu fallen.

«Das freut mich ungemein, Sebahattin!»

«Wir sind zu viert.»

«Mehr brauchen wir nicht.»

«Wir denken, dass wir nun alles Weitere gemeinsam planen und durchführen.»

«Auf jeden Fall.»

«Noch etwas: Hast du vor, weitere Gefangene einzuweihen?»

«Nein. Zum jetzigen Zeitpunkt nicht.»

«Das sehen wir genauso.»

Sie wollten erst die Kanalisation testen, bevor sie zur Tat schritten. Dazu würden Sebahattin und seine Freunde einen Teil der Asche mit Kohleresten aus den Öfen in die Toilette schütten. Falls sie nicht verstopfte, gab es keine Probleme. Dann würde sich Şahin in die 8. Zelle verlegen lassen und die Aktion konnte beginnen.

Şahin hatte das Gefühl zu fliegen, zu schweben. Leicht wie ein Vogel. Voller Stolz betrachtete er den Boden, die Mauern, die Eisentüren, den Wachposten auf dem Turm, alles: Durchlöchern und aushöhlen werden wir dich, du Gefängnis. Wir werden dich auf den Kopf stellen, dir deine Finsternis über den Kopf stülpen und eine strahlend blaue Freiheit aus deiner Tiefe hervorholen. Voller Glückseligkeit kehrte er nach dem Hofgang in die Zelle zurück.

Er trat an das Bett eines Freundes, das gegenüber der Zellentür unter dem Fenster stand. Ein vergittertes Fenster, einen Meter breit, 30 Zentimeter hoch und mit Maschendraht abgesichert. Eine Zeitlang sah er voller Verachtung auf die etwa 40 Meter entfernte und mit Stacheldraht bewehrte Außenmauer, die dort angeketteten Schäferhunde und den schwer bewaffneten Soldaten, der auf dem Turm auf und ab ging. Dann heftete er seinen Blick auf die wolkenverhangenen Berge. Wie so oft schwelgte er bei deren Anblick in seinen Träumen.

Was für einen imposanten, majestätischen Anblick die Berge im Winter boten! Eng umschlungen mit Schnee und grauen Wolken, erhobenen Hauptes, bereit, es mit allen aufzunehmen. Einmal in der Woche wurden sie in Handschellen und von bewaffneten Soldaten begleitet zum Baden in den etwas abgelegenen Militär-Hamam gebracht. Şahin konnte seinen Blick dabei nie von den Bergen abwenden. In ihm bäumte sich dann eine gewaltige Empörung auf, sein Blut kochte mit einer unbezwingbaren Sehnsucht nach Freiheit. Gelegentlich raunte er den an ihn geketteten Freunden zu: «Was für ein majestätischer Anblick! Wärt ihr jetzt nicht auch gern auf einem der Gipfel?»

Drei Tage vergingen. Bei jedem Hofgang suchten seine Augen Sebahattin. Sein Gesichtsausdruck verriet, dass die Versuche erfolgreich verliefen. Doch am vierten Tag wich all seine Freude aus seinem Gesicht. Obwohl der eineinhalbstündige Hofgang zu Ende war, wurden die Zellen nicht aufgeschlossen. Nach einer Viertelstunde wechselten die Gefangenen fragende Blicke. Aus den Zellen waren beunruhigende Geräusche zu hören, das Öffnen und Schließen von Türen, Stiefelgetrappel. Alles sprach dafür, dass sich dort eine große Anzahl an Soldaten sammelte.

«Was soll das?»

«Was ist da los?»

«Doch keine Razzia, oder?»

Je länger sie nur so dastanden, desto größer wurde Şahins Besorgnis. Alles deutete auf eine gründliche Durchsuchung hin. Hatten sie etwa Verdacht geschöpft? Diese bange Frage ging ihm nicht aus dem Kopf.

Einige Gefangene traten an den Eingang zum Zellentrakt und klopften. Der Wachhabende reagierte nicht. Erst als sie noch heftiger gegen die Tür schlugen, schloss er auf. Auf den Korridoren standen Unmengen Soldaten und Offiziere. «He, Aufseher. Können wir nicht rein?»

«Später», antwortete dieser und schloss die Tür wieder.

Şahin suchte Sebahattins Blick, der etwas entfernt seine Runden drehte. Wortlos fragte er ihn, was er davon halte. Sebahattin schürzte nur die Lippen und zog die Schultern hoch. Er wirkte genauso beunruhigt wie seine Freunde, mit denen er zusammenstand. Şahin ging zu ihnen und passte seine Schritte den ihren an. «Sebahattin, was denkst du, was da los ist?»

«Wenn ich das wüsste! Aber es sieht gar nicht gut aus, das ist mal klar. Ich fürchte, dass es mit unserem Vorhaben zu tun hat. Sieh doch! Ist eine ganz besondere Durchsuchung.»

Sonst wurden die vier Zellen grundsätzlich nicht gleichzeitig durchsucht. Die Durchsuchungen fanden wöchentlich und zellenweise statt, und zwar während des Hofganges. Und sie wurden abgeschlossen, bevor der Hofgang endete. Nicht einmal eine Minute länger als vorgesehen wurden sie auf dem Hof gehalten. Außerdem wurden gewöhnlich nur Feldwebel oder Unteroffizieren unterstehende Soldaten eingesetzt. Heute waren sogar Offiziere zugegen.

«Oder bilden wir uns das alles nur ein, weil wir etwas im Schilde führen? Es könnte auch einen ganz anderen Grund geben», sagte Sebahattin lachend.

«Ja, eben! Womit sollten wir uns schon verraten haben», meinte Şahin.

«Ich habe die Asche in Verdacht, die wir durch die Toilette entsorgen.»

Das hatte Şahin auch schon befürchtet. Als sie bei ihrem ersten Gespräch über die Kanalisationsrohre sprachen, hatte Sebahattin gesagt, dass eine der Fäkaliengruben, die sich an der breiten Hofseite zwischen dem Gefängnisgebäude und der Außenmauer befand, keinen Deckel hatte. Die Gruben waren vom Zellenfenster aus gut zu sehen. Die Deckel waren so schwer, dass sie nur zu dritt angehoben werden konnten. «Achte mal darauf, wenn du das nächste Mal zum Hamam gehst», hatte Sebahattin gesagt.

Es war die äußerste Grube. Es schien die Sammelgrube für sämtliche Kanalisationsrohre zu sein. Şahin hatte früher nicht darauf geachtet und konnte sich nicht erklären, warum ausgerechnet diese keinen Deckel hatte. Sollte der Deckel absichtlich fehlen? Ob die Wachleute die Asche entdeckt, sie für Erde gehalten hatten und misstrauisch geworden waren?

«Wie habt ihr die Asche denn reingeschüttet?»

«Na, mit Kohleresten und reichlich Wasser hinterher. Es war alles sofort weg, obwohl wirklich riesige Kohlestücke dabei waren.»

«Das heißt, dass die Kanalisationsrohre nicht verstopfen. Das ist gut. Aber es ist klar, dass diese Grube alles verraten könnte.»

«So ein Mist! Ich fühlte mich fast schon in Freiheit», klagte Sebahattin.

«Und ich erst», entgegnete Şahin.

«Aber irgendwie auch gut! Stell dir mal vor, es wäre später aufgeflogen.»

Ihr Lächeln war müde. Von ihrem gewaltigen Traum war nur solch ein lumpiger Trost geblieben. Ließe sich denn keine Lösung für diese Grube finden? Vielleicht. Aber was würde es nützen? Wenn die Soldaten erst einmal Verdacht geschöpft hatten, würden sie jede erdenkliche Vorkehrung treffen. Şahin ärgerte sich. Er weigerte sich, das zu akzeptieren. Seine Hoffnung war, dass sich ihre Bedenken als unbegründet erwiesen. Aber da war er sich nicht so sicher.

Zwölf.
Damals in Aybasti (1)

Es waren die letzten Tage im Februar 1980. Ein großer schlanker Mann mittleren Alters betrat den Vereinssaal im Stadtviertel Mandıra in Fatsa und ging auf einen untersetzten jüngeren Mann zu, der an einem Tisch in eine Zeitung vertieft war. «Kommen Sie mit mir mit?», fragte er mit gesenkter Stimme. Der Angesprochene legte die Zeitung beiseite und erhob sich. Draußen wartete ein Auto mit laufendem Motor und sie nahmen auf dem Rücksitz Platz.

«Wohin fahren wir?»

«Nach Aybastı.»

«Aybastı? Wo liegt das?»

«Haben Sie wirklich noch nie davon gehört?», fragte der andere lachend und fügte hinzu: «Selbst auf der Galata-Brücke in İstanbul steht es in riesigen Lettern: Die rote Sonne wird von Aybastı aus aufgehen!»

Da klingt Stolz mit, weil die Bewegung zu Hause Aufwind hat, dachte der junge Mann und lächelte höflich. «Tut mir leid. Noch nie gehört.»

«Ein Landkreis von Ordu, oberhalb von Fatsa.»

«Aha, und werde ich dort eine Weile bleiben oder ist es eine Durchgangsstation?»

«Man hat mir gesagt, dass Sie bleiben.»

Insgeheim freute sich der Fremde. Er war vor zehn Tagen nach Fatsa gekommen und bereits am dritten Tag etwas niedergeschlagen, weil er inmitten dieser tüchtigen und engagierten Leute untätig herumsaß.

Weder die Wandzeitungen, noch die Versammlungen in der Teestube konnten ihn ablenken. Selbst der frischen, gebratenen Sardellen, die ihm die ständig wechselnden Gastgeber zubereiteten, war er überdrüssig, auch wenn er endlich Gelegenheit fand, die Leute in Fatsa näher kennenzulernen. Aber ein zur Untätigkeit verurteilter Gast zu sein, während die Gastgeber von einer Aktion zur nächsten hetzten, erdrückte ihn schier. Er wartete ungeduldig darauf, in eine Gegend abgerufen zu werden, in der er sich am Kampf beteiligen konnte. Nun war es endlich soweit.

Im Stadtzentrum von Fatsa stiegen sie aus und wollten ein Sammeltaxi nach Aybastı nehmen. Sie hatten noch etwas Zeit und gingen ein wenig an der Küste entlang. Der Fremdling sah sich neugierig um und ließ seinen Blick zwischen dem Schwarzen Meer und den Menschengruppen auf der Promenade hin und her wandern.

«Ich weiß gar nicht, wie Sie heißen, Hoca.»

«Sinan», antwortete Şahin.

«Ich will nicht indiskret sein, aber wenn ich in Aybastı gefragt werde, sollte ich etwas zu Ihrer Person sagen können.»

«Gebürtig bin ich aus Mersin. Ich bin ein frischgebackener Lehrer und wurde gleich bei Dienstantritt suspendiert. Das Nichtstun gefiel mir nicht und so hat es mich in die Schwarzmeerregion verschlagen. Und als Revolutionär lerne ich unterwegs natürlich andere Revolutionäre kennen, arbeite aktiv mit, wenn es sich anbietet.»

Die Fahrt dauerte eineinhalb Stunden. Aybastı liegt relativ hoch über dem Meeresspiegel und ist ein gebirgiger Landstrich. Schneebedeckte Berge, soweit das Auge reicht. Vor Einbruch der Dunkelheit stiegen sie in der Ortschaft Alakent aus. Es schneite. Sie gingen geradewegs ins Volkshaus. Etwa 15 junge Leute waren da und noch einmal so viele ältere aus dem Volk. An den Wänden hingen Plakate und Bilder. Der Fremde wurde von allen mit Handschlag begrüßt und willkommen geheißen.

Şahin setzte sich auf einen Stuhl an den prasselnden Ofen und unterhielt sich mit den älteren Leuten aus dem Volk, allesamt warmherzige, freundliche Zeitgenossen. Schon nach zehn Minuten duzten sie sich.

«Die Winter hier sind streng, Hoca. Du bist die Kälte sicher nicht gewohnt. Wir könnten dich mit den Dreschern bekannt machen.»

«Wieso? Was machen die?»

«Wenn sie frieren, zünden sie den Dreschplatz an.»

«Den Eigenen?»

«Natürlich nicht, Hoca! Den von anderen.»

Sie lachten. Schon bald kamen sie auf Politik zu sprechen. Die Leute stellten viele Fragen. Warum die Revolutionäre sich so zersplitterten. Ob diese Spaltungen nicht dem Faschismus zugute kämen. Worin sich Organisationen wie Dev-Yol, Dev-Sol und Befreiung unterschieden. Warum sie nicht vereint agierten, wenn das Ziel dasselbe sei. Ob man so nicht dem Wahlsieg und der Regierungsbildung der AP Vorschub leiste. Şahin antwortete ausführlich. Er war ganz angetan, dass sie politisch derart interessiert waren.

Am Nachmittag des zweiten Tages ging er in Begleitung eines jungen Mannes nach Aybastı. Sie waren in einem Haus in der Stadtmitte mit Feridun verabredet. Eine junge Frau öffnete ihnen lächelnd.

Feridun war ein untersetzter, blonder junger Mann mit fast kindlichen Gesichtszügen. Er begrüßte Şahin mit einem liebenswerten Lächeln.

«Herzlich willkommen, Hoca.»

«Danke.»

«Wie geht es dir?»

«Danke, gut.»

«Und? Gefällt es dir in Aybastı?»

«Der Winter ist streng! Ich hoffe, der Frühling wird schöner. Ich mag den Frühling sehr. Aber den Menschenschlag hier habe ich gleich ins Herz geschlossen.»

«Der Frühling hier ist so angenehm wie die Menschen. Alles ist herrlich grün. Ich bin sicher, es wird dir gefallen.»

«Schön. Und wie geht's dir? Was macht deine Wunde?»

In Alakent hatte er einiges über Feridun erfahren. Er war bei einer Demonstration angeschossen worden, von Hauptmann Musa Karatan höchstpersönlich, dem Kommandanten der Gendarmerie. Seitdem war Feridun auf der Flucht. Denn die Demonstration war als Sturm auf die Wache ausgelegt und gegen ihn Haftbefehl erlassen worden.

«Im Großen und Ganzen geht es mir besser. Mehr kann man nicht verlangen, oder?»

«Wie ich höre, ist auch Öner auf der Flucht.»

«Ja. Im letzten Sommer hatten die Freunde mitbekommen, dass ein reicher Kaufmann zu Wucherpreisen Öl an die Bevölkerung verkauft. Schwarzmarkt. Sie haben ihn aufgefordert, faire Preise zu nehmen. ‹Wer seid ihr überhaupt?›, hat er sie angeherrscht. Daraufhin wollten unsere Leute die Ware beschlagnahmen und zu angemessenen Preisen verkaufen. Der Kaufmann griff zur Waffe, aber unsere Leute kamen ihm zuvor und verwundeten ihn. Nichts Schlimmes. Aber seitdem ist Öner auf der Flucht.»

«Ist es leicht, einen Unterschlupf zu finden?»

«Es läuft ganz gut. Die meisten Leute sind Demokraten und fortschrittlich. Sie mögen uns und fühlen sich uns nahe. Sowohl in der Kreisstadt selbst als auch auf dem Land gibt es eine Menge Familien, die uns aufnehmen. Es gibt kaum Leute, die uns verraten. Wir achten natürlich darauf, nicht groß aufzufallen.»

Feridun wirkt etwas naiv, aber Şahin mochte ihn auf Anhieb.

«In den ersten Jahren hatten wir hier viele Auseinandersetzungen mit Faschisten. Danach haben sich große Teile der Bevölkerung auf unsere Seite geschlagen, vor allem Jugendliche, so dass wir schnell die Oberhand gewannen. Trotz ihrer zahlenmäßigen Unterlegenheit sind sie unberechenbar und gefährlich. Vor allem Neureiche, die mit Wucherpreisen und Schwarzmarktgeschäften zu Geld gekommen sind, unterstützen die Faschisten. In der Ortschaft Kabataş waren sie von jeher ziemlich einflussreich. Was uns Revolutionäre angeht, die Abspaltung von Dev-Sol macht sich leider auch hier deutlich bemerkbar. Anders als in Fatsa ist Dev-Sol hier recht aktiv. Das Volkshaus der Kreisstadt ist zurzeit in ihren Händen. Die Anhänger der Befreiungsbewegung sind kaum der Rede wert. Wir nutzen eine Teestube als Vereinslokal. Die Beziehungen der Gruppen untereinander sind alles andere als erfreulich.»

«Und wie ist es um unsere revolutionäre Arbeit bestellt? Sind wir gut genug organisiert, um Versammlungen, Fortbildungen, Seminare durchzuführen?»

«Nicht wirklich! Vieles lässt zu wünschen übrig.»

Anschließend unterhielten sie sich über die wirtschaftliche, soziale und kulturelle Struktur des Landkreises. Şahin wollte die Region so gut wie möglich kennenlernen, bevor er die Arbeit aufnahm.

Feridun zufolge lebten in der Kreisstadt überwiegend einkommensschwache Händler, Handwerker und Beamte. Die wenigen wohlhabenden Haselnusshändler, Wucherer und Schwarzmarkthändler waren umso reicher. Die meisten übten alle drei Tätigkeiten gleichzeitig aus, standen politisch rechts, einige waren sogar glühende Faschisten. Die Bauern bauten überwiegend Mais und Kartoffeln an, auf wenigen Feldern und kargen Böden. Die Ernte reichte gerade für sie selbst. In den Sommermonaten verdingten sie sich außerdem in den Großstädten auf Baustellen. Der Haselnussanbau setzte sich langsam durch, auch wenn er noch nicht so verbreitet war wie in Fatsa. Der von der Regierung festgelegte Grundpreis deckte nicht einmal die Produktionskosten, sodass die Bauern den Geldverleihern und Haselnusshändlern ausgeliefert waren und nach und nach um die Ernte und das Land gebracht wurden.

Anschließend sprach Feridun über Sitten und Gebräuche in der Gegend. Welche Feste es gab und wie Hochzeiten gefeiert wurden. Und er gab einige regionale Anekdoten und Witze zum Besten.

Die erste Woche verbrachte Şahin mit Versammlungen, die bis in die Morgenstunden dauerten. Er lernte neue Menschen kennen, und sie diskutierten über die politische Lage des Landes, der Region und die Grundlagen und Formen der geplanten revolutionären Aktivitäten. In erster Linie befassten sie sich mit der Gründung von Komitees für die Kreisstadt und das Umland. Sie sollten der Stärkung der antifaschistischen, revolutionären Opposition und deren sukzessiver Institutionalisierung dienen. Sämtliche Bevölkerungsgruppen sollten dort vertreten sein. Am 15. März sollte eine Kundgebung mit anschließender Demonstration stattfinden. Das Motto: Gegen Faschismus und den Anstieg der Lebenshaltungskosten.

Die Kundgebung bereiteten sie mit großem Eifer vor. Dreh- und Angelpunkt war, den Faschismus und die Regierung der Nationalen Front anzuprangern. Die einzige Macht, die das System von Preiserhöhungen, Repressionen und Folter zu Fall bringen könnte, war das Volk. Überall wurden Bekanntmachungen verteilt und Plakate aufgehängt. Das Volk nahm die Botschaften auf und trat in Aktion, ohne die Kundgebung abzuwarten. In der Kreisstadt marschierten Frauen mit leeren Töpfen durch die Stadt und besetzten spontan das Rathaus. Über Lautsprecher riefen sie dazu auf, an der bevorstehenden Kundgebung teilzunehmen. Aybastı erlebte zum ersten Mal eine Frauenbewegung. Şahin hetzte von Versammlung zu Versammlung und besuchte auch die Dörfer im Umland. Die Dorfbewohner sprachen mit einem Eifer über die Kundgebung, als ginge es um Aussaat oder Ernte und sie bildeten selbst Vorbereitungskomitees.

Am 15. März strömten die Menschen in Massen auf die Straßen der Stadt, darunter außerordentlich viele Dörfler, Händler, Handwerker, Beamte und Lehrer, Frauen und Jugendliche. Drei Stunden lang hallten Sprechchöre durch die Kreisstadt. Die sonnengegerbten Gesichter der Dörfler waren von der jahrelangen Unterdrückung gezeichnet. Sie ballten ihre schwieligen Hände zu Fäusten, blähten die eingefallenen Wangen und riefen: Preiserhöhungen, Unterdrückung, Folter: Das ist das wahre Gesicht des Faschismus! Der einzige Weg ist die Revolution! Kampf bis zur Befreiung! Şahin war überwältigt. Seit langem hatte er an keiner derart beeindruckenden Aktion mehr teilgenommen und es machte ihn sehr glücklich, dass sich so viele Arbeiter am Kampf beteiligten.

Dreizehn.
Fluchtträume (3)

Endlich wurde das Tor zum Hof aufgeschlossen. Einige Soldaten standen wie immer neben dem Tor, die anderen öffneten die Zellentüren. Alles verlief ruhig. Nachdem sie die Metalltüren wieder verschlossen hatten, blieb nur der wachhabende Soldat zurück. Es waren weder besondere Vorkehrungen noch Veränderungen zu erkennen. Wahrscheinlich waren ihre Sorgen unnötig, dachte Şahin. Aber ganz sicher war er sich nicht.

Kurz nachdem das Mittagessen ausgeteilt worden war, betrat ein Oberst mit einem großen Gefolge Offiziere die Zelle. Er schaute sich ein wenig um und sagte, er sei der neue Direktor des Gefängnisses und verschwand nach einer kurzen Ansprache wieder.

«Man kann doch einmal Bescheid sagen! Ich will als neuer Direktor das Gefängnis inspizieren. Nicht, dass diejenigen, die einen Tunnel graben wollen, es falsch verstehen und in Hektik geraten», raunte Şahin am Nachmittag beim Hofgang Sebahattin zu. «Der Typ begreift einfach gar nichts!», erwiderte Sebahattin und sie brachen lauthals in Gelächter aus. «So ist das eben», sagte Şahin später in Erinnerung an seine Flucht in Artvin. «Ziemlich aufregend, wie eine Achterbahnfahrt, es geht auf und ab zwischen freudiger Erregung und Angst.»

Drei Tage später kam Sebahattin mit einer guten Nachricht zum Hofgang. «Wir haben ohne Unterbrechung Asche hinuntergespült, ohne die Toilette dabei zu verstopfen. Wir haben es so oft probiert, dass es auch mit der Erde klappen muss.»

«Sehr gut», antwortete Şahin.

«Dann komm zu uns in die Zelle», sagte Sebahattin.

Grundlos in die 8. Zelle umzuziehen, könnte Verdacht erregen. Das Vernünftigste wäre, mit dem Gefangenen, der wegen Dev-Yol einsaß und in drei Monaten entlassen werden sollte, zu tauschen. Es ließen sich bestimmt noch andere Gründe finden, die er den Mitgefangenen auftischen könnte. Etwas später schickten sie auch die anderen, die nichts von dem Tunnel wussten, unter einem Vorwand in andere Zellen.

Einige Tage später war es endlich soweit. An diesem Abend fand im 1. Militärsondergefängnis von Erzincan die erste Versammlung zur Vorbereitung der Flucht statt. Das war keine der üblichen Versammlungen, in denen es um die Planung von Protesten gegen die Gefängnisleitung wegen Unterdrückung und Folter ging, oder um Probleme und Streitigkeiten unter den Gefangenen. Es war eine Versammlung, in der über die effektivste Aktion gegen die Gefängnisleitung gesprochen wurde und die im gesamten Land ein Echo auslösen und Freund wie Feind Ehrfurcht einflößen würde. Die Freiheit stand auf der Tagesordnung.

Sie setzten sich direkt nach dem Abendessen zusammen. Sebahattin, Fehmi, Aydın und Hüseyin saßen auf Şahins Bett und es war an ihren Gesichtern abzulesen, wie bedeutend diese Versammlung war. Sie hörten einander konzentriert zu und wenn jemand sprach, dann überlegte er genau und wägte jedes Wort ab.

Gleich würde der Tee gebracht werden. Jede Zelle konnte nach dem Abendessen Tee aus der Kantine bekommen. Dazu ging jeweils einer aus dem Zellentrakt in die Kantine, holte den Teekessel und die Teegläser und verteilte sie auf die Zellen. Später sammelte er Kessel und Gläser wieder ein und brachte sie zurück. All das war erledigt, kurz bevor die Wachen die Holztür vor der Eisengittertür verschlossen. Um keinen Verdacht zu erregen, hatten sie beschlossen, nicht darauf zu warten, bis die Holztür verschlossen wurde, sondern schon vorher mit der Versammlung zu beginnen, vor den Augen des wachhabenden Soldaten, der seinen Gang durch den Korridor machte. So würde er denken, sie unterhielten sich. Wenn die Versammlung nach Einschluss weiterging, würde er annehmen, sie seien noch nicht fertig. Auch in diesem Punkt hatte ihr Protest etwas bewegt. Selbst wenn sie in einer Zelle eine Versammlung durchführten, hatten sie keine Repressalien mehr zu befürchten. Trotzdem wäre es natürlich besser, wenn der Aufseher nichts davon mitbekam. Auch wenn er nicht hören könnte, was besprochen wurde, würde er den Hauptaufseher informieren und sie würden in Zukunft stärker auf sie achtgeben.

Beim ersten Tagesordnungspunkt ging es um die Arbeitseinstellung und die Beziehungen. Dabei sprachen sie so leise, dass nur sie es hören konnten. Wenn der Wächter an ihrer Zelle vorbeiging, wechselten sie das Thema, kamen auf alltägliches zu sprechen und redeten so laut, dass man sie auf dem Korridor hören konnte.

«Ich halte dieses Thema für mindestens genauso wichtig wie die technischen Fragen», sagte Şahin. «Auch ein Ausbruch, der technisch machbar ist, kann scheitern, wenn die Arbeitseinstellung und die Beziehungen nicht stimmen. Wie der Name schon sagt, ist es eine Befreiungsaktion. Wir wollen unsere persönliche Freiheit wiedererlangen. Die Sache hat aber Dimensionen, die über die persönliche hinausgehen. Die Gefängnisse sind die dynamischsten und lebendigsten Orte der Gesellschaft, in denen entschlossen Widerstand geleistet wird. Die gesamte Gesellschaft schaut auf die Gefängnisse. Nicht nur die Familien der Inhaftierten, die gesamten Linke ist ständig in Gedanken bei uns. Falls uns tatsächlich die Flucht gelingt, werden sich Hunderttausende mit uns freuen. Falls wir es aber nicht schaffen, werden wir sehr viele Menschen enttäuschen und die Propaganda des repressiven Regimes bestätigen, wonach sich niemand aus seinen Fängen befreien kann. Wie so viele andere Fluchtversuche, die erfolglos geblieben sind. Sollte uns die Flucht aber gelingen, würden wir Tausende anderer Revolutionäre in den Gefängnissen ermutigen, ebenfalls zu fliehen. Sollten wir scheitern, könnten andere, die ebenfalls Fluchtpläne schmieden, diese verwerfen. Wir tragen eine große revolutionäre Verantwortung und müssen das Maximum an Mühen aufbringen, um es zu schaffen. Wir werden versuchen, aus einem Gefängnis auszubrechen, aus dem Flucht unmöglich erscheint. Nicht nur die Soldaten, auch 99 Prozent der Gefangenen sehen das so. Um erfolgreich zu sein, brauchen wir kreative und unkonventionelle Intelligenz. Wir müssen ständig auf der Hut sein, unermüdlich und geduldig arbeiten und dürfen uns nicht demoralisieren lassen. Wir werden ganz sicher immer wieder auf Widerstände und Hindernisse stoßen, die uns Nerven kosten werden. In solchen Situationen ist es wichtig, dass wir einander Mut zusprechen, uns beherrschen und uns nicht in gegenseitigen Schuldzuweisungen verlieren.

Weitere Voraussetzungen für den Erfolg sind Disziplin und Geheimhaltung. Je weniger Bescheid wissen, umso besser. Wir sind sowieso ständig von Wachleuten umgeben. Sogar ein Vieraugengespräch kann ihnen zu Ohren kommen. Außerdem kann niemand außerhalb unserer Zelle irgendetwas beitragen und unsere Zahl reicht für diese Arbeit aus. Deshalb ist es zum jetzigen Zeitpunkt nicht notwendig, dass irgendjemand sonst von dieser Sache erfährt.

Falls wir aber erfolgreich sind, wird es unsere Aufgabe sein, beim Ausbruch so viele Gefangene wie möglich mitzunehmen, und zwar ungeachtet der Person, politischer Gruppen oder ideologischer Unterschiede, vorausgesetzt, das Gesamtunternehmen wird nicht gefährdet. So ist die politische Natur unseres Unterfangens zu verstehen», sagte er abschließend.

Die anderen teilten Şahins Meinung ohne Wenn und Aber. Danach sprachen sie über technische Fragen. Selbst kleinste Details wurden ausdiskutiert. Der Eingang zum Tunnel musste unter der Toilette liegen, denn der Toilettenraum war der einzige Ort, den die Wachleute nicht einsehen konnten. Außerdem leisteten sich die Soldaten dort bei Durchsuchungen kleine Nachlässigkeiten. In allen Toiletten standen gefüllte Kanister für den Fall bereit, dass das Wasser abgesperrt wurde. Außerdem gab es in der Ecke neben der Stehklo einfache Duschvorrichtungen mit Plastikzubern, die immer voll Wasser waren. Sie benutzten sie, um sich nach dem Stuhlgang zu waschen oder für die Handwäsche von Socken, Unterhosen und Ähnlichem. Die Nachlässigkeit der Soldaten war, dass sie nicht unter diese Zuber nachschauten. Sie schauten unter die Wasserkanister daneben. Aber sie zogen diese Plastikzuber nie beiseite, obwohl diese Zuber so breit waren, dass sie ein Loch im Betonboden abdecken konnten, durch das ein Mensch passen könnte. Die Soldaten durchwühlten die Kleidung und die Betten, klopften Boden und Wände mit Eisenstangen ab, aber hegten keinerlei Verdacht, was den Boden unter den Plastikzubern anbelangte.

Sebahattin hatte es getestet, hatte vor den Durchsuchungen ein unauffälliges Zeichen im Plastikzuber hinterlassen und fand es nach den Durchsuchungen stets unverändert. Sie legten diesen Punkt als Tunneleingang fest. Falls ihre Betonabdeckung nicht ausreichen sollte, würde der Plastikzuber verhindern, dass ihr Plan bei Durchsuchungen aufflog.

Die Diskussion, in welche Richtung sie den Tunnel graben mussten, nahm die meiste Zeit in Anspruch. Sie stellten verschiedene Berechnungen an. Wenn sie in ihre Richtung graben würden, würde ein 50 Meter langer Tunnel ausreichen, denn der Tunneleingang würde genau unter der Seitenmauer enden. Nach 40 Metern würden sie unter der Außenmauer und nach weiteren zehn Metern auf die andere Seite des Grabens gelangen. Würden sie die Richtung zur 8. Zelle wählen, könnten sie die Außenmauer mittig treffen. Dann läge der Ausstieg in ausreichender Entfernung zu den beiden Wachtürmen auf der Außenmauer. Doch an der Nordseite des Gefängnisses befanden sich die meisten militärischen Einrichtungen. Es wäre unmöglich, dort ungesehen aus dem Tunnel herauszukommen und das Militärgebiet zu verlassen. Würden sie nach Westen graben, kämen sie mitten auf dem Hubschrauberlandeplatz heraus. Im Osten lag der Schießstand und sie wussten nicht, ob dort nachts Wache geschoben wurde. Bei ihren Gängen zum Hamam hatten sie genau beobachtet, was sich wo befand. Der Süden bot die besten Chancen, denn hier waren die wenigsten Militäreinrichtungen. Doch der Tunnel würde ziemlich lang werden müssen.

Ein weiteres Thema waren die Geräusche, die sie bei der Arbeit verursachen würden. Nach fünf Uhr nachmittags begann der Dienst der Außenwachen. Diese gingen an der Seitenmauer auf und ab und konnten selbst das leiseste Knacken aus dem Toilettenraum vernehmen. Der Wachmann im Korridor konnte jedes Geräusch mittlerer Lautstärke hören. Das hieß, sie konnten nicht gegen Betonwände schlagen, um sie zu durchbrechen, sondern höchstens mit einem spitzen Metall leicht am Beton kratzen. Sie besaßen bereits ein Eisenstück, das sie vor einigen Tagen auf dem Weg zum Badehaus gefunden hatten. Zusätzlich wollten sie von dem Etagenbett in der hinteren Ecke der Zelle ein Stück Eisen herausschneiden. Dafür hatten sie aus der Krankenstube ein paar Ampullensägen mitgehen lassen und Griffe aus Einmalrasierern gebastelt. Die Schnittstellen wollten sie mit Farbe bepinseln, damit sie den Wachleuten nicht auffielen.

Da die Zellendurchsuchungen nur einmal wöchentlich stattfanden, hatten sie vom Tag der Durchsuchung bis Montagmorgen Ruhe. Dann musste die Tarnung immer perfekt sein. In der Woche fanden auch Gerichtsverhandlungen, Besuche, Gänge zur Krankenstube, Baden, Geldausgabe und andere Verwaltungstätigkeiten statt. Deswegen wäre es zu gefährlich, an diesen Tagen tagsüber zu arbeiten. Sie mussten es abends nach Einschluss machen. Solange niemand in die Krankenstube gebracht werden musste, schlossen die Soldaten die Türen dann nicht mehr auf. An Samstagen und Sonntagen hatte die Gefängnisverwaltung frei. Dann gab es nur die morgendliche Zählung, so dass an diesen Tagen auch tagsüber gearbeitet werden konnte. Auf die Lautstärke und die Toilettengänge müssten sie in jedem Fall achten. Tagsüber konnten die Wärter durch die Gitterstäbe in die Zelle sehen, nach Einschluss abends um acht Uhr durch die Luke in der Holztür. Deswegen durfte die Toilettentür nie weit geöffnet und musste nach Verlassen sofort wieder geschlossen werden. Außerdem mussten sie nach getaner Arbeit völlig sauber sein und so tun, als kämen sie gerade vom Klo.

Den Tee hatten sie längst ausgetrunken, die Gläser und die Kanne weggebracht. Die Soldaten hatten schon begonnen, die ersten Zellentüren abzuschließen und fanden nichts dabei, dass sie zu fünft auf dem unteren Etagenbett gegenüber der Zellentür saßen und lauthals lachten, als sie die Holztür der 8. schlossen. Sie sprachen noch einmal über die Belüftung, Beleuchtung und einige andere Punkte und beendeten dann die Versammlung. Sie strahlten, denn sie hatten den richtigen Entschluss gefasst. Wer außer den Gefangenen, die seit Jahren in Militärgefängnissen saßen, konnte wissen, wie schön die Freiheit war. Sie brachen zu einer schwierigen, anstrengenden und gefährlichen Reise auf. Vielleicht würden sie auf der Hälfte des Weges steckenbleiben, vielleicht würden sie aber auch ihre Gefangenschaft beenden.

Sie träumten schon jetzt von dem Augenblick, an dem sie durch die pechschwarze Erde zu den Sternen gelangen würden. Das wäre ein unvergleichlicher, unbeschreiblich schöner Moment! Begeistert und mit einem fast schon kindlichen Erstaunen hörten sie einander zu. Jedes Wort, jede Beschreibung der Freiheit ließ die Freude in ihren Gesichtern aufleuchten, während im Fernsehen die Abendnachrichten liefen. «Eines Tages», sagte einer, «wird der Sprecher zu Beginn der Nachrichten unsere Namen verlesen. ‹Sie sind geflohen›, wird er sagen.» Oh Mann! Was für eine Schlagzeile!

Am nächsten Abend betrat Şahin nach der Durchsuchung sofort den Toilettenraum. Ein anderer folgte ihm. Von draußen drangen die Stimmen und Gespräche der Wachmänner hinein, die vor der Seitenmauer auf- und abgingen. Sie schlossen das leicht geöffnete Toilettenfenster, zogen den Zuber unter der Dusche beiseite und holten die tagsüber geschärften Eisenstücke aus dem Hosenbund.

«Viel Glück!», flüsterte Şahin, drückte die Spitze des Eisens gegen den Beton und drehte sie kräftig hin und her. Eine freudige Erregung erfasste ihn und seine Hände zitterten leicht. Die Flucht, von der er seit Jahren träumte, verwandelte sich jetzt in eine reale Unternehmung. Obwohl beide zwei Stunden arbeiteten, konnten sie nur mit Mühe zwei murmelgroße Löcher in den Boden bohren. Der Beton schien sie herauszufordern: «Durch Kratzen allein durchbohrt ihr mich nicht! Da müsst ihr schon zuschlagen und dann werde ich so laut schreien, dass nicht nur die Wachmänner draußen, sondern auch der wachhabende Offizier es hören!» Die anderen steckten immer wieder den Kopf durch die Tür, verzogen ihre Gesichter und machten dumme Bemerkungen.

Şahin kam zurück in die Zelle, um Zitronen auszupressen. Er gab Salz dazu und rührte alles gründlich um. In einigen Gefängnissen konnten sie unter Aufsicht der Gefängnisleitung für die Toilettenreinigung Salzsäure bekommen. Hier war sogar das verboten. Er goss die Mischung auf den Beton, aber es tat sich nichts. Gegen Mitternacht beendeten sie ihre Arbeit. Weil alle Fernseher ausgeschaltet wurden und die Gefangenen sich schlafen legten, konnten sie danach unmöglich weiterarbeiten.

Die Arbeit war viel schwieriger als gedacht. Trotzdem legte Şahin sich entspannt ins Bett. Sie hatten es in Angriff genommen. Nur das zählte. Er hatte auch in anderen Gefängnissen Fluchtpläne geschmiedet. Doch nun hatte er den Gedanken in eine konkrete Aktion verwandelt. Sollte es ruhig schwer werden. Sie hatten einen guten Plan und wenn sie den Glauben daran behielten, würde sich alles Weitere fügen. Şahin sah vor seinem Auge, wie sich die zwei kleinen Löcher, die sie heute in den Beton gekratzt hatten, verbanden, zu einem grossen Loch wurden, sich in die Erde hinein bohrten und zu einem langen Weg wurden. Am Ende des Weges öffnete sich ein neues Loch. Aus den Sternen ergoss sich die strahlende Freiheit und füllte Şahin ganz aus. Von draußen hörte er die Rufe der Soldaten auf dem Wachturm: «Haaalt! Wer ist da? Hände über den Kopf!»

«Schreit, so viel ihr wollt», dachte er. «Wir werden auf eine Weise flüchten, dass ihr nicht einmal unsere Schatten zu sehen bekommt.»

Vierzehn.
Damals in Aybasti (2)

Bei der Vorbereitung der Kundgebung knüpften sie viele neue Kontakte und begeisterten neue Menschen für die revolutionäre Sache. So konnten sie endlich Wege und Straßen mit Kies auffüllen. Die meisten Siedlungen warteten schon seit Jahren darauf, aber die Stadtverwaltung hatte diesen Wunsch der Einwohner bisher ignoriert. Die Schwarzmeerregion, zu der Aybastı gehörte, war ein ausgesprochen niederschlagsreiches Gebiet. Beim kleinsten Regenguss versanken die Wege kniehoch in Schlamm und waren kaum befahrbar. Die Revolutionäre hielten in sämtlichen Siedlungen Versammlungen ab und die gewählten «Komitees zur Aufschüttung der Wege» sollten dieses Problem selbstorganisiert lösen. Im Frühling sollten die Straßenarbeiten beginnen.

Vertreter der Komitees fuhren nach Fatsa, um mit dem Bürgermeister Fikri Sönmez zu sprechen. Sie vertrauten ihrer eigenen Stadtverwaltung nicht und sprachen deshalb lieber in Fatsa vor. Fikri Sönmez’ reagierte positiv. «Unsere Stadtverwaltung steht nicht nur den Bewohnern von Fatsa zu Diensten, sondern nach Kräften auch denen umliegender Kreisstädte. Der Schaufelbagger wird so bald wie möglich in Aybastı sein.»

Inzwischen rückte der 30. März 1980 näher und die Vorbereitungen der Aktionen liefen auf Hochtouren. Die Zeitschrift Devrimci Yol hatte die Massen aufgerufen, eine Gedenkwoche für Mahir Çayan und seine neun Freunde zu veranstalten, die vor acht Jahren in Kızıldere getötet wurden. In Aybastı kamen viele Menschen zur Eröffnung der Veranstaltungsreihe, trotz der aus Ordu angeforderten Verstärkung der Polizeikräfte. Nun gedachte das Volk diesen zehn Revolutionären, die acht Jahre zuvor noch verteufelt worden waren. Damals galten sie als anarchistische Vaterlandsverräter, Feinde der Religion, die weder Anstand noch Moral kennen, und ihr Tod war wie ein Festtag gefeiert worden. Heute aber schrieb man ihre Namen an Häuserwände: «Kızıldere bleibt unvergessen! Mahir und seine Weggefährten werden in unserem Kampf weiterleben!» Es gab zahlreiche Versammlungen in Teestuben, Kundgebungen und Autokorsos. Zum Abschluss brannten riesige Feuer in den Straßen und auf den Anhöhen in der Umgebung. Die Polizeikräfte hielten sich zurück und zogen unverrichteter Dinge von dannen.

Es wurde April. Die Bäume begannen zu knospen und die Luft duftete nach Frühling. Der gelbe Schaufelbagger aus Fatsa hielt in Aybastı Einzug wie ein Frühlingsstrahl. Eine beachtliche Menschenmenge begrüßte ihn am Ortseingang und begleitete ihn mit Parolen zur Siedlung Küçükyaka. Am nächsten Morgen versammelte sich die Menge in aller Frühe am Ortseingang. Gymnasiasten, Lehrer, Beamte, Händler, Schüler der Grundschule Küçükyaka, Dörfler mit ihrem Fes oder der achteckigen Mütze auf dem Kopf, Frauen in ihren geblümten Sonntagskleidern säumten die Zugangsstraße und standen scharenweise auf den Anhöhen. Auf einem Hügel, der gut von der Straße zu sehen war, hing ein riesiges Transparent: «Die starken Arme des Volkes überwinden jedes Hindernis und lösen jedes Problem! Das Wort, die Zuständigkeit und die Entscheidung hat das Volk!» Dieser Leitsatz von Fikri Sönmez war in Aybastı inzwischen in aller Munde. An der Hauptstraße wehten alle 100 Meter Fahnen mit dem Emblem von Dev-Yol im Morgenwind.

Şahin nahm ein Megafon in die Hand und stellte sich für die Ansprache auf einen großen Stein. Er sprach über die blutigen, leidvollen Zeiten, den Faschismus, der dem Volk den Tod bringt, die Arbeiter, die immer mehr in Armut gedrängt und durch gnadenlosen Terror mundtot gemacht werden sollten, die staatlichen und zivilen faschistischen Kräfte, die unzählige Menschenleben auf dem Gewissen hatten und über die Gefängnisse. Şahins Rede mündete in lautstark skandierten Parolen. Anschließend wurde Musik gespielt und revolutionäre Lieder wurden gesungen. Als der Baggerfahrer die riesigen Krallen der Schaufel in den Kieshaufen am Straßenrand stieß, brandete tosender Beifall auf. Ein Kipplader nach dem anderen wurde mit Kies gefüllt und zuckelte zur Siedlung hinauf. Dev-Yol-Fahnen flatterten im Fahrtwind.

Zehn Tage lang wurde von früh bis spät emsig gearbeitet. Nicht nur die Einwohner Küçükyakas arbeiteten auf der Baustelle, auch aus anderen Siedlungen und Gemeinden kamen Leute, um mitzuhelfen. Gymnasiasten rannten nach Schulschluss nicht nach Hause, sondern zur Gemeinschaftsarbeit. Lehrer und Beamte griffen nach Dienstschluss zum Spaten. Die Frauen der Siedlung versorgten die Arbeitenden täglich mit Mahlzeiten. Das Volk von Aybastı hatte den Individualismus und Egoismus abgelegt, die ihm die bestehende Ordnung aufgezwungen hatte und sich die Losung «Einer für alle, alle für einen» zu eigen gemacht. Natürlich gab es auch Menschen, die davon nicht erbaut waren. Eines Nachts wurden die Häuser des Lehrers Samet Evin und des Rechtsanwaltes Birtan Akyürek, beide demokratisch gesinnte Leute, beschossen. In kurzen Abständen, immer wieder. Unter vorgehaltener Hand fiel der Name Salim Yaman, früheres Mitglied der CHP und inzwischen MHP. Ein Mann um die 40 Jahre, aktiver Politiker, der zu den einflussreichen Leuten in Aybastı zählte. Den Kontakt zu den Revolutionären hatte er abgebrochen, weil sie manche seiner Gaunereien aufgedeckt hatten. Nun wartete er auf eine Chance, es ihnen heimzuzahlen. Einer seiner Brüder war MHP-Anhänger in İstanbul und vor einem Jahr niedergeschossen worden. Salim Yaman agierte im Verborgenen und sann auf Rache. Nach den Schüssen auf die beiden bekannten Demokraten wurde nachts am Bagger Wache gehalten. Keine Macht der Welt sollte diese Arbeit verhindern, und sie brauchten nur zehn Tage, bis sämtliche Straßen und Wege mit Kies aufgeschüttet waren.

Anschließend wurde die Arbeit in der Siedlung Kabalı fortgesetzt, mit demselben Verständnis, derselben Solidarität und Haltung. Selbst in einem kleinen Ort wie Kabalı, in dem reaktionäre Ansichten überwogen, erwachten revolutionäre Ideen zum Leben. Bei genauerer Betrachtung war nicht zu verhehlen, dass eine gewisse Bauernschläue Triebkraft ihres Engagements war. Es war auch Eigennutz dabei, wenn die Leute einstimmig «Wir sind Revolutionäre» riefen und bei Wahlen für die Komitees geschlossen die Hände hoben. Die Revolutionäre fanden das nur allzu verständlich. Schließlich waren Intellektuelle bislang selten leuchtende Vorbilder gewesen. Wie konnten sie da von den Dörflern erwarten, nicht reaktionär zu sein? Das konnten sie nur ändern, indem sie ihnen in ihrem Alltag begegneten und ihnen nicht mit ellenlangen Abhandlungen in Zeitschriften und Büchern kamen, die sie ohnehin nicht lasen. Auf dem Abschlussfest der Straßenarbeiten hatte Şahin den Grundschullehrer von Kabalı barsch zurechtgewiesen, als er sie warnte: «Revolutionäre, geht dem Volk nicht auf den Leim. Die tun freundlich, wenn ihr da seid, aber hinter eurem Rücken beschimpfen sie euch. Diesem Volk ist nicht zu helfen.»

Die MHPler konnten es nicht länger ertragen, dass die revolutionäre Bewegung lawinenartig wuchs. Eines Tages zogen Faschisten bei einem Wortwechsel mit revolutionären Gruppen mitten in der Kreisstadt plötzlich ihre Waffen und schossen wahllos in die Menge. Es war Samstag, Markttag, und die Straßen entsprechend voll. Fünf Menschen wurden verletzt, einer davon schwer.

Şahin führte gerade in der als Vereinslokal genutzten Teestube ein Seminar durch, als sie die Schüsse hörten. Sie eilten zum Tatort. Passanten kümmerten sich bereits um die Verletzten. Leichtverletzte sollten zum Gesundheitsposten und Schwerverletzte nach Fatsa ins staatliche Krankenhaus transportiert werden. Die Menge skandierte aufgebracht Parolen: «Nieder mit den Faschisten! Aybastı wird den Faschisten zum Grab werden!» Die Angreifer unter der Führung des früheren Schulrats Suavi Kataroğlu waren geflüchtet. Revolutionäre von Dev-Sol und Dev-Yol suchten mit gezogenen Waffen jeden Winkel ab, aber umsonst. Eine halbe Stunde später verkündete eine Stimme aus den Straßenlautsprechern, der Landrat habe eine Ausgangssperre verhängt. Bis zu diesem Zeitpunkt war nicht ein Polizist, nicht ein Gendarm, am Tatort erschienen. Dabei war die Polizeiwache gerade einmal fünf Schritte entfernt. Statt nach den Tätern zu suchen, scheuchten sie nun die Menschen auseinander. Die Leute schimpften im selben Atemzug auf Faschisten, Polizisten und Gendarmen und verzogen sich nach Hause. Eine Stunde später tauchten Blaubarettler aus Ordu auf. Nun gehörten die leergefegten Straßen Polizei und Gendarmerie. Zuerst hatten die Gewehrläufe gesprochen, nun die Gewehrkolben.

Die meisten Dev-Yol-Anhänger waren zu diesem Zeitpunkt gar nicht in der Kreisstadt, sondern eine halbe Stunde Fußmarsch entfernt, in Sarıyer, um den Dorfbewohnern beim Neubau ihrer durch Überschwemmungen zerstörten Brücken behilflich zu sein. Als sie von dem Angriff der Faschisten erfuhren, ließen sie die Arbeit liegen und machten sich auf den Weg. Im Dunkeln hatten sie oberhalb der Kreisstadt am Rand eines Bewässerungskanals unter den Bäumen gesessen und wütend, aber unbeirrt beratschlagt, was zu tun war. «Wir müssen morgen alle auf den Marktplatz. Um zu zeigen, dass wir ihnen die Straßen nicht so ohne Weiteres überlassen. Und sollte jemand Anstalten machen einzugreifen, werden wir uns ihm entgegenstellen!»

Die Ausgangssperre galt bis zum Morgen. Als der neue Tag anbrach, stürmten die Revolutionäre in die Straßen der Stadt. In ihren müden Gesichtern standen Wut und Entschlossenheit. Noch immer gingen die Kommandokräfte Streife, den Finger am Abzug. Obwohl alle Angreifer vom Vortag namentlich bekannt waren, war nicht einer dingfest gemacht worden. Keine Hausdurchsuchung, keine Fahndung, kein Gewahrsam. Je später es wurde, desto angespannter die Stimmung. Mittags waren Schüsse zu hören. Ein Lehrer aus der Sippe der Kataroğulları, ein ehemaliger Vorsitzender des Bundes idealistischer Lehrer, einer Untergliederung der MHP, war erschossen worden. Die Sicherheitskräfte mussten nun damit rechnen, dass die Sache eskalierte, und begannen mit der Fahndung. Sie verhafteten zwei Personen. Wegen der Ermordung des Lehrers erließ die Staatsanwaltschaft gegen drei junge Sympathisanten von Dev-Yol in Abwesenheit Haftbefehle. Zwei Tage später verließ die Familie Kataroğulları in Polizeibegleitung die Kreisstadt. Danach normalisierte sich das Leben wieder.

Im Mai wurde der Frühling übermütig. Grün, soweit das Auge reichte. In der Luft lagen Blütendüfte. Nachts funkelten die Sterne, bis in die späten Abendstunden schlenderten die Menschen durch die Straßen. Aus offenen Fenstern drangen Lieder. Zur Euphorie des Frühlings gesellte sich die Lebensfreude durch den revolutionären Kampf. Auch die Menschen waren voller Übermut. Feridun hatte mit seiner

Vermutung Recht behalten. Der Frühling in Aybastı war ganz nach Şahins Geschmack. Er hegte eine wahre Leidenschaft für den Frühling. Heimweh erfüllte ihn, denn er war schon zwei Jahre nicht mehr in Şavşat gewesen.

Inzwischen kannte er sich gut aus in Aybastı. Die meisten Dörfer hatte er schon besucht und neue Freunde gewonnen. Jeden Abend wurde er von fünf, sechs Familien eingeladen. Die Leute hier hatten ihn ins Herz geschlossen und betrachteten ihn als Einheimischen, so mancher gar als Familienmitglied. «Du bist verheiratet, mein Kind?», fragten sie gelegentlich, auf den Ring an seinem Finger deutend. Die Frauen hier hatten eine derart herzliche Art, «mein Kind» zu sagen, dass Şahin manchmal dachte: So warmherzig wie meine eigene Mutter.

«Ja, ich bin verheiratet, liebe Mutter.»

«Wenn das so ist, hol sie hierher zu dir, mein Kind.»

Ach, wenn das nur ginge! Wenn er sie wirklich zu sich holen könnte. Er vermisste Gönül sehr. Manchmal wollte er zum Hörer greifen, nur um ihre Stimme zu hören. Doch er ließ es bleiben. Eines Tages sah er in der Zeitung *Demokrat* ein Foto aus seinem Dorf. Darunter stand: «Telegramme an den Ministerpräsidenten: Frauen in einer langen Schlange am Postschalter, um gegen Preiserhöhungen und Unterdrückung zu protestieren.» Das Foto war unscharf und klein, keines der Gesichter richtig zu erkennen. Eine von ihnen ist bestimmt Gönül, dachte er. Dann küsste er heimlich eine, im festen Glauben, dass sie es sei. An einem anderen Tag las er in dem gleichen Blatt eine Meldung über eine Gruppe von Beamten, die zwangsversetzt worden waren. Gönül arbeitete seit einem Jahr im staatlichen Forstamt. Ohne den Blick abwenden zu können, starrte er minutenlang auf die Buchstaben.

Der Bürgerkrieg verschärfte sich mit jedem Tag, so dass sie keine Zeit fanden, um über ihre privaten Probleme und Sorgen nachzudenken. Gewalt und Grausamkeit von Polizisten und MHPlern nahmen ständig zu. Blut und Tränen wurden überall vergossen. Inzwischen war es fast unmöglich geworden, Polizisten und MHPler zu unterscheiden. Die MHPler trugen Polizeiuniformen, fuhren in Polizeifahrzeugen, beteiligten sich an den Operationen und prügelten die Bewohner. Auf Polizeistationen gingen sie ein und aus. Im Polizeipräsidium Kars starb ein Bäcker an den Folgen der Folter. Eine Studentin wurde drei Monate lang in Untersuchungshaft gefoltert und von Polizeistation zu Polizeistation weitergereicht, vergewaltigt und anschließend in eine Nervenheilanstalt gesteckt. Necdet Erdoğan Bozkurt, Vorsitzender von Dev-Genç Ankara, starb auf der Polizeistation İskenderun an den Folgen der Folter. Die Polizei schoss in Tarsus auf Anwohner, die nach mehreren Unfällen ihrer Forderung nach der Ausbesserung der Straßen Nachdruck verleihen wollten. Neun Menschen starben. In İzmir stürmte die Polizei ein Studentenwohnheim und schoss fünf Studenten nieder. Unermüdlich, rund um die Uhr waren die Revolutionäre in dieser Zeit des blutigen Terrors unterwegs, um das politische Engagement der Menschen zu intensivieren und den – auch bewaffneten – Widerstand gegen MHP, Polizei und Gendarmerie zu organisieren.

Die ausgelassenen Frühlingsabende in Aybastı wurden durch mehrere aufeinanderfolgende Explosionen unterbrochen. Zuerst wurde das Haus eines Revolutionärs in der Siedlung Aşağı Kutlular bombardiert. Am nächsten Abend schlug eine Bombe im Dorf Sarıyer ein, wo sich die Dienstwohnungen der Lehrerinnen befanden. Am selben Abend wurde im Dorf auf Feridun geschossen, als er mit dem Motorrad aus Alacalar zurückkehrte. Feridun entkam dem Tod nur, weil er sich zu Boden geworfen und mit seiner Waffe verteidigt hatte.

Şahin machte sich sofort auf den Weg nach Sarıyer. Er beratschlagte mit Feridun und ein paar anderen Freunden bis zum Morgen. Was die Bomben anging, hatten sie zwar keinen konkreten Anhaltspunkt, aber beide Verbrechen trugen dieselbe Handschrift. Sie mussten wachsam sein, an neuralgischen Punkten Wache halten und den oder die Täter auf frischer Tat ertappen. Am nächsten Tag wurde die Sache klarer.

Nachmittags saßen Şahin und Feridun mit einigen Leuten auf einer Wiese, als ein Jugendlicher voller Angst und Panik den Hang zum Dorf heruntergelaufen kam. Den Schwellungen und blauen Flecken in seinem Gesicht nach zu urteilen, war er zusammengeschlagen worden. Er war völlig außer Atem und erzählte stockend, was vorgefallen war: «Ich kam gerade um die Kurve bei Pamukluboğazı, als ich eine Stimme aus dem Wald hörte: ‹Keine Bewegung, Hände hoch!› Ich drehte mich um und sah zwischen den Bäumen drei maskierte Männer ihre halbautomatischen Waffen auf mich richten.»

Fünfzehn. Fluchtträume (4)

Wie schön! Wie rein und naiv! Die Freiheit, die ihm mit Gewalt und ohne Rechtfertigung genommen wurde, wiederum mit Gewalt zurückzuerobern! Wenn das nicht höchst ehrenvoll ist! Ausgestreckt auf seinem Bett dachte Şahin über die Ehrenhaftigkeit der Flucht nach. Er fand, als Reaktion auf eine ungerechtfertigte Internierung ist Flucht absolut gerechtfertigt. Wie immer waren die halbstündlichen Rufe der Turmwachen zu hören. Brüllt doch, so laut ihr könnt! Wir werden eine Flucht hinlegen, dass euch Hören und Sehen vergeht. Ach, wie schön es war, die Freiheit nicht an die Barbarei abzugeben, sein Recht mit Zähnen und Klauen zu verteidigen.

Am nächsten Abend nahmen sie die Arbeit wieder auf. Sie schufteten nun wieder ununterbrochen. Aber der Beton dachte nicht daran nachzugeben. Sie rührten verschiedene Gemische an, um ihn zu bearbeiteten, aber das brachte alles nichts. Die Arbeit war schwieriger als erwartet, doch das hielt sie nicht ab, herumzuscherzen. Aber so würden sie nie vorankommen. «Nein, nein! Ohne den Beton aufzuklopfen wird das nichts. Das ist die reinste Sisyphusarbeit.» Auf Şahins Bett dachten sie über mögliche Alternativen nach.

«Am besten arbeiten wir tagsüber. Die Außenwachen patrouillieren eh erst ab fünf Uhr nachmittags. Dann müssten wir aufhören, den Beton mit Hämmern zu bearbeiten. Aber wir müssen auf jeden Fall darauf achten, dass die Innenwachen davon nichts mitbekommen.»

«Aber so leise, dass die es nicht bekommen, kannst du gar nicht klopfen. Auf jeden Fall wird die Innenwache es hören.»

«Der Wachmann sitzt für gewöhnlich auf dem Stuhl am oberen Ende des Korridors. Wenn wir nicht zu hart zuschlagen, wird er es zwar hören, aufgrund des hohen Lärmpegels im Trakt aber nicht wissen, woher die Geräusche kommen. Sollte er doch einmal im Korridor auf und ab gehen, müssten wir pausieren. Wir könnten ihm aber auch ein Schnippchen schlagen. Wenn wir beim Zerkleinern der Kohle mehr Lärm veranstalten, würden wir die Arbeit im Toilettenraum übertönen und der Wachmann könnte das Klopfen und Hämmern für Kohlearbeit halten. Außerdem könnten wir auch die Buchbinderei wiederaufnehmen und bis zum Betondurchbruch Bücher binden. Bei Arbeitsbeginn im Toilettenraum müsste einer immer demonstrativ einen Stapel Bücher auf den Tisch legen, binden, was das Zeug hält und dabei heftiger mit dem Hammer zuschlagen als nötig, um den Buchblock mit Nägeln durchzustechen. So würde der Wachmann das Klopfen und Hämmern im Trakt mit dem Buchbinden in Verbindung bringen und nicht argwöhnisch werden.»

Am nächsten Morgen krempelten sie gleich nach dem morgendlichen Hofgang die Ärmel hoch. Die wöchentliche Durchsuchung war bereits beendet, so dass sie sich bis Anfang der nächsten Woche keine Gedanken wegen des Tarndeckels machen mussten. Sie hatten lediglich dafür zu sorgen, dass der Zuber immer gut mit Wasser gefüllt war.

Im Toilettenraum arbeitete immer nur einer von ihnen. Şahin schlug mit einem Holzscheit auf das Eisen und bearbeitete den Beton. Ein anderer legte sich auf Sebahattins Etagenbett, das direkt neben der Toilettentür stand und gab vor, in einer Zeitung oder einem Buch zu lesen. Die dritte Person ging zwischen Bett und Zellentür auf und ab. Die Gefangenen, die mit Ausnahme der beiden täglichen Hofgänge, 21 Stunden am Tag in der Zelle eingeschlossen waren, nutzten diesen winzigen Platz, um sich zu bewegen. Dieses Auf und Ab würde also niemanden misstrauisch machen. Die Person sollte auch einen Blick durch die vergitterte Luke werfen, um zu kontrollieren, ob der Wachmann im Korridor auf seinem Stuhl saß. Sollte er aufstehen, wurde dies an den auf Sebahattins Bett postierten Genossen mittels Codewort weitergegeben. Dieser klopfte dann an die Toilettentür. Die Arbeit sollte daraufhin so lange eingestellt werden, bis der Wachmann sich wieder auf seinen Stuhl setzte. Dasselbe galt, wenn Soldaten durch den 3. Korridor zur Verwaltung unterwegs waren.

Tock! Tock! Tock! Tock! Dieses Geräusch aus dem Toilettenraum gehörte nun zum Alltag im Gefängnis und sie saßen deshalb ständig wie auf glühenden Kohlen. Obwohl sie so leise wie möglich klopften, drangen die Schläge bis zur anderen Seite des Korridors. Außerdem konnte es passieren, dass die Durchgangstür zum 3. Korridor plötzlich geöffnet wurde. Dann wäre es schier unmöglich, die Arbeiter im Toilettenraum rechtzeitig zu warnen. In so einem Fall müssten sie sofort Krach schlagen. Zusätzlich bauten sie auf dem Tisch demonstrativ einen riesigen Bücherberg auf und banden wieder Bücher. Sie entfernten sogar die Einbände von bereits gebundenen Büchern, um sie neu zu binden.

Das Herumhämmern auf den Einbänden übertönte die Geräusche aus dem Toilettenraum und die Wärter führten das Geklopfe tatsächlich auf das Buchbinden zurück. Dennoch durften sie nicht übertreiben, sonst würde es womöglich den Argwohn des Wachpersonals wecken. Aber auch das Holzhacken und das Zerkleinern der Kohlen verursachte reichlich Lärm. Weil die Haftanstalt nicht über eine Heizungsanlage verfügte, wurde täglich Holz und Kohle verteilt, und zwar in so grossen Stücken, dass die Gefangenen sie gegen das Eisen der Etagenbetten schmetterten, um sie zu zerkleinern. Die in der 8. Zelle machten das nun einfach häufiger, aber ohne zu übertreiben.

An den Wochenenden konnten sie am effektivsten arbeiten. Dann gab es keine Durchsuchungen und niemand wurde zur Verwaltung gerufen. Außerdem liefen sonntags die Fernseher schon ab zwölf Uhr mittags und im Hof wurde Fußball gespielt. Das sorgte für reichlich Lärm auf den Korridoren, ganz zu schweigen davon, dass der Fernseher der 8. Zelle noch lauter plärrte. Außerdem drosch der Kumpel, den sie zum Fußballspielen schickten, den Ball bei jeder Gelegenheit so fest gegen die Seitenmauern im Hof, dass es nur so donnerte. So konnte der Arbeiter im Toilettenraum nach Herzenslust mit dem Eisen den Beton bearbeiten.

Sonntagabend begann Şahin mit der Herstellung des Tarndeckels. Ein Mitgefangener half ihm. Frühmorgens musste das Loch im Beton auf jeden Fall verschlossen sein. Ein Zuber Sand, den sie im Hof aufgesammelt hatten, stand bereit. Erst weit nach Mitternacht waren sie damit fertig, aber der Deckel war nicht so perfekt wie gedacht. Der Beton war nicht so hart, um Vorschlaghämmern standhalten zu können. Obwohl der Durchbruch ziemlich unförmig war, passte der Deckel aber so gut, dass sie nicht auf den ersten Blick auffliegen würden.

Als die Durchsuchung anstand, stieg die Spannung ins Unermessliche. Am frühen Morgen schlossen die Wärter wie gewöhnlich die Zellentüren zum Hofgang auf und riefen: «Alle Mann raus!» Bei der Durchsuchung durfte niemand in der Zelle sein. Auch wenn sie sich ihrer Sache ziemlich sicher waren, spürten sie das durchdringende Klopfen des Vorschlaghammers in ihren Herzen. Sie munterten sich gegenseitig auf, zwinkerten sich unauffällig zu und taten möglichst unbekümmert, aber mit ihren Gedanken waren sie unter der Dusche im Toilettenraum. Plötzlich verebbte der Lärm der Soldaten. Es war nichts Außergewöhnliches passiert. Auch der Wachposten auf dem Turm regte sich nicht. Sie waren voller Zuversicht. Als sie nach dem Hofgang in ihre Zelle zurückkamen, war das Oberste wie immer zuunterst gekehrt, das Loch jedoch nicht entdeckt und der Zuber nicht einmal von der Stelle gerückt worden. Sie mussten sich beherrschen, um ihre Erleichterung nicht hinauszuschreien. Es war das erste Mal, dass sie nicht maulten, weil Matratzen, Kleider, Bücher und all das andere Zeug überall herumlagen.

Ein paar Tage später war die Kuhle, die sie in den Beton gekratzt hatten, erst zehn Zentimeter tief. Wochentags kamen sie kaum zum Arbeiten, denn der Tarndeckel musste bis zum Durchsuchungstag am Wochenende unangetastet bleiben. Inzwischen waren sie beinahe soweit, die Durchsuchung herbeizusehnen. Außerdem hemmte es ihr Arbeitstempo, dass manche Wachposten unaufhörlich auf und ab gingen, statt in Ruhe sitzenzubleiben.

Erschwerend kam hinzu, dass ihr Klopfen ungefiltert zur 7. Zelle drang und ihre Nachbarn bereits gefragt hatten, was sie im Toilettenraum trieben. «Grabt ihr etwa einen Tunnel? Falls ja, vergesst uns nicht!», hatte einer scherzhaft gesagt. Weil sich die aus der 7. absolut nicht vorstellen konnten, dass sie tatsächlich einen Tunnel graben würden, wiederholten die Gefangenen den blöden Scherz bei jeder Gelegenheit. Sie mussten befürchten, dass er den Soldaten zu Ohren kommt. Weil sie ihnen nicht den Mund verbieten konnten, hatten sie es anfänglich überhört, aber die Fragerei nahm kein Ende und sie mussten umgehend etwas unternehmen.

Es blieb ihnen nichts anderes übrig, als die Wortführer von Dev-Yol in der 7. einzuweihen. Sie sollten sich so schnell wie möglich entscheiden, ob sie sich an der Flucht beteiligen wollten oder nicht, sagten sie ihnen. Die Antwort war positiv. Ab sofort würden sie das Gerede unterbinden. Ob sie sich am Ausbruch beteiligten, ließen sie offen, sicherten ihnen, unabhängig davon, wie ihre Antwort ausfiel, jede Art von Unterstützung zu. Das Problem war tatsächlich vom Tisch. Niemand verschwendete auch nur ein Wort über den Lärm im Toilettenraum.

Nach drei weiteren Arbeitstagen gab der Beton endlich nach. Erde in Sicht. Das klang wie «Land in Sicht» auf schwerer See. Die Erde streckte ihnen die Arme entgegen und lud sie zu hellstrahlenden Tagen ein. Hurra! Auf diese Tage! Volldampf voraus zur Freiheit! Volle Fahrt mit Rückenwind!

«Zunächst sollten wir einen eineinhalb bis zwei Meter tiefen Graben ausheben, damit der Einstieg in den Tunnel leichter wird.»

«Einer gräbt, einer holt die Steine aus der Erde, ein dritter zerbröselt die Erde in einem Zuber, bevor er sie in die Toilette schüttet.»

«Größere Steine sollten wir zur Stabilisierung des Tunnels verwenden. Kleinere mischen wir unter die Kohlereste in der Asche und werfen sie in den Müll.»

«Und den Lärm immer im Auge behalten!»

«Und wer gräbt, sollte sich die Hände bandagieren. Zerschundene Hände könnten den Soldaten auffallen.»

Die Erde war weich wie ein Sandhaufen. Es gab nicht einmal Steine in der Größe von Streichholzschachteln. Sie arbeiteten mit großer Freude. Der Toilettenraum glich einem Bienenstock. Vermengten sie die Erde im Plastikzuber mit Wasser, wurde sie flüssig und glitt problemlos durch die Kanalisation. Innerhalb von zwei Stunden gruben sie einen Meter tief. Nachdem er mehrmals die ausgegrabene Erde in Plastikbehälter gefüllt und nach oben gereicht hatte, stieg Şahin wieder hoch. «Das reicht für heute», sagte er. «Es ist besser, gemächlich zu arbeiten. Wenig Erde, viel Wasser. Wer die Toilette benutzt, sollte von nun an immer einige Kanister Wasser hinterher schütten.»

Auf einen Tag mehr oder weniger kam es nicht an, vorausgesetzt, dass sie nicht in ein anderes Gefängnis verlegt wurden. Zwei Durchsuchungen hatten sie ja schon hinter sich. Wer zwei überstanden hatte, würde auch zehn schaffen. Im Augenblick standen keine Verlegungen an. Für Şahin schon gar nicht. Er war schließlich in Erzincan, weil hier bekanntlich «nicht einmal ein Vögelchen davonfliegen kann», ohne dass sie es bemerkten.

Unmittelbar bevor er verlegt wurde, hatten sie Gönül bei einem Besuch in Samsun ausgehorcht. Am nächsten Besuchstag hatte sie ihm davon erzählt.

«Als ich das Gefängnis verließ, hefteten sich zwei Zivilpolizisten an meine Fersen und folgten mir eine Weile. Dann sprachen sie mich an: ‹Dein Mann plant die Flucht. Was weißt du darüber? Dich hat er doch bestimmt eingeweiht!› Ich war froh, als sie damit fertig waren.»

«Das tut mir leid», hatte Şahin erwidert. «Aber so etwas kommt vor. Die wollten dir nur auf den Zahn fühlen. Ich habe ihnen keinerlei Anlass für ihr Misstrauen geboten.»

Schließlich war er als Ausbrecher von vornherein verdächtig.

Wieder musste Şahin an Gönül denken. Wie sie wohl reagieren würde, wenn sie Bescheid wüsste? Şahin konnte es nicht einschätzen. Das machte ihm zu schaffen. «Komm ja nicht auf so eine Idee!», hatte sie ihn damals gewarnt. «Sie wissen, dass du ausbrechen willst. Das ist schon mal klar. Ich möchte so was nicht. Um nichts in der Welt.»

Am nächsten Tag gingen drei von ihnen gleich nach der abendlichen Zählung in den Toilettenraum. Sie wollten die Grube fertig ausgraben und mit dem Tunnel beginnen. Später kam Şahin hinzu. Der Betonfußboden war völlig verschlammt. «Kein einziger Stein. Wunderbar», sagte Hüseyin. Şahin beugte sich zur Grube hinunter. «Und ist der Boden hart?»

«Geht so. Nach unten hin wird es etwas härter, aber kein Problem. Aber sag dem da oben, dass er mir nicht ständig Wasser auf den Hinterkopf tropfen lässt.»

«Tu ich doch gar nicht!» brüllte Fehmi, während er die Erde im Zuber unter das Wasser hielt.

Nach dem Abendessen ging Hüseyin wieder in den Toilettenraum, aber schon bald rief er Şahin: «Es tropft aus der Leitung!» Şahin beugte sich hinunter, um zu wissen, was los war. Es war das Rohr, das von der Toilette der 7. kam, sich mit dem in ihrer Toilette verband und dann in die Fäkaliengrube ergoss. An zwei Stellen sickerte Wasser in die Grube. Eine halbe Stunde später spritzte es regelrecht aus dem Rohr. Als sie Wasser in die Toilette schütteten, sickerte immer mehr Wasser durch beide Lecks. Eine äußerst unerfreuliche Überraschung.

Nach Einschluss stiegen zwei in die Grube, um die Leitung genauer zu inspizieren. Das erste Leck war nicht zu finden. Das Wasser musste in der Erde aus dem Rohr dringen. Deshalb legten sie die Leitung bis zum Toilettenboden frei. An der Stelle, wo der Siphon mit dem nach außen führenden Abwasserrohr verbunden war, klaffte tatsächlich ein faustdickes Loch, und das Abwasser floss ungehindert ins Erdreich. Da das Rohr freigelegt war, floss es jetzt noch schneller. In der Grube standen die Fäkalien kniehoch und das Rauschen des Wassers drang bis zu ihnen hoch. Im Schein eines Streichholzes sahen sie den See, auf dem Fäkalien herum schwammen. Ach, die schöne Grube, in der so viel Arbeit steckte, so viel Hoffnung auf Freiheit, war nun voller Kot.

Ratlos saßen sie auf Şahins Bett. Sie rauchten eine nach der anderen. Das Strahlen ihrer Augen war erloschen. «Das war's wohl. Ein schöner, aber kurzer Traum, Freunde.» Endlich war das, was alle dachten, ausgesprochen.

«So ein Mist! Die Erde flutschte nur so davon, dass ich gar nicht mehr daran dachte, dass die Toilettenrohre verstopfen könnten.»

«Lässt sich das Problem nicht irgendwie lösen?»

«Selbst wenn, wird die Erde den Abfluss wieder verstopfen.»

«Das war's also?»

Auch nach längerem Nachdenken fanden sie keine Lösung. «Dann lasst uns wenigstens den Toilettenraum wieder sauber machen.» Der war wirklich in einem erbärmlichen Zustand. In einer Ecke klaffte ein großes Loch, in der anderen lag ein riesiger Erdhaufen. Und der Fussboden völlig verschlammt. Sollte sich einer der Soldaten dahin verirren, würde er vor Schreck umfallen.

Die Erde füllten sie in Stoffbeutel und schütten sie in den Abwassersee. Den Fußboden machten sie sauber und wischten ihn trocken. Als sich die von der Nachbarzelle nach Mitternacht endlich zur Nachtruhe begeben hatten, stoppte der Wasserfluss, so dass es nur noch tröpfelte. Şahin legte den Tarndeckel wieder auf das Loch und ging zu Bett.

Am nächsten Morgen untersuchten sie zuerst die Grube. Da nachts kein Wasser geflossen war, war der See nicht angestiegen, sogar etwas abgesunken, weil die Erde Wasser aufgesaugt hatte. Doch jetzt, wo die in der Nachbarzelle wieder auf den Beinen waren, beschleunigte sich der Wasserfluss wieder. Şahin erzählte den Freunden, was ihn nachts beschäftigt hatte: «Wir könnten das Problem aus der Welt schaffen, wenn wir die Löcher stopfen. Es ist durchaus möglich, dass das Kanalisationsrohr selbst nicht verstopft ist. Vielleicht läuft das Wasser erst aus dem Rohr, seit es freigelegt wurde.»

Anfangs hielten sie seine Überlegungen für abwegig, aber dann schien es ihnen doch nicht so unwahrscheinlich. Nach dem Hofgang zog Şahin sich um und stieg in die Grube. Das Abwasser war wieder angestiegen und er stand hüfthoch in der Kloake. Er gab sich alle Mühe, das Leck mit Lappen zu stopfen, schaffte es aber nicht. Er kam einfach nicht richtig ran. Außerdem reichten die Lappen nicht, um das Wasser aufzuhalten. Er überlegte, die Löcher mit geschmolzenem Plastik zu stopfen. Er fror. Der Abwassersee, in dem er stand, war eisig kalt. Jemand löste ihn ab. Der Versuch, einige Plastikschlappen zu schmelzen und damit die Löcher zu stopfen, erwies sich als Fehlschlag. Sie kamen einfach nicht nah genug an die Stelle heran, um vernünftig zu arbeiten. «Machen wir das besser nach Mitternacht. Dann fließt es langsamer.» Doch es gelang ihnen weder nach Mitternacht noch am darauffolgenden Tag. Es funktionierte einfach nicht.

«Wenn ihr mich fragt, hat das alles keinen Sinn», meinte Sebahattin. «Das Kanalisationsrohr verstopft so oder so. Es bringt nichts, die Löcher zu stopfen. Früher oder später wird es über die Toilette zurückfließen und dann läuft sie über. Oder es sickert durch den Deckel der Abwassergrube. Würden die Soldaten den Deckel abnehmen, sehen sie den Schlamm.» Niemand konnte dem etwas entgegensetzen. «Am besten, wir schließen das Loch wieder. Das Tunnel-Projekt können wir begraben.»

Ihre Träume zerrannen. Es schmerzte, dass diese so hoffnungsvoll begonnene Sache so abrupt beendet werden musste. Aber sie hatten keine Wahl. Erneut säuberten sie den Toilettenraum und verschlossen das Loch im Fußboden. Wenn man das Ohr an den Boden legte, hörte man das Plätschern des Wassers. Und von draußen drangen die bekannten Rufe der Wachen herein: «Halt! Wer da?» Freiheit, Stopp.

Sechzehn.
Damals in Aybasti (3)

«Mir blieb nichts anderes übrig, als die Hände zu heben und stehen zu bleiben», fuhr der junge Mann mit seiner Schilderung fort. «Als sie hörten, dass ich aus Sarıyer stamme, begannen sie, auf mich einzuschlagen. Einer von ihnen, ich hielt ihn für den Anführer, stellte sich als Nevzat aus Karayün vor und sagte, dass sie unser Dorf niederbrennen werden, wenn wir weiter die Kommunisten unterstützen.»

Es war das erste Mal, dass so etwas in Aybastı geschah und es war besorgniserregend. Feridun kannte Nevzat. «Er ist ein MHP-Aktivist, studiert in İstanbul Pädagogik und war deshalb längere Zeit nicht in Aybastı.» Einige der Dörfler erinnerten sich ebenfalls an ihn. Er war der Sohn eines alten Mannes aus Sefalık. Das Dorf lag gegenüber von Aybastı. Die Gemeinde Kutlular, in der zwei Tage zuvor ein Wohnhaus bombardiert worden war, lag etwas unterhalb davon. Nevzats Wohnhaus lag im Ortsteil Pamukboğazı und war mit bloßem Auge vom Zentrum der Kreishauptstadt aus zu sehen. Feridun sagte nachdenklich, wie zu sich selbst: «Als ich auf dem Moped nach Alacalar fuhr, kam ich an Coke Şenels Haus vorbei. Er trank gerade mit Nadir Karayün Tee und lud mich ein. Ich sagte, ich hätte viel zu erledigen und müsse später nach Sarıyer zurückfahren. Das heißt, sie wussten, dass ich im Laufe des Abends wieder da sein würde.» Man musste nur noch eins und eins zusammenzählen. Nadir Karayün war Nevzats Bruder. Coke Şenel ein fahnenflüchtiger Dörfler, Waffen- und Bombenexperte, ein so guter Schütze, dass er einen Vogel vom Himmel herunterholen konnte.

Ja, aber war Nadir nicht Dev-Sol-Sympathisant? Jedenfalls ließ er sich gelegentlich bei ihnen blicken und ging im Volkshaus ein und aus. Und welches Problem hatte Coke Şenel mit den Revolutionären? Spielte er ihnen etwas vor? Oder hatte er nach der Rückkehr des großen Bruders die Fronten gewechselt? Sollten sie zu den Dev-Sol-Leuten gehen und sofort von ihrem Verdacht berichten? Oder ihn beschatten, bis sie Gewissheit hatten?

Sie kamen erst gar nicht dazu, sich lange den Kopf zu zerbrechen. Gegen Mittag hallten langanhaltende Detonationen und Schüsse durch Sefalık. In Aybastı stürmten alle auf die Straßen, darunter auch Şahin. Umgehend organisierten sie einige Fahrzeuge, um nach Sefalık zu fahren und zu sehen, was da los war.

Eine Gruppe von Dev-Sol-Leuten, die aus Gölköy kamen, waren bei Pamukboğazı von etwa acht Bewaffneten überfallen worden. Ercan Gündoğdu, der in İstanbul Medizin studierte sowie ein junger Mann aus Sefalık waren schwer verletzt worden. Beide lagen blutüberströmt in einem Fahrzeug, das sie nach Fatsa brachte. Eine Stunde später kam die Nachricht, dass Ercan Gündoğdu auf dem Weg ins Krankenhaus gestorben war. Aybastı war erfüllt von zorniger Trauer.

Zwei Tage später gab es mehr Informationen über die Identität der Angreifer. Nevzat Karayün, der wegen Erpressung in der Haftanstalt Edirne saß, war vor kurzem ausgebrochen und mit Hilfe von Salim Yaman und dem Dorfvorsteher von Sefalık in Aybastı untergekommen. Zu seiner Bande gehörten neben seinem Bruder Nadir auch Tufan İkiz aus Kutlular, Coke Şenel sowie einige junge Herumtreiber aus den Dörfern Alacalar, Beylerli und Uzundere. Es galt als sicher, dass sie Auftragsmörder waren. Die Bomben gingen auf Cokes Konto, ebenso die Kugeln, die Ercan getötet hatten. Feridun hatten sie in der Dunkelheit verfehlt. Nevzat selbst sagte, dass mächtige Kräfte hinter ihm stünden, und dass er Aybastı von den Kommunisten befreien und zu einer Hochburg der MHP machen werde.

Nahezu täglich wurden bei Pamukboğazı Leute abgepasst und zusammengeschlagen. Am Markttag waren dort vor kurzem 15 Menschen aus Sarıyer überfallen und mit Gewehrkolben aufs Fürchterlichste misshandelt worden.

Ganz Sarıyer machte sich daraufhin auf den Weg zur Kreisstadt. «Nieder mit den Faschisten, Regierung zurücktreten, einziger Weg Revolution, Faschist Karatan muss zurücktreten», skandierten die Dorfbewohner aufgebracht im Zentrum von Aybastı. Der Demonstration schlossen sich viele Leute aus der Stadt an. Sie erinnerten die Regierung, den Landrat, Polizei und Gendarmerie an ihre Pflichten, die Faschisten festzunehmen oder zurückzutreten. Die Sicherheitskräfte hatten nicht einen Finger gerührt. Nevzat Karayüns Haus war nicht einmal durchsucht worden.

Die Demonstranten zogen gemeinsam zur Post, um eine Protestnote an den Ministerpräsidenten zu senden. Anschließend versammelten sie sich wieder auf dem Platz. Weil immer mehr Menschen kamen, ließ sich sogar der Landrat blicken. Er versicherte, dass Nevzats Haus durchsucht und alles Notwendige unternommen würde. Die Kundgebung könne beendet werden. Die Leute sollten nach Hause gehen. Doch sie blieben. Kurze Zeit später trafen zwei Pick-ups der Gendarmerie ein. Die Reaktion der Menschenmenge war heftig; einige traten gegen die Fahrzeuge, andere bespuckten den im vorderen Fahrzeug sitzenden Hauptmann Musa Karatan und riefen: «Faschist Karatan, Mörder Karatan».

Es war spät geworden. Die Dörfler machten sich auf den Heimweg, und die Städter beobachteten, was die Gendarmen in Sefalık und Pamukboğazı taten. Nachdem die Pick-ups ein paar Minuten vor Nevzats Haus gestanden hatten, fuhren sie weiter und verschwanden hinter einer Kurve.

Am nächsten Tag machte die Nachricht die Runde, dass die Gendarmen, statt einer Razzia in Nevzats Haus, die Häuser der Demonstranten durchsucht und die Leute zur Rede gestellt hatten, die zur Sicherheit im Dorf geblieben waren. Karatan machte überhaupt keinen Hehl daraus, dass er parteiisch war.

Zwei Tage später erfuhren sie, dass der Faschist Coke Şenel getötet worden war. Die Menschen freuten sich über die Vergeltungsaktion für Ercan und versammelten sich auf der Straße. Am selben Tag hieß es, die Staatsanwaltschaft habe Haftbefehl gegen Ekrem Ercan, Grundschullehrer des Dorfes Zafer, erlassen.

Am Abend ging Şahin mit Feridun in den Wald oberhalb der Gemeinde Küçükkaya. Die mondlose Nacht hüllte den Wald in tiefste Dunkelheit. Nach einer Weile rief Şahin: «Nieder mit dem Faschismus!» Zehn Schritte entfernt erhob sich zwischen den Bäumen eine andere tiefe, kräftige Stimme: «Es lebe das Volk!» Zweige knackten und schemenhaft erhob sich eine hünenhafte Gestalt aus der Dunkelheit und kam auf sie zu. Ekrem Ercan. Sie begrüßten sich mit so kräftigem Handschlag, als wollten sie die Finsternis zermalmen.

Şahin hatte ihn während der Vorbereitungen für die Kundgebung kennengelernt. Er lebte mit Frau und Kindern in der Lehrerwohnung in Zafer. Er war in dem Dorf geboren und genoss Şahins vollstes Vertrauen. Obwohl schon Ende 20, war er draufgängerischer und dynamischer als manch 18-Jähriger. Er fuhr sehr gut Motorrad und hing an seiner Waffe wie an einem Kind.

«Bisher habe ich dem Volk mit Kreide gedient. Ich denke gar nicht daran, mich zu ergeben, Hoca», sagte er im Brustton der Überzeugung. «Von nun an werde ich mit der Waffe gegen den Faschismus kämpfen.» Şahin übergab ihm die Sten Gun, eine einfach konstruierte Maschinenpistole. «Viel Erfolg, Ekrem Hoca.»

Nevzat Karayüns Leute verübten einige Tage später erneut einen Überfall. Sie hatten die Gemeinde Kutlular im Visier. Aber dieses Mal wurden sie von den Revolutionären erwartet, die das Viertel beschützten, sodass sie unverrichteter Dinge abzogen. Zwei Angreifer wurden erwischt. Auf Druck der Bevölkerung machten sich zwei Polizeiteams schließlich auf den Weg, um die beiden festzunehmen. Ganz Aybastı war auf den Beinen, um sich gegen diese Bande zu wehren. Drei Tage konnten die Faschisten standhalten, dann zogen sie unter erheblichen Verlusten ab. Man hörte, dass sie sich in den Grenzdörfern von Aybastı, die in der Hand der MHP waren, verschanzten.

Doch die neu gewonnene Sicherheit fand schon bald ein jähes Ende. Auf Befehl des neuen Gouverneurs in Ordu, Neşat Akkaya, wurde Aybastı kurz darauf von der Polizei heimgesucht. «Fatsa, Aybastı und Gölköy werde ich für das Vaterland zurückerobern», hatte er bei seiner Ernennung verkündet. Es folgten zunächst einige kleinere Operationen. So hatte er in Begleitung von Polizisten das Rathaus von Gürgentepe gestürmt, den Bürgermeister geohrfeigt und in Gölköy die Bevölkerung drangsalieren lassen. Der schmerzhafteste Schrei kam aus Çamaş. Cumali Eliaçık, ein geschätzter und altgedienter Revolutionär aus Fatsa, wurde in Ober-Çamaş von den Blaubarettlern ermordet. Kurze Zeit später wurde ein weiterer, in der Bevölkerung sehr beliebter Revolutionär, Şehittin Tırıç, auf einer Kundgebung ermordet. Die Bevölkerung kesselte daraufhin die Soldaten ein und brannte die Polizeistation nieder.

Eines Abends stürmten zwei Busladungen Polizisten Aybastı. Polizeiterror beherrschte nun die Stadt. Wer ihnen über den Weg lief, den packten sie am Kragen und schleiften ihn zur Polizeistation. Zeitgleich wurden die Teestube von Dev-Yol und das Volkshaus gestürmt, alle Anwesenden festgenommen. Von einem Freund, der nach einigen Stunden freikam, erfuhren sie, dass die Festgenommenen gefoltert wurden. Die Revolutionäre hatten sich rechtzeitig in die Haselnusshaine der Umgebung zurückgezogen und überlegten, dem Polizeiterror mit einer Massenaktion entgegenzutreten. Der Terror setzte sich auch am nächsten Tag fort. Sämtliche Ortseingänge waren von der Polizei besetzt, Passanten wurden durchsucht, viele dabei geschlagen.

Am dritten Tag verkündeten die Schüler der Gymnasien, Real- und Predigerschulen, dass sie in den Schulboykott treten, bis der Polizeiterror aufhört. Eine Elternvertretung stattete dem Landrat einen Besuch ab und forderte den Abzug der Polizei aus der Stadt. Am nächsten Tag sprachen Vertreter aller Bezirke mit dem gleichen Anliegen beim Landrat vor. Am fünften Tag der Razzien erhielten sie die bittere Nachricht, dass Aykut Kanar, ein aus Bolu stammender, aber seit geraumer Zeit in Aybastı lebender Dev-Sol-Anhänger, im Dorf Şeber in einen Hinterhalt gelockt und getötet worden war. Sein Mörder war ein Bandit, der als Helfershelfer von Salim Yaman bekannt war. Wegen des anhaltenden Polizeiterrors wagte niemand, sich des Leichnams anzunehmen. Er sollte anonym begraben werden. Etwas Unehrenhafteres gab es für einen toten Revolutionär nicht, fand Şahin. Ihn erreichte die Nachricht in einem Haselnusshain unterhalb der Stadt. Wenn es sein muss, müssten sie auch den eigenen Tod in Kauf nehmen, um so etwas Schändliches zu verhindern. «Benachrichtigt alle Freunde», ordnete er an. «Dem Toten wird eine Bestattungszeremonie mit Trauerfeier zuteil, um welchen Preis auch immer. Sollte die Polizei eingreifen, wird Widerstand geleistet. Die Untergetauchten postieren sich in den Seitenstraßen, um im Falle einer Auseinandersetzung zur Hilfe zu eilen.»

Die Polizei verfolgte die Zeremonie lediglich aus der Ferne; sie vermied es, sich der zum Teil bewaffneten Menschenmenge zu nähern, geschweige denn einzugreifen. Die Trauerfeier begann mit einer Gedenkminute vor Aykuts Sarg. Es folgten Reden, die den Mord sowie den Polizeiterror anprangerten. Anschließend wurde der Kampfeid gesprochen und der Sarg nach Bolu überführt. Danach zogen die Menschen in kleinen Gruppen demonstrativ durch die Straßen.

Am nächsten Tag ging die gesamte Kreisstadt auf die Barrikaden, nachdem bekannt wurde, dass einem 15-Jährigen im Polizeigewahrsam mit Knüppelschlägen der Rücken zerschunden worden war. Als Sami, der Postbeamte, den Jungen mit entblößtem Oberkörper durch die Stadt führte, strömte die gesamte Bevölkerung wutentbrannt auf die Straßen. Alle waren da: Schüler und Hausfrauen. Die Händler und Handwerker hatten die Geschäfte und Werkstätten geschlossen und Beamte und Angestellte die Arbeit Arbeit sein lassen. Alle verfluchten die Polizei und forderten den Rücktritt der Regierung. Die Polizisten wagten nicht einen Schritt vor die Tür der Polizeistation. Schließlich zogen sie nach Ordu ab. Zum Sieg über die MHPler hatte sich nun der über die Polizei gesellt. Einige Tage später war zu hören, dass Salim Yaman, der Dorfvorsteher von Sefalık und ein paar als Wucherer bekannte Kaufleute Aybastı verlassen hatten.

In Aybastı wurde eine neue revolutionäre Zeit eingeläutet. Die Bevölkerung hatte jedes Vertrauen in die bestehende Ordnung und die Regierung verloren und stand hinter den Revolutionären. Nicht nur, dass die Menschen ausgebeutet und unter horrenden Preiserhöhungen litten, nun sollten sie regelrecht niedergeworfen werden. Deshalb hatte die Regierung Neşat Akkaya hierher versetzt, den sogar der Ausnahmerechts-Kommandant in Ankara für allzu parteiisch befunden und seines Amtes enthoben hatte. Darüber hatte der *Demokrat* ausführlich berichtet. Während das übrige Land in einem Meer von Blut versank, hatte es bis zu seiner Ankunft in Ordu keine nennenswerten Gewalttaten in der Region gegeben. Nun hielt der Terror der MHP-Leute und der Polizei auch hier Einzug. Was war das für eine Regierung, die Fikret Sönmez nicht ertrug, einen rechtmäßig gewählten Politiker, der mehr Stimmen als die Kandidaten aller anderen Parteien erhalten hatte? Wenn es irgendwo Demokratie gab, dann in Fatsa. Dort hatte das Volk das Sagen und die Entscheidungsgewalt. Und es geschah alles zu seinem Wohle und Glück. Nach dem legendären Kulturfestival wurde Fatsa von vielen Kolumnisten, Lyrikern und Juristen als Paradebeispiel einer funktionierenden Demokratie gesehen, als Lichtblick für ein freiheitliches Leben ohne Ausbeutung und die Menschen in Aybastı betrachteten Fatsa als Vorbild.

Überall fanden Versammlungen statt, auf denen die Bevölkerung Beschlüsse zur Selbstverwaltung fasste. Mit der Umsetzung wurden Komitees betraut, kein Landrat, kein Staatsanwalt, kein Richter, keine Polizei oder Gendarmerie. Mit ihnen hatte die Bevölkerung gebrochen. Von ihnen waren sie immer nur erniedrigt, entwürdigt, verachtet, unterdrückt worden. Sie setzten ihre Hoffnung in die Revolutionäre. Denn mit ihnen hatten sie ihre hängenden Schultern wieder aufgerichtet und erlebt, dass es eine Ordnung gab, die auf ihrer Seite war.

Die Polizisten schlenderten nur noch untätig durch die Straßen und mischten sich nirgends mehr ein. Hauptmann Karatan verschanzte sich auf der Polizeistation. Zahlreiche Revolutionäre, die per Haftbefehl gesucht wurden, liefen frei herum und gingen überall unbehelligt ein und aus. Man erzählte sich, dass Ekrem Hoca eines Tages auf seinem Motorrad und mit geschultertem Gewehr quer über den Marktplatz gefahren sei. Innerhalb der Grenzen Aybastıs hatten die MHP, der Staat nicht mehr das Geringste zu sagen.

Und jenseits der Stadtgrenzen? Am Samstag machte sich Sami, der Postbeamte, bei Tagesanbruch auf den Weg nach Turhal, um dort preiswert Ziegeln zu kaufen. Er baute gerade und hatte den Leuten seit Tagen in den Ohren gelegen, dass er nach Turhal fahren werde und ob er von dort Ziegelsteine mitbringen solle. Sie hatten sich für den kürzesten Weg über Reşadiye entschieden. Sami auf dem Beifahrersitz, sein Cousin am Steuer. Oben auf der Ladefläche drei Fahrgäste. In zwei Stunden würden sie in der Stadt sein, mittags in Turhal ankommen und abends zurückkehren, so dachten sie zumindest.

Siebzehn.
Fluchtträume (5)

Einfach war es nicht, den Traum von der Flucht aufzugeben, der Tag und Nacht gegenwärtig war. Am nächsten Morgen gingen Şahin und Sebahattin auf dem Bett einige technische Berechnungen durch, die sie in der Nacht angestellt hatten. Hasan setzte sich dazu.

«Was geht euch durch den Kopf?»

«Alles Mögliche. Aber nichts, was Hand und Fuß hätte.»

«Ich habe einen Vorschlag. Auf dem Hofgang eben fiel mein Blick auf die Betondecke des Dachgeschosses. Weil eines der Blechschilder abgefallen war, konnte ich sehen, dass die Betonschicht kaum 15 Zentimeter dick ist. Könnten wir den Deckenbeton nicht durchbohren und die Erde darauf lagern? Das Loch müssten wir natürlich gut tarnen.»

«15 Zentimeter meinst du?», fragte Sebahattin.

«Ja, allerhöchstens.»

«Die Tarnung bekommen wir schon hin», meinte Şahin. «Wir könnten die gesamte Toilettendecke mit einem weißen Betttuch abhängen. Was meinst du, Sebahattin?»

«Ja, das wäre denkbar. Jedenfalls wesentlich besser alles, was wir überlegt haben.»

«Dann setzen wir uns heute Abend zusammen und besprechen das mit allen. Vielleicht fällt uns bis dahin noch etwas Gutes ein.»

Şahin fühlte sich, als wäre er zu neuem Leben erwacht und ein Freudenfeuer wärmte ihn innerlich. Hasan und er schnappten sich ein weißes Bettlaken, klebten es im Toilettenraum an eine Wand und übertünchten es mit Leim. «Das ist doch schon ganz vielversprechend. Schauen wir, wie es aussieht, wenn es erst meinal trocken ist», sagte Hasan.

Als sie eine Stunde später wiederkamen, grinsten sie bis über beide Ohren. Der Versuch war geglückt, das Tuch mit der Wand eins geworden. Was ihnen nun Kopfzerbrechen bereitete, war der Lärm, den sie beim Bohren unvermeidlich machen würden. Außerdem waren sie nicht sicher, ob die Zwischendecke von den Soldaten nicht für irgendetwas genutzt wurde. Die abendliche Besprechung dauerte nicht lange. Der Pessimismus, der ihnen zwei Nächte lang den Schlaf geraubt hatte, war verzogen.

Am nächsten Morgen machten sich Şahin und Hasan nach dem Hofgang an die Arbeit. Der Wachhabende saß am Ende des Korridors auf seinem Stuhl. Sie schnappten sich die beiden Sitzbänke am Tisch, trugen sie in den Toilettenraum und stellten sie an die Holzregale. So konnten sie sich auf die Regalbretter stellen und mit einem Garn Maß nehmen. Wieder in der Zelle, hielt Hasan das Garn ans Lineal: «110 zu 190», maß er. Nun breiteten sie das sauberste Betttuch, das sich auftreiben ließ, ganz offen auf dem Tisch aus. Selbst wenn es dem Wachhabenden auffallen sollte, würde er annehmen, dass sie irgendetwas nähten. Şahin markierte mit einem Bleistift die Maße und verband die Markierungen miteinander. Hasan übernahm das Zuschneiden.

Nach dem nächsten Hofgang stellten sie die Bänke erneut in den Toilettenraum. Şahin stieg auf die eine, Hasan auf die andere Bank. Jetzt galt es, das Tuch faltenfrei an die Decke zu kleben und mit dem Leim zu bepinseln. Kurz vor dem abendlichen Hofgang wurden sie fertig. Mit steifem Nacken und müde, aber hochzufrieden eilten sie zu den anderen. Alle, die zur Besichtigung vorbeikamen, staunten nicht schlecht.

Nun begann das Klappern und Klopfen erneut. Während sie im Toilettenraum die Betondecke bearbeiteten, banden andere in der Zelle wieder Bücher. Sie hatten alle Zellen wissen lassen, dass sie wieder Bindearbeiten erledigten und jeder Bücher bringen könne. Die Decke war härter als der Boden der Toilette. Der Beton war aus feinkörnigem Sand, besaß eine hohe Dichte und ließ sich nur schwer bearbeiten. Außerdem entstand wegen des darüberliegenden Hohlraums deutlich mehr Lärm, weil er durch die gesamte Decke hallte. Die Wärter hatten sich jedoch so sehr an die Bindearbeiten gewöhnt, dass sie das Klopfen an der Decke nicht wahrnahmen. Im Radio hatten sie einen Kurzwellensender mit schlechtem Empfang eingestellt, gleichzeitig liefen im Fernseher auf voller Lautstärke japanische Karatefilme. Bei Bedarf mussten sie eben noch Holz hacken, Kohle zerkleinern oder sich von Zelle zu Zelle lautstark unterhalten, um für zusätzlichen Lärm zu sorgen.

Sie arbeiteten ausschließlich tagsüber. Da sich die Tarnung des Loches als einfach erwiesen hatte, waren sie bei der Arbeit nicht vom Durchsuchungstag abhängig. Das Tuch mussten sie lediglich an der Stelle lüpfen, an der sie arbeiteten. Nach Feierabend spannten sie es wieder über das Loch und klebten es mit Leim fest. Diese Prozedur dauerte nur ein paar Minuten. Es arbeitete immer nur einer im Toilettenraum. Die anderen sorgten für ausreichend Lautstärke und behielten den Wachhabenden im Auge. Wenn die Außenwachen abends um fünf ihre Patrouillen aufnahmen, machten sie Schluss und in der Zelle kehrte wieder Ruhe ein.

Trotz des Lärms, den sie veranstalteten, war es in der Toilette gelegentlich so laut, dass in der Zelle allen der Atem stockte. Ein gewiefter Wärter könnte jederzeit alles zunichtemachen. Jedes Mal, wenn ein Wachhabender den Blick an die Decke heftete, schauderte ihnen. Und dann tauchte da noch dieser blöde Soldat auf, den es nicht auf dem Stuhl hielt, und der die ganze Zeit auf dem Korridor auf und ab ging, sodass sie seinetwegen oft stundenlang keinen Handschlag tun konnten. Dafür verfluchten sie ihn.

Das Problem mit dem verstopften Kanalisationsrohr war noch nicht aus der Welt. Immer wieder bildeten sich um die Toilette kleine Lachen. Besonders heikel war es, wenn diese Überschwemmungen morgens unmittelbar vor dem Hofgang auftauchten. Sollte ausgerechnet dann die Durchsuchung losgehen, könnte einer der Soldaten die Sauerei bemerken, der Sache nachgehen, den Deckel der Fäkaliengrube abnehmen und die Schlammmassen darin entdecken. Deshalb mussten sie morgens mehrfach die Fäkalien mit bloßen Händen aus den Lachen herausfischen, sie unter die Ofenasche mischen, im Mistkübel entsorgen und die stinkende Flüssigkeit ins Klo kippen. Ihre Toilettengänge beschränkten sie nun auf das Allernotwendigste.

In der 7. Zelle mussten sie nun auch darauf achten, dass die Toilette nicht verstopfte. Da sie eingeweiht waren, mussten ihre Nachbarn aber nicht befürchten, dass sich irgendeiner mit einer Reparaturanfrage an die Verwaltung wandte, doch sie mussten jetzt ständig pumpen. Das hatte zur Folge, dass die Toilette in der 8. Zelle verstopfte. Diesem Schlamassel begegneten sie mit Scherzen. «Also wenn dieser Riesenhaufen nicht von dem Dings stammt.» Und so weiter.

Die nächste Durchsuchung lief ohne Probleme. Die Tarnung war so perfekt, dass den Soldaten nichts auffiel. Sie waren stolz wie Oskar, aber es war überhaupt nicht abzuschätzen, ob sie es jemals schaffen würden. Aber immerhin, sie hatten bereits die dritte Durchsuchung überstanden.

Doch die nächste Hiobsbotschaft ließ nicht lange auf sich warten. Sebahattin war der Überbringer der schlechten Nachricht. «Das war's, Freunde. Es ist aus», sagte er, nachdem er einige Tage aus der Zelle geschaut hatte. «Was ist los, Sebahattin?», fragte Şahin. «Da draußen hat sich ein See gebildet», antwortete er und deutete auf das Fenster am Bettende. Eisiges Schweigen hing in der Zelle. Ihre Herzen hörten fast auf zu schlagen.

Şahin sprang zur Tür, um nach dem Wärter zu sehen, kletterte anschließend auf Sebahattins Bett und sah hinaus. Überall Wasser. «Das darf doch nicht wahr sein», fluchte er vor sich hin. «Wo kommt das ganze Wasser nur her?», fragte er ratlos in die Runde. «Um die Fäkaliengrube herum ist es staubtrocken.»

«So viel Wasser hat sich da noch nie angesammelt», erklärte Sebahattin. «Nicht einmal bei Dauerregen hat es so etwas gegeben.» Es lag auf der Hand, dass es von der Verstopfung in der Kanalisation herrühren musste. Die Soldaten würden über kurz oder lang nach der Ursache suchen und alles aufdecken.

Am nächsten Morgen war das Wasser jedoch versickert, nur eine nasse, dunkel verfärbte Fläche war zurückgeblieben. Ihre Erleichterung hielt nicht lange an. Kurz vor Mittag stieg das Wasser wieder und abends war der See größer als am Vortag. «Verdammt!», fluchte Şahin.

Zwei weitere Tage kam und ging das Wasser. Es versickerte nachts, wenn die Toiletten nicht so stark frequentiert wurden, um gegen Mittag erneut anzusteigen. Von der Arbeit ließen sie sich deshalb nicht abhalten, aber sie rechneten jederzeit mit dem Schlimmsten.

Doch die Soldaten ließen sich nicht einmal in der Nähe des Sees blicken. Entweder konnten sie sich auch keinen Reim darauf machen, oder aber sie waren zu faul, um etwas zu unternehmen, solange es keine Beschwerden gab. An einen Tunnel dachten sie offensichtlich überhaupt nicht. Wahrscheinlich war das ohnehin ihre größte Schwäche. Sie saßen ihrer eigenen Propaganda auf, dass dieses Gefängnis ausbruchssicher war.

Dann verschwanden die Wassermassen plötzlich. Sie konnten sich keinen Reim darauf machen. Aber irgendwie schien sich die Verstopfung in den Rohren von selbst aufgelöst zu haben, zumindest weitestgehend. Denn die Toiletten waren nach wie vor für Verstopfungen anfällig.

Um dieses Problem endgültig aus der Welt zu schaffen, mussten sie die Zwischendecke so schnell wie möglich durchbrechen. Doch nun tauchte ein neues Hindernis auf. Der Beton war mit einer Armierung aus Eisen durchzogen. Die fingerdicken Stäbe mussten sie an vier Stellen durchtrennen. Ihre Bolzenschneider waren jedoch völlig unzulänglich und sie brauchten Stunden, bis sie einen Stab durchtrennt hatten.

Während sie, mit blutenden Händen und gekrümmten Rücken, auf den Regalbrettern mit dem Eisen kämpften, kündigten sich neue Probleme an. Gefangene aus ihrer Nachbarzelle, der 9., darunter etliche Dev-Sol-Leute, hatten sie wissen lassen, dass eine Protestaktion bevorstand. «Selbst wenn die Verwaltung es nicht genehmigt, werden wir von morgen an unsere Zivilkleidung tragen.» Sie forderten alle Zellen auf, es ihnen gleichzutun.

Die Verfügung des Justizministeriums, wonach Häftlinge Anstaltskleidung tragen mussten, war 1984 eingeführt worden und hatte in den Militärgefängnissen immer wieder für heftige Auseinandersetzungen gesorgt. Ginge es nach der Verwaltung, mussten die Gefangenen die Gefängniskleidung den ganzen Tag über tragen, und zwar bis zum Hals zugeknöpft. Was hatten sie nicht schon alles unternommen, um diese Regel durchzusetzen: Verbote, Misshandlungen, Ausschluss von Gerichtsverhandlungen, Besuchsverbote sowie Entziehung aller Kleidungsstücke, sodass sie in Unterhosen dastanden. Trotzdem lehnten die Gefangenen diese Bestimmung mehrheitlich als Entpersönlichung ab und befolgten sie nur eingeschränkt.

Die Gefangenen im 1. Militärgefängnis in Erzincan trugen die Gefängniskleidung nur bei Zählungen, Besuchen, Verwaltungsgängen und Gerichtsverhandlungen. Beim Hofgang und in der Zelle trugen sie

Jogginganzüge. Den Gefangenen in der 8. Zelle stand nun der Tunnel im Weg. Sie vermieden alles, was sie in Konflikt mit der Verwaltung bringen könnte und versuchten, andere Gefangene daran zu hindern, an den Protesten teilzunehmen. So rieten sie den Nachbarn in der 9. Zelle, den Antrag auf Zivilkleidung zu stellen, bei einer Ablehnung aber keinen Widerstand zu leisten. Die Gesamtheit der Gefangenen sei noch nicht soweit, eine solche Aktion durchzuführen, behaupteten sie. Doch die in der 9. ließen sich nicht beirren und waren fest entschlossen, mit der Aktion zu beginnen, bevor sie mit der Verwaltung gesprochen hatten.

Drei Zellen sprachen sich dafür aus, den Antrag einzureichen, jedoch keine Aktion folgen zu lassen. Der Standpunkt der 8. war eindeutig: Aktion oder Tunnel. Natürlich entschieden sie für den Ausbruch. Sollten die Beteiligten an der Protestaktion angegriffen werden, würde man ihnen zur Seite stehen. Mehr nicht.

Die von der 9. jedoch sprachen weder mit dem Offizier noch warteten sie die offizielle Antwort ab. Sie kümmerten sich nicht darum, dass die anderen mehrheitlich anders entschieden hatten, und traten am nächsten Morgen in Zivilkleidung zum Hofgang an. Der wachhabende Feldwebel ging augenblicklich zur Verwaltung. Auf dem Hof entstand ein hitziger Wortwechsel zwischen Protestierenden und Gefangenen, die sich über den Alleingang aufregten. Beinahe wäre er in Handgreiflichkeiten gemündet. Die von der 8. Zelle saßen wie auf heißen Kohlen. Sie fürchteten, dass die Auseinandersetzung zwischen der Verwaltung und der 9. Zelle Konsequenzen für den Tunnelbau haben würde. Unruhig tigerten sie im Hof umher.

Achtzehn.
Damals in Aybasti (4)

Die Turhal-Reisenden hatten gerade Aybastı und den Ortseingang von Reşadiye hinter sich gelassen, als plötzlich große Steine auf der Fahrbahn lagen und sie anhalten mussten. Bevor sie sich versahen, waren sie von bewaffneten und maskierten Personen umzingelt, die aus dem Nichts aufgetaucht waren.

Die Angreifer waren MHPler, die aus Aybastı geflüchtet waren, ihr Anführer war Nevzat Karayün. Sie befahlen ihnen, sich splitternackt auszuziehen und auf den Boden zu legen. Anschließend begannen sie, ihre Opfer mit Messern und brennenden Zigaretten zu misshandeln. «Scheiß-Kommunisten aus Aybastı», riefen sie. Zuletzt schossen sie auf die Wehrlosen, bis ihre Magazine leer waren, und rollten den Lastwagen den Abgrund hinunter.

Die Hiobsbotschaft löste in Aybastı eine gewaltige Welle der Empörung aus. In Scharen eilten die Leute Richtung Reşadiye, nicht nur Revolutionäre. Alle verließen ihre Arbeit, griffen nach allem, was sie an Waffen besaßen, Mausergewehren, Flinten, Selbstgebauten. An der Hauptkreuzung der Kreisstadt standen sie bereit, in Reih und Glied wie Soldaten, füllten immer neue Laster und fuhren zum Ort des Geschehens.

Der Kampf dauerte bis tief in die Nacht. Jenseits des Baches an der Grenze Aybastı-Reşadiye standen die MHPler, diesseits die Bevölkerung von Aybastı. Statt die Mörder festzunehmen, beschützten Gendarmen die MHPler und richteten ihre Waffen auf die Menschen aus Aybastı. Sie waren derart offen parteiisch, dass selbst der Hauptmann der aus Ordu stammenden Kommando-Einheit es nicht fassen konnte. Der Offizier hatte sich mehrmals erfolglos an den Kommandanten der Gegenseite gewandt und ihn aufgefordert, die Mörder dingfest zu machen, statt das Feuer auf die Bevölkerung zu eröffnen.

«Ein ehrenhafter Soldat, der sein Volk liebt», hieß es, als sie nach Mitternacht vom Kampf in die Stadt heimkehrten. Vor Ort hatte er ihnen gesagt: «Lasst es gut sein. Heute ist das Waffentragen erlaubt. Ich würde an eurer Stelle nicht anders handeln.»

«Hoffentlich haben wir den einen oder anderen getroffen», murmelten die Menschen aus Aybastı.

Der folgende Tag war ein Tag der Trauer. Vor dem Gesundheitsposten stand eine große Menschenmenge, wie versteinert und mit schmerzerfüllten Mienen starrten sie zu Boden. Tausende, Junge und Alte, Frauen und Männer warteten auf das Ende der Autopsie. Sie sprachen nur miteinander, um nach einer Zigarette zu fragen oder um Feuer zu bitten. Selbst Nichtraucher zündeten eine nach der anderen an, als suchten sie an dem Rauch Halt.

Endlich öffnete sich die Tür der Gesundheitsstation. Die Menschenmenge geriet in Bewegung. Alle Augen waren auf den Eingang gerichtet. Ein schwarzer Sarg schob sich langsam hinaus. Hundertfache Schreie gellten aus den Kehlen der Frauen. Helle, hohe, herzzerreissende Schreie. Auch Männer weinten. Wer nicht weinte, biss die Zähne zusammen, dass es knirschte. Fünf schwarze Särge glitten auf den Schultern vorwärts, doch es schien, als schwämmen sie auf einem Tränenmeer.

Parolen hallten wie Gewehrsalven über den Platz. «Nieder mit den Faschisten! Einziger Weg Revolution! Mörderische Oligarchie! Mörderische Regierung! Mörder Karatan!» Mörder Karatan, der sich trotz fünf Toten nicht vor der Polizeistation gezeigt hatte. Die Leute schrien sich die Lunge aus dem Leib, voller Abscheu, voller Zorn. Mit jeder Faser ihrer Körper begehrten sie auf.

Der Arzt, der die Autopsie durchgeführt hatte, stand wie ein Häuflein Elend und mit Tränen in den Augen vor der Menge. «In meinem ganzen Leben habe ich keine derartige Brutalität gesehen», sagte er. «Die Leichname weisen Spuren widerwärtigster Misshandlungen auf. Sie sind regelrecht von Kugeln durchsiebt. Ich weiß nicht, wie oft ich mich übergeben musste.»

Das Blutbad verschärfte den Zorn auf die politische Ordnung. In den folgenden Tagen kamen immer mehr Menschen, mit noch größerer Entschlossenheit für den revolutionären Kampf. Man hatte sich daran gewöhnt, die Verluste hinzunehmen. Man lachte angesichts des Schmerzes. Die Menschen rückten zusammen, klammerten sich noch fester an das Leben wie das Wurzelwerk einer hundertjährigen Platane, genährt von dem Saft einer unverwüstlichen Freude in den Adern.

Im Juli bereiteten sie in aller Ruhe eine Kundgebung vor, doch es kamen ihnen Gerüchte von bevorstehenden Operationen zu Ohren. Die Situation erinnerte Şahin an Nazıms Epos von Scheich Bedrettin.

Heiß war es, heiß/
Die Hitze ein Messer mit stumpfer Klinge und blutigem Griff/
Heiß war es, die tiefgrünen Zweige beladen/
Die Haselnüsse im Begriff, sich zu lösen

Unter dem Motto «Schluss mit der Ausbeutung beim Haselnussanbau» waren zwei Kundgebungen geplant, am 11. Juli in Fatsa und am 12. in Aybastı. Die Haselnusssaison stand vor der Tür und die Landwirte waren nicht länger bereit, einen Mindestpreis hinzunehmen, der nicht einmal die Produktionskosten deckte. Die Volkskomitees hatten einen eigenen Mindestpreis festgesetzt.

Die MHPler, die mithilfe der Polizei einige Monate zuvor Ünye besetzt hatten, schrieben in ihrem Parteiorgan *Hergün*: «Heute sind wir in Ünye, morgen in Fatsa, Aybastı, Gölköy und Çamaş.» Sie veröffentlichten lange Listen mit Namen demokratischer, revolutionärer und fortschrittlicher Bewohner der Region. Die rechte Presse, allen voran *Hürriyet*, bildete die Landkarte des Bermudadreiecks Fatsa-Aybastı-Gölköy ab. Der Gouverneur Neşat Akkaya forderte bei Ministerpräsident Demirel mit Panzerwagen ausgestattete Militär- und Polizeieinheiten an und in seinem persönlichen Brief an Türkeş, den Generalsekretär der MHP, weitere Streitkräfte und noch mehr Waffen.

Die Katastrophe begann am 4. Juli in Çorum. MHPler hatten während des Freitagsgebets die Moschee gestürmt und den Gläubigen zugerufen: «Lauft! Kommunisten haben eine Moschee bombardiert!» Es war eine dreiste Lüge. Sie wollten provozieren, nahmen die Bevölkerung für sich ein und begannen zu brandschatzen, zu zerstören und zu töten. Innerhalb weniger Tage wurden etwa 30 Personen ermordet, unzählige verletzt, Hunderte Häuser zerstört. Ministerpräsident Demirel, der die Gewalt der Faschisten stets geleugnet hatte, ging nun noch einen Schritt weiter: «Hört mit Çorum auf. Schaut auf Fatsa», sagte er.

In Aybastı waren die Vorbereitungen zur Kundgebung am 11. Juli abgeschlossen und riesige Spruchbänder angefertigt worden: «Schluss mit der Ausbeutung beim Haselnussanbau! Wir produzieren, wir werden auch regieren!»

Am Vortag machten sich auf Befehl von Demirel Polizei- und Militärkolonnen mit Einheiten von Türkeş auf den Weg nach Ordu. Die rechten Zeitungen berichteten nicht mehr über Çorum und stürzten sich jetzt auf Fatsa.

Fikri, der Schneider, saß, den Kopf auf die Tischplatte gestützt, auf seinem Bürgermeisterstuhl, auf den er durch Volkes Willen gelangt war und tat seine Arbeit. Lange, dunkle Gewehrläufe richteten sich auf ihn. Er sah auf. Er lachte, wie ein Blitz, der finstere Wolken zerreißt.

Die Straßen von Fatsa waren voller Soldaten und Polizisten, eine unbefristete Ausgangssperre war verhängt worden, Behörden und Vereine geschlossen, sämtliche verfassungsmäßige Rechte ausgesetzt worden. Die Zahl der in Gewahrsam Genommenen, unter ihnen Fikri Sönmez, war innerhalb von zwei Tagen auf über 200 angestiegen. Häuser und Wohnungen wurden durchsucht, Menschen in Fahrzeuge gestopft und abgeführt. Die meisten öffentlichen Gebäude wurden in Polizeistationen und Gewahrsamsräume verwandelt. Schnell machten Nachrichten die Runde, es werde darin schwer gefoltert.

Am 12. Juli waren in Aybastı über 3.000 Menschen auf den Strassen, eine Faust, eine Stimme: «Faschistischer Gouverneur, nimm deine blutigen Hände weg von Fatsa!» Diese Worte wogten über das gesamte Land. Überall gab es spontane Solidaritätskundgebungen für Fikri Sönmez und Fatsa. Millionen forderten die umgehende Enthebung Akkayas vom Amt des Gouverneurs und den Rücktritt der Regierung.

Stattdessen eskalierte der Terror. Am 16. Juli wurde der İstanbuler CHP-Abgeordnete Abdurrahman Köksaloğlu und am 22. Juli Kemal Türkler, der DISK-Präsident* ermordet. Ein Militärputsch wurde vorbereitet und Akkaya konnte schalten und walten wie er wollte. Die Regierung hatte die Zügel offensichtlich aus der Hand gegeben.

Wie eng die Zusammenarbeit der Sicherheitskräfte mit den Faschisten bereits war, davon zeugt die zufällige Festnahme von militanten MHPlern im Landkreis Fatsa. Eine Polizeistreife hatte ein verdächtiges Fahrzeug angehalten, durchsucht und zwei der Insassen, die Waffen bei sich führten, zur Polizeistation gebracht. Bei der Feststellung der Personalien stellte sich heraus, dass sie Mitglieder der Idealistenvereine, einer Massenorganisation der MHP, waren und von der Staatsanwaltschaft Ankara wegen Mordes gesucht wurden. «Wer sind diese Leute?», hatte die Zeitung *Demokrat* getitelt und Gouverneur Akkaya hatte geantwortet: «Die beratenden Anführer der Sicherheitskräfte.» Die «Berater» waren zwar demaskiert worden, nahmen jetzt aber ganz offen an den Operationen teil. Am helllichten Tag durchsiebten sie einen Demokraten aus Alakent.

Neunzehn.
Fluchtträume (6)

Nach der Abendzählung erfuhr Sebahattin vom wachhabenden Offizier, dass der Gefängnisdirektor der Forderung nach Zivilkleidung stattgegeben hatte. Die Nachricht ließ seine Zellengenossen aufatmen. Damit war die Gefahr für den Tunnelbau abgewendet. Dank des jahrelangen, entschlossenen Widerstands in den Gefängnissen, des politischen Drucks aus Europa und des aufkeimenden Demokratiebewusstseins im Lande, hatte die Gefängnispolitik eine gewisse Lockerung erfahren, doch war darauf kein Verlass.

Die Arbeit im Toilettenraum lief ohne Unterbrechungen weiter. Sie hatten die Eisenstangen abgesägt und der Durchbruch war so gut wie fertig. Hasan wusste inzwischen besser als jeder andere, wie ein Hieb zu setzen war, damit er wirkungsvoll war und arbeitete deshalb alleine weiter. Schließlich gab der Beton nach und zwei Tage später war der Durchbruch so breit, dass sie mühelos hindurch schlüpfen konnten.

Außer Gerümpel befand sich nichts auf der Zwischendecke, nur zwei alte Holztruhen, in denen Lumpen und militärische Warnschilder lagerten. Auf einem stand in roter Schrift: «Zutritt verboten.»

«Bevor wir ausbrechen, stellen wir das am Tunneleingang auf», scherzte Şahin.

Nun löste sich auch die ständige Anspannung wegen des Lärms, den sie veranstaltet hatten. Die Erleichterung spiegelte sich in ihren Gesichtern wider. Sie summten Lieder und lachten. Nun hatten sie schon das zweite Hindernis überwunden und würden auf jeden Fall das Ziel erreichen. Außerdem hatten sie Verstärkung bekommen. Dev-Yol-Leute, die sie eingeweiht hatten, und Salih und Bekir vom TKEP* – beziehungsweise Befreiungs-Prozess waren in ihre Zelle verlegt worden.

Nachdem die Holztür am Abend verschlossen worden war, stiegen zwei aus der Zelle auf den Dachboden. Sie hatten Wolldecken unter dem Arm und sollten dafür sorgen, dass das Licht im Toilettenraum nicht durch den Durchbruch drang und von den Außenwachen bemerkt werden konnte.

Sie befestigten die Decken an den Dachbalken und verwandelten den Durchbruch so innerhalb einer halben Stunde in eine Kabine. Am nächsten Abend sollte der Durchbruch im Boden fertig sein. Das Abflussrohr war immer noch undicht und die Grube zur Hälfte mit einer trüben Brühe gefüllt, in der jede Menge Fäkalien schwammen. «Wenn in der Nacht das Wasser versickert ist, sollten wir eine Grube graben, in die wir den Mist ablassen können», sagte Şahin.

Als der Wärter gegen ein Uhr nachts auf seinem Stuhl saß, schlichen drei von ihnen in den Toilettenraum. Weil die Zellennachbarn in der 7. seit zwei Stunden die Toilette kaum noch benutzt hatten, rann tatsächlich kein Abwasser mehr aus dem Rohr und die Lache war versickert.

Sie rückten die Bank für den Einstieg unter das Wandregal. Darauf lagen ein paar leere Beutel und ein drei Meter langes Seil, das sie aus einem Bettlaken geflochten hatten. An einem Ende war ein kleiner, stabiler Haken aus Draht befestigt. Einer nahm das andere Ende des Seils in die Hand, trat erst auf die Bank, stieg von dort auf das Regalbrett und hangelte sich mit den Ellbogen durch das Loch zum Dachboden. Nun tauschte auch der andere, der für die Arbeit in der Grube eingeteilt war, seinen Schlafanzug gegen einen Jogginganzug, steckte anschließend die Eisenstange, die der Kumpel mit dem Seil nach unten gelassen hatte, in den Hosenbund und stieg in die Grube. Alles geschah lautlos. Das geringste Geräusch konnte alles zunichtemachen. Das Toilettenfenster war zwar geschlossen, aber das genügte nicht, schließlich nahmen sie ja auch Schritte und Gespräche der Wachen wahr, wenn sie vor ihrer Zelle standen.

Der Mann in der Grube reichte die vollen Beutel dem Arbeiter im Toilettenraum. Der sammelte sie erst in einer Ecke und hängte sie einzeln an den Haken. Als Zeichen, dass es soweit war, zog er kurz am Seil, denn von oben konnte man zwar herunter sehen, aber nicht wissen, ob der Beutel sicher hing. Damit sie nicht hin und her pendelten und gegen die Wände schlugen, musste der Beutel vorsichtig hochgezogen werden. Oben wurde er vom Haken genommen, beiseitegestellt und das Seil wieder heruntergelassen. In zehn Minuten waren sämtliche Beutel oben. Auf dem Dachboden war es stockfinster. Als er irgendwo Platz für neue Beutel schaffen wollte, stieß er nach ein paar Schritten so fest gegen einen Deckenbalken, dass die Blechumfassung schepperte. Er hielt kurz inne und lauschte. Schließlich konnte nur ein bisschen Lärm für alle zur Gefahr werden. Es übernachteten aber auch Tauben auf dem Dachboden und stießen manchmal gegen das Blech. Er atmete auf. Die Schritte und Gespräche der Wachen wirkten normal. Weil der Beutel zu feucht und schmutzig war, um erneut benutzt zu werden, legte er ihn ab und nahm den nächsten. Um die Beutel auszuleeren, tastete er sich nun mit der Hand vor, bevor er den nächsten Schritt setzte. Als alle Beutel ausgeschüttet waren, trat er wieder in die Deckenkabine. Der Kumpel im Toilettenraum wartete bereits auf ihn und sah ihn fragend an. «Es ist stockfinster hier oben. Ich kann die verdammten Balken nicht sehen», flüsterte er.

Dann legte er zwei Finger an die Lippen, gab dem anderen zu verstehen, dass er eine rauchen wollte, hängte die leeren Beutel an den Haken und ließ das Seil hinunter. Der Kumpel unten fischte eine Zigarette aus der Schachtel, zündete sie an, machte sie am Seilende fest und schickte sie hinauf.

In der Grube hatte sich schon ein riesiger Haufen Erde angesammelt. Die seit Tagen mit Abwasser vollgesaugte Erde ließ sich mit dem Eisen leicht ausheben. Zwischendurch wechselten sie sich ab. So kam die Arbeit gut voran.

Bei Tagesanbruch war der Tunnel bereits einen halben Meter lang und der Durchmesser genauso groß. Außerdem hatten sie an der Seite eine ein Meter tiefe Grube gegraben. Es war fast fünf Uhr. Die Außenwachen hatten die Nachtschicht schon beendet. In einer Stunde würden die Holztüren aufgeschlossen und die Suppe ausgeteilt. Bis dahin mussten sie das Problem mit der Kanalisation lösen. Dann würden die in der 7. Zelle ihre Toilettengänge beginnen und die Grube erneut füllen.

Der Kumpel war auf dem Dachboden über einen dicken, zwei Meter langen Schlauch gestolpert. Er reichte ihn nach unten, band anschließend die Blechschilder an das Seil und ließ sie vorsichtig herunter. Mit den Blechschildern kleideten sie die Grube aus, brachten das eine Schlauchende unter der Toilette an, genau an der Stelle, wo der Vorsprungbogen sich mit dem nach außen zur Fäkaliengrube führenden Rohr verband. Hier mündete auch das Rohr der Toilette der 7. Zelle.

Das andere Ende des Schlauchs hängten sie in die Grube. So würden die Fäkalien durch den Schlauch in eine neue Fäkaliengrube für beiden Zellen fließen und die Toiletten nicht verstopfen. Sie machten die Probe aufs Exempel und schütteten einen Kanister Wasser in die Toilette. Problemlos landete alles in der Grube. Zu dritt standen sie vor ihrem Werk und lächelten.

In der Zelle war bereits das Klappern der Gulaschkanone zu hören und der Wachhabende schloss die erste Eisentür auf. Ein Häftling trat heraus und der Soldat schloss hinter ihm ab. Die von der 8. Zelle waren aufgestanden und trotteten im Schlafanzug zur Toilette. Diejenigen, die in der Nacht gearbeitet hatten, taten so, als kämen sie gerade vom Klo. Ihre Zellengenossen hatten ihre Betten bereits wieder hergerichtet, sodass der Soldat, der auf dem Korridor patrouillierte, nicht mitbekam, was in der 8. Zelle vor sich ging. Schließlich musste er den mit Tellern und Besteck hantierenden Kalfaktor im Auge behalten.

Eine halbe Stunde vor dem Hofgang gingen zwei in den Toilettenraum, um die beiden Durchbrüche abzudecken. Die verschlammten Jogginganzüge und Beutel hatten sie auf dem Dachboden und die Eisen im Tunnel verstaut. Anschließend säuberte einer die Toilette, der andere trat unauffällig auf den Korridor. In dem Moment kam der Wachhabende gerade an der 8. Zelle vorbei. An der 7. kehrte er um und drehte ihnen den Rücken zu. Also huschte einer in den Toilettenraum, schnappte sich die Bank und stellte sie an ihren ursprünglichen Platz in der Zelle zurück. Das dauerte keine halbe Minute und der Wärter bekam davon nichts mit.

Am nächsten Abend legten sie zuerst die beiden Durchbrüche frei. Nicht ein Tropfen Wasser war in den Tunnel geflossen. Die Schlauch-Kanal-Kombination funktionierte also tadellos, sie konnten weiter graben. Der beißende Fäkaliengestank aus der Grube störte sie nicht weiter, aber das dumpfe Knallen des Eisens machte ihnen Sorgen, denn die Geräusche drangen ungefiltert nach oben in die Zelle und bis in den Korridor. Sie wurden in der Zelle abwechselnd rot und blass und wechselten immer wieder besorgte Blicke. Schließlich fanden sie heraus, wie sie die Schläge ausführen mussten, damit sie nicht so laut waren.

In der vierten Nacht stießen sie auf eine Mauer. Sie vermuteten das Fundament der Mauer, die die Zellen vom Korridor abtrennte. Doch sie waren sich nicht sicher, denn sie befand sich seitlich zum Tunnel. Ihren Berechnungen zufolge hätten sie jedoch senkrecht auf die Mauer stoßen müssen. Alle Messungen, die sie vornahmen, ließen keinen Zweifel daran, dass der Tunnel einen erheblichen Rechtsdrall hatte. Şahin erinnerte das an den Ausbruch in Artvin. «Wir haben Mist gebaut», seufzte er und sie berechneten die Richtung neu. Sie hatten die letzten drei Meter umsonst gegraben.

«Wir können sie als Abstellplatz für die gefüllten Beutel benutzen», schlug Sebahattin vor. «Es ist nicht ungefährlich, sie im Dunkeln auf dem Dachboden hin und her zu bugsieren und zu leeren. Außerdem ist das viel zu zeitaufwändig und wir müssen es zu zweit machen. Wenn wir viele Beutel nähen und diesen Abstellplatz nutzen, arbeiten wir sicherer und sparen Zeit. Die Beutel, die wir nachts dort deponieren, befördern wir, ehe es abends dunkel wird, auf den Dachboden, ohne uns dabei irgendwo anzustoßen. Das können wir bis zum Abendessen gut zu zweit erledigen und bringen die Beutel anschließend in den Tunnel.»

Alle fanden Sebahattins Vorschlag gut. Niemand klagte über die umsonst gegrabenen Meter. Im Gegenteil. «Gut, dass wir vom Kurs abgekommen sind. Sonst wäre uns das mit der Garage nie im Leben eingefallen», meinte Sebahattin. Und so bekam der Abstellplatz seinen Namen: die Garage. Sie bildeten nun Dreiergruppen, um nach dem Abendessen in drei Schichten zu arbeiten, von 18 bis 22 Uhr, von 22 bis zwei Uhr nachts und von zwei bis sechs Uhr morgens. Einer grub, der Zweite füllte die ausgehobene Erde in die Beutel und der Dritte schleppte sie in die Garage. Sie waren zu zehnt und so würde sich jede Nacht einer ausruhen können, vorerst jedenfalls. Denn schon bald würde der Blasebalg für die Belüftung zum Einsatz kommen und dafür wurde eine weitere Person benötigt. In den eineinhalb Stunden zwischen Zählung und Abendessen brachte die erste Gruppe die in der Garage deponierten Beutel auf den Dachboden und leerte sie dort aus. Sie bildeten eine Kette von der Garage bis zum Dachboden. Gleich nach dem Abendessen legten sie los.

Den Wachen fiel überhaupt nicht auf, dass ständig drei von ihnen fehlten. Ihre Betten wurden so hergerichtet, dass sie aufmerksamen Blicken standhielten. Beim Einschluss, wenn die Holztür geschlossen wurde, achteten sie darauf ganz besonders. Nach zehn oder elf Uhr mussten sie einfach nur die Betten mit Kissen und Decken ausstopfen.

Ihre Arbeitskleidung – Jogginganzug, Socken und Schuhe – hatten sie in einen Plastikbeutel gesteckt und mit ihrem Namen versehen. Tagsüber versteckten sie die Beutel im Tunnel. Abends, wenn die erste Schicht begann, wurden sie herausgeholt und in einer Ecke des Toilettenraums abgelegt. Bei Arbeitsantritt zogen sie sich um und legten die sauberen Klamotten auf die Regale des Wandschranks. Am Feierabend zogen sie die sauberen Kleidungsstücke an, stopften die dreckigen zurück, und der letzte legte die Beutel in den Tunnel.

Auch die Eisenstangen bewahrten sie im Tunnel auf. Damit sie keine Schwielen an den Händen bekamen und sie besser halten konnten, hatten sie die Enden der Stangen fest mit Lappen umwickelt. Einer von ihnen war Experte darin, die Durchbrüche nach getaner Arbeit zu tarnen. Er brauchte nicht lange, um das Laken wieder vollständig unter die Decke zu kleben. Dann legte er den Betondeckel auf den Durchbruch im Boden und tarnte die Ränder, sodass es nicht auffiel. An seinen Rändern hatten sie Einkerbungen angebracht, in die sie Holzstäbe steckten, auf die der Deckel gelegt wurde.

Sie nähten fast 100 Beutel. Dafür hatten sie mehrere Bettlaken zerschnitten, sich so in der Zelle verteilt, dass der Wärter unmöglich bemerken konnte, dass sie alle nähten. Er sah nur zwei, drei Leute nähen. Sie erweckten entweder den Anschein, Zeitung zu lesen oder sich im Schneidersitz zu unterhalten. Und sie wurden auch immer geschickter darin, sich in Hörweite des Wärters über den Tunnel zu unterhalten.

«Wir haben überhaupt kein Brot mehr für die Suppe. Wie viel Brot hast du denn gestern Abend gegessen, Fethi?» Die kleinen Brotlaibe wurden mittags verteilt, ein Laib pro Person.

«Drei Viertel.»

«Und du, Hasan?»

«Einen Ganzen.»

«Dann gibt es für dich kein Brot zur Suppe.»

Sie wollten morgens immer ganz genau wissen, wie viele Meter sie gegraben hatten. Drei Viertel hieß 75 Zentimeter. Ein Brot bedeutete einen Meter.

In den ersten Stunden der sechsten Nacht geriet die Arbeit erneut ins Stocken. Sie machten lange Gesichter. Denn die Fäkaliengrube war randvoll und drohte, in den Tunnel zu laufen. Sie unterbrachen den

Tunnelbau und begannen sofort damit, rechts vom Tunnel eine weitere Grube auszuheben. Sie sollte so tief sein, dass sie bis zum Abschluss der Arbeit nicht volllaufen konnte. So als ob sie die Handwerker vom Dienst und nicht Gefangene wären, die sich nach Freiheit sehnten. Zwei ganze Nächte arbeiteten sie fluchend an der zweiten Grube. Sie wurde so groß, dass sie die Fläche unterhalb der 8. Zelle regelrecht ausgehöhlt hatten, für die Einstiegsgrube, zwei Fäkaliengruben, die Garage und den Tunnel selbst.

Nachdem sie den Schlauch für das Abwasser in die neue Grube eingelassen und die Öffnungen der Gruben mit vollen Beuteln zugestopft hatten, machten sie sich wieder an die Arbeit im Tunnel. Der abscheuliche Gestank der Fäkalien war kaum noch zu riechen. Sie strahlten und wühlten sich mit ihren Händen und großer Willenskraft Stück für Stück durch die freiheitsschwangere Erde.

An der Mauer zwischen Korridor und Zellentrakt mussten sie in die Tiefe gehen. Das Fundament war so hart, dass sie keine Steine herausbrechen konnten, um einen Durchgang freizulegen. Genau 3,80 Meter gruben sie. Das entsprach der Tiefe des Mauerfundaments. Das Gefängnis galt als eines der erdbebensichersten Gebäude Erzincans. Kein Wunder, dass die Offiziere des Luftgeschwaders ihre Familien im Gefängnis unterbrachten, wenn Erdbeben drohten. Ausgerechnet dieses Gebäude, das so manchem Erdbeben standgehalten hatte, wurde nun von freiheitsliebenden Händen regelrecht ausgehöhlt.

Sie sicherten die steile Rampe, die unter dem Fundament hindurch führte, indem sie Trittstufen gruben. Andernfalls wäre es viel schwieriger, kräftezehrender und zeitaufwändiger gewesen, die Beutel mit Erde hochzuschleppen. Nun kamen sie unter dem Korridor an, und sie gruben jetzt gewissermaßen unter den Fußsohlen der wachhabenden Soldaten. Doch sie arbeiteten so tief, dass sie die Schritte der Soldaten genauso wenig hörten, wie die Soldaten die Arbeit unter dem Boden. Als sie den eineinhalb Meter breiten Korridor hinter sich gelassen hatten, standen sie am Fundament der Außenmauer. Nach einer Drehung von 90 Grad nach links und weiteren eineinhalb Metern, gelangten sie an jene Ecke, wo der 3. Korridor auf ihren traf. Nach einer erneuten Kurve um 90 Grad befanden sie sich darunter. Sie gruben am Mauerfundament entlang, das den Hof von diesem Korridor trennte. Jetzt hatten sie die eigentliche Richtung eingeschlagen. Im Grunde genommen hätten sie den Tunnel vom eigenen Korridor aus auf direktem Wege unter den Hof führen und geradeaus weiter graben können. Doch dabei hätten sie vom Kurs abkommen können. Dank des Mauerfundaments hatten sie nun bis zur Südseite des Gefängnisses eine klare Orientierung.

Die Kerzen brannten jetzt überhaupt nicht mehr, denn die Rampe und die Kurven behinderten den Luftzug. Da das Toilettenfenster immer geschlossen sein musste, herrschte ohnehin Sauerstoffmangel. Die Feuchtigkeit tat ein Übriges. So war der Tunnel in eine furchterregende Finsternis gehüllt. Aber das hielt sie nicht davon ab weiterzuarbeiten, und so gruben sie Zentimeter für Zentimeter weiter. Die Produktivität war inzwischen rapide gesunken.

«So können wir auf die Dauer unmöglich weiterarbeiten», meinte Sebahattin. «Wir müssen das Problem der Beleuchtung unbedingt lösen.»

«Vielleicht können wir eine Stromleitung im Tunnel verlegen», überlegte Fetih. «Und wo bekommen wir so ein Kabel her?», fragte Hasan.

«Folien aus Zigarettenschachteln leiten den Strom auch», erklärte Sebahattin. «Wo willst du denn die Folien alle hernehmen?»

«Wir fragen die Verwaltung, ob wir Glühbirnen bekommen können. Wir behaupten, dass wir ein Schiff aus Streichhölzern bauen und für die Beleuchtung des Decks kleine Glühbirnen brauchen. Damit könnten wir eine Taschenlampe basteln.»

«Wir sagen einfach, dass das Schiff ein Geschenk für einen unserer Besucher werden soll», meinte Şahin. «Das klingt glaubwürdig.»

Politische Gefangene haben in den Militärgefängnissen von jeher wahre Meisterwerke aus Materialien des alltäglichen Gebrauchs erschaffen. Mit viel Mühe haben sie der Verwaltung Sondergenehmigungen abgetrotzt, obwohl diese derartige Kunstfertigkeiten, die ihre Hirne in Übung hielten, missbilligte: Spiegel, Geldbörsen, Taschen, Makramees, Schiffchen, kleine Figuren, Schachspiele, Gemälde. Diese zum Gewohnheitsrecht gehörenden Tätigkeiten würden sie nun in den Dienst des Tunnels stellen.

Sebahattin nahm die Sache in die Hand. Mit Zustimmung des Feldwebels bestellte er bei dem für die Außenkantine zuständigen Soldaten Glühbirnen. Was nicht in der Gefängniskantine vorrätig war, durften sie mit einer Sondergenehmigung von draußen bestellen. Am

Tag nachdem Sebahattin die Bestellung aufgegeben hatte, kam der wachhabende Soldat morgens zu Şahin und sagte: «Mach dich bereit. Du hast heute Verhandlung.»

Außer dem Prozess, in dem die Todesstrafe für ihn gefordert wurde, liefen noch einige kleinere Verfahren, wegen des Ausbruchs aus dem Gefängnis in Artvin und Beleidigung der Verantwortlichen am Putsch vom 12. September. Dabei ging es um seine Verteidigungsrede vor Gericht. Außerdem war da noch der Vorwurf der kommunistischen Propaganda im Militärgefängnis Amasya. Bei einer Durchsuchung waren handschriftliche Zitate aus einem Lenin-Buch entdeckt worden. Natürlich war es lächerlich, kommunistische Propaganda unter Kommunisten betrieben zu haben. Mal sehen, welches Verfahren es diesmal ist, dachte Şahin. Was, wenn sie ihn wegen dieses Verfahrens in ein anderes Gefängnis verlegten?

Zwanzig.
Damals in Aybasti (5)

Überall im Kreis Aybastı bauten sie Barrikaden, in der Kreisstadt selbst, in den Stadtteilen, in den Gemeinden und an den Ein- und Ausgängen der Dörfer. Morgens öffneten sie die Barrikaden, um sie bei Einbruch der Dunkelheit komplett wieder aufzubauen. Nach einem Plan der Volkskomitees hielten überall drei bis vier Leute Wache, von 15-Jährigen bis zu Pensionisten. Ebenfalls auf Initiative der Komitees sammelte die Bevölkerung Geld, um Waffen und Munition zur Selbstverteidigung zu kaufen.

Mit von Schlaflosigkeit geröteten Augen eilte Şahin von Versammlung zu Versammlung, von Barrikade zu Barrikade. Feridun war für Sarıyer verantwortlich, Ekrem Hoca für Zafer. Auch die Gegend um Alankent war in guten Händen. In der im Tal gelegenen Ortschaft Kabataş und in den beiden etwas höher gelegenen Dörfern Pelitözü und Alaca hatten sie sich allerdings nicht durchsetzen können. Die Zeit war zu knapp gewesen, um die Bevölkerung dort für die revolutionäre Sache zu gewinnen, zumal es traditionelle MHP-Hochburgen waren.

In der zweiten Augusthälfte ging Şahin nach Pelitözü, um sich dort mit Ekrem Hoca zu treffen. Ekrem erschien in Begleitung zweier Freunde. Er trug eine mit dem Dev-Yol-Emblem bestickte Mütze aus Lammfell und ein halbautomatisches Gewehr, das er einem MHPler im Kampf entrissen hatte. Mehmet İşçimen, einer seiner Begleiter, stammte aus Ekrem Hocas Dorf, ein Mittvierziger, Vater von acht Kindern. Er war ein mittelloser Bauer und kümmerte sich sehr um die Familie und die Felder. Doch wann immer Ekrem Hoca ihn rief, schulterte er sein Mausergewehr und folgte ihm. Kaya kam aus Tokat, war Anfang Zwanzig und der Dritte im Bunde. Er hatte in Tokat allein nichts gegen die MHP ausrichten können und sich deshalb dem revolutionären Kampf in Aybastı angeschlossen. Sie freuten sich über das Wiedersehen und setzten sich auf eine frisch gemähte Wiese. Die Sonne war bereits untergegangen und es war angenehm kühl.

«Du wirkst müde, Ekrem Hoca.»

«Seit einer Woche sind wir auf dem Land unterwegs. Wir haben viele Dörfer besucht, die unter dem Einfluss der Faschisten stehen und viele Gespräche mit den Leuten geführt. Aber nirgendwo sind wir direkt auf die Faschisten getroffen.» Sie lachten.

«Die müssten ja auch nicht ganz dicht sein, da aufzutauchen, wenn ihr kommt», meinte Şahin. «Aber im Ernst. Es kann sich nur noch um Tage handeln, bis Polizei und Armee in Aybastı einfallen. Die Faschisten warten nur darauf. Salim Yaman und seine Leute tauchen bestimmt wieder im Schlepptau der Polizei auf. Wir müssen damit rechnen, dass Nevzats Team hier irgendwo zum Angriff übergeht.»

Şahin deutete auf die bewaldeten Hügel, die sich von Pelitözü hinüber bis Zafer erstreckten. Die beiden Dörfer waren durch einen Bach getrennt und grenzten an Reşadiye.

«Nimm dich in acht, Ekrem Hoca, sie haben dich im Auge.»

«Mach dir keine Sorgen. Ich tue mein Bestes. Morgen sind wir wieder in der Gegend von Reşadiye, besuchen noch ein paar Dörfer und sind in drei bis vier Tagen zurück.»

«Mach's gut, Ekrem Hoca. Lass dich nicht über den Haufen schiessen», sagte Şahin scherzhaft.

Ekrem Hoca lachte schallend. «Selbst wenn, hätten sie keine Ruhe vor mir. Aber mach dir keinen Kopf um uns.»

Ekrem Hoca lebte fürwahr gefährlich und war auf dem besten Wege, eine Legende zu werden und zum Albtraum seiner Gegner. Er genoss das Vertrauen des Volkes, wurde regelrecht verehrt und war den Regierenden deshalb ein Dorn im Auge. Sie trennten sich in der Gewissheit, sich wiederzusehen, wenn Şahin aus Fatsa und sie in ein paar Tagen aus Reşadiye zurückkommen würden.

Am nächsten Abend machte Şahin einen Abstecher nach Sarıyer. Feridun war erschöpft und hatte stark abgenommen, sich seine Vitalität und sein kindliches Lächeln aber bewahrt. Şahin blieb einen Tag in Sarıyer, bevor er nach Fatsa aufbrach. Das Dorf, in dem er sich mit seinen Genossen treffen wollte, war einen Zwei-Tages-Marsch entfernt. Unterwegs begegnete er vielen Revolutionären, darunter auch einigen bewaffneten Gruppen.

Einen Abend später war er endlich da. Sie diskutierten bis tief in die Nacht, vor allem über den Angriff von Polizei und Armee auf Fatsa. Die Gegenwehr war immer noch nicht wirkungsvoll genug. Sie beklagten hohe Verluste, viele Freunde waren festgenommen worden. Sie kamen auf die Situation in Aybastı zu sprechen und beim Frühstück erfuhren sie es dann aus dem Radio: «Die Punktoperation wurde heute Morgen bis nach Aybastı ausgeweitet. In den frühen Morgenstunden zogen die Sicherheitskräfte in die Stadt und verhängten eine Ausgangssperre.»

Şahin brach auf der Stelle nach Sarıyer auf. Am nächsten Tag kam er dort an. Weil er Feridun in Küçükyaka vermutete, ging er ohne Rast weiter. Feridun saß mit Freunden in einem Haselnusshain am Rande der Kreisstadt. Er erzählte der Reihe nach, was passiert war: «Gegen Morgen weckten uns die Warnschüsse eines Genossen. Nicht nur in der Kreisstadt, auch in den abgelegenen Vierteln und den umliegenden Dörfern gaben unsere Wachposten Warnschüsse ab. So erfuhr die gesamte Bevölkerung, dass Soldaten und Polizisten in die Stadt einfallen. Sie kamen von zwei Seiten, von der Landstraße aus Fatsa und aus Gölköy. Genossen, die mit Haftbefehl gesucht wurden, hatten die Stadt rechtzeitig verlassen.»

«Schaut einmal», sagte ein Genosse, der gerade die gegenüberliegende Seite beobachtete und reichte Şahin den Feldstecher. «Dort, am Ortseingang von Ortaköy, fährt gerade ein weißer Kleinbus mit Zivilen lang. Die sind da Tag und Nacht unterwegs. Man kann von hier aus nicht sehen, ob es Polizisten oder MHPler sind.» Şahin schaute dem

Kleinbus nach, bis er außer Sichtweite war. Dann sah er zur Gendarmeriestation hinüber.

«Was meint ihr, wie viele Soldaten und Polizisten haben sie hierher gebracht?»

«Wir haben über dreißig GMCs* gezählt, außerdem zwei vollbesetzte Busse und Kleinbusse mit Polizisten und einen Panzerwagen.»

Es dämmerte. Feridun erzählte mit ruhiger Stimme, aber mit einem Ernst, der gar nicht zu seiner kindlichen Miene passte: «Es wurde eine Ausgangssperre verhängt und sie begannen sofort mit den Razzien. Wir vermuten, dass über 100 Menschen in Gewahrsam sitzen. Das Gymnasium haben sie zu einem provisorischen Gefängnis umfunktioniert. Anwohner erzählen, dass man nachts die Schreie der Gefolterten hört. Einen Mann sollen sie vor den Augen seiner Ehefrau vergewaltigt haben.»

Şahin, der den Blick auf eine hell erleuchtete Laterne geheftet hatte, spürte den Schmerz und es trat eine kurze, erdrückende Stille ein. «Und die Faschisten?», fragte er.

«Salim Yaman, Suavi Kataroğlu, der Dorfvorsteher von Sefalık, Züftü Alacalar und all die anderen sind bereits vor dem Militärkonvoi in einem Kleinbus hier aufgetaucht. Es heißt, Polizei und Soldaten tun, was Salim anordnet. Das Volkshaus, den TÖB-DER-Saal* und unsere Teestube haben Faschisten geplündert, Mauern und Wände mit MHP-Parolen beschmiert. Vor Beginn der Razzien hat Tufan İkiz über den Rathauslautsprecher eine Ansprache gehalten: ‹Dies ist die Gegenoperation unserer Nationalistischen Bewegung gegen die Kommunisten.›»

«İkiz? Ist das nicht dieser Faschist, der wegen des Anschlags in Bozcalı mit Haftbefehl gesucht wird?»

«Genau der! Außerdem wird er wegen Mordes an Ercan Gündoğdu gesucht. Wie man hört, hat er in der Polizei- und Gendarmeriestation Unterschlupf gefunden, aber nicht nur er, auch die anderen Faschisten.»

«Eine offene Kumpanei von offiziellen und zivilen Faschisten also. Ach, mein Aybastı, wie konntest du nur in die Hände der Faschisten fallen! Und Nevzats Gruppe? Habt ihr was von ihnen gehört?»

«Ekrem Hoca ist mit seinen Leuten immer noch nicht aus Reşadiye zurückgekommen. Ich war gestern in Zafer und habe ihm ausrichten lassen, dass er so schnell wie möglich herkommen soll. Ich hoffe, er kommt spätestens morgen.»

«Und wie reagiert die Bevölkerung?»

«Die Repression ist heftig, verständlich, dass die Leute Angst haben.»

«Wir müssen etwas tun, um den Menschen die Angst zu nehmen. Am besten nehmen wir uns gleich die Faschisten und die Polizisten zusammen vor.»

Stunden später zogen sie sich in den Wald oberhalb des Viertels zurück und am nächsten Abend besuchte Şahin mit Feridun einige Bekannte am Stadtrand, um sich ein besseres Bild von der Situation machen zu können.

«Schlecht geht's uns, Hoca, sehr schlecht! Salim Yaman wütet in der Stadt. Der macht vor nichts Halt. Mit der Rückendeckung von Polizisten und Soldaten terrorisieren die Faschisten alle, die als Demokraten bekannt sind. Entweder sie denunzieren sie bei der Polizei oder sie verprügeln sie gleich selbst. Kleinhändler, die Revolutionäre unterstützt haben sollen, wurden Geldbußen abgeknöpft, mindestens 50.000 Lira müssen sie zahlen. Das Gymnasium ist voll mit Internierten. Es gibt Berichte über Folter. Einen *Demokrat*-Korrespondenten sollen sie festgenommen, krankenhausreif geschlagen und mit Folter bedroht haben, falls er Aybastı nicht umgehend verlässt. So sieht's aus, Hoca. Polizeifolter und Faschistenangriffe muss die Bevölkerung erleiden. Zu allem Übel kommen auswärtige Faschisten hierher und ziehen in großen Gruppen demonstrativ durch die Straßen.»

«Wie sieht es mit Patrouillen aus?», fragte Şahin.

«Tagsüber auf allen Straßen, nachts mit Verstärkung.»

«Und die Faschisten?»

«Sobald es dunkel wird, verschwinden sie in der Polizeistation. Einige stehen offenbar unter Polizeischutz, zum Beispiel Salim Yaman. Sie befürchten, dass ihr nachts die Stadt überfallen könntet.»

«Und wo übernachten die Polizisten?»

«Einige im Hotel. Der Besitzer, Foto Yalman, gibt sich nun gar keine Mühe mehr, seine faschistische Gesinnung zu verbergen. Andere sind in den Polizeistationen untergebracht und in der Teestube Filiz, die sie auch zu einer Polizeistation umfunktioniert haben. Die Miete zahlt Salim Yaman.»

Zu später Stunde kehrten sie zu ihren Freunden im Wald zurück. Şahin konnte nicht schlafen, wälzte sich hin und her und dachte nach. Wenn es so weiterging, würde die Bevölkerung noch viel Leid durchleben. Der Gedanke an all die Menschen, die in diesem Augenblick in Polizeigewahrsam gefoltert wurden, quälte ihn. Sie mussten eine härtere Gangart einschlagen. Es gab keinen Weg mehr am bewaffneten Kampf vorbei. Wenn der Gegner zur Waffe greift, jede Versammlung und jeder öffentliche Protest verboten ist, müssen auch wir zur Waffe greifen. Aber wie?

Im Morgengrauen setzte auf der gegenüberliegenden Seite wieder reger Verkehr ein. Von der Gendarmeriestation aus fuhren etliche Militärfahrzeuge, Panzerwagen und Kleinbusse in Richtung Pelitözü und Zafer. Wer weiß, wie viele sie wieder verhaften und foltern, flüsterten sie. Es war der 26. August, der sechste Tag der Razzien. Und wieder einmal sollten Menschen in Ketten gelegt und mit Gewehrkolben traktiert werden. Die Betriebsamkeit dauerte bis nach Mittag. Die GMC, die mit einem widerwärtigen Donnern durch die Straßen rollten, wirkten wie finstere Wolkenfetzen. Dann hörten sie Schüsse. Sollten die Leute in Zafer etwa Widerstand leisten und die Soldaten hindern, ins Dorf einzudringen? Ihnen war das durchaus zuzutrauen. Beherzt, tapfer, entschlossen, stolz und kämpferisch war die Bevölkerung von Zafer. Ekrem Hoca war ihr Spiritus Rektor. Von ihm hatten sie viel gelernt und unter seiner Führung die Stärke gefunden, sich der eisernen Faust der Regierung entgegenzustellen. Vor einem Monat hatten sie zwei Polizeitransporter, die die Planierraupe abholen sollten, mit Steinen beworfen und aus dem Dorf vertrieben. Ekrem Hoca hatte sie mit dem Gewehr in der Hand angeführt. Über ihren Widerstand berichteten sogar die Zeitungen. Die Planierraupe konnte erst nach Beginn der Razzien abtransportiert werden. Wer weiß, vielleicht hat sich Ekrem Hoca ihnen auch jetzt wieder in den Weg gestellt und spornt das Volk an: «Entweder ehrenvoller Widerstand oder unehrenhafte Sklaverei.» Er hat sie ganz bestimmt mit dieser Parole angefeuert und befohlen: «Sobald der Abstand weniger als 50 Meter beträgt, kämpft ihr mit Steinen statt mit Waffen weiter.» Bei Gefechten mit der MHP hatte er seinen Mitkämpfern seinerzeit zugerufen: «Es wäre schade um die Kugeln.»

Am Nachmittag sahen sie, dass ein LKW in Richtung Küçükyaka fuhr. «Lasst uns das Geschehen von weiter unten aus beobachten», sagte Şahin und stieg mit einem Genossen einen Pfad hinunter. Unten auf der Straße fuhr gerade ein Lastwagen vorbei. Şahin sprang aufs Trittbrett. «Grüß dich, Meister. Du kommst bestimmt vom Markt. Wie sieht's dort aus?» Der Fahrer brachte das Fahrzeug zum Stehen, wich Şahins Blick aus und druckste herum.

«Gibt's schlechte Nachrichten?»

«Ja, Hoca, furchtbare Nachrichten. Sie haben Ekrem Hoca erschossen.»

Şahin merkte, wie ihm das Blut aus den Adern wich. Völlig entsetzt starrte er den Mann an. «Seinen toten Körper haben sie gerade mit zwei weiteren Leichnamen von einem LKW auf die Straße gekippt. Hauptmann Karatan kommentierte das ungefähr so: ‹Das ist erst der Anfang. Ihren verlässlichsten Mann haben wir niedergestreckt.› Yamans Männer führten Freudentänze auf der Straße auf», berichtete der Fahrer.

Şahin wurde schwindelig und verlor den Halt. In seinem Kopf gellte ein Schrei. Niederträchtiger Tod! Verdammter Tod! Du Erde, die du unter den Händen des Volkes tausendfachen Ertrag bringst! Schämst du dich nicht, zum Grab der Leitfigur des Volkes zu werden? Errötet dein dunkles Antlitz nicht? Schmerzt es die Wurzeln in deinen Tiefen nicht? Weinen deine Wälder nicht bitterlich? Sind dir deine Herden nicht gram? Ach, mein Gefährte, mein Herzensfreund! Wie viele Kugeln, wie viele Messerstiche hat man in deinen Platanen-Körper gerammt, dass er niederstürzte. Ich bin mir sicher, dass du ihnen eine letzte Lektion erteilt hast und dein schönstes Lächeln aufgesetzt hast, mit deinem blutbefleckten Bart. Aber wie kannst du uns derart im Stich lassen! Unser Kampf hat doch gerade erst angefangen!

In den Wald zurückgekehrt, fühlte Şahin sich um zehn Jahre älter. Die fragenden Blicke seiner Genossen nahm er kaum wahr. Wie sollte er es ihnen beibringen? Er brauchte einen Moment, bis er die Worte dafür fand: «Freunde, Ekrem Hoca wurde erschossen. Und seine Begleiter sind alle tot.»

Blankes Entsetzen stand in ihren Gesichtern geschrieben. Dann sanken ihre weit aufgerissenen Augen zu Boden wie Herbstlaub. Wie schneebehangene Äste senkten sich ihre Schultern. So verharrten sie eine ganze Weile. Dann richteten sie sich erdenschwer auf. Ihre Augen funkelten zornig. Nein, sie würden dafür sorgen, dass sie weiterlebten. Entschlossenen Schrittes stiegen sie hinunter in die Ortschaft. Es dauerte nicht lange, bis etwa zwei Dutzend Leute um sie herumstanden. Mit ruhiger, gedämpfter Stimme sprach Şahin: «Freunde, wir haben unsere Freunde Ekrem, Mehmet und Kaya verloren. Sie starben ehrenvoll, ohne sich dem Faschismus zu ergeben. Sie opferten das eigene Leben für die Befreiung des Volkes. Wir schwören, dass ihr Kampf nicht unvollendet bleiben wird! Ich bitte euch, ihnen drei Minuten zu gedenken.»

Sie ballten ihre Fäuste in die Luft, als wollten sie die anbrechende Finsternis zerschlagen. Nach Ablauf von drei Minuten, in denen nur das Weinen der Frauen zu hören war, verschwanden Şahin und seine Freunde wieder in der Dunkelheit.

Einundzwanzig. Fluchtträume (7)

Gemeinsam mit einem Genossen von Dev-Yol wurde Şahin zum Gericht transportiert. Er hatte mit ihm im Militärgefängnis Samsun gesessen und war von der Folter gezeichnet. Nach einer halben Stunde im «Ring», dem Gefängnistransporter, wurden sie im Untergeschoss des Erzincaner Staatssicherheitsgerichtes in eine Zelle gesteckt. Als sie in den Gerichtssaal geführt wurden, blieb Şahins Blick an einer jungen Frau haften, die aus dem Saal geführt wurde. Sie wurde von zwei Männern gestützt und schrie verzweifelt. Bestimmt ist ihr Mann gerade verurteilt worden, schoss es ihm in den Kopf. Der Gedanke versetzte ihm einen Stich. Er spürte seinen Zorn auf Richter und Staatsanwälte hochkommen, der sich jahrelang in ihm angesammelt hatte. Er schwor, sie zur Rechenschaft zu ziehen.

Endlich wurden sie aufgerufen. Der Richter eröffnete die Sitzung. Es ging um den Vorwurf «in ideologischer Absicht betriebener kommunistischer Propaganda» und um «die Beschmutzung von Zellenwänden» während der Unruhen im Militärgefängnis Samsun 1985. Şahin atmete auf, der Prozess würde offensichtlich in Erzincan stattfinden. Bei seiner Anhörung ergriff er sofort das Wort:

«Geht es um uns Revolutionäre, erweisen sich Richter und Staatsanwälte als erstaunlich geschickt, die verstaubtesten Artikel der Gesetzesbücher hervorzukramen. Doch geht es um Staatsbedienstete, so sind sie selbst bei Verbrechen gegen die Menschlichkeit vergesslich oder gleichgültig. Ist das die Unparteilichkeit der Justiz? Welcher Staatsanwalt, welcher Richter hat die Putschisten vom 11. September angeklagt? Keiner! Staatspräsident Evren kommentiert bei seinen Reisen durchs Land laufend Gerichtsverfahren und das ganze Volk verfolgt es im Fernsehen. Nach geltendem Recht ist dies strafbar. Welcher Staatsanwalt, welcher Richter ahndet dieses Vergehen? Keiner! Polizei und Armee sind voll mit Bediensteten, die als Folterer schwere Schuld auf sich geladen haben. Wie viele Polizeibeamte, wie viele Offiziere haben Sie jemals verurteilt, weil sie gefoltert haben? Nicht einen Einzigen! Bei den Vorfällen, um die es hier geht, wurden wir von Soldaten mit Schlagstöcken und Holzlatten angegriffen. Sie aber stellen nicht die Angreifer, sondern die Opfer, die Geschlagenen und Verletzten vor Gericht. Ist das Ihre Gerechtigkeit? Die Zellen waren voller Blut von gefolterten Gefangenen. Das ist für Sie offensichtlich keine ‹Beschmutzung von Wänden›, aber wenn wir daran schreiben: ‹Die Menschenwürde wird die Folter besiegen!› Ja, ich gestehe, ich habe das an die Zellenwände geschrieben. Bestrafen Sie mich dafür, so hart Sie wollen. Es berührt mich nicht. Doch eines sollten Sie wissen: Diese finstere Ordnung wird eines Tages gestürzt. Diejenigen, die dieses Land in der Zukunft in Frieden und Freiheit führen, werden neben Diktatoren auch Staatsanwälte und Richter wie Sie zur Rechenschaft ziehen.»

Er hatte natürlich nicht erwartet, dass einer der Richter, mit der eigenen Schuld konfrontiert, die Robe abstreift und zu Boden wirft. Die Verhandlung wurde zügig vertagt.

Fethi arbeitete schon im Tunnel, als er zurückkehrte. Die wöchentliche Durchsuchung war bereits vorbei und weder ein Bade- noch ein Besuchstag standen an. Şahin ging in den Toilettenraum und zog sich um. Er hatte Lust zu arbeiten. Das war das beste Mittel gegen die innere Unruhe. Er zog die schlammverkrustete Arbeitskleidung an und kroch in die Dunkelheit. Bald hörte er Fethis schweren Atmen. «Ich löse dich ab, du brauchst eine Pause.»

«Gut. Warte einen Moment.» Nach ein paar Minuten schob Fethi sich an ihm vorbei. Şahin tastete sich in dem stockdunklen Tunnel langsam vor, bis er den unteren Rand des Mauerfundaments fand. Die Arbeit kam ihm vor wie Stochern im Nebel. Trotzdem ging kaum ein Hieb ins Leere. Mit jedem Schlag näherten sie sich der Freiheit, wenn auch nur millimeterweise. Der Freiheit entgegen, der Freiheit. Ohne jemals zu ermüden, aufs Neue, aufs Neue, spornte er sich an. Wenn wir dieser Gefangenschaft bald ein Ende setzen könnten! Mit aller Kraft muss man gegen diese widerwärtige Ordnung kämpfen. Die junge Frau mit den verweinten Augen kam ihm in den Sinn. Şahin dachte an seine eigene Frau. Ob sie auch weinte? Vielleicht nicht im Beisein von anderen. Aber heimlich? An dem Tag, als sein Todesurteil verkündet wurde, hatten sich ihre Blicke getroffen und sie hatten sich lächelnd zugewinkt. Wer weiß, welche Kraft sie aufwenden musste, ihre Tränen zurückzuhalten. Der Schmerz zerriss Şahin schier das Herz. Die Erinnerung an den Moment könnte ihn um den Verstand bringen. Warum ist sie nur dagegen, dass ich ausbreche, fragte er sich. Wenn sie mich nicht mehr liebt, hätte sie nicht so lange gewartet. Warum also will sie nicht, dass ich fliehe?

Seitdem sie am Tunnel arbeiteten, scherzten sie ständig herum und ließen sich auch nicht durch Widrigkeiten davon abhalten. So machten sie sich über diejenigen lustig, die sich vor der Arbeit im Dunkeln fürchteten. Sie schlichen an sie heran, erschreckten sie und spotteten ihren erschrockenen Gesichtsausdruck nach. «Mach dir keinen Kopf!» war zum geflügelten Wort geworden, seit Sebahattin Şahin eines Abends hochgenommen hatte, als er gedankenverloren an die Decke gestarrt und Sebahattin zu ihm gesagt hatte: «Mach dir keinen Kopf, Mann. Wird schon wieder.» Şahin hatte arglos geantwortet: «Ich denke an etwas ganz anderes.» Doch Sebahattin hatte seinen Spaß gehabt.

«Reingefallen!»

«Wie bitte?»

«Das ist nur ein Witz, ‹Mach dir keinen Kopf.› Alle reagieren wie du.»

Sebahattin hatte sich vor Lachen den Bauch gehalten. Als der Groschen endlich auch bei ihm gefallen war, war Şahin in sein Gelächter eingefallen. Der Scherz gefiel ihm, und von da an war der Spruch in aller Munde.

Endlich erhielten sie die bestellten Glühbirnen. Die Batterien hatten sie bereits in der Gefängniskantine gekauft. Schließlich besaßen sie Radios. Das «technische Komitee» nahm die Sache umgehend in die

Hand und am nächsten Tag war die Taschenlampe einsatzbereit. Sie hatten das Gehäuse aus Karton gebastelt, der fürs Buchbinden verwendet wurde. Metallstücke für die Kontakte zu finden, war leicht gewesen und die Arbeit hatten sie ganz offen in der Zelle erledigt. Für den Wärter muss es so ausgesehen haben, als bastelten sie an einem Mäppchen für Stifte. Als das Werkstück Gestalt annahm, verlegten sie die Arbeit aber vorsichtshalber in den Toilettenraum. Doch die Batterien hielten nicht lange. Weil es zu auffällig war, in der Kantine ständig neue zu kaufen, baten sie die Genossen in anderen Zellen, sich von Besuchern welche mitzubringen zu lassen.

Mit dem Tunnel kamen sie jetzt gut voran. Zum Glück war die Erde bisher nicht besonders hart und auf Felsen waren sie auch nicht gestoßen. Aber jetzt traten neue Probleme auf. Es war kaum noch möglich, im Tunnel zu atmen. Sie brauchten unbedingt einen Blasebalg, um die Luftzufuhr zu verbessern.

Sie rissen eine Lederjacke in Stücke, stülpten sie über einen dicken Karton, den sie als Unterlage beim Schreiben oder Schachspielen benutzten. Zwei Tage später war der Blasebalg fertig. Ein Genosse hatte aus einer beim Buchbinden verwendeten Plastikfolie drei Zentimeter dicke Röhrchen geformt und sie aneinandergeklebt.

Sie hatten es mittlerweile zu wahrer Meisterschaft gebracht, vor den Augen der Wärter Werkzeuge herzustellen. Am besten war es, sich mit einer ausgebreiteten Zeitung vor den Bastelnden zu setzen und dem Wärter so den Blick zu versperren. Außerdem waren ihre Sinne inzwischen so geschärft, dass ihnen die Schritte des Wachhabenden jederzeit verrieten, wo er sich gerade befand. Kam er an der Zelle vorbei, legten sie die verräterische Arbeit aus der Hand, wandten sich dem Gegenüber zu und taten so, als wären sie in ein Gespräch vertieft.

Sie brachten den Blasebalg in den Toilettenraum, steckten ein Schlauchende in die dafür vorgesehene Öffnung und verlegten das andere Ende im Tunnel. Im Abstand von jeweils einem Meter hatten sie Streichhölzer in die Tunnelwand gesteckt und sie mit Schlaufen aus Bindfaden versehen, durch die der Schlauch geführt wurde. Betätigte man nun im Toilettenraum den Blasebalg, strich ein leichter, pfeifender Wind durch den Tunnel.

Von nun an musste immer jemand im Toilettenraum am Blasebalg arbeiten. Das bot Anlass für neue Scherze.

«He, du, Blasebalgmensch! Mann, hör auf zu furzen! Der ganze Tunnel ist voll mit dem Gestank.»

Als der Tunnel 20 Meter lang war, tauchte ein neues Problem auf. Niemand brachte mehr die Kraft auf, die Beutel mit dem Seil heranzuziehen und sie einzeln vom Tunnelende bis zur Garage zu schleifen. «Lasst uns eine Schubkarre bauen. Dann könnten wir vier oder fünf Beutel auf einmal fortschaffen», schlug ein Genosse vor. Nach langen Diskussionen wurde schließlich beschlossen, es zu probieren. Auf dem Dachboden lösten sie kurze Balken, zwei Blechschilder, und aus der Klinge eines Anspitzers bastelten sie Sägen. Die Balken zersägten sie morgens vor Dienstbeginn der Außenwachen im Toilettenraum. Dabei behielt einer den Innenaufseher im Auge. Die Sägen eigneten sich auch zum Entfernen von Rinden, Schalen und Ähnlichem. Die Nägel hatten sie ebenfalls auf dem Dachboden herausgezogen. An der Schubkarre arbeiteten zwei Genossen vom «technischen Komitee». Die Räder stanzten sie im Toilettenraum mit Hilfe einer im Ofen erhitzten Eisenstange aus. Innerhalb von drei Tagen waren sie fertig. Die Schubkarre hatte vier Räder, war einen Meter lang und einen halben Meter breit. Aus Bettlaken flochten sie ein zwei Meter langes Seil und knoteten es an die Karre. So feierlich wie ein Schiff in der Werft zu Wasser gelassen wird, ließen sie die Schubkarre im Tunnel zu Boden. Sie erleichterte die Arbeit ungemein. Mit dem Seil um den Hals konnten sie vier bis fünf Beutel auf einmal ziehen.

«Ich schaffe fünf.»

«Ich sechs.»

Niemand schaffte mehr als sechs Beutel. Mehr waren bei der Tunnelhöhe nicht drin. Auf dem Rückweg legte sich der Träger auf die leere Schubkarre und schob sich mit den Füßen zum Tunnelende.

«Letzter Halt ‹Schwarze Erde›!»

«Lebe schnell, stirb früh, werde eine schöne Leiche!»

Solche Fernfahrersprüche fielen ihnen nun ein. Es wurde gehupt, gebrummt und gelacht. Sie waren guter Dinge. Die Arbeit forderte jedoch auch ihren Tribut. Der Tunnel war schmal und niedrig. Hals und Rücken schmerzten, Nase und Mund waren voller Staub und Erde. Dennoch fühlte sich jeder im Tunnel am glücklichsten. Dort bewegten sie sich unaufhörlich der Freiheit entgegen. Das entschädigte für all die Strapazen.

Tage später, Şahin füllte gerade einen Beutel mit Erde, traute er zunächst seinen Ohren nicht, aber der Genosse, der vorne im Tunnel arbeitete, hatte ganz deutlich gesagt:

«Ich glaube, wir lassen gerade das Gefängnis hinter uns. Ich bin auf ein Mauerfundament gestoßen.»

«Ehrlich?»

«Ja.»

Şahin robbte zu ihm und konnte im Schein der Taschenlampe tatsächlich eine Betonmauer erkennen, die im rechten Winkel mit dem Mauerfundament zusammentraf, dem sie gefolgt waren. «Kratz doch mal ein bisschen daran.» Der Genosse schabte die Mauer mit der Eisenstange ein wenig frei. Ja, es musste das Mauerfundament sein.

«Vielleicht ist es nur das äußere Fundament des Zellenkorridors?», meinte Şahin ungläubig.

«Der Länge nach muss es die Außenmauer sein.»

«Demnach müssten wir vor vier, fünf Metern den Zellenkorridor hinter uns gelassen haben.»

Şahin robbte zurück und begann nach vier Metern, die Tunneldecke abzutasten. Schließlich wurde er fündig. «Hier ist es. Schau, hier haben wir den Beton unterquert, ohne es zu merken.» Ihre Freude war unermesslich. Das Lächeln auf ihren verschmutzten und verschwitzten Gesichtern glich dem klaren, strahlenden Himmel. Ja, es war ganz eindeutig: Die Mauer, die sie gekreuzt hatten, war das südliche Fundament des Gefängnisgebäudes. Damit hatten sie das Gefängnis hinter sich gelassen. Nun galt es, die Außenmauer zu überwinden. «Jetzt fängt das Ausbruchsfieber erst richtig an», sagte Şahin. «Zu wissen, dass wir uns immer noch unter dem Gefängnis befinden, hat die Freude ja etwas gedämpft.»

Şahin stieg zum Tunneleingang hoch und bat den Kumpel am Blasebalg um den Faden. Dieser reichte ihm die selbstgebastelte Holzspule. Şahin kroch zurück, drückte Hasan das eine Ende in die Hand und bewegte sich langsam, den Faden abspulend, zurück bis zur Ecke am Fundament. Die Länge der anfänglichen Strecke kannten sie. In der Zelle maßen sie mit dem Lineal den Faden. Nun hatten sie es schwarz auf weiß: Sie hatten 40 Meter geschafft. Das entsprach genau der Entfernung zwischen der nördlichen und der westlichen Ecke des Gefängnisgebäudes. Das wussten sie von Messungen auf dem Dachboden. Die

Aufregung war riesig und in allen Gesichtern deutlich zu sehen. Der Ausbruch, der trotz aller Plackerei bislang in weiter Ferne gelegen hatte, war tatsächlich greifbar.

«Wie gehen wir jetzt vor?»

«Wir sollten bei der eingeschlagenen Richtung bleiben. Immer weiter geradeaus», entschied Sebahhatin.

«Nur tiefer. Wir müssen nämlich berücksichtigen, dass wir keinen Beton mehr über uns haben, sonst könnte der Tunnel absinken.»

In dem Bereich, unter dem sie jetzt graben würden, parkten die Fahrzeuge der Verwaltungsangestellten und Offiziere. Auch der zweiachsige Militärlaster, der täglich zur Abfallentsorgung kam, fuhr hier hindurch. Dem musste der Tunnel standhalten.

«Graben wir einen Meter tiefer. Außerdem sollte ab sofort in einem Halbrund gegraben werden. Wie ein Fischrücken.»

«Einen Meter tiefer zu graben, wird nicht reichen, um den Tunnel zu sichern. Wir könnten die Balken vom Dachboden als Stützen verwenden.»

Beide Vorschläge wurden angenommen.

Nachdem sie das Mauerfundament untergraben hatten, wurden aus dem geplanten Meter schließlich zwei. Auf diese Weise war es möglich, an der Ecke des Mauerfundaments aufrecht zu stehen und eine Erholungspause einzulegen. Um weniger Neigung zu haben, gruben sie die letzten acht, neun Meter bis zur Mauer noch einmal. Trotzdem schafften sie es nur mit Mühe, die Schubkarre die Rampe hochzuschieben. Auf dem Rückweg legten sie sich dafür auf die leere Karre und rasten nach unten. Dieser Spaß entschädigte für die Anstrengung. Außerdem waren die Tunnelbauer mächtig stolz auf ihr Werk und die Arbeit bereitete ihnen großes Vergnügen, auch wenn sie völlig ausgelaugt und entkräftet waren.

Die Richtung überprüften sie nun mit Hilfe der Taschenlampe. Der Arbeiter am Tunnelende richtete den Strahl der Taschenlampe auf den Tunneleingang und konnte so erkennen, ob sie vom Weg abgekommen waren oder nicht.

Als sie etwa zwei Meter unter dem Außenhof angelangt waren, stand der Besuchstag vor der Tür. In der 8. Zelle ließen sie ihrer Fantasie freien Lauf:

«Wir sollten unseren Familien Bescheid geben, dass sie schon einmal mit den Hochzeitsvorbereitungen beginnen können.»

«Und dass sie schon einmal ein Schaf kaufen.»

«Und unsere Zimmer herrichten.»

«Und endlich aufhören zu weinen.»

«Und kein Geld mehr für Anwälte ausgeben und sich noch mehr verschulden.»

«Und dass sie sich auch schon mal an den Gedanken gewöhnen, selbst in Polizeigewahrsam genommen und verhört zu werden.»

Schließlich kamen sie wieder zur Vernunft. «Niemand erwähnt den Tunnel auch nur mit einem Wort. Sie könnten irgendetwas Unvernünftiges tun. Aus Angst um uns. Nur einige Auserwählte, die besonders zuverlässig sind und uns von außen unterstützen, weihen wir ein.»

Für den Besuch rasierte sich Şahin und wartete ungeduldig auf die Familie. Seine Mutter, Schwester und Ehefrau wollten kommen. Er war in heller Vorfreude, würde seine Frau berühren und küssen, wenn auch nur auf die Wangen. Er würde den Arm um sie legen, ihr übers Haar streichen und ihren Duft einsaugen. Sein größtes Glück war, ihre Hand zu halten. Bedauerlicherweise lebten sie in einem Land, in dem das Küssen traditionell als unschicklich galt. Selbst ihre Kreise, unter Revolutionären und Fortschrittlichen, hatten sich von dieser Tradition nicht wirklich befreit. Während die einen sie mit aller Kraft verteidigten, meinten andere, dass man sich einfach an Traditionen halten müsse, auch wenn man sie als überholt ansah.

Şahin verfluchte seit jeher dieses Tabu. Wenn sie vor ihm stand, war er nur von dem Wunsch beseelt, ihre Lippen mit den seinen zu umschließen, aber er wagte es nicht. Jedes Mal sagte er ihr mit gespieltem Ernst:

«Ist mir egal, was die Leute sagen. Ich werde dich küssen.»

«Wehe!»

Dann lachte Şahin. «Ein Kuss ist keine Sünde unter dem Sternenhimmel», hieß es in einem Lied. Şahin sang es ihr vor und dichtete die letzten drei Worte um in «mitten im Gefängnis». Da musste auch sie lachen.

Wenn ich es wenigstens heute täte, dachte er. Schließlich begaben sie sich in Lebensgefahr. Doch eigentlich machte ihm etwas anderes zu schaffen. Er war sich nicht sicher, ob er ihr vom Ausbruch erzählen sollte. Sein eigenes Zögern schmerzte ihn. Aber sie hatte sich so vehement dagegen ausgesprochen, er hatte es nicht verstanden. Nach dem Besuch, bei der sie das Thema mit einem klaren ‹Auf keinen Fall› beendet hatte, konnte Şahin es nicht dabei bewenden lassen und hatte es beim nächsten Besuch noch einmal angesprochen: «Das letzte Mal hast du gesagt, dass du dagegen bist, dass ich fliehe. Kannst du mir sagen, warum?» Gönül hatte sich sofort ereifert.

«Ich will das nicht. Ich will es einfach nicht. Ich werde gerne auf dich warten, auch wenn du ein Leben lang im Gefängnis bleibst. Aber wenn du so etwas tust, ist es aus.»

«Wie meinst du das?»

«Dann trenne ich mich von dir.»

Şahin war erstarrt. Bis dahin hatte er es nicht für möglich gehalten, dass Gönül so etwas sagen könnte. Völlig verwirrt war er in die Zelle zurückgekehrt. Danach hatte er sich immer wieder den Kopf zerbrochen. Warum hatte sie das gesagt? Fürchtete sie, von der Polizei in die Mangel genommen, gar selbst festgenommen und misshandelt zu werden? Das konnte es nicht sein. Gönül war schon immer, im Gefängnis gleichermaßen wie in Freiheit, eine gute Kämpferin gewesen. Abgesehen davon griff sie nicht in Entscheidungen anderer ein, um bevorstehenden Schaden von sich abzuwenden. Sie wurde im Freundeskreis für ihre Aufrichtigkeit und Integrität geschätzt. Was also war es, das sie zu dieser Haltung gebracht hatte? Liebte sie ihn etwa nicht mehr?

Diese Frage ging ihm nicht aus dem Kopf. Natürlich, dachte er, das muss es sein. Sie liebt mich nicht mehr. Wer liebt, würde doch wollen, dass der geliebte Mensch seine Freiheit wiedererlangt. Ja, ihm sogar helfen, soweit es in seiner Macht steht. Dieser Zweifel hatte Besitz von ihm genommen, nagte in seinem Hirn und seinem Herzen.

Dann dachte er darüber nach, was Trennung bedeutete. Nehmen wir einmal an, sie liebt mich wie eh und je. Selbst dann: Wie sinnvoll wäre es, die Ehe fortzusetzen? Selbst wenn ich nicht gehängt werde, werde ich mein ganzes Leben im Gefängnis verbringen. Und die Flucht. Wer weiß, ob sie mir jemals gelingt? Steht es mir zu, von ihr zu verlangen, dass sie ein ganzes Leben allein bleibt? Sie ist jetzt schon seit Jahren ohne mich. Zeitweise sogar ohne ein Lebenszeichen. Wer weiß, wie sehr sie Frauen beneidet, die Arm in Arm mit ihren Ehemännern herumspazieren. Und ich, ich liebe sie mehr als mein Leben, wie kann ich da tatenlos zusehen, wie sie leidet? Wie kann ich so selbstsüchtig sein, von ihr zu verlangen, dass sie ein Leben lang auf mich wartet?

Als er in diese Haftanstalt verlegt wurde, hatte er ihr einen Brief geschrieben, einen sehr langen, der wie jeder seiner Briefe mit «Mein Ein und Alles, meine Liebste» begann. Zunächst hatte er seine Liebe, seine Sehnsucht beschrieben. Dann war er zu dem übergegangen, was ihm auf dem Herzen lag: «Ich kann es nicht akzeptieren, dass ein Mensch, den ich so sehr liebe, ein Leben in Einsamkeit verbringt. Ich habe nicht das Recht, dir einen Ehemann vorzuenthalten. Selbstverständlich sind wir nicht die Verantwortlichen dieser Umstände. Wir sind es nicht, die die Trennung wollen. Wir kennen die Feinde der Liebe. Sie wollen, dass wir immerzu leiden. Ich möchte nicht an der Erfüllung ihres Wunsches beteiligt sein. Ich kann dich nicht, gewissermaßen gemeinsam mit ihnen, dazu verdammen, allein zu bleiben.» Er konnte nicht umhin, auf seine Zweifel einzugehen. «Außerdem, mir kommt auch der Gedanke, dass du mich nicht mehr lieben könntest. Den Wortwechsel beim letzten Besuch vermag ich nicht anders zu deuten. Ich komme immer wieder zu dem Schluss, dass du dich nur nicht trennst, um jemandem, der im Gefängnis sitzt, nicht wehzutun. Zweifellos würde es mich unendlich schmerzen, deine Liebe verloren zu haben. Aber eine derartige Güte würde mich erdrücken.»

Nachdem Gönül den Brief erhalten hatte, war sie sofort zu ihm geeilt. Traurig stand sie auf der anderen Seite des Maschendrahts. In ihrer Stimme lag ein deutlicher Vorwurf.

«Wie kannst du es wagen, mir einen solchen Brief zu schreiben? Wie kannst du es wagen, so etwas zu denken? Oder willst du mich loswerden?»

«Du weißt, wie sehr ich dich liebe.»

«Wie kannst du dann an meiner Liebe zweifeln? Bin ich ein Kind? Bin ich so willenlos, dich nicht verlassen zu können, falls ich dich nicht mehr lieben sollte?»

Şahin hatte nichts anderes tun können, als kleinlaut um Entschuldigung zu bitten. Mit seinen Hirngespinsten hatte er sich tüchtig blamiert. Nach dem Besuch ließ er kein gutes Haar an sich selbst. Er hatte nicht das Recht, so an ihr zu zweifeln. Er beschloss, das Thema nie mehr anzusprechen. Natürlich ist es für sie eine Krisensituation, dachte er. Sie hat Seelennot. Ich sollte sie vorerst damit verschonen. Solange ich in diesem Gefängnis bin, werde ich ohnehin nicht die Chance zur Flucht haben. Warum dann zermürbende Diskussionen führen? So hatte er es sich zurechtgelegt, doch kurz darauf begannen die Vorbereitung der Flucht.

Wie erwartet, kamen Mutter, Schwester und Gönül. Er umarmte sie fest und küsste sie alle drei. Dann setzte er sich so, dass er einen Arm um die Mutter und einen um seine Frau legen konnte. Die Mutter begann sogleich, Tränen zu vergießen, obwohl sie bei jedem Besuch hoch und heilig versprach, nie wieder zu weinen. Sie fragte Şahin nach dem Befinden, ob die Folter anhalte, wie die Soldaten zu ihnen seien. Sie sah ihn seufzend an. Şahin tröstete sie, küsste sie wieder und wieder auf die Wangen, erkundigte sich nach dem Vater, den Geschwistern und Gönüls Familie. Schließlich flüsterte er Gönül so leise zu, dass es weder Mutter noch Schwester hören konnten: «Bist du immer noch dagegen, dass ich fliehe?» Das Lächeln wich aus Gönüls Gesicht und es verzerrte sich vor Schmerz. «Ich will nicht länger darüber sprechen. Sag kein einziges Wort mehr! Ich habe dir erklärt, wie ich dazu stehe. Falls du so etwas willst, sollten wir uns trennen. Mehr gibt es dazu nicht zu sagen. Vielen Dank auch! Ich bin überglücklich und aufgekratzt, weil ich weiß, dass ich dich sehen werde. Und du vergällst mir jedes Mal die ganze Freude.»

In der Nacht, als er in den Tunnel stieg, wollte Şahin das Graben übernehmen. Nur so konnte er seine Schwermut loswerden. Der ist für meine Freiheit, der für mein Unglück, sagte er bei den ersten Hieben, die er der Erde versetzte. Er wusste nicht, ob er sich freuen oder beklagen sollte: Er war auf dem Weg in die Freiheit, aber auch auf dem Weg in sein Unglück. Warum konnte Gönül nicht wieder so sein wie früher? Er erinnerte sich an den ersten offenen Besuch vor drei Jahren. Nach Jahren der Trennung hatte er sie zum ersten Mal berühren können. Auch wenn der Schatten der Soldaten auf sie fiel, hatten sie sich endlich wieder ins Gesicht sehen können. Gegen Ende der Besuchszeit hatte Şahin gefragt: «Seit meiner Verhaftung denke ich an Flucht. Wenn sich mir eine Gelegenheit bietet, werde ich es versuchen. Was meinst du dazu?» Gönül hatte gelacht. Es hatte sie nicht überrascht. «Ich dachte es mir. Du musst es wissen. Wie du meinst», hatte sie leichthin gesagt. Sie hatte sich überhaupt nicht verändert, hatte er damals gedacht. Aber jetzt? Jetzt sagt sie, wie die Soldaten: Fliehen verboten! Er war rasend. Seine Wut ließ er an der Erde aus. Je mehr er davon aushob, desto wütender wurde er.

Şahin verlagerte seine Gedanken von Gönül auf den Tunnel. Es war Zeit für die Deckenverstärkung. Zwei Meter schon befanden sie sich unter dem Außenhof. Alle 50, 60 Zentimeter mussten sie den Tunnel abstützen, von beiden Seiten je zwei senkrechte und zwei waagerechte Stangen. Sie vom Dachboden zu lösen, war nicht schwierig. Das Problem bestand darin, die mehr als drei Meter langen Stangen in den Tunnel zu transportieren. Auf dem Dachboden konnten sie auf keinen Fall sägen. Der Lärm würde ungehindert herausdringen. Innerhalb von zwei Stunden schafften sie eine Menge Stangen hinunter.

Das Gefängnis war inzwischen eher eine Baustelle als eine Haftanstalt. Vorne wurde gegraben. Irgendwo in der Mitte, an der tiefsten Stelle des Tunnels, wo kein Soldat es hören konnte, wurden die Stangen durchgesägt. Eine Schubkarre auf vier Rädern fuhr von einem Ende zum anderen. Şahin war glücklich. Weder die Blutergüsse an seinen Knien noch das Seil um seinen Hals, das ihm mit dem Gewicht der Schubkarre die Kehle zuschnürte, konnten seine Laune trüben. Die Geräusche der Hacke, Säge und das Pfeifen der aufgeplatzten Stellen in den Plastikschläuchen gingen ineinander über. Ihm war, als höre er die schönste Melodie auf der ganzen Welt. Eines seiner Lieblingsgedichte ein wenig verändernd murmelte er: «Die Erde, der Tunnel und ich, ich bin glücklich.» Und es kam ihm weder die Drohungen seiner Frau in den Sinn noch irgendetwas anderes.

Er wünschte, der stellvertretende Anstaltsleiter, ein Oberleutnant, wäre hier und sähe die Arbeit. Sicherlich würde er den Verstand verlieren. Diesem Mann, der jahrelang herumstolziert war, in der einen Hand Tränengas, in der anderen den Schlagstock, Kraftausdrücke und Beleidigungen auf den Lippen, würden sie eine gehörige Lektion erteilen.

Von nun an stützten sie alle 50 Zentimeter ab. Die Stellen, an denen die Stangen angebracht wurden, bereiteten sie sorgfältig vor, konstruierten feste Stützen. So hatte der Tunnel zu seinen Kurven, Rampen und der imposanten Länge noch eine ästhetische Komponente erhalten. Leider kostete diese Arbeit sie wertvolle Zeit. Während der Montage ruhte das Graben. Der Tunnel war nicht breit genug, als dass der

Grabende, der Stützer, der Beutelfüller sowie der Träger am gleichen Ort hätten arbeiten können. Selbst wenn, bestand die Gefahr, dass sie beim neu gegrabenen Teil mit dem Verstärken nicht nachkamen. Das hätte verheerende Folgen haben können. Dieses Risiko konnten sie nicht eingehen.

Die Arbeit setzte ihnen ziemlich zu. Ihre Besucher machten sich bereits Sorgen und fragten, ob sie krank seien. Die Jahre im Gefängnis hatten Spuren hinterlassen und ihre Physis angegriffen. Der Tunnelbau zehrte an ihren Kräften. «Wie es aussieht, werden wir den Tunnel schaffen, aber keine Kraft mehr haben, auszubrechen», scherzten sie.

Stießen sie auf harte Erde, waren die Grabenden gefordert. War der Tunnel besonders eng, die Beutelfüller. Zurzeit hatten die Träger die schwerste Arbeit. Die mit Regenwasser vollgesaugte Erde hatte auf dem Tunnelboden eine Schlammschicht gebildet, sodass die Räder der Schubkarre einsanken und die Karre mit der Unterseite auf den Boden klatschte. Die Schubkarre war nun eher ein Schlitten. Auch wenn sie aus der Zelle überzählige Decken hinuntergebracht und auf die schlammigen Stellen gelegt hatten, konnten sie das Einsinken der Räder nicht ganz verhindern. Auf der anderen Seite hatte sich der Weg erheblich verlängert, und für die Träger, die an den verschlammten Stellen besonders gefordert waren, wurde die Strecke zur Qual. Dennoch legten sie sich so sehr ins Zeug, dass sie selbst staunten, welche Kraft sie mobilisieren konnten.

Für die Stützen lösten sie etwa ein Drittel der Stangen auf dem Dachboden. Sie hatten schon Sorge, der Dachboden könne eines Tages davonfliegen. Wenn der starke Wind Erzincans tobte, schepperte die Blechverkleidung gefährlich.

Eines Abends hielten sie den Messfaden, den sie aus dem Tunnel mitgenommen hatten, an das Lineal. 75 Meter. Sie mussten ungefähr 15 Meter hinter der Außenmauer sein. Zu wenig, um dort aus dem Tunnel zu steigen. Sie würden von den Turmwachen gesehen werden. Sie wollten deshalb weitere zehn Meter graben.

Bis dahin würden sie die letzten Vorbereitungen für die Flucht treffen. Durch die Ritzen auf dem Dachboden konnten sie sehr genau beobachten, was draußen ablief. Die Außenmauer versperrte ihnen zwar die Sicht auf den Bereich, wo der Tunnel enden sollte. Aber das Dach bot einen guten Überblick über die entfernteren Bereiche des Luftgeschwaders. Um in Form zu kommen, würden sie nun morgens auf dem Hof Sport treiben. Jeder sollte einen Rucksack packen. Die Lebensmittel- und Geldvorräte mussten überprüft und eventuell aufgestockt werden. Sie legten Wert auf leichte, aber kalorienreiche Kost: Kekse, Honig und Schokoladencreme. Um nicht aufzufallen, kauften sie nach und nach kleine Mengen und horteten sie auf dem Dachboden. Sie hatten ihre Familien um mehr Geld gebeten als sonst, und sie hoben an den entsprechenden Tagen die Höchstsumme ab. Zur Sicherheit deponierten sie es bei mehreren Personen. Wahrscheinlich würde der Tunnel nicht vor dem nächsten Besuchstag fertig, vielleicht ein paar Tage später. Um die Familien nicht zu gefährden, verwarfen sie die Idee, sie zu bitten, beim offenen Besuchstag Geld mitzubringen. Vor allem Angehörige, die selbst polizeibekannt waren, würden in Verdacht geraten, etwas mit ihrer Flucht zu tun zu haben. Sie wollten ihnen sogar verheimlichen, dass es einen offenen Besuchstag gab.

Es war der längste Tunnel, der jemals in einem türkischen Gefängnis gegraben worden war, und sie würden dem Regime, das nach dem Putsch vom 12. September das gesamte Land in ein Militärgefängnis verwandelt hatte, einen schweren Schlag versetzen. Die Ausbrecher waren ausnahmslos zum Tode oder zu lebenslanger Haft verurteilt. Die Sicherheitskräfte würden also groß angelegte Fahndungen durchführen und sehr viele Menschen verhören. Die Hauptverdächtigen wären zweifellos jene, die auf den letzten Besuchslisten standen.

Die Vorbereitungen liefen auf Hochtouren. Rucksäcke, Lebensmittelvorräte und Geld standen bereit. Morgens wurde trainiert und ein Sonnenbad genommen. Vom Dachboden aus hatten sie inzwischen das Gelände ausgekundschaftet. Nahezu das gesamte Areal war baumlos. 20 Meter von der rechten Ecke der Außenmauer entfernt befand sich eine längliche Baracke, von der sie aber nur das Dach sehen konnten. An den Badetagen hatten sie gesehen, dass es sich um eine Tankstelle des Flugplatzes handelte. Sie hatten zwar keine Wachen gesehen, rechneten aber damit, dass es dort welche gab. Beim Ausstieg mussten sie unbedingt darauf achten. Etwa 100 Meter hinter der Außenmauer gab es einen Maschendrahtzaun, nach 200 Metern einen zweiten. Am ersten Zaun wurde nicht patrouilliert. Aber am zweiten begannen zwei Soldaten kurz vor Einbruch der Dunkelheit auf und ab zu gehen. Sie wussten nicht, wo der Zaun begann und wo er endete. Er musste sehr lang sein, denn es dauerte 20 Minuten, bis die Wachen zurückkehrten. Etwa 100 Meter hinter dem letzten Maschendrahtzaun gab es zwei große Pisten, die zu dem noch im Bau befindlichen Militärflughafen gehörten. Derzeit achteten sie beim Auschecken verstärkt darauf, ob an den Baracken am Rande der Pisten Wache geschoben wurde.

Şahin hatte sich nach langem hin und her doch dazu entschieden, Gönül zum offenen Besuch einzuladen und kurzfristig ein Telegramm aufgegeben. Er wollte ihr zunächst auf den Zahn fühlen. Sollte sie ihm die Entscheidung überlassen, würde er ihr sofort eröffnen, dass er in einigen Tagen fliehen werde. Dann würde er sie bitten, in eine Grossstadt zu gehen. In ihrer Heimatstadt würde sie sofort von der Polizei verhört und wer weiß welchen Torturen ausgesetzt. Außerdem könnte er sie in einer Großstadt besser treffen.

Der Gedanke, es könnte ihr letztes Zusammentreffen sein, ging ihm nicht aus dem Kopf und nagte an seinem Herzen. Es war ein sonniger, heller, wolkenloser Tag, wie die Tage zuvor, als er zum offenen Besuch ging. Es war bereits Anfang Juni, aber in Erzincan noch Frühling. Der Wind füllte den betonierten Gefängnishof mit Blütendüften. Gönül trug ein hellblaues, weit geschnittenes Kleid. Sie strahlte. Şahin wollte sich ihr Gesicht einprägen, in sein Gehirn einbrennen. Seine Schwestern, zwei Neffen und ein Schwager waren mitgekommen. Sie setzten sich auf die Stühle im Hof. Beim Abschied sagte er zu Gönül: «Komm bitte am Nachmittag allein zum offenen Besuch.» Seine Schwestern bat er um Verständnis.

Am Nachmittag setzte er sich nicht neben sie, sondern ihr gegenüber. Er wollte ihr Gesicht, ihre Augen, ihre Haare in aller Ruhe betrachten. Er rückte mit seinem Stuhl ganz nah an sie heran. Ihre Knie berührten sich. Dann nahm er ihre Hände und streichelte sie sacht mit den Fingern. Auf den Stühlen neben ihnen saßen andere Gefangene mit ihren Besuchern. Die Soldaten standen, mit Schlagstöcken in der Hand, an der Hofmauer Spalier und ließen sie nicht aus den Augen. Şahin flüsterte, ohne den Gesichtsausdruck zu verändern: «Ich möchte gerne noch einmal auf diese Sache zurückkommen, die zwischen uns steht. Weil mich deine Haltung dazu befremdet. Nicht, dass ich die Flucht vorbereite. Aber ich möchte dich verstehen, ich möchte es wissen. Warum bist du dagegen? Ich muss es wissen, für den Fall, dass ich eines Tages die Gelegenheit dazu bekomme.» Das Lächeln wich aus ihrem Gesicht. Die Augen verdunkelten sich. Mit vorwurfsvollem Blick sah sie Şahin an und so klang auch ihre Stimme: «Erschießen wird man dich, deshalb! Verstehst du das nicht? Erschießen wird man dich! Sieh dich doch um. Kann man aus so einem Gefängnis ausbrechen? Bist du noch bei Verstand? Soldaten, wohin man sieht. Wer wäre noch im Gefängnis, wenn es so leicht wäre? Wieso konnte all die Jahre nicht ein Einziger ausbrechen? Und die, die es probiert haben, wurden die nicht alle niedergeschossen? Hältst du dich für den Einzigen, der es schaffen würde? Du denkst wohl, dass alles wie früher ist. Haben wir nicht schon genug gelitten? So viele unserer Freunde wurden erschossen. Als ob dieser Schmerz nicht schon genug wäre. Noch mehr Tode. Noch mehr Schmerz. Einmal angenommen, du würdest es schaffen. Nur einmal angenommen. Wie lange, glaubst du, könntest du im Gebirge überleben? Wer würde dir helfen? Du machst dir wohl keinen Kopf darüber, wie es draußen aussieht. Die Armee hat alles im Griff. Höchstens zwei Tage würdest du dich im Gebirge verstecken können. Am Dritten werden sie dich erschießen.» Sie musste kurz durchatmen, ihre Stimme brach. Mit regungslosem Gesicht hörte Şahin ihr zu. Der Knoten in seinem Kopf löste sich, endlich verstand er sie. Gleichzeitig zerrann auch all seine Hoffnung. Es war unmöglich, Gönül umzustimmen. «Du wirst ausbrechen, stimmt's?» Sie richtete den schmerzvollen Blick auf ihn und erwartete eine klare Antwort.

«Ach was. Zurzeit steht so etwas nicht im Raum.»

«Ich weiß es. Du wirst ausbrechen.»

Ihre Blicke sagten ihm, dass sie es wusste. Şahin war nicht imstande, etwas zu sagen. Kaum merklich schüttelte er den Kopf. Gönül lächelte flüchtig, kühl. Dann senkte sie den Blick. Ihre Welt war zusammengebrochen. Ihre eiskalten Hände, ihr verzerrtes Gesicht zeugten davon, dass sie großen Schmerz erlitt. Mit erstickter Stimme flüsterte sie:

«Wenn du so was machst, bringe ich mich um!»

«Was?»

«Ich bringe mich um.»

Zweiundzwanzig.
Damals in Aybasti (6)

12. September 1980. Im Radio liefen ununterbrochen Militärmärsche. Der Nachrichtensprecher wiederholte die Meldung alle fünf Minuten, als verkünde er, dass die Nacht niemals enden, die Sonne nie wieder aufgehen und alles ewig in Finsternis gehüllt bleiben werde. Die folgenden Meldungen waren länger. Der Sprecher begann nun, die umfangreiche Erklärung des fünfköpfigen Nationalen Sicherheitsrates zu verlesen, zu dem der Chef des Generalstabs, die Kommandanten der Streitkräfte sowie der Generalstab der Gendarmerie gehörten. Die Verfassung war außer Kraft gesetzt, das Parlament aufgelöst und politische Parteien verboten worden. Der Vorsitzende der Gerechtigkeitspartei, Ministerpräsident Demirel, der Vorsitzende der Republikanischen Volkspartei Ecevit sowie der Vorsitzende der Nationalistischen Heilspartei, Erbakan waren in «Sicherungshaft» genommen worden. Türkeş, der Vorsitzende der Partei der Nationalistischen Bewegung, war, offensichtlich vorgewarnt, nicht in seinem Haus angetroffen worden. Im ganzen Land war der Ausnahmezustand verhängt worden, bis auf Weiteres galt eine unbegrenzte Ausgangssperre.

Alle Parteigebäude, Massenorganisationen, Vereine oder Gewerkschaften waren geschlossen, Kundgebungen, Demonstrationen, Versammlungen und Streiks verboten. Soldaten und Polizisten waren zum Schusswaffengebrauch ermächtigt worden. Wer sich nicht daran hielt, würde verhaftet, wer sich dem «Halt»-Befehl widersetzte, erschossen werden.

Die Menschen im Zimmer hatten ihre Zigarettenpackungen zur Hälfte geleert. Beißender, dicker Qualm hatte sich unter die Zimmerdecke gesetzt. Mit jedem ‹Verbot› aus dem Munde des Sprechers ringelten sich neue Qualmwolken gen Decke. Nun war der Putsch, der seit Tagen erwartet wurde, tatsächlich erfolgt und das gesamte Land wurde in eine Militärkaserne verwandelt.

Der Nachrichtensprecher berichtete, dass die Vorsitzenden der Konföderation der Revolutionären Arbeitergewerkschaft (DISK), der Arbeiterpartei der Türkei (TİP), der Sozialistischen Partei der Arbeit sowie der Volkshäuser in Untersuchungshaft waren. Şahin starrte auf den Zigarettenqualm und grübelte. Nein. Diesmal wird es nicht so leicht werden, das Volk gefangen zu nehmen, dachte er. Für die Junta würde es diesmal nicht werden wie zur Zeit des 12. März*. Diesmal gab es nicht nur einen, sondern Hunderte Mahirs, Hunderte Deniz', Hunderte Kaypakkayas, die kämpfen würden. Diesmal standen in den antifaschistischen Reihen nicht nur tausende Menschen, sondern Millionen. Nein, der Faschismus würde dieses Mal nicht siegen. Der Kampf würde zwar lange dauern, aber am Ende würde das Volk als Sieger hervorgehen. Man brauchte sich nur Fatsa, Aybastı und Gölköy anzusehen. Die faschistische Diktatur, die nun die gesamte Türkei unterjochte, hatte hier seit Langem geherrscht. Der revolutionäre Kampf war dennoch nicht zerschlagen, vielmehr die Unterstützung des Volkes gewonnen. Jetzt galt es, in einen grundlegenden Kampf gegen die Junta zu treten. Şahin verbrachte Stunden damit, sich den kommenden Kampf auszumalen und über strategische Schritte zur Verteidigung, Balance, Angriffe, Offensiven und taktische Rückzüge nachzudenken.

Kenan Evren, Generalstabschef und Vorsitzender des Nationalen Sicherheitsrates, würde um zwölf Uhr eine Fernsehansprache halten, hieß es. Şahin wechselte mit seinen Freunden in ein Haus, in dem es einen Fernseher gab. Kenan Evren, umrahmt von drei Generälen und einem Admiral, begann seine Rede mit der Erklärung, dass sie als Nationaler Sicherheitsrat die Legislative und Exekutive übernommen hatten. Nachdem Şahin sich die knapp einstündige Rede angehört hatte, ging er vor die Tür. Lange betrachtete er durch seinen Feldstecher die Kreisstadt. Abgesehen von einigen Militärfahrzeugen, die herumfuhren, waren die Straßen wie leergefegt. Kenan Evren hatte jedermann ermahnt, die Ausgangssperre einzuhalten. Jeglicher Widerstand würde gnadenlos zerschlagen und bestraft.

Şahin hängte sein G3-Gewehr über die Schulter und trat auf den schmalen Trampelpfad zwischen den Bäumen mit den verwelkenden Blättern. Das verfinsterte Antlitz des 12. September wollte nicht zu der goldenen Herbstdecke der Natur passen. Seine Besorgnis über die bevorstehenden schwierigen Zeiten schob er beiseite und lief auf die nahe Ortschaft zu. Etwa acht Dorfbewohner saßen vor einem Haus, hörten sich Evrens Rede an und sprachen über den Putsch. Erfreut, dass sie sich der Ausgangssperre widersetzt hatten, sprach er sie an.

«Seid gegrüßt.»

«Sei gegrüßt, Hoca.»

Die meisten von ihnen kannte er. Und bei nahezu allen war er nach wie vor ein gern gesehener Gast. «Wir sind befreit, Hoca! Nun ist das Ende von Akkaya, Karacan und Salim Yaman besiegelt.» Die anderen pflichteten dem älteren Mann mit Kopfnicken bei. Şahin unterdrückte den aufsteigenden Zorn. «Wie?», fragte er trocken. «Hast du nicht gehört, was Evren gesagt hat, Hoca? ‹Wir sind sowohl gegen Rechts als auch gegen Links. Wir werden die Sicherheit der Bürger gewährleisten.›» Er zählte noch mehr auf, wovon er überzeugt war und zitierte dabei Evrens Rede. Das Militär würde sich niemals in die Politik einmischen. Es sei neutral und würde für Gerechtigkeit sorgen. Karacan würde in spätestens zwei Tagen vom Dienst suspendiert und aus der Armee geworfen werden.

Şahin setzte zu einer Rede über Imperialismus und Faschismus, die NATO und die Junta an, brach seine Ausführungen aber nach wenigen Sätzen ab. Sie schöpften so viel Hoffnung aus Evrens Rede. Es wäre sinnlos, noch mehr zu sagen. Die eigene Erfahrung, das persönliche Erleben, würden ihnen zeigen, dass sie sich irrten. Er verabschiedete sich deshalb mit einem flüchtigen Gruß.

Die Faschisten hatten ganze Arbeit geleistet: Indem sie das Land in ein Meer von Blut verwandelten, hatten sie der Armee die Weichen für den Putsch gelegt. Das zermürbte Volk unterstützte die Putschisten gar. Şahin war ernüchtert. Wie konnten diese Menschen, die sich den Revolutionären über einen so langen Zeitraum so nahe gefühlt hatten, derlei von sich geben?

Am nächsten Tag wurde die Ausgangssperre für den Bezirk Ordu aufgehoben. Gegen Abend kehrten die Dörfler, die sich in der Früh in die Kreisstadt aufgemacht hatten, zurück. Şahin setzte sich auf eine Mauer am Wegesrand. Als er bekannte Gesichter sah, fragte er: «Was gibt's Neues in der Stadt, Onkel?»

«Alles beim Alten, Hoca! Es hat sich nicht das Geringste verändert. Salim Yaman und seine Männer sind ein Herz und eine Seele mit den Polizisten. Salim ist bester Laune, fehlt noch, dass er einen Freudentanz aufführt. Und Karacan ist wie gewohnt an der Arbeit.»

Die anderen pflichteten ihm bei. Sie waren wütend, konnten nicht glauben, was sie gesehen hatten und ließen – im Gegensatz zum Vortag – kein gutes Haar an der Armee. Wie konnte man dem Militär denn auch trauen?

Şahin lächelte, aber seine Freude war getrübt. Denn die Dörfler hätten kein Problem mit den Putschisten und würden Beifall spenden, wenn sie die Faschisten verhafteten. Der zivile Flügel des Faschismus hatte als Werkzeug zur Weichenstellung für den Putsch und zur Verhinderung des revolutionären Volkskampfes ausgedient. War es nicht das Wichtigste, die revolutionären Organisationen zu zerschlagen? Dafür wiederum musste die Armee den Zuspruch des Volkes gewinnen. Dazu würde die Junta natürlich, um Neutralität vorzugaukeln, gegen die Faschisten vorgehen, die sie bereits hatte fallen lassen. Und genau das tat die Junta. Sie verhaftete einige Führungskräfte der MHP und gab sich den Anschein von Unparteilichkeit. In Aybastı machten Polizei und Soldaten weiterhin gemeinsame Sache mit den Faschisten und mordeten weiter.

Plötzlich wandte sich der Schmerzensschrei einer Frau wie ein schwarzes Band um Himmel und Erde und schnürte ihnen allen die Kehlen zu. «Sie haben sie erschossen!» Mit heruntergerutschtem Kopftuch, Schweißperlen auf der Stirn, verklebten Haaren schrie sie, als wolle sie alle Leute auf die Straße treiben.

«Unsere Helden haben sie erschossen! Salim, du Verräter! Salim, du Mörder!»

«Wer wurde erschossen?»

«Alle sind sie tot, alle! Die Koçalans sind ausgelöscht!»

Es war die Schwiegertochter der Familie Koçalan. Sie ließ eine Schar von weinenden Frauen und Männern sowie verstörte Kinder zurück, bis ihr Wehklagen immer weniger zu vernehmen war.

Als sie später zusammentrugen, was sie gehört hatten, wurde das gesamte Ausmaß des brutalen Überfalls deutlich. Angeführt von dem Polizisten Telat hatte eine Gruppe maskierter MHPler aus Pelitözü das Dorf Zafer gestürmt. Auf einer Baustelle verprügelten sie zuerst gnadenlos einige Dörfler, nahmen sich anschließend den Polier vor und befahlen ihm mit vorgehaltener Waffe, sie zum Haus der Familie Koçalan zu bringen. Die Koçalans zählten zu den bekanntesten, angesehensten und ältesten Familien von Aybastı. Sie wurden wegen ihrer Gastfreundlichkeit, Hilfsbereitschaft und ihres bescheidenen Lebensstils geschätzt. Die sozialdemokratische Einstellung war Familientradition. Das Familienoberhaupt war verstorben, der älteste der sechs Brüder fast 40, der jüngste 20 Jahre alt. Fünf von ihnen lebten seit Jahren in Großstädten. Sie verbrachten ihren Jahresurlaub gemeinsam mit ihren Familien in ihrem Heimatdorf. Das Nesthäkchen, das bei der Mutter im Dorf lebte, hatte die bewaffneten und maskierten Männer zuerst gesehen und sofort zum Mausergewehr, einem Erbstück des Vaters, gegriffen. Die älteren Brüder hatten ihn zurechtgewiesen: «Halt, Junge! Richtet man die Waffe gegen jemanden, der zu Besuch kommt?» Das verstieß eindeutig gegen die Familientradition. Die fünf älteren Brüder traten mit ihren Frauen und Kindern vor die Tür. Der Sechste traute der Sache nicht, bezog mit dem Gewehr in der Hand hinter der Tür Stellung und spähte durch die Luke hinaus. Die Brüder standen zusammen, Frauen und Kinder etwas abseits.

Die Ankömmlinge traten heran. Telat, die rechte Hand des Gruppenführers Nevzat, der aus dem Polizeidienst entlassen worden war, ergriff sofort das Wort. «Uns kam zu Ohren, dass ihr hier einen verletzten Kommunisten durchgefüttert habt», sagte er mit hasserfüllter Stimme. Der älteste der Brüder erwiderte: «Ich war nicht hier im Dorf und kann deshalb nichts dazu sagen. Aber unsere Tür ist für jedermann offen. Ganz gleich ob Linker oder Rechter, wer an unsere Türe klopft, wird willkommen geheißen und zu Tisch gebeten. Genauso machen wir das auch bei euch.» Dann lud er sie zu einem Tee ins Haus.

Die Einladung wurde mit Maschinengewehrsalven beantwortet. Vor den Frauen und Kindern brachen alle fünf Brüder blutüberströmt zusammen, ebenso der Polier. Als der jüngste Koçalan aus seiner Schockstarre erwachte und durch die Luke schoss, schreckten die Angreifer auf und ergriffen die Flucht. Dabei feuerten sie mehrmals auf die Tür. Der jüngste Koçalan wurde am Auge getroffen und verlor das Bewusstsein. Sechs Tote, einen Verletzten und jämmerlich weinende, über die leblosen Körper der Ehemänner, der Väter, gebeugte Witwen und Halbwaisen, ließen sie zurück und zogen ab.

Sie hatten die gesamte Familie Koçalan ausgelöscht und einen weiteren großen Sieg errungen. Das Blutbad hüllte ganz Aybastı in Trauer und Wut. Die Dörfler begannen wieder, Wache zu halten. Doch das Feuer dieser Wut war nicht von Dauer. Es erlosch rasch unter der Last der Einschüchterung. Die Operationen wurden unvermindert fortgesetzt und die Angriffe der MHPler nahmen kein Ende. Die Folterungen waren so schwer, dass Menschen dabei starben. Sadi İkiz, ein städtischer Arbeiter aus Fatsa, wurde in der Untersuchungshaft ermordet.

Es war überall gleich. Druck und Gewalt streuten im ganzen Land Samen der Angst. Dabei hatte jeder das Wesen des Putsches vom 12. September erkannt und begriffen, dass die Aussagen der Junta über Neutralität, Gerechtigkeit, Sicherheit für Leib und Leben, aber auch Hab und Gut nichts anderes als Lügen waren. Doch sie vermochten das, was sie wussten, sahen und in den eigenen vier Wänden voller Zorn besprachen, nicht mehr nach außen zu tragen. Sie wagten es nicht mehr wie früher, auf die Straßen zu strömen und lautstark zu protestieren. Es waren Zeiten, in denen die kleinste Regung blutig niedergeschlagen wurde. Das Land war in eine riesige Kaserne verwandelt worden. Der Mörtel mit Menschenblut angemischt und die Wände aus Menschenknochen hochgezogen. Radio und Zeitungen waren voller Meldungen über Menschen, die verhaftet oder getötet worden waren: Im Ort Soundso wurden Terroristen, die der Organisation Soundso angehörten, bei einem Feuergefecht mit Sicherheitskräften getötet. Täglich wurden 200, 300, 500 Leute in Untersuchungshaft genommen, die bei Razzien der Sicherheitskräfte als Mitglieder illegaler Organisationen identifiziert worden waren. Dann die Aufzählung von Namen der Städte. Und große Zahlen. Soundso viele Arbeiter, Bauern, Studenten, Schriftsteller, Rechtsanwälte, Abgeordnete, Parlamentarier, Teilnehmer von Versammlungen, Streiks, Boykotts, Mahnwachen, MHP-Gegner. Männer, Frauen, Alte, Kinder. Selbst Unpolitische, um das Volk vollständig einzuschüchtern.

Kasernen und Schulen wurden zu Gefängnissen erklärt und waren bereits mit Zehntausenden von Menschen restlos überfüllt. Folter war an der Tagesordnung, tödliche Folter. Man wurde «bei einem Fluchtversuch erschossen» oder «beging Selbstmord durch einen Sprung». Die Todesstrafe wurde vollstreckt. Zwei Revolutionäre wurden von einem Militärgericht im Eilverfahren verurteilt und anschließend gehängt. Şahin machte sich auf den Weg nach Fatsa, um die Lage zu erkunden.

Die Situation verschlimmerte sich täglich. Monatelang leisteten sie Widerstand, hielten nach Kräften die Stellung, aber sie hatten hohe Verluste zu beklagen und ihre Zahl dezimierte sich dramatisch. Die Unterstützung durch das Volk wurde immer schwächer. Überall waren

Spitzel am Werk. Der letzte schwere Schlag gegen die Linke erfolgte in Gölköy. Drei Revolutionäre, die sich auf einer Alm versteckt hatten, waren von Soldaten erschossen worden, die restlichen Revolutionäre gezwungen, das Gebiet zu verlassen, wenn sie nicht bereits verhaftet worden waren. In Orten wie Çatak, Çamaş und Gürgentepe machten MHPler der Bevölkerung zusammen mit den Sicherheitskräften das Leben schwer, begingen Überfälle und Morde.

Am Abend des zweiten Tages erreichte Şahin ein Bergdorf bei Fatsa. Dort fand er seine Freunde in einem Garten. Es war Ende September und es wurde allmählich kühl. Auf dem Weg zu ihrer Unterkunft brach die Dunkelheit an. Sie waren lange auf den Beinen gewesen und hielten deshalb einen Jeep an, der Fahrgäste aus Fatsa beförderte. Sie verfügten hier noch über ihre frühere Macht, sodass sie sich sicher bewegen konnten. Sie hatten gerade auf den Sitzkissen hinten im Jeep Platz genommen, als ein älterer Dörfler fragte: «Habt ihr Radio gehört?»

«Nein. Wieso?», entgegnete einer von Şahins Freunden ruhig.

«In Aybastı wurden vier Leute erschossen.»

Şahin war tief erschüttert. Die Worte des Mannes trafen ihn wie Kugeln. Zu unerwartet, zu plötzlich war die Hiobsbotschaft. Seine Augen hingen an den Lippen des Mannes und wurden unter der gerunzelten Stirn kleiner und kleiner.

«Die haben auch die Namen durchgegeben. Hab sie mir aber nicht gemerkt. Zwei Weitere haben sie festgenommen.»

«War Feridun dabei?»

«Ich glaube, ja», antwortete der Mann.

Şahin verstummte, die Ellenbogen auf den Knien, der gesenkte Kopf zwischen den Händen. Tränen rollten über seine Wangen und tropften lautlos zu Boden. Vor seinen feuchten Augen erschien ihm Feriduns feines, kindliches Lächeln. Er wollte seinen Schmerz hinausschreien. Der Tod und Feridun, das passte nicht zusammen. Er war doch voller Leben wie ein voll behangener Kirschzweig, ausgelassen und unbeschwert. Er hatte sein Volk aus tiefstem Herzen geliebt. Ein Mann voller Überzeugung und Visionen, mit einem verzauberten Lächeln, wenn über künftige Zeiten in Unabhängigkeit und Freiheit gesprochen wurde. Alle mochten ihn, alle Frauen nannten ihn ‹mein Kind›. War er irgendwo zu Besuch, waren die Kinder verrückt vor Freude. Ach

Feridun! Ach, du verrückter Junge! Wer weiß, wie viele Kugeln dein strahlendes, margaritengleiches Gesicht durchlöchert haben? Bei deinem letzten Atemzug hattest du bestimmt den Namen deiner Liebsten auf den Lippen. Wie glücklich du warst, dass dieses verrückte Mädchen dich erwählt hatte, obwohl du auf der Flucht warst. Doch dann erklang statt Hochzeitsmusik das Donnern von Panzern und Militärfahrzeugen. Krieg statt Hochzeit. Die Erde nimmt dich nun auf, bevor du auch nur ein einziges Mal die Liebste küssen konntest. Mein Herzensfreund, mein lieber Genosse.

Sie stiegen aus dem Jeep und gingen ins Haus. Niemandem war nach reden zumute. Şahin lag regungslos da, mit brennender Zigarette im Mund, den Blick auf die Decke geheftet, hörte er im Radio die erdrückenden Nachrichten. Nach Auskunft der Armee sowie der Ausnahmezustandskommandanturen der Provinzen Erzincan, Sivas, Gümüşhane, Tokat, Amasya, Samsun, Ordu, Sinop, Çorum, Giresun, Trabzon und Rize sind Sicherheitskräfte in der Kreisstadt Aybastı der Provinz Ordu einem Hinweis aus der Bevölkerung gefolgt und haben im Dorf Zafer, unweit des Hofs Mağaralar, Mitglieder der illegalen Organisationen Dev-Yol und Dev-Sol umstellt. Da sich die Terroristen nicht ergaben, wurden Feridun Aydınlı, Vedat Özdemir, Aydın Yalçınkaya und Mehmet Kuru bei dem darauffolgenden Feuergefecht getötet, zwei weitere Terroristen festgenommen. Die zuständigen Sicherheitskräfte teilten mit, dass die Festgenommenen zurzeit verhört und die Operationen unvermindert fortgesetzt werden.

Vier blutjunge, unersetzliche Menschen, einer mutiger als der andere. Vier Sterne von Aybastı waren erloschen. Regungslos lauschte Şahin den Nachrichten. Wie nüchtern der Sprecher gelesen hatte. Warum brach er nicht in Tränen aus, wenn er jeden Abend die Todeslisten verlas? Warum erzitterte seine Stimme nicht? Wusste er nicht, dass es Namen von Menschen waren? Man musste ein Unmensch sein, um nicht die Generäle zu verfluchen und das Volk zum Aufstand aufzurufen. Ach, das waren doch alles nur Marionetten.

Kurz darauf stand er auf und ging zu einem freien Stuhl in der Zimmermitte. Sein Gesichtsausdruck zeugte von Entschlossenheit. Mit gedämpfter Stimme durchbrach er die Stille.

«Ich mache mich morgen in der Früh auf den Weg.»

«Was hast du vor?» «Eine Polizeiwache stürmen!»

Dreiundzwanzig. Fluchtträume (8)

Şahin erstarrte. Er fühlte einen stechenden Schmerz im Herzen. Seine Augen füllten sich mit Tränen. Er hob den Kopf. Kleine Wolken überschatten das Blau des Himmels. «Aber was soll ich ohne dich tun, wie ohne dich leben?»

«Und ich? Was soll ich tun?» Gönül sah ihn an. Ihr fragender Blick traf den seinen. So verharrten sie eine Weile. Kurze Zeit später hörte man den Feldwebel rufen: «Die Besuchszeit ist beendet!» Sie umarmten sich, leblos, wie Gefängnismauern.

«Bitte lass das mit dem Ausbruch! Wenn du mich nur ein wenig liebst.»

«Ich liebe dich über alle Maßen, Liebste.»

Sie trennten sich.

Als am nächsten Morgen sein Name erneut aufgerufen wurde, trat er munter auf den Hof, obwohl er in der Nacht im Tunnel gearbeitet und kein Auge zugetan hatte. Auch an diesem Tag würde der offene Besuch bis zum Mittag dauern.

Der Reihe nach umarmte er jeden seiner Besucher, küsste sie auf die Wangen. Er lachte und scherzte, strich seinen Neffen und Nichten immer wieder über den Kopf, warf immer wieder einen Blick auf Gönül, die neben ihm saß. Es ging ihr noch schlechter als gestern. Ihre geröteten Augen zeugten von Schlaflosigkeit. Sie schwieg, sah die meiste Zeit zu Boden, fixierte nur einen Punkt. Ihre Hand in der seinen war eiskalt. Einige Male beugte er sich an ihr Ohr und bat sie flüsternd, doch etwas zu sagen. Umsonst. Er strich ihr mit der Hand über das Haar. «Darf ich mir ein Haar von dir nehmen?»

Gönül schüttelte ohne aufzublicken den Kopf. Dennoch nahm Şahin einige Haare, die ihr auf die Schultern gefallen waren und legte sie zu ihren Fotos in seiner Brieftasche. Seine Schwestern kicherten. Kurz vor dem Ende der Besuchszeit wagte Şahin einen weiteren Versuch und flüsterte: «Hör mir bitte zu, Liebste. Zurzeit habe ich nicht im Geringsten das Bestreben auszubrechen. Doch sollte ich eines Tages die Gelegenheit dazu haben, werde ich es bestimmt tun. Solltest du dich deswegen von mir trennen und dich scheiden lassen wollen, werde ich nichts sagen, auch wenn ich unsagbar traurig wäre. Aber wenn du dir irgendetwas antust, dann verstümmele ich mir Arme und Beine und lebe so mein Leben weiter. Es ist mir vollkommen ernst damit.» Er bluffte nicht. Er kannte sie gut, ihr Herz war voller Liebe, sie könnte in der Tat etwas Unüberlegtes tun. Eine solche Drohung würde sie jedoch davon abhalten.

Gönül zeigte keinerlei Regung. So, als hätte sie keine Kraft mehr, auf irgendetwas zu reagieren. Sie war schon jetzt ein Schatten ihrer selbst. Schließlich war die Besuchszeit vorbei. Sie erhoben sich. Şahin verabschiedete sich zuerst von den anderen, zuletzt umarmte er Gönül. Sie ließ es mit herabhängenden Armen geschehen. Aus ihren Augen blickte das Entsetzen eines Menschen, der vor dem blutüberströmten Leib des geliebten Menschen steht. «Schenk mir ein Lächeln. Ein einziges Lächeln. Bitte.» Gönül reagierte nicht. Sie brachte die Kraft dazu nicht auf. Mehr tot als lebendig entfernte sie sich. Während Şahin ihr nachsah, war ihm, als entferne sich mit ihr auch das Leben aus seinem Körper. Wie nach jedem Besuch wartete er auf ihr Winken am Ausgang, dieses Mal vergeblich. Er wollte ihr nachlaufen, sie in die Arme schließen und sagen, dass er es sich anders überlegt hatte.

Am selben Abend war die 8. Zelle vollzählig besetzt. Niemand arbeitete im Tunnel. Eine Versammlung stand an. Die Lautstärke des Fernsehers wurde noch ein wenig aufgedreht. Vor Beginn überprüften sie noch einmal ihre Sitzordnung. Die einen machten den Anschein fernzusehen, andere gruppierten sich so, dass es nach einem Plausch aussah. Wieder andere blätterten demonstrativ in Zeitungen oder Büchern. Einer hatte sich so hingesetzt, dass er durch die Luke der Zellentür den Korridor im Blick hatte.

Die Tunnellänge betrug etwa 85 Meter, es war höchste Zeit, den Tag des Ausbruchs festzulegen. Die Diskussion darüber, ob die Länge ausreichte, währte nur kurz. Sie waren sich einig. Sie mussten mindestens 25 Meter über die Außenmauer hinaus sein, das müsste reichen. Lebensmittel- und Geldvorräte waren angelegt, die Rucksäcke gepackt, die Beobachtung des Außenbereichs beendet. Der Festlegung des Termins und der Modalitäten für den Ausbruch stand nichts mehr im Wege. Sie beschlossen, an den nächsten beiden Tagen, bis Freitag den Durchbruch bis auf die letzten 30 Zentimeter vorzubereiten und am Samstag, den 6. Juli, die Wand ihres Toilettenraums und die Zwischenwand zur Nebenzelle durchzubrechen, damit die Gefangenen sich anschließen könnten. Und in derselben Nacht auszubrechen. Diese Vorbereitungen waren nicht besonders aufwändig. So hätten sie noch Zeit, sich in den verbleibenden drei Tagen vor der Flucht ein wenig auszuruhen und Kräfte zu sammeln. Lebensmittel, Wegwerfklingen, Kamm und Spiegel, Nähzeug, aus den Klingen von Bleistiftspitzern hergestellte Messer, die sie auf dem Dachboden gehortet hatten, Aspirin, Schmerzmittel und Vitaminpräparate, die sie beiseitegeschafft hatten, würden unter den Flüchtenden aufgeteilt, sodass jeder seinen Anteil in seinem Beutel auf dem Dachboden verstauen konnte. Da sie keinen Kontakt mit eventuellen Fluchthelfern von draußen hatten, blieb ihnen nichts anderes übrig, als es auf eigene Faust anzugehen.

Der Ausbruch würde abends um zehn Uhr beginnen. Als erste würden zwei Personen in den Tunnel steigen, die letzten 30 Zentimeter graben und das Ausstiegsloch freilegen. Wenn sie soweit waren, würden die Zellengenossen benachrichtigt, damit sie, in vorher festgelegter Reihenfolge in den Tunnel hinabsteigen konnten. Bevor sie die Zelle verließen, würden sie die Betten ausstopfen. Die ersten zwei, die aus dem Tunnel stiegen, würden einen von den Wachen nicht einsehbaren toten Winkel ausfindig machen. Einer würde noch einmal zum Eingang des Tunnels zurückkehren, die Lage checken, während die anderen hinauskrochen und ihnen den Weg zum verabredeten Treffpunkt in der Dunkelheit wiesen. Waren alle dort angelangt, würden sie eine Kette bilden und hintereinander her robben. Die Drahtzäune wollten sie nicht überklettern, sondern nach Möglichkeit drunter durch kriechen. Vor dem zweiten Maschendrahtzaun würden sie anhalten und sich vergewissern, an welcher Stelle die Wachen gerade waren. Dasselbe galt für die Pisten des Luftgeschwaders. Bis sie eine dunkle Stelle erreicht hatten, die sich außerhalb des Sichtfeldes der Wachen befand, würden sie sich nicht aufrichten, sondern nur robbend fortbewegen. Die Rucksäcke würden sie nicht auf dem Rücken, sondern vor sich tragen. Sie würden die von Soldaten «Flachrobben» genannte Technik nutzen, die ihnen ein sowohl lautloses als auch flinkes Bewegen erlaubte und sie zu einem möglichst kleinen Ziel machte. Wer diese Technik nicht kannte, würde sie bis zum Ausbruchstag unter Anleitung auf dem hintersten Etagenbett der Zelle üben. Aus dem Tunnel würden sie in Gefängniskleidung steigen, die sie über ihre zivile Kleidung ziehen wollten, weil sie dunkel und besser für die Nacht geeignet war. Außerdem wollten sie die Zivilkleidung nicht unnötig verschmutzen oder verschleißen. Sobald sie das Militärgelände hinter sich gelassen hatten, würden sie die Gefängniskleidung ablegen, damit sie nicht wie ausgebrochene Gefängnisbrüder aussahen.

Schuhe und Socken wählten sie so, dass sie nachts nicht auffielen. Sogar die Gesichter wollten sie schwarz anmalen und nur Mund und Augen freilassen sowie die Hände bis zu den Handgelenken bandagieren. Es durfte keine noch so winzige helle Stelle übrig bleiben, die den Wachen des Geschwaders ins Auge fallen könnte. Bis sie das Militärgelände verlassen hatten, durfte nicht gesprochen werden. Sie würden sich nach Möglichkeit mithilfe von Zeichen und Gesten verständigen. Damit sie so wenig Geräusche wie möglich verursachten, würden sie die Hosenbeine in die Socken stecken, die Ärmel mit Plastikringen oder Garn umwickeln. Falls sie trotz aller Vorsicht einer Streife begegnen sollten, würden sie erst einmal so tun, als seien sie Soldaten auf einer Nachtübung. Falls das aufflog und die Soldaten zahlenmäßig überlegen wären, würden sie sich ergeben, statt erschossen zu werden. Dazu hatten sie sich erst nach langer Diskussion durchgerungen. Einige hatten sich zunächst dafür ausgesprochen, nicht stehenzubleiben, sondern zu fliehen. Weil das gemeinsam zu riskant war, wollten sie sich nach Verlassen des Geländes in kleine Gruppen aufteilen. Diese wollten sie bis zum Ausbruchstag festlegen. Jeder konnte sich den oder die Weggefährten aussuchen oder auf eigene Faust weiterziehen. Aber niemand durfte über den Weg oder das Ziel der anderen Gruppen Bescheid wissen. Bei den Büchern in der Zelle befand sich auch ein Atlas. Den würden alle bis zum Ausbruchstag genau studieren und abzeichnen, damit jede Gruppe ihren Weg selbst festlegen konnte. In der ersten Nacht wollten sie sich so weit wie möglich entfernen und am besten die Provinz Erzincan ganz verlassen.

Am Freitagmorgen legte Şahin sich nach dem Hofgang aufs Bett, schloss die Augen und horchte in sich hinein. Die letzten Monate hatten ihm vollends den Schlaf geraubt und er fühlte sich körperlich und geistig unglaublich erschöpft. Plötzlich rief der Wachhabende seinen Namen. Er ließ sich dem Soldaten gegenüber nichts anmerken, aber war zu Tode erschrocken. Er verfluchte diesen blöden Zufall. Wer zum Teufel kam ihn ausgerechnet heute besuchen? Sie würden diese Person als Erstes verdächtigen, etwas mit dem Ausbruch zu tun zu haben. Als er den Besuchsraum betrat, standen seine Mutter und die Schwester auf der anderen Seite des Maschendrahts. Nach dem Austausch von Höflichkeiten sagte Şahin: «Schön, dass du da bist, Mutter. Aber warum bist nicht vor zwei Tagen zum offenen Besuch gekommen? Davon hätten wir doch beide viel mehr gehabt.» Die Mutter antwortete, sie sei auf Wunsch seiner Schwiegermutter da. Er zuckte zusammen. Hatte Gönül ihr womöglich von ihrem Streit erzählt? Und wenn sie nun etwas ausplauderte? Der Besuchsraum war mit Soldaten umstellt und sie hörten alle Gespräche mit. «Die Ärmste isst nichts, trinkt nichts und liegt fiebrig im Bett. Zu mir hat sie gesagt: ‹Geh zu ihm und sag ihm, wenn er mich nur ein bisschen liebt.›» Şahin unterbrach sie sofort: «Ach Mama, als ob sie nicht wüsste, wie sehr ich sie liebe. Ihr alle wisst es. Es tut mir so leid, wirklich. Beim offenen Besuch hatte sie darauf bestanden, einen neuen Anwalt zu nehmen. Und ich hatte abgelehnt. Das wird es wohl sein. Aber gut, dass ihr gekommen seid! Denn als sie weg war, habe ich mir das noch einmal durch den Kopf gehen lassen und beschlossen, dass ein neuer Anwalt gut wäre. Sagt Papa Bescheid. Er soll in Ankara einen tüchtigen Anwalt finden. Und ich schreibe eine neue Verteidigungsrede und schicke sie an den Kassationsgerichtshof. Ich bin davon überzeugt, dass das Urteil aufgehoben wird.»

Şahin war zuversichtlich, dass diese Worte Wirkung zeigen und dem Gespräch eine andere Wendung geben würden. Tatsächlich strahlte seine Mutter, als habe er ihr aus der Seele gesprochen. Hatte sie ihn doch mehrmals beschworen, sich einen Anwalt für den Kassationsgerichtshof zu nehmen und die Beschimpfungen der Regierung und überhaupt diese Revoluzzerei sein zu lassen. Vergeblich. Jetzt pflichtete er ihr bei und sprach sogar davon, dass das Urteil gegen ihn aufgehoben werden könnte. «Mach dir keine Sorgen, Sohn», sagte sie. «Wir nehmen den besten, den größten Anwalt, den es gibt.»

Auf dem Weg in die Zelle war Şahin sehr verwirrt. Einerseits war er erleichtert, dass alles noch einmal gut gegangen war, andererseits gingen ihm die Worte seiner Mutter nicht aus dem Kopf: ‹Die Ärmste isst nichts, trinkt nichts und liegt fiebrig im Bett.› Ihm blutete das Herz.

Vierundzwanzig. Damals in Aybasti (7)

Die Frage, ob sie stark genug seien, um die Aktion zu machen, hatte Şahin eindeutig mit Ja beantwortet. Nach zwei Tagen erreichten sie am Abend Sarıyer, wo er Feridun zum letzten Mal begegnet war. Fast alle noch verbliebenen Freunde waren versammelt. Sie standen bei einer Schule am Rande einer größeren Menschenmenge. Şahin begrüßte sie alle mit Handschlag.

«Was ist los? Habt ihr euch hier zum Ringen verabredet?»

«Gestern haben die Faschisten das Dorf überfallen, Hoca», sagte einer der Dörfler. «Seit Feriduns Tod haben sie Oberwasser.»

«Was ist genau passiert?»

«Sie haben das Haus von Onkel Ahmet umstellt. Sein Sohn konnte sich gerade noch davonschleichen und uns benachrichtigen. Die Faschisten hatten es auf ihn abgesehen und als sie ihn nicht fanden, Onkel Ahmet verprügelt. Anschließend stiegen sie ins Dorf hinab, suchten aber sofort das Weite, als sie uns kommen sahen. Dann haben sie sich hinter dem Hügel verschanzt und das Dorf beschossen, ohne Schaden dabei anzurichten. Wenn wir sie nicht zurückgedrängt hätten, hätte es ein Blutbad gegeben.»

Voller Stolz erzählten sie, wie sie ihr Dorf verteidigt hatten. So als hätten sie eine große Schlacht gewonnen. Sarıyer war den Faschisten seit langem ein Dorn im Auge. Aus Angst vor Feridun hatten sie es aber bisher nicht gewagt, das Dorf anzugreifen.

«Ich habe meine Pistole gezogen und das Streufeuer eröffnet, Hoca», erzählte ein Junge und löste allgemeine Heiterkeit aus.

«Frag ihn, Hoca, mit wie vielen Kugeln er das Feuer eröffnet hat», warf einer ein.

Şahin verstand nicht sofort, worauf der Genosse hinauswollte, aber als er hörte, dass der Junge nur eine einzige Kugel gehabt hatte, fiel auch er in das allgemeine Gelächter ein. In dieser Nacht schilderten die Freunde ihnen in allen Einzelheiten, wie es zum Mord an Feridun gekommen war. Eine Frau, die Kontakt zu den Faschisten in Pelitözü pflegte, hatte die Genossen verraten. Auch dieses Mal waren Faschisten in Militäruniformen beteiligt. Feridun war nicht direkt vor Ort gestorben. Er lebte noch, als sie ihn mit den ermordeten Genossen zur Gendarmeriestation in Aybastı gebracht haben. Er hätte umgehend nach Fatsa ins Krankenhaus gebracht werden müssen, doch die Soldaten hatten sich Zeit gelassen. Alle führenden Köpfe der Faschisten, darunter Salim Yaman und Suavi Kataroğlu, hatten sich an der Wache versammelt und vor den Ermordeten Freudentänze aufgeführt und Feridun, der immer noch Blut verlor, verhöhnt und beschimpft. Sie schächteten sogar einige Opfertiere. Stunden später brachten Polizisten Feridun im Wagen eines Faschisten nach Fatsa. Während der Fahrt misshandelten sie ihn weiter, bis er starb. Wäre er rechtzeitig ins Krankenhaus gebracht worden, hätte er wahrscheinlich überlebt. Şahins Augen füllten sich mit Tränen, aber er versuchte sich zusammenzureißen.

Als er am nächsten Tag nach Alankent kam, sprach er kurz mit den Genossen und bat sie, die Gendarmeriestation auszukundschaften. Er wollte genau wissen, wie viele Wachposten an der Tür abgestellt waren, wann Wachwechsel war, wie viele Streife gingen, wann sie wo herumliefen. Binnen einer Woche sollten sie die Informationen einholen. Den Plan, die Gendarmeriestation zu stürmen, behielt er für sich.

In derselben Nacht kehrte er zurück. Es war nicht mehr möglich, sich so sicher und frei in der Gegend zu bewegen wie früher. Jetzt mussten sie sich nachts auf entlegenen Wegen und Trampelpfaden fortbewegen, denn sie waren nicht mehr imstande, ein größeres Gebiet zu kontrollieren. Sie waren zu wenige und so beschränkten sie sich darauf, in den Dörfern, wo sie sich gerade aufhielten, Wachen aufzustellen. Außerdem mussten sie sich vor Spitzeln in Acht nehmen. Zwar konnten sie immer noch mit Unterstützung der Bevölkerung rechnen, aber sie war längst nicht mehr so groß wie vor dem Putsch. Wenn ein Revolutionär irgendwo anklopfte, bewirteten die Leute ihn zwar und gewährten für eine Nacht Unterkunft, aber den aktiven Kampf hatten sie aufgegeben.

Alles, was Şahin hörte, war entmutigend. Angst und Misstrauen waren überall präsent. Die Leute waren eingeschüchtert und mussten erleben, dass selbst Revolutionäre, in die sie so viel Hoffnung gesetzt hatten, nicht das Geringste unternehmen konnten und nahezu vollständig zerschlagen waren. Die MHPler dagegen zelebrierten eine

Siegesfeier nach der anderen und standen kurz davor, die letzte Hochburg der Revolution einzunehmen. Hauptmann Karatan konnte sein Glück nicht fassen, vier führende Kader der Revolution vernichtet zu haben. Was hatten ihm diese Leute aus Aybastı nicht alles zugemutet? Sie hatten ihn sogar angespuckt! Und jetzt? Er hatte ihnen einen so vernichtenden Schlag versetzt, dass sie sich nie wieder davon erholen würden, prahlte er.

Doch plötzlich wendete sich das Blatt. In Pamukboğazı und Ortaköy wurden zwei Spitzel getötet. Am folgenden Tag wurde der Wagen von Foto Salman, einem der dienstältesten MHPler Aybastıs am Ortseingang von Aybastı von Kugeln durchsiebt. Die Faschisten waren äußerst beunruhigt.

In der Nacht des 14. Oktober machte Şahin sich mit seinen Genossen aus Fatsa auf den Weg nach Alankent. Die Gruppe, die in der nächsten Nacht den Überfall durchführen würde, versammelte sich in einem Bergdorf in einer Holzhütte. Sie waren so wenige, dass sie alle in den kleinen Raum passten. Trotzdem waren sie guter Dinge und freuten sich über ihr Wiedersehen. Seit zwei Monaten waren sie auf der Flucht und hatten keine Gelegenheit gehabt, sich zu treffen. Selbst Şahin scherzte herum und genoss die Vorfreude auf die gemeinsame Aktion. Doch der Gedanke an Feridun ließ ihn nicht los und er bekam häufig feuchte Augen.

Die meisten wussten noch nicht, dass die Gendarmeriestation in Alankent überfallen werden sollte. Şahin nahm deshalb einen Genossen nach dem anderen zur Seite und setzte sie ins Bild. Bei Tagesanbruch beschrifteten sie ein weißes Laken mit roter Ölfarbe: Für alle Massaker werden die Verantwortlichen zur Rechenschaft gezogen! Unser Kampf gegen die faschistische Junta wird bis zum Sieg fortgesetzt! Als Pinsel benutzten sie ein Haarbüschel, das sie einem Genossen vom Hinterkopf abgeschnitten hatten.

Als das Transparent fertig war, ging Şahin mit zwei Freunden nach draußen, um alle Informationen, die sie in der Woche gesammelt hatten, auszutauschen. Der Kommandant der Gendarmeriestation übernachtete in einer Mietwohnung, 500 Meter von der Wache entfernt. Am Eingang der Wache stand lediglich ein Gendarm. Alle zwei Stunden war Wachablösung. Ab sechs Uhr abends gingen jeweils drei Soldaten zusammen auf Streife. In der Regel patrouillierten sie durch die Hauptstraßen, kehrten anschließend im Stadtclub ein und sorgten dafür, dass zur Sperrstunde geschlossen wurde. Die Soldaten schliefen auf der Wache, in dem Raum rechts vom Eingang. Ihre Waffen hingen direkt an der Wand neben der Tür.

Sie brauchten nur eine Stunde, um die Aktion durchzusprechen, und ruhten sich anschließend noch etwas aus. Es war der 54. Tag seit Beginn der Razzien und der 33. Tag nach dem Putsch.

Als es dunkel wurde, stand Şahin auf und gab den Genossen das Zeichen zum Aufbruch. Jeder sollte seine Waffe und das Magazin kontrollieren und alles Gepäck mitnehmen. Sie würden nicht mehr an diesen Ort zurückkehren. Drei Minuten später standen alle draußen vor der Tür. Dann machten sie sich auf den Weg und erst in einem Haselnusshain am Stadtrand Rast. Es war eine sternenklare Nacht. Entlang des Baches im Tal und den dahinterliegenden Hügeln brannten die schwachen Lichter der Dörfer. Fast flüsternd, aber deutlich artikulierend begann Şahin: «Freunde, wir werden die Gendarmeriestation überfallen. Wir müssen zeigen, dass die Repression und der Terror nicht unwidersprochen bleiben. Leider sind wir nicht stark genug, die Gendarmeriestation in der Kreisstadt zu überfallen. Aber es wird der Tag kommen, an dem uns auch das gelingen wird.» Er hielt kurz inne und fuhr ruhig fort: «Es geht bei der Aktion darum, die Gendarmen zu entwaffnen. Vergessen wir nicht, dass nicht sie die wahren Schuldigen sind, sondern ihre Kommandanten. Deshalb werden wir, solange wir nicht dazu gezwungen sind, nicht auf sie schießen. Sollten sie Widerstand leisten und die Waffen auf uns richten, werden wir tun, was nötig ist.»

Dann erläuterte er ihnen noch einmal ausführlich den Plan für den Überfall. Der Erfolg der Aktion hing davon ab, die Wachstation und die Streife gleichzeitig zu überfallen. Der beste Moment dafür war, wenn die Streife den Stadtclub betrat. Das Gebäude lag keine 100 Meter von der Gendarmeriestation entfernt und so konnten beide Gruppen Sichtkontakt halten und gleichzeitig angreifen. Der Überfall auf die Streife im Club bot außerdem die Möglichkeit, zu den Menschen zu sprechen und sie über die Ziele der Aktion aufzuklären. Anschließend würden sie vor der Wache zusammenkommen, gemeinsam das Transparent aufhängen, revolutionäre Lieder singen und zügig verschwinden. Nach der Aktion würden mit Sicherheit große Militärkräfte aufgeboten und weiträumig Razzien durchgeführt. Die Gegend könnten sie deshalb vorerst nicht verlassen. Im schlimmsten Fall würden sie die nächsten acht oder zehn Tage in Aybastı bleiben und sich zu gegebener Zeit nach Fatsa zurückziehen.

Dann bestimmte Şahin die Aufteilung und wer jeweils die Führung der beiden Gruppen übernehmen würde. Er übernahm die Gruppe, die das Clublokal angreifen würde und wollte die Ansprache selbst halten.

Bevor sie aufbrachen, kontrollierte jeder noch einmal seine Waffe und Şahin gab letzte Instruktionen. Von da an galt striktes Rauchverbot. Keiner von ihnen hatte sich gegen die Aktion ausgesprochen oder die ihm zugewiesene Aufgabe abgelehnt. Im Gegenteil, alle waren bereit zu sterben.

Schnell erreichten sie den Ortseingang. Sie gingen hinter einem hohen Gebäude in Deckung und beobachteten die Gegend. An den wenigen beleuchteten Fenstern waren die Vorhänge zugezogen. Die Straßen waren menschenleer. Lautlos traten sie auf die Straße. Von nun an durfte nicht mehr gesprochen, nicht einmal gehustet werden. Sie gingen vornübergebeugt, gelegentlich im Laufschritt, und kamen schnell voran. Sie schlichen um einige Gebäude, die sich entlang der Hauptstraße erstreckten. Zwei Minuten später befanden sie sich schon hinter der Gendarmeriestation am Marktplatz. Weniger als fünf Meter trennten sie vom Gebäude. Şahin beobachtete die Wache, bevor er sich dem Verantwortlichen der anderen Gruppe zuwandte: «Wir trennen uns jetzt hier. Du instruierst deine Leute. Sobald ihr von uns Nachricht erhaltet, beginnt ihr mit der Aktion.»

Şahins Gruppe bewegte sich langsam durch die abgeernteten Getreidefelder vorwärts. In Höhe des Lokals legten sie sich flach auf den Boden und warteten. Die Treppe zum Lokal war von einer Lampe über dem Eingang hell erleuchtet. Eine Viertelstunde später betraten drei Gendarmen mit geschulterten Gewehren den Club. Şahin gab dem neben ihm kauernden Kurier zu verstehen, der anderen Gruppe Bescheid zu geben. Sie warteten, bis er außer Sichtweite war. Dann schlugen sie los.

«Keine Bewegung! Hände hoch! Wer sich bewegt, wird erschossen!», riefen sie, als sie die Tür des Clubs aufstießen. Die Gendarmen, die links vom Eingang standen und darauf warteten, dass die Gäste den Club verließen, waren völlig überrumpelt und rissen sofort die Hände hoch, als sie die auf sie gerichteten Waffen sahen. Die Genossen nahmen ihnen die Gewehre und die Magazine vom Waffengurt und Şahin befahl den Gendarmen, sich rechts neben ihn zu stellen. So hatte er sie und die Gäste im Blick. Es waren etwa 40 Leute im Club. Die Furcht war ihnen ins Gesicht geschrieben.

«Bitte, Freunde, setzt euch. Habt keine Angst! Wir sind Militante von Dev-Yol», sagte er mit lauter Stimme. Şahin wusste, dass die Bevölkerung von Alankent mehrheitlich demokratisch und fortschrittlich eingestellt war und eher Anschläge der MHP fürchtete, die im nahen Dorf Çukurcak ihr Basislager aufgeschlagen hatten, und er schickte deshalb diese Erklärung vorweg. In einigen Gesichtern bemerkte er eine gewisse Erleichterung. Als alle Platz genommen hatten, begann er wieder zu sprechen:

«Freunde. Offizielle sowie zivile Faschisten setzen ihre Massaker mit zunehmender Grausamkeit fort, zuletzt ermordeten sie vier Revolutionäre. Aber die Soldaten und Polizisten sind nicht die einzigen Mörder! Wenn es nur sie wären! Auch dieses Mal waren Faschisten in Soldatenuniformen dabei. Die Kumpanei offizieller und ziviler Faschisten ist ein offenes Geheimnis und geschieht vor aller Augen. Seit Beginn der Razzien wurden schon 30 Personen von den Faschisten ermordet. Genauso viele haben sie zu Krüppeln gemacht, vom 15-jährigen Jungen bis hin zu 60-Jährigen, die ihren Lebensabend noch genießen wollten. Ihr unmenschlicher Terror macht nicht einmal davor Halt, fünf Söhne einer Familie auszulöschen. Ich frage euch: Sind sie etwa allein für diese Massaker verantwortlich? Wie könnten sich die Faschisten in Aybastı halten, wenn ihnen nicht die Unterstützung des Staates sicher wäre?

Faschisten, die wegen Mordes per Haftbefehl gesucht werden, laufen frei herum und machen die Straßen unsicher. Sie gehen in den Gendarmeriestationen ein und aus und verprügelten vor den Augen des Volkes sogar einen angesehenen Richter.

Das bedeutet, dass Polizei und Militär, die für die Sicherheit des Volkes verantwortlich sind, jene in Schutz nehmen, die es auf das Volk abgesehen haben. Unter diesen Umständen kann die Sicherheit der Bevölkerung nur gewährleistet werden, indem wir uns der Staatsmacht widersetzen und sie entwaffnen. Genau das tun wir hier. Die offiziellen Mächte, die den verbrecherischen Faschisten den Rücken freihalten, schrecken nicht davor zurück, die Waffen auf uns zu richten. Sieben unserer Genossen haben wir auf diese Weise schon verloren. Aber sie sollen wissen, dass wir niemals aufhören, für die Interessen unseres Volkes zu kämpfen.»

Şahin hatte ruhig begonnen und sich dann immer mehr in Rage geredet. Mit seiner freien Hand fuchtelte er herum, als wollte er die verbrauchte Luft des Lokals zerschneiden. Die Worte, in die er seine ganze Wut legte, hallten durch das Lokal. Der Rollkragen, den er über die Nase gezogen hatte, war bis zum Kinn heruntergerutscht, so dass sein Gesicht zu erkennen war. Aber das kümmerte ihn nicht. Er war glücklich. Vor den Augen des Volkes rechnete er mit den Wächtern des Regimes ab, das das Volk zum Feind erklärt hatte. Schon lange hatte er keine Gelegenheit mehr gehabt, das Wort an eine so große Zuhörerschaft zu richten.

«Und die Folterungen», fuhr Şahin fort. «Die Polizeistationen, mit den Steuern des Volkes errichtet, dienen jetzt als Folterzentren, um das Volk zu peinigen, ihnen Arme und Beine zu brechen und sie zu Krüppeln zu machen. Falaka, Überkopfhängen, Elektroschocks. Ich bin sicher, dass auch einige von euch davon betroffen waren. Die meisten von euch schöpften am 12. September Hoffnung, dass die Generäle, die die Regierung der Nationalen Front gestürzt haben, nun für Sicherheit im Land sorgen und das Land in eine Zukunft führen würden, in der es keine Todesangst mehr gibt. Ihr habt gesehen, dass das nicht eingetreten ist. Wir kommen vom Regen in die Traufe. Das ganze Land gleicht einem Meer von Blut, voller Gräber und Folterlager. Das war ja auch die Aufgabe der Putschisten: die Fortsetzung der bestehenden Ausbeutungsordnung und die Zerschlagung des erstarkenden revolutionären Kampfes des Volkes. Deshalb übernahmen die Generäle die Macht. Unsere Aktion hier richtet sich gegen die faschistische Junta. Wir werden unseren Kampf fortsetzen, bis die Generäle gestürzt sind und das gesamte Land befreit ist. Dies ist eine Protestaktion gegen die parteiische Haltung der offiziellen Kräfte. Solange sie die faschistischen Mörderbanden unterstützen, ihre Gräueltaten gutheißen, selbst Massaker und Anschläge, Folter und Terror ausüben, werden wir unsere Aktionen fortsetzen.» Damit schloss er seine Rede. Er war sichtlich stolz. «Wenn ihr erlaubt, möchte ich jetzt noch kurz mit meinen Gendarmenbrüdern sprechen», sagte er dann und wandte sich den Soldaten zu, die Habachtstellung angenommen hatten, als stünden sie vor ihrem Kommandanten. Ihr jämmerlicher Anblick rührte Şahin. «Ja, wir nennen euch Brüder. Ihr seid Kinder des Volkes wie wir. Habt keine Angst. Unsere Sache hat nichts mit euch zu tun. Aber solange ihr die Befehle eurer Kommandanten befolgt und wir auf dem Weg des Volkes kämpfen, werden wir aufeinander stoßen.» Er sprach mit sanfter Stimme, freundschaftlich. Dann fragte er sie, woher sie stammten. Die drei nannten ihre Heimatprovinzen. «Wann kriegt ihr den Entlassungsschein?» Sie nannten ihre Entlassungstermine und setzten, wohl aus Gewohnheit, immer wieder ein ‹Mein Kommandant› hinter ihre Antworten. «Seid ihr verheiratet?» Zwei waren ledig, der Dritte verheiratet. «Ah, siehst du! Ich bin auch verheiratet», sagte er und zeigte auf den Ring an seiner Hand. «Ich habe meine Frau sehr lange nicht gesehen, länger noch als ihr.»

Plötzlich waren aus Richtung Gendarmeriestation Schüsse zu hören. Es kam Unruhe auf und die Menschen gerieten in Panik. «Keine Angst. Das sind unsere Freunde. Ihr habt nichts zu befürchten», sagte Şahin. Er ließ es sich nicht anmerken, aber er war genauso beunruhigt wie seine Zuhörer. Irgendetwas war schiefgelaufen. Sie mussten auf der Stelle los, aber nicht ohne noch ein paar Worte an die Soldaten zu richten. «Ich bin sicher, dass eure Kommandanten euch bestrafen werden, weil ihr uns eure Waffen gegeben habt. Dabei hätten sie es an eurer Stelle genauso gemacht. Wenn sie euch trotzdem etwas antun, dann solltet ihr nicht uns, sondern sie dafür verantwortlich machen.»

Noch einmal warf er einen Blick auf die Gäste, dann wandte er sich an seine Freunde. «Lasst uns gehen, Genossen.» Es war das erste Mal, dass er sie ‹Genossen› nannte. An der Tür blieb er noch einmal stehen und drehte sich um. «Zehn Minuten rührt sich hier niemand vom Fleck. Aber sollte sich jemand uns anschließen wollen, ist er willkommen», sagte er streng.

Er erwartete nicht wirklich, dass sich jemand spontan entscheiden würde, ihnen zu folgen, genauso wenig, wie sie imstande waren, tatsächlich jemanden aufzunehmen. Es fehlte an allem. Sie hatten keine sicheren Verstecke, Depots und erhebliche Probleme, selbst etwas Essen und Unterkünfte zu finden. Aber ihr Kampf würde weitergehen. Deshalb war es notwendig, solche Botschaften zu verkünden.

Sie verließen eilig den Club. Die Straße war ruhig. Şahin bat zwei Genossen, an der Tür zu bleiben und niemanden herauszulassen. Sie würden erst bei der Gendarmeriestation nach dem Rechten sehen. Bald konnten sie die Wache sehen. Einige dunkle Gestalten fuchtelten mit Taschenlampen herum. Sie konnten aber nicht erkennen, ob es Gendarmen waren. Şahin bat die Genossen, einen Moment zu warten. Dann lief er in gebückter Haltung und mit der Pistole in der Hand bis zu einem Sandhaufen, der etwa 20 Meter vor der Wache mitten auf der Straße aufgeschüttet war. Von hier aus konnte er beobachten, was vor sich ging. In Schlafanzügen suchten die Soldaten mit Taschenlampen den Boden nach irgendetwas ab.

«Weg hier», flüsterte er, als er zu seinen Genossen zurückgerannt kam und sie flüchteten gemeinsam in die Getreidefelder. Wenig später krachten wieder Schüsse durch die Nacht. Die ganze Gegend wurde beschossen. «Bloß nicht das Feuer erwidern», ermahnte er seine Genossen. «Dann wissen sie, wo wir sind. Die schießen nur aufs Geratewohl.»

Zehn Minuten später waren sie aus der Gefahrenzone heraus. Nun mussten sie sich nicht mehr bücken und nach einer Stunde erreichten sie den Eingang des Dorfes, wo sie sich für den Fall, dass etwas schieflaufen würde, verabredet hatten. Die andere Gruppe wartete bereits auf sie.

«Was war los?», fragte Şahin.

«Die Gendarmen waren zu zweit, aber da war noch ein Nachtwächter und sie machten Anstalten, Widerstand zu leisten. Deshalb blieb uns nichts anderes übrig, als die Waffen zu benutzen. Trotzdem gelang es einem von uns, kurz hineinzugehen und ein G3-Gewehr zu erbeuten.»

«Ist jemand zu Schaden gekommen?»

«Von uns niemand, aber einige Gendarmen wurden getroffen.»

«Ich hoffe, dass sie überleben», sagte Şahin.

Dann machten sie sich eilig auf den Weg. Im Gänsemarsch gingen sie durch lichten Wald. Es roch nach Hornklee. Der Himmel wirkte wie ein Füllhorn, aus dem glitzernde Goldstücke herabfielen. Vier G3-Gewehre und an die 500 Schuss Munition hatten sie beschlagnahmt.

Fünfundzwanzig.
Die Nacht des Aufbruchs

Am nächsten Samstag begannen sie nach dem Hofgang damit, die Backsteinwand zwischen beiden Toiletten durchzubrechen. Das Ende ihrer Gefangenschaft, von Folter, Arrest und Verbannung, war nahe. Nur noch wenige Stunden, dann würden sie endlich jenseits von Steinmauern und Eisengittern sein und die Früchte ihrer monatelangen, schweißtreibenden Arbeit ernten. Wie viel Beton hatten sie durchbohrt, wie viel Eisen zersägt, wie viele Fundamente untergraben, wie viele Durchsuchungen überstanden, wie viel Erde ausgehoben. Auf dem Dachboden mussten mindestens zehn LKW-Ladungen lagern. Endlich winkte die Freiheit, das Licht am Ende des Tunnels.

Nach dem Einschluss stiegen zwei Genossen sofort in den Tunnel. Sämtliche Rucksäcke hatten sie in den Toilettenraum befördert. Die dunklen Jacken, in deren Taschen Gesichtsmasken und Handbandagen steckten, lagen ebenfalls bereit. Sie warteten ungeduldig auf das verabredete Zeichen aus dem Tunnel. Dann war es endlich soweit. Das Ausstiegsloch war ausgeschachtet.

Ihre Wangen glühten vor Aufregung. Der größte, der erfreulichste, der gefährlichste Moment war gekommen. Jeder kannte seine Aufgabe, präparierte mit geübtem Griff das Bett und trat in den Toilettenraum. Alles geschah lautlos. Nur das Plärren des Fernsehers war zu hören. Der Letzte würde ihn ausschalten. Im Toilettenraum zogen sie schnell die Jacken über, setzten die Gesichtsmasken auf, streiften die Bandagen über die Hände, steckten die Hosenbeine in die Socken, nahmen den Rucksack in die Hand und stiegen in den Tunnel. Keuchend krochen sie durch die Finsternis. Weil der Blasebalg nicht in Betrieb war, reichte die Luft kaum zum Atmen. Sie waren nass geschwitzt.

Die Nachricht, die als stille Post von einem zum anderen nach hinten weitergegeben wurde, erschlug sie wie eine riesige Walze. «Alle zurück in die Zellen!»

Was sollte das heißen? Was war passiert? Hatte die Gefängnisleitung etwas mitbekommen und die Ausstiegsstelle weiträumig mit Soldaten umstellt? Wahrscheinlich waren diejenigen, die zuerst aus dem Tunnel gestiegen waren, von den Wachen erwischt worden, dachte Şahin.

Das versetzte ihm einen unglaublichen Stich. Nun robbten sie, einander gegen die Köpfe tretend, eilig zurück. Im Toilettenraum legten sie Rucksack, Jacke, Maske und Bandagen ab und putzten den Matsch von den Schuhen. Zurück in der Zelle, drehten sie den Fernseher wieder auf volle Lautstärke und richteten die Betten her. Alle waren am Boden zerstört, zogen lange Gesichter und starrten vor sich hin. Niemand wusste, was los war. Dann kamen die Vordersten endlich.

«Der Tunnelausstieg liegt denkbar ungünstig», erklärte Sebahattin. Die Stelle sei viel zu gut beleuchtet, in Reichweite der Scheinwerfer auf der Mauer und die Wärter des linken Turms gingen ständig an der Brüstung entlang. Wenn einer von ihnen über dem Ausstieg war, würde er sie auf jeden Fall sehen. Außerdem bestand die Gefahr, dass die Tankstelle auf der rechten Seite bewacht wurde. Dann würden sie unmöglich unbemerkt daran vorbeikommen. Sollte die Außenstreife des Gefängnisses zufällig um die Ecke kommen, wären sie geliefert. Kurz und gut, die Sache würde mit 99-prozentiger Sicherheit schiefgehen. Es war bitter, aber ihr 85 Meter langer Tunnel, der längste, der je gegraben wurde, reichte nicht. Die Gesichter wurden länger und länger. «Können wir die Öffnung wieder schließen?», fragte Şahin. «Unmöglich, das Loch ist viel zu groß.» Sie hatten keine Wahl. Entweder würden sie in dieser Nacht abhauen oder die Wachen würden spätestens am nächsten Morgen den Tunnel entdecken. Sie mussten es darauf ankommen lassen und jeder musste selbst entscheiden, ob er unter diesen Umständen dazu bereit war. Sie waren zu acht, Necati aus der 7. Zelle, das vollzählige Team der ersten Stunde aus der 8. Zelle sowie Salih und Bekir, die später zu ihnen gestoßen waren.

Sie hatten nur eine einzige Chance: Sie mussten beim Ausstieg den Turm im Auge behalten und genau in dem Moment, wenn der Wachsoldat auf die andere Seite der Brüstung trat, blitzschnell rausspringen, bevor er wieder auf der Tunnelseite ankam und dann an der Mauer der Tankstelle kauern. Sie könnten von den Wachen auf der Mauer oder den Streifen überrascht werden. Es war reine Glückssache.

Entweder Freiheit oder Tod, dazwischen eine Chance von einem Prozent. Es kam auf Schnelligkeit an. Rucksäcke, dicke Kleidung, Masken und Bandagen waren nur unnötiger Ballast. Şahin nahm die Briefe von Gönül und die eines engen Freundes und das Fotoalbum mit ihren Fotos aus dem Rucksack. Falls ich sterbe, sollte sie bei mir sein, dachte er. Der Gedanke erfüllte ihn mit wehmütiger Freude und Hoffnung. Şahin hatte sich die Entscheidung zur Flucht nicht leicht gemacht. Sollte er sterben, würde das auch ihr Tod sein. Sie war jetzt schon ein Schatten ihrer selbst. Er steckte das Album vorne und den Plastikbeutel mit den Briefen hinten in den Hosenbund, sah auf die Uhr und stieg in den Tunnel.

Als er an der Reihe war, steckte er seinen Kopf vorsichtig aus dem Loch und sah zum linken Turm. Der Wachsoldat war nicht zu sehen. Er zog sich schnell hoch, doch in dem Moment trat ein Soldat seitlich der Tankstelle hervor. Şahin duckte sich. Dann streckte er vorsichtig den Kopf wieder hinaus und sah dem Soldaten nach. An der Mauer der Tankstelle konnte er die dunklen Umrisse seiner Genossen nur schemenhaft erkennen. Es war Vollmond und es ärgerte ihn, dass sie das überhaupt nicht bedacht hatten. Der Soldat verschwand kurz aus seinem Blickfeld, kehrte aber erwartungsgemäß nur wenige Sekunden später um. Jetzt bewegte er sich auf die Tankstelle zu und verschwand nach einer halben Minute auf der anderen Seite wieder aus dem Blickfeld. Er sah zum rechten Turm rüber. Der Wachsoldat musste jetzt auf der anderen Seite der Brüstung sein. Şahin verlor keine Zeit, sprang aus der Öffnung, rannte hinter die Tankstelle und warf sich an der Mauer zu Boden. Mit höchster Konzentration achtete er auf die Schritte der Tankstellenwache zu seiner Rechten und auf den Turmsoldaten zu seiner Linken.

Im Schatten der Tankstelle robbten sie weiter, langsamer als Schildkröten. Die Mauer um die Tankstelle war nicht höher als 60 Zentimeter. An einigen Stellen waren Eisenträger angebracht, die ein Blechdach hatten. Nicht das geringste Geräusch würde den Soldaten entgehen.

Sie hatten die Tankstelle nicht einmal zur Hälfte hinter sich gelassen, als sie abrupt stoppten. Am linken Turm tauchten zwei hintereinander marschierende Soldaten auf, die Gefängnisstreife. Plötzlich blieb der hintere Soldat stehen und sah in ihre Richtung. Sie hielten den Atem an. Jeden Augenblick konnte ein Kugelhagel auf sie niedergehen. Der vordere Soldat bemerkte erst jetzt, dass sein Kollege stehengeblieben war, und drehte sich zu ihm um. «Na, komm schon! Was stehst du da rum?» Der Angesprochene hatte ihre Umrisse offensichtlich nicht genau genug wahrgenommen und als unverdächtig eingestuft. Kurz darauf bogen beide um die Ecke. Sie waren Tausende

Tode gestorben. Allmählich fassten sie sich wieder und bewegten sich mit der Schildkrötentechnik weiter. Als sie die Tankstelle hinter sich gelassen hatten, bewegten sie sich auf offenem Gelände, wo sie zur Zielscheibe des Tankstellenwärters und der Wachposten der nahegelegenen Hubschrauberpiste werden konnten.

Es hatte keinen Sinn zurückzuschauen. Solange sie keine Kugel traf, lief alles nach Plan. Ihre Zuversicht stieg, als sie unter dem ersten Maschendrahtzaun hindurchkrochen. Erst jetzt nahmen sie den Duft der Erde und das weiche Gras wahr.

Auf der Rückseite einer etwa einen Meter hohen Bodenerhebung hielten sie inne. Der Erdwall versperrte ihnen die Sicht aufs Gefängnis, die Tankstelle und den Hubschrauberplatz. Sie ruhten sich einen Moment aus. Die erste und wichtigste Phase hatten sie überstanden. Die Rufe der Wärter «Halt! Wer da? Hände über den Kopf und langsam näher kommen!», wehten nur noch leise herüber. Şahin schmunzelte. ‹Sonst noch einen Wunsch, die Herren?›, hätte er am liebsten gerufen. Doch es war viel zu früh für Triumph und Spott. Vor ihnen lagen weitere Drahtzäune, Wachen und neue Hindernisse.

Flüsternd verständigten sie sich, die Gefängniskleidung abzulegen. Şahin zog die Jacke aus, fasste sich an die Hose und erstarrte vor Schreck. Der Beutel mit den Briefen steckte nicht mehr im Hosenbund. Er musste unterwegs herausgerutscht sein. Ausgerechnet Gönüls Briefe, auf die er voller Ungeduld gewartet, die er wieder und wieder gelesen und jahrelang wie seinen Augapfel gehütet hatte. Şahin war verzweifelt, aber es war unmöglich, deshalb umzukehren. Er drückte das Album fest an sich.

Sie robbten nun eilig zum zweiten Zaun. Etwa 50 Meter davor hielten sie an und spähten eine Weile in die Nacht, ob Wachen in der Nähe waren. Als sie sich gerade wieder in Bewegung setzen wollten, tauchte vom Haupttor her ein Fahrzeug auf und kam schnell näher.

«Sie haben uns bemerkt», flüsterte einer. Seine Worte wogen schwerer als der Einschlag einer Bombe. Zur gleichen Zeit richteten sich Scheinwerfer aus der Ferne auf sie. Sie pressten sich so fest wie möglich in den Boden.

Sie hatten Glück, der Wagen bog auf eine im Bau befindliche Piste ab. Sie hoben die Köpfe, um ihn zu beobachten. Der Transporter hielt in der hinteren Ecke der Baustelle. Sie atmeten auf. Hätte es Alarm gegeben, wäre das gesamte Areal längst in das gleißende Licht der Scheinwerfer getaucht.

Sie krochen eilig unter dem Maschendrahtzaun hindurch und erreichten eine Asphaltstraße. Nun bewegten sie sich auf die Landepisten zu. Dahinter befanden sich mehrere flache Baracken, über den Türen brannten Außenlichter. Es mussten Unterkünfte für Soldaten oder Arbeiter von der Baustelle sein. Soweit sie sehen konnten, gab es nirgendwo Wachen. Auf der linken Seite stand ein hohes, unbeleuchtetes Gebäude. Sie hatten keine Ahnung, worum es sich handelte. Als sie gerade am Rand der Piste ankamen, schlugen zwei Hunde an und sie warfen sich erneut auf den Boden. Şahin dachte unwillkürlich daran, wie verzweifelt und ausweglos ihre Lage gewesen war, nachdem sie gerade untergetaucht waren. Viele von ihnen waren gefasst worden, weil sie von Hunden aufgespürt worden waren. Nun stand ihnen das gleiche Schicksal bevor. Was, wenn die Soldaten jetzt aus den Baracken stürzten oder die Wachposten um sie herum auf sie aufmerksam würden? Sie hielten sich nun etwas mehr rechts, um sich von den Baracken zu entfernen. Zum Glück ging nirgendwo Licht an und die Hunde verstummten. Vor ihnen tauchte eine große Landebahn auf. Die Betonpiste glänzte im Mondschein wie ein Spiegel und sie konnten darauf selbst vom entferntesten Wachposten bemerkt werden. Sie mussten die Piste so schnell wie möglich im Gänsemarsch überqueren. Kriechend würde das bestimmt einige Minuten dauern.

Sie verständigten sich kurz und sprinteten los. Es kam ihnen nicht vor wie laufen, sie glitten über die spiegelglatte Fläche und rechneten jeden Moment mit Gewehrfeuer. Doch es blieb ruhig und sie rannten hinter der Piste in gebückter Haltung weiter. Nun lagen die gut bewachten Bereiche hinter ihnen und etwas später sahen sie in einiger Entfernung bereits den Außenzaun des Luftgeschwaders. Kein Wärter weit und breit. Im Nu waren sie am Zaun. Doch unten durchzukriechen, war nicht machbar. Der Maschendraht stand wie eine unüberwindbare Mauer vor ihnen.

Es war auch unmöglich, sich an dem drei Meter hohen Zaun festzuhalten, einen Fuß hineinzustecken und hochzuklettern. Sie standen einen Moment ratlos da. Schließlich meinte jemand, sie müssten schauen, ob irgendwo ein Loch sei.

Sie entschieden, rechtsherum zu gehen. Tatsächlich klaffte nach etwa 20 Schritten ein riesiges Loch im Zaun, wahrscheinlich ein Schlupfloch der Soldaten, wenn sie ins Bordell wollten, dachte Şahin. Einer nach dem anderen schlüpften sie auf die andere Seite, wo sich der Bahndamm befand.

Sie kletterten die Böschung hinauf auf die Gleise Richtung Sivas. Şahin musste an das Pfeifen der Züge denken, das er in den Nächten immer in der Zelle gehört hatte. Im Gänsemarsch gingen sie am Rand der Gleise entlang. Şahin schaute zum Himmel empor und bewunderte den Mond und die Sterne. Er war überglücklich. Er dachte an die Nacht am Fuße des Bergs Genya vor Jahren und hörte sich murmeln: Wie schön du bist, Freiheit. Er wurde von einem sanften Wind liebkost und spürte den Rausch der Freiheit, der zweite Ausbruch! Es kam ihm vor, als ob sich seine Füße vom Boden lösten und er auf die Sterne zuschwebte.

Stunden später kamen sie endlich am Bahnhof von Erzincan an. Die Station war von hohen Mauern umgeben und wirkte wie ein Gefängnis. An der Seite befand sich ein großes Gebäude, wohl die Bahnhofsdirektion. Sie gingen jetzt langsam in Zweier- oder Dreiergruppen, leise plaudernd und die Jacken geschultert, damit sie wie Arbeiter wirkten, die von der Nachtschicht kamen. Als sie den Bahnhof passiert hatten, liefen sie wieder an den Gleisen entlang. Auch das Stadtzentrum lag hinter ihnen. Plötzlich tauchte einige 100 Meter vor ihnen ein riesiger Gefängniskomplex auf, wahrscheinlich das 2. Militärgefängnis. Sie blieben wie angewurzelt stehen und betrachteten fasziniert die hohen Mauern, die langen Maschendrahtzäune und die von Mauer zu Mauer patrouillierenden Wachposten. Sie wussten, dass es in Erzincan, neben dem zivilen zwei weitere Gefängnisse gab. Hinter den Mauern saßen Freunde, mit denen sie in anderen Gefängnissen gewesen waren. Mit einigen hatte Şahin bereits Fluchtpläne geschmiedet.

Dann rafften sie sich wieder auf und verließen an einem Bach, vermutlich ein Nebenarm des Karasu, die Gleise. Wenig später erreichten sie den Fluss, überquerten eine Brücke und stiegen zum Ufer hinab. Doch nach 50 Metern verwarfen sie die Idee, am Karasu entlang Richtung Sivas zu gehen. Das war viel zu anstrengend und würde zu lange dauern. Sie nahmen die asphaltierte Straße, die von der Brücke hinunterführte, über die sie gerade gekommen waren und rannten los. In der Ferne blinzelten vereinzelte Lichter im Tal. Sie wussten nicht, was nun auf sie zukam, wohin sie der Weg führte und wo sie sich verstecken könnten, wenn die Nacht vorüber war. Fragen, auf die sie keine Antworten fanden, und die ihnen unbarmherzig vor Augen führten, dass sie keinerlei Unterstützung zu erwarten hatten.

Doch im Moment kümmerte sie das herzlich wenig. Sie liefen im Mondschein vorwärts, den Duft von Getreide und Gras aufsaugend. Es gab weder Ketten noch Handschellen, weder Soldaten mit dem Finger am Abzug, die Welt ohne Farben, ohne Licht, ohne Düfte. Ich hatte schon vergessen, dass die Welt so großartig ist, dachte Şahin.

Als es bereits dämmerte, merkten sie, dass sie mitten im endlos weiten Tal von Erzincan standen, weit und breit kein Versteck. Die vereinzelten Weiden an den Ackergräben boten keinen Unterschlupf und sie konnten jederzeit auf Bauern stoßen.

Ratlos standen sie vor einem schier endlosen Getreidefeld, die Ähren keinen halben Meter hoch. Sie mussten sich schnell entscheiden und schlugen sich im Abstand von jeweils vier, fünf Metern ins Feld.

Şahin riss so viele Ähren mit der Wurzel aus, wie er für einen Schlafplatz brauchte. Die nasse Erde schaufelte er mit den Händen weg und streute sie über das Feld. Als seine Kuhle etwa 15 Zentimeter tief war, setzte er sich hinein, streckte die Beine aus und bedeckte sich bis zur Hüfte mit Erde. Er nahm die ausgerissenen Halme und steckte sie in die Erde. Die Ähren mussten möglichst senkrecht stehen, damit weder Bauern noch Hubschrauber sehen konnten, dass hier jemand lag. Dann blickte er zum Himmel, beobachtete fasziniert, wie das Blau immer kräftiger wurde, und lauschte dem Vogelgezwitscher.

Bald schon bemerkte er die Kälte. Berauscht von der Flucht, störte er sich zunächst nicht daran. Doch sein Körper sehnte sich nach Sonnenstrahlen. Plötzlich drang eine kaum wahrnehmbare Lautsprecherdurchsage an sein Ohr, wahrscheinlich aus einem Dorf in der Nähe. Er spitzte die Ohren, nahm nur Fetzen wahr: ‹Ausbrecher›, ‹der Militärkommandant.› Wahrscheinlich wurden die Dörfler aufgefordert, verdächtige Personen zu melden. Die meisten würden es tun, dachte Şahin. Eine bittere Erkenntnis.

Kurz darauf schwoll über dem Tal der Lärm von Hubschraubern an, so als brummte ein Ungeheuer mit offenem Maul vom Himmel herab.

Ein Brummen aus allen Himmelsrichtungen. Da! Zwei flogen über sie hinweg. Şahin empfand vor allem Abscheu. Hubschrauber hatte er früher schon gehasst. Auch damals, nach dem Überfall auf die Gendarmeriestation, tauchten zu früher Morgenstunde Schwärme von Hubschraubern am Himmel auf. Sie hatten eine Woche in den Dörfern von Fatsa verbracht und waren gerade nach Aybastı zurückgekehrt. Die Dorfbewohner nahmen sie freudig auf. Es hatte noch keine Razzien gegeben. Auch wenn sie höllische Angst vor der Staatsmacht hatten, schienen die Dörfler froh zu sein, dass sie endlich etwas unternommen hatten. Voller Staunen und auch mit einer gewissen Bewunderung hatten sie die erbeuteten Waffen betrachtet. Doch der befürchtete Gegenschlag ließ nicht lange auf sich warten. Die Predigerschule vor den Toren der Stadt war zur Polizeistation umfunktioniert und zahlreiche Militärfahrzeuge des Sonderkommandos aus Bolu dort einquartiert worden. Aus Ordu und Tokat kamen lange Buskonvois mit Kommandoeinheiten an. Es war zu riskant geworden, bei Leuten im Dorf zu übernachten, und sie hatten sich in den Wald zurückgezogen. Sie waren von Helikoptern geweckt worden. Die lang erwartete Militäroperation hatte begonnen und von da an hatte es in Fatsa, Aybastı und Çamaş keinen einzigen Tag mehr ohne Hubschrauberlärm gegeben.

Şahin wollte seine steifen Glieder ein wenig bewegen, aber die Hubschrauber hielten ihn davon ab. Sie drehten unaufhörlich ihre Kreise über dem Tal, konzentrierten sich, dem Lärm zufolge, aber eher auf das Gebirge. Sie nahmen wohl an, dass jemand, der einen solchen Ausbruch gemeistert hatte, kaum so ungeschickt sein würde, sich nur fünf, sechs Kilometer vom Gefängnis entfernt, im flachen Gelände zu verstecken. Şahin fürchtete, dass sie sich nicht gut genug versteckt hatten, und wurde immer unruhiger, wenn die Hubschrauber sie überflogen. Wenn das so weiterging, würden sie früher oder später auf sie aufmerksam. Auch wenn sie noch so stillhielten, rutschten die Ähren hin und her. Şahins Körper verkrampfte sich, die Beine zuckten. Die Kälte war längst sengender Hitze gewichen. Bald war er nass geschwitzt. Erde, Staub und Weizen klebten an Gesicht und Händen. Wie gut, dass er bei der Flucht die Mütze aufgesetzt hatte, die ihm ein Freund in die Hand gedrückt hatte. Aus dünnem Stoff und in unauffälliger Farbe. Der Genosse hatte sie selbst genäht. Dank der Mütze konnte er Gesicht und Augen leidlich vor der Sonne schützen.

Gegen Mittag kamen zwei Mädchen und ein Bursche des Weges, um am Feldrand zu spielen. Weiter entfernt arbeiteten Bauern. Was, wenn sie in das Feld kämen? Nun flogen die Hubschrauber in immer geringeren Abständen über sie hinweg, wohl aus Sorge, sie entwischen zu lassen.

Stunden vergingen. Diesen Tag haben wir überstanden, dachte Şahin erleichtert, als die Sonne unterging und die Hitze endlich nachließ. Doch schnell kühlte sich die Erde ab und er zitterte am ganzen Körper. Von der Wärme, die er stundenlang aufgenommen hatte, blieb nichts.

Bei Einbruch der Dunkelheit verschwanden die Hubschrauber endlich. Mühsam reckten sie die steifen Glieder. Sie machten Kniebeugen, um sich aufzuwärmen, richteten die Plätze her und pflanzten die Ähren wieder ein, um keine Spuren zu hinterlassen. Am Rand des Ackergrabens kamen sie zusammen. Die Anspannung fiel langsam von ihnen ab und sie scherzten. In der Ferne sahen sie die Lichter der Landstraße Erzincan-Sivas. Sie beschlossen, der Straße in Richtung Suşehri zu folgen. In zwei Tagen müssten sie die Stadt erreichen können. Wenn sie es schafften, über Sivas nach Tokat, Salihs Heimatprovinz, durchzukommen, hätten sie das Schlimmste überstanden. Als sie gerade aufbrechen wollten, krümmte sich Necati plötzlich vor Schmerzen und sagte mit zittriger Stimme: «Einen Augenblick, Freunde.» Er konnte sich kaum auf den Beinen halten und stöhnte. Sie waren besorgt.

«Hast du Schmerzen?»

«Wo tut es genau weh?»

«Denkst du, dass es gleich vorbei ist?»

Necati antwortete nur knapp. «Der Magen, bestimmt der Hunger. Oder die Kälte. Es geht gleich vorbei.»

Necati legte sich hin und zwei massierten ihm den Bauch und hauchten unter sein Hemd, um ihn zu wärmen. Doch die Schmerzen ließen nicht nach. Immer wieder schob Necati es auf den Hunger. Sie hatten den ganzen Tag nichts gegessen und er war von großer, kräftiger Statur.

«Einer kommt mit mir in die Stadt, um etwas zu besorgen», schlug Salih vor.

«Ich komme mit», sagte Hasan.

«So oder so, wir sind zurück, bevor der Tag anbricht.»

Die beiden machten sich auf den Weg und die anderen halfen Necati, sich aufzuwärmen. Der Mond war aufgegangen und hüllte die Landschaft in goldenes Licht. Bekir, der eigentlich einkaufen wollte, kam nach einer Weile zurück und wies in Richtung eines Baumes. Seine Umrisse waren in der Dunkelheit nur schwach zu erkennen. «Schau bitte einmal, ob es ein Obstbaum ist, Şahin. Ich habe einen Igel gesehen, vielleicht erwische ich ihn.»

Es war tatsächlich ein Apfelbaum. Şahin zog an einem Ast, fühlte walnussgroße Äpfel, freute sich wie ein Kind und kehrte mit vollgestopften Taschen zurück. Necati stöhnte immer noch. «Hier sind Äpfel, Necati. Meinst du, dass du die essen kannst?» Er stopfte sich einen in den Mund, dann noch einen mit Stiel und Kerngehäuse. Jetzt kletterten sie zu viert in den Baum und pflückten Äpfel, bis kein einziger mehr am Baum hing. Sie sahen sich nach weiteren Obstbäumen um, fanden aber keine. Necatis Schmerzen ließen langsam nach.

«Was hast du eigentlich mit dem Igel gemacht, Bekir?»

«Ich hab ihn laufen lassen. Es war ein Winzling. Außerdem können wir überhaupt kein Feuer machen.»

Şahin vertrat sich die Beine. Die Freiheit des Ausbrechers ist so herrlich, wie ich sie mir ausgemalt habe, dachte er und betrachtete den Mond. Davon hatte er oft geträumt, wenn er im betonierten Hof oder auf der winzigen freien Fläche in der Zelle seine Runden drehte. Er hatte oft an die schöne Zeit nach seinem Artviner Ausbruch gedacht, an Fatsa, Aybastı, die Dörfer in der Schwarzmeerregion und an die Menschen, bei denen sie Unterschlupf gefunden hatten. Einmal hatten die Genossen ihn und Özgüç im Haus des Dorflehrers einquartiert. Der Lehrer war für zwei Wochen in Ankara, kam aber schon nach einigen Tagen vorzeitig zurück. Er hatte in der Zeitung von dem Ausbruch gelesen, alles stehen und liegen lassen, weil er ahnte, dass sie bei ihnen Zuflucht suchen könnten. Er wollte sie unbedingt treffen, bevor sie weiterzogen. An der Haustür fragte er seine Frau nicht, ob jemand da war, sondern wie viele. «Auf ein Leben als Guerillakämpfer muss man vorbereitet sein», sagte er zu ihnen. Er bestand darauf, nachts mit ihnen in einen nahegelegenen Wald zu gehen, und hielt sie an, Sport zu treiben. Während sie trainierten, hockte er im Gras und rauchte.

«Mach doch mit, Hoca. Du weißt schon, die Kondition.»

«Nein», antwortete er, «aus mir wird kein Guerillero. Ich biete euch Unterschlupf. Das muss reichen.»

Auf einer ähnlichen Wanderung war Şahin jetzt auch, nur mit dem entscheidenden Unterschied, dass es nun keinen einzigen Menschen mehr gab, der sie aufnehmen würde. Früher mussten sie nur an einer beliebigen Tür klopfen und wenn sie sagten, sie seien Revolutionäre und hätten die Polizei auf den Fersen, wurden sie bewirtet und beschützt. Und jetzt? Neun von zehn Menschen würden sie auf der Stelle verraten, keine Frage. Ein Erfolg der Junta oder ihr Scheitern? Wie auch immer, so war es nun einmal. Es war viel wichtiger, wie es weiterging, was morgen kam. Immerhin ist einer von zehn auf unserer Seite, darüber muss man sich freuen, dachte er. Immerhin haben wir Hunderte von Freunden, die uns die Hand reichen, wenn wir uns nur zu ihnen durchschlagen können. In Aybastı und Şavşat haben sich die Menschen bestimmt gefreut, dass ein neuer Reşat aus ihren Reihen hervorgegangen ist. Sie haben es bestimmt in den Nachrichten gehört. Überall würden neue Reşats hervorkommen! Drei Gefängnisse in einer Provinz. Die Gefangenen werden sich ein Beispiel an uns nehmen. Alle, die einen Ausbruch bislang für unmöglich hielten, werden sich noch mehr ins Zeug legen, da bin ich sicher. Auch wenn viele Menschen hoffen, dass wir gefasst werden, gibt es Tausende, die insgeheim dafür beten, dass wir durchkommen, zumindest die Angehörigen von Gefangenen. Was sie alles erlitten haben. Manche mussten mitansehen, wie das eigene Kind erschossen wurde, andere haben mehr als ein Kind im Gefängnis, bei anderen wurde die ganze Familie festgenommen, vom Großvater bis zum Enkel. Ich wünschte, mein Großvater lebte noch. Er hätte nicht gewollt, dass ich ausbreche. Aber er hätte sich trotzdem gefreut. Er sah immer etwas in mir, was ihn an sich selbst erinnerte. Deshalb war ich sein Lieblingsenkel. Man erzählte, er habe bei seinem letzten Atemzug meinen Namen gemurmelt und war in Sehnsucht und Sorge um mich gestorben. Und wie es Papa wohl ging? Den haben sie bestimmt längst in der Mangel. Und Mama? Was für ein Pech, dass sie mich ausgerechnet vor zwei Tagen besuchen musste. Jedes Mal beschwor sie mich, ja nicht wieder auszubrechen. «Was hast du davon gehabt, dass du ausgebrochen bist? Wärst du damals nicht ausgebrochen, wärest du jetzt längst frei», sagte sie immer. Wie erleichtert sie diesmal gegangen war. Sie hatte geglaubt, dass ich meine Aussage widerrufen werde und es bestimmt gleich Gönül erzählt. Aber die hatte mit Sicherheit nicht daran geglaubt. Vielleicht ist sie jetzt schon im Gefängnis und wird gefoltert. Meine Frau wurde zu sieben Jahren verurteilt und hat drei Jahre gesessen. Wer sonst sollte wissen, wo ich untertauche, wenn nicht sie? Sie wird ihnen standhalten. Sie würde sich eher etwas antun, als auf die Nachricht von meinem Tod zu warten. Er hatte ihre Worte: «Ich bringe mich um, wenn du fliehst», noch im Ohr. Auch jetzt versetzten sie ihm einen Stich.

Er hob den Kopf und sah zum Mond, steckte die Hand in den Hosenbund und holte das Album hervor. Im Schein des Mondes betrachtete er ihre Fotos, bis er davon überzeugt war, dass der Mondschein Gönüls Strahlen war. Wenn sie nicht war, gab es keinen Mondschein. Dann erloschen Sonne und Sterne. Er steckte das Album wieder ein. Aber waren ihre Befürchtungen wirklich unbegründet? Konnten sie tatsächlich nicht gefasst oder erschossen werden? Man sieht ja, wie sie hinter uns her sind. Fahndung mit Schießbefehl, Schwerpunktfahndung, Ringfahndung. Sollen sie sich doch abstrampeln! Sie hatten sich bereits abgestrampelt, damit er nicht fliehen konnte. Und? Was hatte es genutzt? Überall wurden besondere Maßnahmen ergriffen, damit er nicht ausbrechen konnte. In Amasya hat der Feldwebel vor Fahrten zum Gericht jedes Mal eigenhändig meine Handschellen kontrolliert. Auf den Personalkarten im Çorumer Gefängnis standen immer alle möglichen Vergehen, während auf meiner nur Flucht aus dem Gefängnis vermerkt war. In der Samsuner Haftanstalt hatten sie ihn wegen Fluchtversuchs in eine Arrestzelle gesteckt, nachdem sie an irgendeiner Wand einen Kratzer entdeckt hatten und im Polizeigewahrsam brachten sie ihn immer im höchsten Stockwerk unter. In Erzincan hatten sie ihn im sichersten Gefängnis eingesperrt. Es erfüllte ihn mit Stolz, es trotzdem geschafft zu haben. Wir müssen es schaffen, sprach er sich Mut zu, wir haben die Flucht geschafft, wir müssen uns in Sicherheit bringen. Für uns, für unsere Freunde, für die, die noch sitzen, für unsere Familien, für die, die uns in ihre Gebete einschließen. Wir müssen alle Hebel in Bewegung setzen.

Er war todmüde. An dem fluoreszierenden Zifferblatt seiner Uhr konnte er sehen, dass er über zwei Stunden auf und ab gegangen war und kehrte zu den Freunden zurück.

«Niemand zu sehen, oder?», fragte Bekir.

«Nein, niemand zu sehen.»

«Es ist schon ziemlich spät.»

«Ja, recht spät.»

«Und eisig kalt.»

«Ja, nicht einmal Gehen wärmt einen.»

Er steckte die Hände in die kleinen Vordertaschen seiner Weste und setzte sich zu ihnen. Es war zwei Uhr. Die beiden anderen waren immer noch nicht zurück. Die Freunde lagen eng aneinandergeschmiegt und warteten. Der unaufhörlich wehende Wind ließ sie zittern wie Espenlaub. Ihre Kleidung war dünn. Vor dem Ausstieg aus dem Tunnel hatten sie alles dagelassen, was sie behindern könnte. Şahin trug nur ein sommerliches Hemd, eine dünne Weste und eine leichte Cordhose.

«Die kommen wohl nicht zurück. Ob ihnen was zugestoßen ist?» Die optimistischste Antwort darauf war, dass es noch Zeit war, aber als der Tag anbrach, glaubte das niemand mehr.

Sie standen auf, bewegten ihre Glieder und fragten sich, was sie tun sollten. Es gab keine andere Möglichkeit, außer sich nicht von der Stelle zu rühren und hier auf sie zu warten. Der Tag brach an. Diesmal wählten sie ein anderes Feld, in dem sie sich eingruben. Die Hubschrauber ließen nicht lange auf sich warten. Kein einziger Vogel war mehr zu sehen. Ohne zu begreifen, was vor sich ging, waren sie in andere Gefilde geflohen. Das Dröhnen der Hubschrauber war widerlich. Heute war Şahin noch unruhiger als gestern, schließlich konnten die beiden gefasst worden sein und ihren Aufenthaltsort unter der Folter verraten haben. Er hatte das Gefühl, dass die Hubschrauber sich nun auf sie stürzten. Aber nein! Sie flogen über das Gebirge. Im Feld zu liegen, war heute noch unangenehmer. Der Magen knurrte, der Durst war unerträglich und der schwitzende Körper glühte unter der unbarmherzigen Hitze. Als es endlich Abend wurde und sie das Feld verließen, wollten alle nur eins: «Wir müssen umgehend Wasser finden.»

Trotz allem waren sie voller Hoffnung. Es war unwichtig, dass sie abends vor Kälte mit den Zähnen klapperten und vom ewigen Liegen steif waren. Hauptsache, sie hatten einen weiteren Tag überstanden. Bis zum Einbruch der Dunkelheit waren die Hubschrauber herumgeflogen.

«Zwei von uns bleiben hier», entschied Şahin. «Falls die beiden nicht erwischt wurden, kehren sie vielleicht hierher zurück. Die anderen gehen Wasser suchen.»

Bis zwei Stunden vor Sonnenaufgang wollten sie warten. Wenn die beiden dann immer noch nicht zurück wären, würden sie das Versteck verlassen. Vier machten sich auf den Weg. Um keine Spuren zu hinterlassen, bewegten sie sich so lange wie möglich durch Felder und Ackergräben. Die Rinnen waren ausgetrocknet. Jeder Baum, den sie im Dunklen ausmachten, weckte die Hoffnung, essbare Früchte zu finden, aber sie wurden immer enttäuscht.

Was ist das nur für ein seltsamer Landstrich, dachte Şahin. Kein Obst weit und breit. Und dann singen sie in dem Lied: Ich bin nun in Erzincan, welch schöne Haine. Wo sind denn diese Haine? Ach, wenn wir jetzt bei uns wären! Die Frühkirschen wären schon rot. Du fändest sie überall. Ein paar Birnen wären ebenfalls schon reif. Was für eine Freude, Kirschen vom Baum zu essen! Wann würde er es wieder tun können?

Vor ihnen tauchte ein Kanal auf. Obwohl das Wasser sehr trüb war, schöpften alle mit den hohlen Händen begierig daraus. Allein die Zunge und die Lippen zu benetzen, war wohltuend. Etwas weiter vorn entdeckten sie drei kleinere Sträucher am Kanal. Sie überlegten, ob sie sich darin verstecken könnten. Sie müssten nicht mehr den ganzen Tag regungslos herumliegen und nur den Kopf herumdrehen, um etwas zu trinken. Doch das Gestrüpp war ziemlich mickrig. Würde jemand am Kanal entlangkommen, könnte er sie ohne Weiteres sehen. Weiter unten floss ein Bach. Auf der anderen Seite waren vereinzelt Lichter von einem Dorf zu sehen. Plötzlich blendeten die Scheinwerfer eines Autos auf, das auf der Dorfstraße losfuhr. Sie konnten nicht erkennen, ob es ein Jeep war. Das Fahrzeug fuhr sehr langsam. Dann erloschen die Autolichter wieder. Einige Minuten später fuhr der Wagen weiter, um kurz darauf zurückzukehren. Die Scheinwerfer gingen wieder aus und sie beobachteten angestrengt, was dort vor sich ging.

«Bestimmt eine Streife.»

«Die suchen uns.»

«Garantiert.»

«Das bedeutet, dass sie alle Straßen bewachen.»

Sie stiegen zum Bach hinunter, wuschen sich Hände, Füße und Gesicht und tranken so viel Wasser, wie sie konnten. Als sie an ihre Lagerstätte zurückkamen, gingen auch die anderen zum Bach. Ein eisiger Wind pfiff unaufhörlich durchs Tal. Es war, als schneide ein scharfes Messer in ihr Fleisch. Zitternd standen sie herum und warteten. Die beiden waren immer noch nicht wieder da. Es waren noch zwei Stunden bis Tagesanbruch. «Was nun?» Der Wind riss die Frage fort, wirbelte sie über das Tal und brachte sie zurück. «Warten wir noch eine Stunde. Dann gehen wir zu dem Gestrüpp am Kanal. Selbst wenn wir uns sofort auf den Weg machen würden, kämen wir nicht mehr weit.»

«Gut, aber wenn dort Leute vorbeikommen, sehen sie uns sofort.» Niemand vermochte zu widersprechen. Aber sie waren es leid, ruhig im Feld herumzuliegen, ohne etwas zu trinken zu haben, und so versteckten sie sich im Gestrüpp. Sie hatten die Hoffnung aufgegeben, die beiden anderen wiederzusehen. Entweder waren sie gefasst worden oder sie hatten sich heillos verirrt. Der Wagen bewegte sich wieder auf der Dorfstraße, wie eine hinterhältige Schlange. Schweigend beobachteten sie ihn eine Weile. Als das erste Sonnenlicht die Dunkelheit durchbrach, verbargen sie sich in Zweiergruppen im Gebüsch. Die Dornen zerkratzten ihnen Gesicht und Hände und sie konnten sich weder ausstrecken noch aufrichten. Ständig schaute irgendein Arm oder Bein heraus. Trotzdem hatten sie es hier besser als im Weizenfeld.

Wieder vertrieben die Hubschrauber die Vögel. Wie sie die Vögel beneideten. Sie selbst konnten nicht einmal die Nase hinausstrecken. Die Hubschrauber kreisten die ganze Zeit über dem Tal, außerdem noch ein Segelflugzeug, das abseits das Gebirge überflog, vermutlich ein Aufklärungsflugzeug. Es blieb lange außer Sichtweite. Woher sollten die Fahnder auch wissen, dass sie am dritten Tag ihrer Flucht immer noch auf der Stelle traten? Nach einer Weile kümmerten sie sich nicht mehr darum. Sie sahen nicht einmal auf, wenn die Hubschrauber über ihren Köpfen schwirrten. Hunger und Hitze machten sie fertig. Sie fielen immer wieder in eine Art Dämmerzustand. Wenn sie Durst hatten, streckten sie den Kopf hinaus und tranken aus dem Kanal. Weil die Sonne unbarmherzig brannte, steckten sie die Köpfe gelegentlich unter Wasser.

«Was macht ihr da?» Es kam ihnen vor, als sei eine Bombe über ihnen eingeschlagen. Şahin spähte in die Richtung, aus der die Frage gekommen war. Ein alter Mann, an die 70, stand neugierig vor dem Gebüsch, in dem Sebahattin und Fethi kauerten.

Fethi antwortete ruhig: «Nichts. Wir haben das Feld bewässert und sind hier im Schatten, um uns abzukühlen.»

«Wer seid ihr?»

«Wir sind aus dem Dorf da drüben», antwortete Fethi.

Der alte Mann beobachtete sie noch eine Weile. Dann trottete er davon. Es war erst ein Uhr mittags. Noch sieben Stunden bis zur Dunkelheit.

«Was machen wir jetzt?»

«Ob er uns verraten wird?»

«Wir müssen hier verschwinden!»

Nach kurzem Zögern fassten sie den Entschluss, aufzubrechen. Die Hubschrauber waren gerade außer Sichtweite. «Gemeinsam kommen wir nicht weit. Wir sollten uns in Zweiergruppen aufteilen. Dann fallen wir weniger auf.» Bisher hatten sie überhaupt nicht daran gedacht, sich zu trennen. Jetzt aber mussten sie es tun. Sie hatten nicht einmal Zeit, sich in aller Ruhe zu verabschieden. Hastig umarmten sie sich. Auf keinem Gesicht war auch nur ein Schimmer von Zuversicht. Dennoch versuchten sie zu lächeln und wünschten einander Glück.

Jede Gruppe würde eine andere Richtung nehmen. Zuerst trennten sich Bekir und Şahin. Sie gingen entlang des Kanals parallel zum Bach unterhalb der Böschung. Mit eiligen Schritten, halb im Laufschritt. Die Hubschrauber konnten jeden Augenblick wieder auftauchen. Was könnten sie dann noch tun? Nichts, außer darauf zu hoffen, für Bauern gehalten zu werden. Und wenn sie Verdacht schöpften und sie verfolgten?

Sie hatten gerade einmal 200 Meter zurückgelegt, als auf der anderen Seite des Bachs ein Militärfahrzeug auf der Straße auftauchte. Sie duckten sich. Der Transporter hielt genau an der Stelle, wo sie sich versteckt hatten. Zwei Soldaten stiegen aus und gingen am Bach entlang. Bekir und Şahin versteckten sich hinter einer niedrigen Dornenhecke am Kanal. Wenn weiter vorn ebenfalls Soldaten waren, sind wir geliefert, dachte Şahin leise fluchend. Ehrloser Scheißkerl! Bestimmt ist der Alte auf der Stelle zur Gendarmerie gerannt. Selbst eine Schlange eilt einer Taube, die sich im Dornengestrüpp verfangen hat, zur Hilfe. Und gleich werden die Hubschrauber kommen. Das war's dann!

Sechsundzwanzig.
Damals in Aybasti (8)

Wie sehr sie die Faschisten unterschätzt hatten! Dabei hatte es genügend warnende Stimmen gegeben, auch in Fatsa. Aber sie hatten sie alle in den Wind geschlagen und sich stark gefühlt. Weit gefehlt! Die Repression zeigte in kürzester Zeit Wirkung. Ab Mitte November, als die Blätter fielen, wussten sie überhaupt nicht mehr, wo sie sich tagsüber noch verstecken sollten. Sie hatten nicht einen einzigen sicheren Unterschlupf. Es waren die schrecklichen Tage nach dem Überfall auf die Gendarmeriestation. Hubschrauber kreisten über der ganzen Gegend. Die Razzien nahmen kein Ende. Die Dorfbewohner wurden mit Kolbenhieben und Schlägen auf die Fußsohlen gefügig gemacht, damit sie Revolutionäre verrieten. Damit Flüchtige sich stellten, wurden Angehörige tagelang in Polizeigewahrsam festgehalten. Es gab zahlreiche Festnahmen, und nur wenige blieben verschont.

Die Nachricht, dass das Dorf gestürmt werden sollte, erhielten sie rechtzeitig, doch wohin konnten sie gehen, wo Unterschlupf finden? Ihnen blieb kaum Zeit zur Flucht. Die meisten Leute hatten höllische Angst und weigerten sich, sie aufzunehmen. Familien, die sie willkommen hießen, waren polizeibekannt und mussten jederzeit mit Durchsuchungen rechnen. Dabei hatte das Dorf vier Monate zuvor noch geschlossen an der Kundgebung zum 15. Juli teilgenommen. So sah es in der ganzen Region Aybastı aus. Die große Unterstützung durch das Volk war vorüber. Was war mit den Menschen geschehen? Die Linke hatte vor dem 12. September geglaubt, eine Militärregierung verhindern zu können, aber sie hatte sich getäuscht. Tatsächlich war die Bewegung genauso schnell zusammengebrochen, wie sie gewachsen war: Wie ein entwurzelter Baum. Vor Kurzem hatte die Linke noch Millionen hinter sich und plötzlich Millionen gegen sich. Mit der Forderung nach Demokratie, Gleichheit, Freiheit, gerechtem Lohn hatte sie die politische Bühne betreten und in kurzer Zeit enormen Zuspruch erhalten. Um ihr weiteres Erstarken zu verhindern, war ihr mit harter Repression und Terror begegnet worden. Die Linke antwortete darauf mit Waffengewalt. Zwar konnte sie sich dort, wo sie zur Massenbewegung geworden war, erfolgreich gegen den faschistischen Terror wehren und gewann einige Hochburgen zurück. Doch der Terror war staatlich gefördert. Die Regierung der Nationalen Front, Millionen MHP-Militante, Polizei und Gendarmerie, der Geheimdienst MIT, alle arbeiteten Hand in Hand. Es war nicht einfach, ihnen die Stirn zu bieten. Es gab Provinzen, Kreisstädte, Dörfer, Schulen, Betriebe, zu denen MHP, Polizei und Gendarmerie keinen Zugang hatten, andere standen dagegen unter ihrer Kontrolle. Linke hatten dort keine Chance und mussten um ihr Leben fürchten. So blieb die Linke für Millionen Arbeiter, Bauern, Angestellte, Händler, Handwerker und Jugendliche per se ‹Vaterlandsverräter, Feinde von Moral, Ehre und Sicherheit an Leib, Leben und Besitz›. Bürgerkrieg und Terror erzielten die gewünschte Wirkung, der Zulauf zur linken Bewegung wurde gebremst und die Linke in eine nahezu ausweglose Situation getrieben. Als die Armee die Macht an sich riss, um sie zu vernichten, konnte sie auf Millionen zählen. Die Linke hatte ihre Verankerung im Volk überschätzt. Tatsächlich hatte die Gegenseite zuerst zur Waffe gegriffen, die Linke musste sich verteidigen und war gezwungen, zu den gleichen Mitteln zu greifen. Auch wenn man die Unerfahrenheit und ihren Zorn angesichts der unfassbaren Dimension der Gewalt berücksichtigen musste, trug sie die Verantwortung für Aktionen, die die Grenze der legitimen Verteidigung überschritten und für die es keine humane Rechtfertigung gab. Einfache APler* wurden zusammengeschlagen, einfache MHPler ermordet und Parteigebäude der Rechten, Banken und Polizeistationen wahllos bombardiert. Indem sie Gewalt jenseits legitimer Grenzen anwandte, begünstigte die Linke den von der Gegenseite ersehnten Militärputsch. Die Linke, die für einen demokratischen Aufbruch stand, hatte eine antidemokratische Haltung an den Tag gelegt. Wenn sie einfache Anhänger von Rechten und Unparteiische zur Zielscheibe machte, unterschied sie sich kaum noch von der Bourgeoisie. Um den finanziellen Bedarf zu decken, forderten Linke Geld von Händlern, Kaufleuten, Angestellten und Lehrern. Diese Praxis der Geldbeschaffung nahm zum Teil Formen von Schutzgelderpressung an und widersprach der eigenen ethischen Haltung. Sie ignorierten oder missachteten die Angst der Menschen und ihre Verwünschungen: «Mögen sie daran ersticken. Möge Gott sie dafür bestrafen.» Diese Verängstigten und Eingeschüchterten betrachteten den Militärputsch als Erlösung und wurden zu freiwilligen Soldaten der Militärs. Sie waren trojanische Pferde in den linken Hochburgen.

Und da waren noch die Speichellecker, die ihr Fähnchen nach dem Wind hängten und sich immer auf die Seite der Mächtigen schlugen. Diese Opportunisten hatten sich als die glühendsten Revolutionäre gebärdet, waren bei Demonstrationen in der ersten Reihe gestanden, hatten bei Versammlungen die radikalsten Reden gehalten, großzügig gespendet und waren immer gastfreundlich gewesen. Dabei waren sie die Ersten, die nach dem 12. September für Militär und Polizei arbeiteten. Beispielsweise die Gemeinde Kabalı. Sie hatten sich dort stark engagiert, ihre Wege mit Kies aufgeschüttet und als die Razzien begannen, haben Leute aus dem Dorf sofort Jagd auf Revolutionäre gemacht. Einen demokratischen Lehrer aus Aybastı, der bei den Straßenarbeiten dabei war, hatten sie auf der Straße krankenhausreif geschlagen. Selbstverständlich waren das nur Einzelfälle. In ihren Hochburgen unterstützten die meisten Menschen die Linke aus Überzeugung. Die Armee hatte mit Hunderttausenden von Soldaten die Macht an sich gerissen und ihnen den Krieg erklärt. ‹Das Militär kennt keinen Spaß›, hieß es. Und so war es auch. Die Linke konnte der Repression nichts entgegensetzen.

Der Morgen dämmerte. Sie liefen Gefahr, auf diesem Hügel festzusitzen. Plötzlich erinnerte sich Şahin an den Hirten. Der Mann hatte vor den Razzien an keiner einzigen Versammlung oder Kundgebung teilgenommen und stand deshalb wahrscheinlich nicht unter Beobachtung. Sein Haus war bisher nie durchsucht worden. Sie hatten sich durch einen Zufall kennengelernt. Als Şahin eines Abends vor seinem Haus von Hunden angegriffen wurde, war der Mann herausgekommen, hatte sie beruhigt und ihn zum Essen eingeladen. Er hatte nur die Grundschule besucht und keine andere Welt gesehen als sein Dorf, die wirtschaftliche und politische Situation, in der sich das Land befand, aber derart treffend und klug analysiert, dass Şahin sich nur wunderte. «Niemand versteht euch besser als ich, Şahin Hoca», hatte er beim Abschied gesagt. «Wenn du einmal nicht weißt, wohin, komm zu mir. Mein Haus ist dein Haus.» Şahin machte sich mit den Genossen auf den Weg.

Siebenundzwanzig.
Die Tage der Flucht (1)

In etwa 100 Metern Entfernung führte eine Brücke über den Bach. Dort standen zwei Männer, unterhielten sich, ohne sie zu beachten, und gingen ein wenig weiter. Kurz darauf kam ein Wagen an ihnen vorbeigefahren. Er war so unvermutet hinter einer Kurve aufgetaucht, dass ihnen nichts anderes übrig blieb, als so ruhig wie möglich weiterzugehen. Der Fahrer hupte kurz zum Gruß. Er hatte also keinen Verdacht geschöpft. Wie schön, bei gutem Wetter über saftig grüne Wiesen zu gehen und durchs Wasser zu waten! Şahin genoss das erste Mal wieder die Schönheit der Natur. Wenn nur die Hubschrauber nicht wären, die über ihren Köpfen schwirrten und keine Soldaten, die überall nach ihnen suchten. Wie schön wäre es, wenn sie das Wasser aufstauen und darin schwimmen könnten! Schön wär's! Ein einziger Mensch hatte sie zu Gesicht bekommen und war schnurstracks zur Polizei gelaufen. Auch wenn es schon der dritte Tag seit der Flucht war, konnten sie doch jeden Augenblick gefasst oder erschossen werden. Damals in Artvin waren sie am dritten Tag bereits in Sicherheit gewesen. Ihr Unterschlupf war rund um die Uhr von Genossen bewacht und bei der geringsten Gefahr waren sie sofort in ein anderes Versteck gebracht worden.

Am anderen Ufer des Bachs entdeckten sie eine Baumgruppe. Sie liefen hinunter zum Bach, krempelten die Hosenbeine hoch und stiegen ins Wasser. Dann machten sie es sich unter den Bäumen gemütlich. Hier waren sie vor den Hubschraubern und vor zufällig vorbeikommenden Leuten sicher.

«Um ein Haar hätten sie uns erwischt.»

«Das Glück ist wirklich auf unserer Seite.»

«Ob die Anderen ebenfalls so viel Glück haben?»

«Das wissen wir nicht.»

Nach dem anstrengenden Marsch war der Hunger kaum noch zu ertragen, aber weit und breit keine Obst- oder Gemüsegärten. Jenseits des Bachs waren Bauern in ihren Feldern beschäftigt. Şahin beobachtete sie wehmütig. So vergingen Stunden. Als es Abend wurde, machten sie sich wieder auf den Weg. Doch sie wussten nicht, welche

Richtung sie einschlagen sollten. Vor ihnen war nichts als Finsternis, der Mond noch nicht aufgegangen. Später sahen sie die Lichter der Landstraße, die meisten Fahrzeuge waren vermutlich Militärstreifen. «Was denkst du, was das ist?», fragte Bekir plötzlich und deutete auf eine weit entfernte hell erleuchtete Stelle an der Straße nach Sivas.

«Eine Ortschaft oder…?»

«Vielleicht eine Raststätte oder ein Motel, vielleicht gibt es da etwas zu Essen.»

«Du hast recht. Gehen wir dahin.»

Zwei geschlagene Stunden waren sie schon unterwegs. Sie gingen an Feldrändern und Brachland entlang, um keine Spuren zu hinterlassen. Je länger sie gingen, desto weiter schien sich ihr Ziel zu entfernen.

Wenn sie Straßen überqueren mussten, spähten sie vorsichtig erst nach links und rechts, ob irgendwo eine Militärstreife lauerte. Dann rannten sie so schnell wie möglich und schlugen sich in die Büsche. Einige Male fanden sie Zwiebelfelder. Schon der Anblick ließ sie erschaudern. Nicht auszudenken, was sie ihren leeren Mägen damit antun würden. Dann erreichten sie endlich die Landstraße. Es war viel Verkehr. In beiden Richtungen fuhren LKWs, Busse, Personenwagen, Kleinbusse, eine wahre Lichterflut. Es kam ihnen vor, als seien sie aus einer Wüste in eine Oase geraten. Entzückt betrachteten sie den Verkehr.

«Jetzt müsste man einfach in ein Auto einsteigen können.»

«Und wie im Flug von hier wegkommen.»

«Weit weg!»

«Ganz weit weg!»

Doch nach höchstens zwei Kilometern würden sie von einer Verkehrskontrolle geschnappt. So verabschiedeten sie sich von ihren Träumereien und gingen etwa 70 Meter parallel zur Landstraße. Der Mond war inzwischen aufgegangen. Sie mussten achtgeben, nicht von den Autos bemerkt zu werden. Kurze Zeit später gelangten sie an eine Gabelung. Dort stand ein Straßenschild: «Erzincan 10 Kilometer.»

«Wie peinlich! Wir sind in drei Tagen gerade einmal zehn Kilometer vom Gefängnis weggekommen», sagte Şahin frustriert. Die Straße in den Norden führte über Gümüşhane nach Trabzon an die Schwarzmeerküste. Şahin wusste aus dem Atlas, dass die Entfernung zwischen Gümüşhane und Erzincan 110 Kilometer betrug. Sie folgten jetzt der

Landstraße Erzincan-Sivas. Der Verkehr hatte nachgelassen. Einige auffallend langsam fahrende Fahrzeuge beunruhigten sie.

«Es sind bestimmt Polizeiwagen. Was meinst du? Ob wir im Mondschein zu erkennen sind?»

«Wohl kaum! Sonst hätten sie uns längst gesehen.»

«Ganz schön weit weg, diese verdammte Raststätte!»

«Und wir haben gedacht, wir brauchen höchstens eineinhalb Stunden bis hierher.»

«Ich bin völlig durchgeschwitzt.»

«Ich auch.»

Der Wind war unangenehm. Sie froren, waren todmüde und die Beine waren kurz davor, ihren Dienst aufzugeben. «Hoffentlich finden wir hier wirklich etwas zu essen!»

Als vor ihnen endlich das hell erleuchtete Gelände auftauchte, atmeten sie erleichtert auf.

Zu dem Komplex gehörten drei unterschiedlich große Gebäude. Obwohl innen und außen Licht brannte, konnten sie nicht erkennen, um was es sich handelte.

«Ich denke, eine Raststätte für Reisebusse.»

«Es ist eine Raststätte mit Restaurant.»

«Wir sollten uns so verhalten, als wäre es eine Polizeistation.»

Am Wegrand konnten sie schemenhaft einige Büsche erkennen. Sie benutzten sie als Deckung, um die Lage zu checken, bereit, bei der geringsten Gefahr wegzurennen. Auf der linken Seite befand sich eine Tankstelle, rechts daneben eine unbeleuchtete Baracke, eine Art Kiosk, weiter rechts ein hohes Gebäude. Plötzlich hörten sie ein leises Murmeln. Sie sahen sich um. Wenige Meter hinter ihnen kauerten in einer flachen Kuhle einige Gestalten. Soldaten? Ihre Herzen schlugen bis zum Hals. Şahin wollte gerade davonrennen, als er sie deutlich ihre Namen rufen hörte. Es waren ihre Freunde. Wer sollte sie sonst im Dunkeln erkennen? Sie fielen sich in die Arme.

«Das gibt's doch nicht!»

«Wer hätte gedacht, dass wir uns noch einmal wiedersehen!»

«Was für ein Glücksfall!»

«Seit wann seid ihr hier? Was macht ihr hier? Wo ist eigentlich Fethi?»

«Er ist in der Gaststätte.»

«Was!?»

«Er ist schon 20 Minuten da drin und müsste gleich wiederkommen.»

«Ich gehe auch einmal da rein», sagte Bekir und zog los, ohne dass die anderen etwas dazu sagen konnten.

«Als wir die Lichter sahen, haben wir uns sofort auf den Weg hierher gemacht.»

«Wir auch. Der Hunger hat uns also wieder zusammengeführt.»

«Wir haben uns ja nie getrennt», antwortete Sebahattin.

Şahin wunderte sich: «Wie bitte?»

«Im gleichen Moment, als wir gestern hinter euch hergehen wollten, entdeckten wir die Militärstreife. Daraufhin versteckten wir uns weiter hinten im Gebüsch. Das Kommando bestand aus einem Dutzend Soldaten und sie suchten gezielt das Dornengestrüpp ab. Als sie endlich wieder weg waren, haben wir ein geeignetes Versteck gesucht. In der Nähe einer Siedlung mussten wir an einer Gruppe von Leuten vorbei, die vor ihrem Haus saßen. Wir grüßten und gingen schnell weiter, aber einer der Kerle heftete sich an unsere Fersen, wohl der Dorftrottel. Wir waren froh, als er endlich abhaute. Dann haben wir einen Rohbau gefunden und wir blieben dort bis zum Abend. Diese Klamotten haben wir mitgehen lassen», meinte er stolz. «Ein Geschenk Gottes.»

«Bauarbeiterklamotten», fügte Ayhan hinzu. «Jeder hat sich eine passende Jacke ausgesucht. Wenn wir gewusst hätten, dass wir euch hier wieder treffen, hätten wir für euch auch welche mitgenommen.»

Aus dem Dunkeln näherte sich eine Gestalt. Es war Fethi. Sie fielen ihm freudig um den Hals. In den Händen hielt er drei halbe Brote, aus denen der Duft von gegrilltem Fleisch drang. Der Geruch stieg in ihre Nasen. Ich habe noch nie im Leben so etwas angenehm Duftendes gerochen, dachte Şahin.

«Bitte sehr, Freunde. Lasst es euch schmecken», sagte er freudig.

«Behalt es. Bekir bringt mir etwas mit», sagte Şahin.

Dann zog Fethi stolz ein Päckchen Zigaretten aus der Tasche. «Du kannst ja schon mal eine rauchen. Wo kommt ihr denn eigentlich her?»

Seine blendend weißen Zähne glänzten, wenn er lachte. Er reichte Şahin eine Zigarette und steckte sich selbst eine an. Dann zog er die Bauarbeiterjacke über den Kopf, ging in die Hocke und beugte den Kopf bis zur Erde. Man hörte nur das Klacken des Feuerzeugs, dann richtete er sich wieder auf. Der Rauch aus seinem Mund schlängelte sich im Mondlicht wie eine Tänzerin. Man hatte nicht einen einzigen Funken gesehen, als er sich die Zigarette anzündete. Şahin hielt die Zigarette in Fethis hohle Hand, um sie anzustecken. Dann zog er den Rauch so tief ein, wie sein Atem reichte.

«Eine Ausländische, oder?»

«Marlboro! Ich habe den Kellner gebeten, mir Zigaretten zu holen. An der Tankstelle gab es offenbar keine türkischen. Das rauchen die alle da drin. Die sind jetzt wohl schwer in Mode. Ich saß gerade beim Essen und wen sehe ich? Da kommt doch tatsächlich Bekir zur Tür herein. Ich bin fast vom Hocker gefallen!»

«Die Vögelchen haben uns gezwitschert, dass Fethi uns zum Abendessen einlädt. Und da haben wir uns auf den Weg gemacht!»

Fethi hatte drei Dosen Bier dabei und reichte Şahin eine.

«Unglaublich, wie sich das Land in der Zwischenzeit verändert hat. Früher gab es weder Marlboro noch dieses Dosenbier hier.»

«Wie macht man das auf?»

Fethi hatte es in der Gaststätte gesehen, nahm Şahin die Dose aus der Hand und riss sie auf.

«Ihr hättet das Lokal mal sehen sollen! Die Leute lassen sich alles Mögliche auftischen, und dann habe ich auch noch ein Video gesehen, das erste Mal in meinem Leben einen erotischen Film mit viel nackter Haut!»

«Und du konntest die Augen natürlich nicht abwenden. Richtig?»

«Ach was! Ich hatte die ganze Zeit alles im Blick, vor allem die Eingangstür. Da hängt ein Plakat mit acht Fotos, mit unseren Fotos wohlgemerkt. Und rechts neben der Gaststätte ist eine Wache der Verkehrspolizei. Ich wollte zuerst umkehren, aber es war zu spät und ihr könnt euch denken, dass ich da drin die ganze Zeit wie auf heißen Kohlen saß.»

«Ist niemand misstrauisch geworden?»

«Glaub ich nicht. Ich habe getan, als wäre ich ein Fernfahrer. Hinter der Gaststätte ist ein riesiger LKW-Parkplatz.»

Dann kam Bekir zurück und gab Şahin grinsend einen halben Brotlaib mit Gegrilltem. «Außerdem habe ich vier Päckchen Zigaretten», sagte er stolz.

Şahin dachte an die Tage nach der Flucht aus dem Artviner Gefängnis. Es war Opferfest, in allen Häusern, wo sie Unterschlupf fanden, wurden riesige Kupferplatten mit gebratenem Fleisch aufgetischt, so viel, dass sie es nicht aufessen konnten.

«Es gibt auf der ganzen Welt nichts Schmackhafteres», sagte Şahin und alle nickten.

«Meins könnt ihr auch gerne haben, Freunde. Ich bekomme es nicht hinunter», sagte Necati. Er fühlte sich immer noch nicht richtig wohl.

«Du musst etwas essen. Versuch es.»

«Nein, es geht nicht. Mir wird übel.»

«Dann heben wir es für später auf.»

Bevor sie weiterzogen, vergewisserten sie sich, dass sie nichts liegen gelassen hatten. Die Zigarettenkippen vergruben sie. Sie beschlossen, entlang der Straße Richtung Sivas zu gehen.

Eine Stunde später endete das Tal. Das Gelände wurde hügeliger. Dann standen sie plötzlich vor einer steilen Felswand. Da hochzuklettern war unmöglich. Die Wand ragte unmittelbar von der Straße in die Höhe. Unterhalb klaffte ein tiefer Abgrund.

Es war nicht mehr daran zu denken, sich an der Landstraße zu orientieren, daran entlangzugehen war ohnehin ausgeschlossen. Es blieb ihnen nur, zum Karasu hinabzusteigen und dem Fluss zu folgen. Dazu mussten sie ans andere Ufer gelangen. Sie zogen sich aus und stiegen ins eiskalte Wasser, das in zwei Flussläufen floss. Dazwischen lag eine Kiesbank. Sie wateten an der breitesten Stelle hindurch. Ihre Kleidung hielten sie über dem Kopf und sie mussten achtgeben, nicht zu fallen. Mit klappernden Zähnen erreichten sie das andere Ufer.

Nun setzten sie ihren Weg entlang der Böschung fort. Nach einer Stunde ging es auch hier nicht mehr weiter. Wieder versperrte ihnen eine steile Felswand den Weg. Die Strömung war sehr stark und klatschte gegen die Felswände. Der Morgen graute, Zeit, ein Versteck zu finden, wo sie den Tag verbringen könnten. Es blieb ihnen deshalb nichts anderes übrig, als umzukehren, zumindest bis zur Dorfstraße, die sich den Berg hochschlängelte. Vielleicht würden sie da eine passende Stelle finden.

Als sie die ersten Serpentinen hinter sich gelassen hatten, standen sie unvermittelt vor einem Haus. Lautlos schlichen sie daran vorbei.

Şahin malte sich aus, wie die Bewohner in ihren warmen Betten wohlig schlummerten und sich vor Tagesanbruch noch einmal liebten. Wie er sie beneidete! Sie mussten das Dorf schnell hinter sich lassen, es wurde langsam hell. Etwas oberhalb fiel ihnen eine kleine, weiße Hütte auf. Es musste ein Wasserdepot oder etwas in der Art sein. Die Tür war mit einem eisernen Vorhängeschloss gesichert. Es hatte keinen Sinn, noch weiter aufzusteigen. Die Felder endeten hier und der kahle Hügel bot keinerlei Versteck. Doch sie hatten Glück. In einem ausgetrockneten Graben fanden sie eine kleine Baumgruppe, die von dichten Sträuchern und Gestrüpp umsäumt war. Hier könnten sie sich vor den Hubschraubern verstecken. Die Bauern würden sie jedoch in jedem Fall sehen. Aber sie hatten keine Wahl. Inzwischen war es taghell. Also blieben sie, wo sie waren.

Sie krochen tief ins Gebüsch. Wenig später hörten sie das Knattern der Hubschrauberrotoren und sie drückten sich noch fester ins Dickicht. Durch die Zweige konnten sie sämtliche über dem Tal kreisenden Hubschrauber sehen. Sie zählten sechs. Dann flogen sie in unterschiedlichen Richtungen weiter, zwei direkt auf sie zu. Doch die Hubschrauber zogen über sie hinweg zum Berg. Es hörte sich an, als landeten sie dort irgendwo. Şahin streckte den Kopf aus dem Busch. «Die Hubschrauber setzen etwas unterhalb vom Gipfel Soldaten ab», raunte er den anderen zu. Sein Herz hämmerte wie wild.

Der Berg war vielleicht 300 Meter hoch. Die Soldaten verteilten sich im Gelände. Die Hubschrauber drehten ab und flogen über ihre Köpfe hinweg ins Tal. Wieder pressten sie sich fest auf den Boden. Şahin sah zu den Soldaten hinüber. Sie begannen im Abstand von einigen Metern den Berg hinabzusteigen. «Die Soldaten kommen», rief er.

Achtundzwanzig.
Damals in Aybasti (9)

Es war eine Woche nach der Razzia im Dorf, Şahin wartete mit drei Genossen an einem Fluss darauf, dass es Abend wurde. Sie waren nur noch zu siebt. Ihre letzten Zufluchtsorte waren von ihren Freunden unter Folter verraten worden. Tagsüber versteckten sie sich nun meistens in einer Hütte, abends gingen sie zu den Bauern, die sie noch unterstützten. Sie überlegten fieberhaft, welches Dorf von den Polizeioperationen bisher verschont geblieben sein könnte. Keinerlei gesicherte Informationen, Vermutungen bestimmten ihre Entscheidungen. Zufälle retteten sie. Aus Fatsa drangen immer neue Meldungen über Tote und Verhaftete. Sie konnten die Nachrichten nicht überprüfen. Sämtliche Verbindungen in die Stadt waren abgebrochen. Auch an diesem Tag waren sie nur davongekommen, weil das Haus, in dem sie sich versteckt hatten, zufällig nicht durchsucht worden war. Das Nachbarhaus hatten Soldaten auf den Kopf gestellt und die Bewohner grün und blau geschlagen. Wie viele Häuser gab es noch, die unverdächtig waren? Die Linke wurde am 12. September in die Illegalität gedrängt, all ihrer legalen Handlungsmöglichkeiten und Strukturen beraubt. Ganz gleich, ob sie sich zum Angriff oder zum Rückzug entschlossen hatten, keine Organisation war imstande, ihre Beschlüsse in die Tat umzusetzen. Es fehlte an allem, an unterirdischen Schutzräumen gegen Hubschrauber, sicheren Häusern, Lebensmittelvorräten. Es gab keine Untergrunddruckereien, keine Fälschernetzwerke für Dokumente. Weder Kuriere noch Landkarten noch Feldstecher. Dabei war das für ein Überleben im Untergrund unerlässlich. Die Linke hatte lediglich von Illegalität gesprochen, angesichts der Massenbewegung, sich aber nicht ernsthaft um die Ausstattung und Ausrüstung gekümmert. Als Tausende noch an vielen Fronten arbeiteten, selbst Flüchtige frei herumliefen, hätte man sie gut mit den Mitteln und Techniken des Untergrunds vertraut machen, Verbindungen herstellen und Stellungen beziehen können. Sie aber hielten es nicht für notwendig, die Polizei zu unterwandern. Wozu brauchten sie Landkarten, wo Hirten sogar an Versammlungen teilnahmen? Sie würden ihnen schon die Gebirgspfade und die Höhlen zeigen, wenn es notwendig war. Und nun? Sie waren gezwungen, für ein Stück Brot hausieren zu gehen, tagsüber einen hohlen Baum zu suchen, um sich vor den Hubschraubern in Sicherheit zu bringen und in den Städten nachts, wenn die Ausgangssperre begann, nach einem Unterschlupf zu suchen. Und die besagten trojanischen Pferde, diese Speichellecker, denunzierten unzählige Genossen. Tag für Tag wurden Hunderte, Tausende verhaftet und gefoltert. Wer waren die Verantwortlichen, wer hatte in welcher Region welche Aufgabe, wer führte wo welche Aktionen durch? Die Geständigen boten Polizei und Militär immer neue Informationen. Und neue Geständnisse führten zu neuen Razzien und weiteren Verlusten.

Die Linke hatte ihre Kontakte zur Anhängerschaft, ihre Stellungen und ihre halbwegs vorhandene illegale Ausrüstung bereits in den ersten Tagen nach dem Putsch eingebüßt und war nun damit beschäftigt, unterirdische Verstecke zu graben, sichere Unterkünfte und neue Kuriere zu finden, um die abgebrochenen Verbindungen wiederaufzunehmen.

Gegen Mittag öffnete plötzlich jemand die Hüttentür, wo sie sich verborgen hielten. ‹Lauft weg, Kinder, lauft weg! Die Besitzer der Hütte haben euch schnarchen hören, als sie Heu holten, sind zum Dorfvorsteher gerannt und der hat es bei der Gendarmeriestation gemeldet. Beeilt euch!› Zunächst waren sie wie angewurzelt im Heu geblieben. Wer war die Frau? Sie hatten sich gegen Morgen hereingeschlichen. Vor den Polizeiaktionen hatten Genossen hier ein paar Versammlungen abgehalten, aber keine bleibenden Kontakte geknüpft. Und wenn es eine Falle war? Die Soldaten wussten, dass Hütten Verstecke sein könnten, und hatten diese Frau möglicherweise vorgeschickt. Aber nein! In ihrer Stimme lag eine Herzlichkeit, die alle Zweifel vergessen ließ. Und unwahrscheinlich klang es auch nicht, was sie sagte.

Şahin reckte den Kopf aus dem Heu. Vor ihm stand eine Frau mittleren Alters, das Gesicht genauso vertrauenswürdig wie ihre Stimme. Sie hielt ihnen einen kleinen Beutel mit Wegzehrung hin. Sie bedankten sich, stürzten aus der Hütte und rannten so schnell sie konnten. Später beobachteten sie aus sicherer Entfernung die Gegend. Von Soldaten keine Spur. Erst gegen Abend, als sie es schon nicht mehr erwarteten, tauchte plötzlich ein Hubschrauber auf und es fielen Schüsse. Şahin kauerte mit seinen Genossen in einem Gebüsch. Der Hubschrauber verschwand wieder aus ihrem Gesichtsfeld, würde sie bei der nächsten Runde aber gewiss aufstöbern.

Kurz darauf tauchte am Rande des Dorfes eine große Kommandoeinheit Soldaten auf. Es wurde Abend, allenfalls eine Stunde noch, bis es dunkel wurde. Und in diesen sechzig Minuten könnten sie sechzigmal gefasst werden. Die Soldaten umstellten etwas weiter oberhalb zwei Häuser und drangen in die Gebäude ein. Danach würden sie wahrscheinlich geradewegs zu ihrem Gebüsch kommen. Das Gebirge würden sie nicht überprüfen, schließlich hatten sie es seit Tagen mit den Hubschraubern Zentimeter für Zentimeter abgesucht. Das war's, dachte Şahin. Mit gerade einmal 23 Jahren getötet zu werden, schien ihm ein wenig zu früh.

Neunundzwanzig.
Die Tage der Flucht (2)

Die Soldaten schwärmten auf der gesamten Breite des Hügels aus und gingen, die Gewehre in der Hand, aufeinander zu und wieder zurück. Waren sie verraten worden, fragte sich Şahin. Wurden sie gerade umstellt? Eigentlich konnte sie niemand gesehen haben, und wenn es keine Anzeige gegeben hatte, war ihre Lage nicht völlig aussichtslos. Dann wären bestimmt mehr Hubschrauber aufgetaucht. Sollten die Soldaten weiter herabsteigen, wären sie in akuter Gefahr. Wahrscheinlich war unterhalb von ihnen ebenfalls alles umstellt und sie saßen in der Falle.

Die Hubschrauber überflogen in einem fort das Tal, durchkämmten die Gebirgsausläufer, flogen die Gipfel an und verschwanden dahinter. Meistens kreisten sie dort, wo Şahin und seine Freunde ausharrten. Manchmal kamen sie zu dritt oder viert und entfernten sich, einmal über den Fluss, einmal über die hinteren Berge aus Richtung Sivas. Es kam ihnen vor, als flögen sie knapp 20 Meter über ihnen hinweg, einen Steinwurf entfernt gewissermaßen. Wieder und wieder ermahnten sie einander.

«Nur nicht rauchen, wenn sie über uns kreisen.»

«Und nur nicht die Zweige bewegen.»

«Gehen wir ihnen nicht in die Falle.»

«Sie könnten solche Plätze auch aufs Geratewohl beschießen.»

«Selbst wenn sie eine Bombe abwerfen, rühren wir uns nicht vom Fleck.»

Als die Hubschrauber sich wieder etwas entfernt hatten, steckte Şahin den Kopf hinaus, um die Soldaten zu beobachten. Er zündete sich eine Zigarette an. Es war Mittag, die Sonne stand bereits hoch. Selbst durch das dichteste Geäst drangen Sonnenstrahlen. Unten im Tal erstreckte sich Grün, soweit das Auge reichte und das Goldgelb der Sonne blendete.

Es war schön, frei zu sein, in der Natur, aber sie waren mitten in einem riesigen Gefängnis, dachte Şahin. Zu ihrer Rechten das Munzur-Gebirge, zum Schwarzen Meer hin das Kop-Gebirge, vor ihnen ein Gebirgszug, dessen Namen er nicht kannte, hinter ihnen eine steil ansteigende, von Felsen gesäumte Hügellandschaft. Der Anblick der schneebedeckten Gipfel hatte ihn in den Wintermonaten im Gefängnis immer mit dem Drang nach Freiheit erfüllt. Jetzt wirkten die nackten Gipfel und Kuppen wie Gefängnismauern.

Gegen Abend kamen die Hubschrauber wieder näher, als wollten sie auf ihren Köpfen landen. Doch sie sammelten die Soldaten im Gebirge ein und verschwanden. Nun war die Landschaft in Dunkelheit gehüllt.

Erleichtert krochen sie aus dem Gebüsch. Doch sie hatten wieder einen Tag vergeudet. Als sie noch beratschlagten, welche Richtung sie einschlagen sollten, eröffnete Necati ihnen, dass er auf eigene Faust weiterziehen werde. Auch wenn es ihm nach der heutigen unfreiwilligen Ruhepause besser ging, klagte er noch immer über Übelkeit und Schmerzen. In diesem Zustand wollten sie ihn natürlich nicht seinem Schicksal überlassen. Aber Necati blieb hart. «In dieser Verfassung kann ich unmöglich mit euch mithalten. Alleine werde ich mich besser fühlen und mich irgendwie durchschlagen.»

Womöglich hatte er recht. Auch wenn es ihnen schwerfiel, durften sie ihn nicht davon abhalten. Sie wünschten ihm viel Glück und verabschiedeten sich mit festen Umarmungen. Auf einen Ast gestützt, verschwand Necati in der Dunkelheit.

Die anderen beschlossen umzukehren. Die vor ihnen liegenden Berge waren zu hoch und zu kahl. Sie würden mindestens drei Tage dafür brauchen und dort tagsüber kein Versteck finden. Sie wollten deshalb zur Abzweigung nach Gümüşhane gehen und versuchen, an der Straße einen steilen Anstieg zu finden, wo die Laster langsamer fuhren, um auf die Ladefläche aufzuspringen. Dort wären sie vor den Soldaten sicher. Schließlich würden sie nicht jeden Laster durchsuchen.

Gegen Mitternacht erreichten sie endlich die Abzweigung. Zeit genug, um bis zum Morgengrauen der Landstraße nach Gümüşhane zu folgen. Ein paar hundert Meter weiter war ein Dorf zu sehen. Nun wurde die Straße steiler. Bekir ertastete am Wegesrand die Zweige eines Baumes und hatte plötzlich unreife Aprikosen in der Hand. Sie freuten sich darüber wie Schneekönige. An der Schwelle der verheissungsvollen Tür, die sich in Richtung Schwarzes Meer auftat, hatten sie endlich etwas gefunden, das ihre Mägen beruhigen würde. Sie stopften die sauren Früchte in ihre Taschen und ermahnten sich gegenseitig, die Kerne zu vergraben.

Auf einem Ortsschild stand «Yalnızbağ» und sie setzten sich unterhalb des Dorfes auf einen abgelegenen Platz unter die Bäume. Die Augen auf die Dorfstraße geheftet, warteten sie mit den Aprikosen im Mund auf einen Laster, der sie zum Schwarzen Meer bringen würde. Vergeblich. Als der Morgen dämmerte, saßen sie immer noch da, zitternd wie Espenlaub. Sie schmiegten sich eng aneinander, um sich vor dem kalten Wind zu schützen. Doch das brachte nichts. Der Wind kroch dem Ersten unter die Jacke, zog weiter zum Nächsten und vom Rücken des Letzten wieder davon.

Die Straße nach Gümüşhane war wenig befahren. Höchstens einmal in der Stunde kam ein Wagen vorbei, überwiegend PKW, Jeeps oder Busse. Nur drei Lastwagen waren in dieser Zeit vorbeigefahren, aber sie hatten sie verpasst. Die Stelle war nicht steil genug und die LKWs rasten fast so schnell wie auf gerader Strecke. Einmal war ein Militärjeep ins Dorf gefahren. Die Kälte hatte sie so sehr eingeschläfert, dass sie ihn nicht rechtzeitig gesehen hatten. Wie bei jedem herannahenden Wagen hatten sie erwartungsvoll die Köpfe gereckt, und als sie merkten, dass es ein Jeep war, gruben sie die Gesichter tief in den Rücken des Anderen.

Zitternd vor Kälte richteten sie sich auf. Es war höchste Zeit, sich aus dem Staub zu machen. Auf dem Hinweg hatten sie in der Nähe ein Feld mit hohen Halmen entdeckt. An der Kreuzung der beiden Landstraßen stand nun ein Polizeiwagen mit Blaulicht, daneben ein Panzer. Sie behielten sie im Auge und schlugen sich schnell ins Kornfeld. Ein Reisebus, der aus Richtung Sivas kam, wurde angehalten. Weniger als einen Kilometer von der Polizeisperre entfernt, stiegen sie in ihre kühlen Betten. Der Tag erwachte.

Den ganzen Tag verbrachten sie dort regungslos. Bei Einbruch der Dunkelheit rieben sie ihre steifen Glieder, überglücklich, einen weiteren Tag überstanden zu haben. Nun lag eine lange Nacht vor ihnen, Zeit genug, einen Lastwagen zu finden. Als niemand mehr auf der Straße war, liefen sie los und legten sich einen halben Kilometer oberhalb des Dorfes auf die Lauer. Hier war die Straße steil genug, so dass die Lastwagen ihr Tempo drosseln mussten.

Die meisten Fahrzeuge waren PKW oder Kleinbusse und verkehrten wohl als Sammeltaxis zwischen den Dörfern. Dann kam ein Militär-Pick-up vorbei. Völlig unbeeindruckt sahen sie ihm nach. Sie wären sowieso diese Nacht auf und davon. Doch zwei Stunden lang kam kein einziger Lastwagen vorbei. Was war das für eine Transitstrecke? Wenn Ministerpräsident Özal über den enorm gestiegenen Im- und Export schwadronierte, war das offensichtlich nur Gerede. Bis weit nach Mitternacht fuhren gerade einmal zwei Lastwagen vorbei. Sie waren zu schnell, um aufzuspringen. Ihre anfängliche Skepsis hatte sich in Hoffnungslosigkeit verwandelt.

Außerdem blies der Wind stärker als in den vorherigen Nächten. Sie beneideten die Menschen, deren Köpfe an den Scheiben der Reisebusse lehnten und schliefen. Wenn Şahin mit Gönül reiste, legte sie immer ihren Kopf auf seinen Schoß und schlief. Er blieb wach, betrachtete ihr Gesicht und strich ihr sanft übers Haar. Ach, Gönül! Wenn sie jetzt hier wäre, nähme sie ihn in ihre warmen Arme und Şahin fühlte sich warm und geborgen.

Eine Stunde vor Morgengrauen raste ein Lastwagen mit hohem Tempo an ihnen vorbei. Entmutigt beschlossen sie, sich erneut in einem Feld zu verstecken. Zwei gingen vor, die anderen hinterher. Auf einmal erleuchteten Scheinwerfer die gesamte Straße, keine Chance wegzulaufen. Sie warfen sich der Länge nach auf den steinigen Abhang. Während die Lichter des schwer beladenen Doppelachsers über sie hinweg streiften, verloren die beiden Vorderen keine Zeit, hinterher zu hechten. Die Anderen rannten ebenfalls los. Gerade als sie auf die Ladefläche geklettert waren, zwängte sich eine große Gestalt aus dem Fahrerhaus nach hinten.

«Runter mit euch! Los!», brüllte er.

«Bruder, nur bis zu unserem Dorf», versuchte es Fehmi, aber der Mann blieb hart.

«Haut ab. Runter mit euch!»

Sie sprangen ab. Der Lastwagen fuhr davon. Enttäuscht und wütend sahen sie ihm nach.

«So ein Mist!»

«Ja, so ein Mist!»

Völlig entmutigt machten sie sich wieder auf den Weg. Mitten im Dorf gingen plötzlich die Scheinwerfer eines Traktors an. Sie brachten sich gerade noch rechtzeitig in Sicherheit. Als Şahin wieder aus seinem Versteck hervorkroch, war er allein. Er lief um die Hütte herum, um die Anderen zu suchen. Fehlanzeige. Er lief die Straße hinunter, aber auch da war niemand. Seltsam. Er kehrte um. Mit jedem Schritt wurde er unruhiger. Er war bereits oberhalb des Dorfes, ohne jemandem begegnet zu sein. Er lehnte sich an einen Baumstamm und betrachtete den Mond, der genauso einsam schien wie er. Was konnte er tun? Nicht einmal denken konnte er mehr! Schließlich glaubte er, in einiger Entfernung auf der Straße dunkle Umrisse zu erkennen. Sie kamen näher und näher. Ein winziger Funken Hoffnung keimte in ihm auf. Şahin lächelte erleichtert. Es waren tatsächlich seine Freunde.

Bis zur Morgendämmerung blieb nicht mehr viel Zeit. Als sie sich der Landstraße Erzincan-Sivas näherten, schlug Şahin vor, sich in Gruppen aufzuteilen. Sebahattin pflichtete ihm bei. «Es bringt nichts, weiter zusammenzubleiben. Im Gegenteil. Wir sind leicht zu erkennen und werden schwerfällig. Zu zweit oder zu dritt ist es einfacher, sich zu verstecken, und wir könnten schneller reagieren.» Nach kurzem Zögern stimmten auch die anderen zu. Bekir und Şahin würden eine Gruppe bilden, Sebahattin, Fethi und Ayhan die andere. Niemandem war wohl dabei zumute, denn dieses Mal würden sie sich endgültig trennen. Vielleicht würden sie gefasst, erschossen und sich nie wiedersehen. Ihre Hände, die den imposanten Tunnel zur Freiheit gegraben hatten, fanden sich nun zum Abschied zusammen. Dann umarmten und küssten sie sich.

«Macht's gut!»
«Ihr auch! Viel Glück!»
«Euch auch!»

Im Dämmerlicht des neuen Tages trennten sie sich. Sebahattin ging mit seiner Gruppe vor, dann die anderen. Şahin war so wütend, dass er die Eiseskälte nicht spürte, die seinem Körper zusetzte. Obwohl sie nur zu zweit waren, hatten sie nicht einen einzigen Baum gefunden, unter dem sie sich verstecken konnten. Wohl oder übel mussten sie sich wieder in ein Feld schlagen. Sie hatten etwas Unglaubliches vollbracht, doch jetzt irrten sie ratlos herum. Wenn es so weiterging, würden sie scheitern. Sie mussten einen Ausweg finden. Sie mussten ihren ganzen Verstand benutzen, schlau und pfiffig sein. So war ihnen schließlich auch der Ausbruch gelungen.

Der Tag verging wie die vorhergehenden. Şahin ließen die Hubschrauber kalt, und er drehte sich zur anderen Seite, wenn er müde wurde. Auch die Stimmen am Feldrand kümmerten ihn wenig. Sie waren in einem großen Feld, da würde man sie nicht so leicht bemerken. Eine alte Frau und ein kleines Mädchen waren um die Mittagszeit zur Feldarbeit gekommen. Sie blieben etwa zwei Stunden. Vor Sonnenuntergang schöpfte er wieder Mut. Er glaubte, einen Ausweg gefunden zu haben. Seit den Morgenstunden hatte er sich den Kopf zerbrochen und entschieden, dass es sich, trotz gewisser Risiken, lohnen würde, diesen Weg zu gehen. Möglicherweise würden sie in dieser Nacht alle Fahndungen hinter sich lassen können. Eine wohlige Zufriedenheit machte sich in ihm breit. Wie schön der Himmel war. Die untergehende Sonne war wie ein kupferrotes Tablett. Rosafarbene Wolken, von einem sanften Wind getrieben, hatten das Himmelsgewölbe mit Blumen geschmückt. Wie schrecklich, in diesem Feld gefangen zu sein. Wie schön es dagegen wäre, im Schatten eines Baumes an einem Holztisch zu sitzen und Tee zu trinken. Er begann wieder sein vergnügliches Spiel: Er setzte Gönül auf die Wolken, füllte ihren Rock mit den rosafarbenen Wölkchen, schwang ihre braunen Haare dem Horizont entgegen und schaukelte sie von einer Wolke zur anderen. Dann setzte er sich auf eine andere Wolke, flog zu Gönül und umarmte sie. Blau ihr sanftes Lächeln. Rosa ihr weicher Kuss. Je höher sie stiegen, desto mehr öffnete sich der Himmel. Der Horizont schob sich fort, je näher sie kamen. Was Gönül wohl jetzt machte? Ihr letztes Gespräch kam ihm in den Sinn und auf einmal verfinsterten sich alle Wolken. Spitze Dolche fielen vom Himmelszelt in sein Herz. Er kramte das Album hervor und schlug eine Seite auf. Die Hüllen waren feucht geworden von seinem Schweiß und hatten sich mit Erde gefüllt. Bei der ersten Gelegenheit musste er sie saubermachen. Auf einem Foto saß Gönül unter einem Maulbeerbaum im Garten und trank Tee. Er verspürte den starken Drang nach einer Zigarette. Die Sonne war untergegangen, gleich würde die Dunkelheit hereinbrechen. Die Hubschrauber hatten sich verzogen. Selbst wenn sie noch einmal kommen sollten, würden sie sie rechtzeitig hören und die Zigaretten ausmachen. Und die Bauern? Ach, die! Sollten sie sie ruhig sehen! Gleich, wenn es dunkel geworden war, würden sie ohnehin verschwunden sein.

«Bekir!» Mit gedämpfter Stimme hatte er ihn gerufen. Er musste drei oder vier Meter von ihm entfernt sein. Schließlich reagierte er.

«Was ist?»

«Rauchen wir eine?»

«Oh ja!»

«Dann komm!»

Bekir kroch näher, stützte den Kopf auf den Ellbogen und legte sich zu ihm. Seine Kleidung war voller Erde und Weizenhalme. Die Ähren hatten ihm das Gesicht zerkratzt. Sie zündeten ihre Zigaretten an. Jetzt hatten sie nur noch drei.

«Wie geht's dir?», fragte Şahin.

«Gut. Und dir?»

«Gut. Hör zu. Ich habe mir etwas überlegt. Ich meine, wir gehen am Abend durch die Felder zur Raststätte. Der Parkplatz ist bestimmt unbeleuchtet und verlassen. Bis zum Morgen müssten wir es schaffen, auf einen Laster aufzusteigen und uns zu verstecken. Und dann fahren wir dahin, wo er eben hinfährt. Ich kann mir nicht vorstellen, dass die Soldaten alle LKW durchsuchen.»

«Und wenn er in den Iran fährt oder von da kommt?»

«Völlig egal. Im ersteren Fall steigen wir bei Erzurum aus, im letzteren in Samsun, Ankara oder İstanbul.»

«Keine schlechte Idee. Versuchen wir es. Aber ich weiß nicht, ob es klappt.»

«Wir werden irgendein Loch finden. Besser gesagt, wir müssen es schaffen. Sonst erwischt es uns in diesem Tal. Wir haben sie immer noch im Nacken.»

«Ja, selbst wenn sie uns nicht bekommen, werden wir vor Hunger oder Kälte krepieren. Ja, lass es uns versuchen.»

Als es richtig dunkel war, gingen sie los. Sie waren zuversichtlich, voller Energie und streiften die Müdigkeit ab. In gebührender Entfernung gingen sie parallel zur Landstraße. Sie kannten die Strecke fast auswendig. Um die langsam fahrenden PKW kümmerten sie sich nicht. Das Einzige, was sie interessierte, waren die Lastwagen.

«Wir müssen es schaffen. Wir haben keine andere Wahl.»

«Ja. Komme, was wolle!»

«Stell dir vor, wir wären am nächsten Abend schon in İstanbul!»

«O ja! Dann gehen wir als erstes in ein Bosporus-Restaurant.»

«Ja, das machen wir glatt!»

«Und bestellen Fisch. Eine Portion nach der anderen.»

«Und zum Abschluss etwas Süßes.»

«Eine doppelte Portion Baklava.»

«Für mich Grießkuchen. Mit Sahne.»

«Stell dir vor, der LKW, auf dem wir landen, wäre voll mit Lebensmitteln!»

«Mit Obst und Gemüse zum Beispiel.»

«Oder Wurst und Aufschnitt.»

«Hm. Das wäre großartig.»

«Wie im Schlaraffenland!»

«Aber bevor wir auf den Laster steigen, genehmigen wir uns ein leckeres Essen in der Gaststätte.»

«Das wäre der pure Wahnsinn. Viel zu riskant. Nein.»

«Aber wir waren ja schon einmal drin. Und? Ist was passiert?»

Bekir gab nicht so schnell auf. Auch Şahin wollte nicht nachgeben.

«Du weißt ja, was man sagt: Auch der schlaueste Fuchs geht einmal in die Falle. Mensch, wir sind vor den Toren Erzincans, direkt an der Landstraße. Am Eingang hängen unsere Fotos. Nebenan ist eine Polizeiwache. Das ist purer Wahnsinn! Denk doch nur daran, wie wir nachts durch die Gegend schleichen!»

«Du weißt doch, wie oft wir auf der Landstraße Polizeifahrzeuge gesehen haben. Die werden nie im Leben auf die Idee kommen, dass wir in der Gaststätte sitzen. Selbst wenn sie uns sähen, würden sie uns nicht erkennen.»

«Vergiss es, mein Lieber! Aber gegen den Kiosk habe ich nichts einzuwenden. Falls er offen ist, kaufen wir Kekse und Zigaretten und verschwinden sofort wieder in der Dunkelheit. Ungefährlich ist das auch nicht, aber was soll's. Falls irgendetwas sein sollte, könnten wir schnell wegrennen. Aber im Restaurant? Stell dir vor, dass wir umstellt werden. Was dann?»

Zwei Stunden später waren sie bei der Gaststätte. Alles schien ruhig. Niemand lief draußen herum. Die Tankstelle hatte geöffnet, aber was mit dem Kiosk war, konnten sie nicht erkennen. «Wir gehen einmal näher ran», sagte Bekir. Genau genommen war Şahin auch dagegen, zum Kiosk zu gehen. Wenn etwas sein sollte, konnten sie zwar abhauen, aber sie hätten die Chance, auf einen Lastwagen aufzusteigen, vertan. Dennoch gab er nach. «Also gut!»

Das verdreckte Album und die Mütze klemmte Şahin unter die Achseln. Sie wechselten die Straßenseite. Nun standen sie im Hellen. Şahin beobachtete angestrengt die Wache, die neben der Gaststätte direkt an der Landstraße lag. Durch ein Fenster konnte er den Oberkörper eines Polizisten sehen. Er beugte den Kopf über den Schreibtisch. Weniger als 50 Meter trennten sie. Der Kiosk befand sich zwischen der Tankstelle auf der Rechten und der Gaststätte in der Mitte. Er war geschlossen. Sie standen direkt vor der Tankstelle, unmöglich wieder umzukehren. Drinnen hielten sich zwei, drei Leute auf. Einfach so aus dem Nichts aufzutauchen und gleich wieder zu verschwinden, hätte einen von denen, der zufällig aus dem Fenster blickt, argwöhnisch machen können. Şahin bereute es, nachgegeben zu haben, aber es war zu spät. Sein Blick fiel auf ein Hinweisschild an der Gaststätte, WC mit einem Pfeil, der auf eine nach unten führende Außentreppe wies.

«Lass uns auf die Toilette gehen», sagte er zu Bekir. Sie betraten einen kurzen Gang, an dem ein alter Mann auf einem Holzstuhl saß. Er döste. Sie gingen hinein und stellten sich an zwei auseinander liegende Pissoirs. Şahin fühlte sich unwohl, weil sie einen geschlossenen Raum betreten hatten. Was, wenn jemand misstrauisch geworden war und die Polizei benachrichtigt hatte? Sie mussten so schnell wie möglich wieder hier raus. Er pinkelte nicht zu Ende und ging zum Waschbecken hinüber. Seine zum Wasserhahn ausgestreckte Hand erstarrte auf halbem Weg. Er hatte sein Spiegelbild gesehen. Er war nicht wiederzuerkennen. War das noch ein Mensch? Der Bart war lang und wirr, das von Wind und Sonne gegerbte Gesicht voller Schrammen und Schürfwunden. Die Haare waren zerzaust, obwohl er sie eben erst gekämmt hatte. Es fehlte nur, dass auf seiner Stirn ‹Gefängnisausbrecher› stand! Kleidung, Schuhe, Hände, Gesicht waren total dreckig. Angst befiel ihn. Nichts wie weg hier!

Er schob Album und Mütze zwischen die Knie und wusch sich hastig Hände und Gesicht. Auf einmal tauchte links von ihm ein langer Kerl am Waschbecken auf. Aus dem Augenwinkel sah Şahin, dass dieser ihn von oben bis unten musterte. Wo kam der so plötzlich her? Ein Polizist? Wieso sieht er mich so an? Şahin gab sich alle Mühe, ruhig zu wirken und fuhr fort, Schmutz und Staub von der Kleidung abzuklopfen und die Haare zu richten. Dabei ließ er den Mann nicht aus den Augen. Sollte der zur Waffe greifen, würde er sich auf ihn stürzen.

Er klemmte Album und Mütze so fest unter den Arm, dass die Flecken nicht zu sehen waren, und trat auf den Gang. An der Tür holte ihn Bekir ein. Şahin hatte kein Kleingeld, nur einen Tausend-Lira-Schein. Den Fernfahrerjargon imitierend sagte er zu dem Alten: «Zieh's hier von ab, Väterchen», und zog das Geld aus der Tasche. Wenn er so viel Geld auf den Tisch legte, könnte er tatsächlich als Fernfahrer durchgehen. Während der Alte wechselte, sah der Lange wieder zu ihm rüber.

Şahin verließ hinter Bekir die Toilette. Der Mann folgte ihnen nach draußen. Dann fasste Şahin sich ein Herz und sprach den Kerl direkt an.

«Ist der Mann vom Kiosk hier irgendwo?»

«Was wollt ihr von dem?», fragte der Lange zurück.

«Zigaretten kaufen.»

«An der Tankstelle gibt's auch welche.»

Bekir ging schnurstracks zur Tankstelle, der Mann in die Gaststätte. Şahin beobachtete unauffällig die Polizeiwache und wartete, dass Bekir zurückkam. Der Polizist saß immer noch da wie eben. Durch die Fenster der Gaststätte sah Şahin, dass der Lange Gäste bediente. Der Kellner. Şahin atmete auf. Aber wo blieb Bekir? Im selben Moment kam er aus der Tankstelle, steckte ein paar Zigarettenpäckchen in die Taschen und hakte sich bei Şahin unter. «Los, gehen wir essen», sagte er.

Şahin kochte vor Wut, kam aber nicht dazu, ihn anzubrüllen, weil der Tankwart direkt auf sie zukam. Bekir schob Şahin Richtung Gaststätte. «Geh schon!», brummte er.

Der Tankwart ging an ihnen vorbei, ohne sie zu beachten. Gerade einmal zehn Meter trennten sie von der Polizeiwache. Bei jedem Schritt fühlte Şahin den Drang umzukehren stärker. Das geht nicht gut, dachte er. Auf der obersten Stufe der Treppe zur Gaststätte angelangt, raunte Bekir ihm zu: «Hinter uns hält gerade ein Militärjeep.»

Şahin blieb für einen Moment die Luft weg. Umkehren konnten sie nicht mehr. Was soll's, dachte er und stieß die Tür zur Gaststätte auf. Dann der nächste Schock: die Fahndungsfotos an der Wand gegenüber. Ihm war, als habe er freiwillig ein Gefängnis betreten. Er rechnete jeden Moment damit, dass sich Soldaten rücklings auf sie stürzten. Er grüßte den Mann an der Kasse mit einer Handbewegung und ging auf einen Tisch an den hinteren Fenstern zu. Falls etwas geschehen sollte, konnten sie vielleicht durch die Fenster abhauen.

Etwa 30 Gäste saßen an mit Speisen und Getränken reich gedeckten Tischen. Er rückte seinen Stuhl so hin, dass er mit dem Gesicht zur Tür und dem Rücken zu den meisten Gästen saß. Bekir wies er den gegenüberliegenden Stuhl zu. Er wollte nicht, dass sie beide gesehen wurden.

In dem Moment betrat ein Offizier das Lokal und ging schnurstracks auf den Mann an der Kasse zu. Da haben wir's, schoss es ihm durch den Kopf. Das war's. Es war mehr Bedauern als Angst, Bedauern, tragisch gescheitert zu sein. Şahin lehnte seinen Ellenbogen auf den Tisch und legte das Gesicht halb in seine Hand. Auf die andere Hälfte setzte er ein gekünsteltes Lächeln auf und raunte Bekir zu: «Da ist ein Offizier. Er spricht gerade mit dem Wirt. Ich glaube, sie haben uns. Aber erst einmal Ruhe bewahren!»

Er tat so, als sähe er auf den Fernseher in der Ecke, während er in Wahrheit unauffällig den Offizier beobachtete. Nach einigen Minuten verließ der Uniformierte den Gastraum. Er hatte die Gäste nicht eines Blickes gewürdigt. «Er ist weg», flüsterte Şahin.

Nun trat der Kellner mit Stift und Block in der Hand an ihren Tisch und fragte, was sie wünschten.

«Was habt ihr denn für Suppen?»

«Linsen, Yayla, Ezogelin.»

«Für mich Linsensuppe, bitte.»

Bekir bestellte das Gleiche. Dann orderten sie jeweils einen Hähnchen-Spieß und Bier. Der Kellner notierte alles und entfernte sich. Şahin war gedanklich immer noch bei dem Offizier. Warum hatte er sich nicht einmal umgesehen? Damit wir keinen Verdacht schöpfen und die Flucht versuchen? Er wird über Funk Verstärkung rufen und dem Wirt aufgetragen haben, uns im Auge zu behalten. Sobald die Verstärkung anrückt, schlagen sie zu. So wird es sein. Er wollte nicht, dass seine Vermutungen stimmten, aber er hielt sie auch nicht für Hirngespinste.

Als die Suppe kam, zwang er sich zu essen. Obwohl sie seit Tagen hungerten, war ihm der Appetit vergangen und jetzt standen eine dampfende Suppe und weiches Brot vor ihnen. Vielleicht war es reiner Zufall, dass der Jeep in dem Moment aufgetaucht war, als sie ins Lokal wollten. Und der Offizier hatte nur gefragt, ob er verdächtige Typen gesehen hatte und ihn angewiesen, es sofort zu melden. Şahin stocherte lustlos im Essen herum. Vor lauter Hunger liefert man sich eigenhändig aus. Wie dumm. Wir werden zum Gespött aller Häftlinge.

Als sie mit der Suppe fertig waren, zündeten sie sich eine an und tranken ein Bier. Şahin betrachtete verstohlen die Gäste. Wie unbeschwert sie lachen! «Ist jemand misstrauisch geworden?», fragte Bekir leise. «Nein, die sind alle mit sich selbst beschäftigt.»

Der Kellner brachte die Spieße und fragte beiläufig: «Woher kommt ihr, Ağabey?»

«Aus Ankara. Wir haben eine Lieferung», antwortete Şahin.

«Wo geht's hin?»

«In den Iran.»

Der Kellner fragte freundlich, ob sie noch etwas wünschten, von Argwohn keine Spur. «Zwei Spieße und zwei Bier zum Mitnehmen. Wir sind liegengeblieben. Jetzt wollen wir per Anhalter nach Erzincan, um das Ersatzteil zu besorgen. Wer weiß, wie lange wir unterwegs sind. In unserem Beruf muss man mit allem rechnen.»

Eigentlich unterschieden sie sich nicht von den Fernfahrern. Auch sie wirkten etwas ungepflegt, waren unrasiert und ungekämmt. Anhand der Fotos an der Tür konnte man sie nicht erkennen, dachte Şahin, in Gefängniskleidung und mit kurzgeschorenem Haar. Neu waren die Fotos auch nicht gerade. Vielleicht bestand gar keine Gefahr. Şahin hatte gerade begonnen, mit Appetit zu essen, als ein Polizist hereinkam. Prompt verschluckte er sich. Er fürchtete, zu ersticken. Wahrscheinlich kommen noch mehr, dachte er und konnte den Impuls, aufzuspringen und hinauszurennen nur mit Mühe unterdrücken. Aber der Polizist war allein. Er bewegte sich träge. Nichts an ihm war ungewöhnlich. Er begrüßte den Wirt und unterhielt sich mit einem Kellner. Hin und wieder warf er einen Blick auf den Fernseher. Wahrscheinlich ein Verkehrspolizist, dachte Şahin. Der kommt vorbei, weil er sich in der Wache langweilt. Gut, aber was, wenn er in unsere Richtung schaut? Der erkennt uns bestimmt! Polizisten haben einen Sinn dafür, so verlumpt wie wir sind. Dann wandte er sich vom Kellner ab, spielte mit dem Schlüsselbund in der Hand und verließ kurz darauf langsamen Schrittes den Gastraum. Trotzdem nagte an Şahin der Argwohn, er könnte hier hereingeschickt worden sein, um die Lage zu erkunden. Damit wir nicht misstrauisch werden, hat er gar nicht in unsere Richtung geschaut. Man sieht sich doch um, wenn man irgendwo reinkommt. Verdammt!

Die Spieße hatten sie inzwischen aufgegessen, aber die Bestellung zum Mitnehmen war immer noch nicht da. Merkwürdig, dachte Şahin. Im selben Augenblick tauchte der freundliche Kellner wieder auf. «Bitte sehr! Ich hab's in einen Plastikbeutel getan. So lässt es sich leichter tragen.»

Der macht sich über uns lustig, dachte Şahin. Tragen? Wohin denn? Wenn wir an Händen und Füßen gepackt werden, sobald wir zur Tür raus sind? Rein in den Jeep und Abmarsch! «Danke. Was sind wir schuldig?»

Sie zahlten, gaben etwas Trinkgeld und standen auf. Zwei Meter vor dem Eingang drehte Şahin sich um und wünschte dem Wirt und dem Kellner einen guten Tag. Er versuchte ein Lächeln. Gleichzeitig dachte er, uns wird gleich das Lachen vergehen. Er wollte um keinen Preis raus und zwang sich zu jedem einzelnen Schritt. Ob sie ‹Hände hoch, keine Bewegung!› brüllen würden oder sich wortlos auf sie stürzen? Oder gleich losschießen? Wenn sie schon einen Schießbefehl hatten?

Während er, einen Schritt vor Bekir, die Stufen langsam hinunterstieg, suchte er die gesamte Umgebung ab. Niemand. Sie gingen über den Platz. Immer noch kein Angriff. Dann taten sich Knospen in ihm auf, dann Blüten. Als sie an der Tankstelle vorbei waren, wuchsen ihm Flügel. «Meine Liebste, mein Ein und Alles, meine Schöne. Freunde. Wir sind gerettet!» Er sah Bekir an. Freude und Erleichterung waren ihm ins Gesicht geschrieben. Sobald sie im Dunkeln waren, rannten sie los, als wären sie gerade erst aus dem Gefängnis ausgebrochen.

«Das war ein großer Fehler, Bekir. Wir sind davongekommen, aber es war das reinste Wunder. Um ein Haar hätten sie uns erwischt», sagte Şahin, als sie eine kurze Verschnaufpause einlegten. Bekir schwieg und er beließ es dabei. Sie hatten mehr Glück als Verstand gehabt. «Komm, lass uns irgendwo hinsetzen und das hier verputzen», sagte er. «Ich bin zwar völlig satt, aber vor lauter Aufregung konnte ich das Essen nicht runterschlucken.» Doch Bekir bestand darauf, die Pakete für morgen aufzuheben.

Nach einer Zigarette gingen sie weiter und standen kurz darauf vor der Mauer des Parkplatzes. Sie war einen halben Meter hoch. Dahinter parkten unzählige Laster, aber es waren ausschließlich LKWs mit fest verschlossenen Aufbauten, nirgends ein Loch, keine offene Stelle, um hineinzuschlüpfen.

«Wie sollen wir denn da raufkommen?»

«Das ist völlig unmöglich.»

Mit langen Gesichtern entfernten sie sich von der Mauer. «Es bleibt uns nichts anderes übrig, als uns zu Fuß durchzuschlagen», sagte Şahin schließlich. Sie trotteten nebeneinander her, über zwei Stunden schon.

«Sehen wir zu, dass wir morgen Abend an der Straße nach Gümüşhane sind. Natürlich müssen wir auf der Straße gehen, die Gegend ist gebirgig, da können wir dem Straßenverlauf nicht aus der Ferne folgen. Es ist davon auszugehen, dass es Straßensperren und Kontrollen gibt. Es ist Mondschein. Wenn wir die Augen aufsperren, müssten wir sie rechtzeitig sehen. Schließlich werden sie Barrikaden errichtet haben. Dann gehen wir einen Umweg. Ich gehe davon aus, dass wir selbst dann davonkommen können, wenn sie uns sehen. Natürlich werden sie schießen. Aber zielen werden sie nicht können. Straßensperren gibt es am ehesten an Pässen und Kurven. Vor solchen Stellen müssen wir sie aus sicherer Entfernung gut beobachten. Es werden wahrscheinlich mehrere Fahrzeuge herumstehen. Auch wenn die Scheinwerfer aus sind, müssten wir sie im Mondschein erkennen können. Es wird gefährlich, aber wir haben keine Wahl.»

«An der Provinzgrenze Erzincan-Gümüşhane haben sie bestimmt eine Straßensperre errichtet. Sie kontrollieren meistens an Provinzgrenzen.»

«Wir verfolgen die Schilder und wenn wir uns der Grenze nähern, schlagen wir uns für eine Weile ins freie Feld. Eine Woche ist es mittlerweile her. Vielleicht kontrollieren sie nicht mehr so häufig. Außerdem sind weiter oben bestimmt steile Abhänge. Wer weiß, vielleicht können wir doch auf einen Sattelzug aufspringen.»

Auch Bekir sah keine Alternative. Sie beschlossen, am nächsten Abend aufzubrechen. Den Tag verbrachten sie, ähnlich wie die früheren, in einem Feld nahe der Straße. Vor der Dämmerung zogen sie wieder los. An einem Kanal teilten sie das Brot vom Vortag. Das Bier hatten sie tagsüber ausgetrunken, aber die Dosen nicht weggeworfen. Sie tauchten sie nun ins Wasser und tranken nach Herzenslust. Dann steckten sie sie wieder in die Plastiktüte. Nachdem sie noch eine Zigarette geraucht hatten, wuschen sie sich ausgiebig Hände, Gesicht und Haare und trockneten sich mit dem Taschentuch ab. Sie wischten sich gegenseitig die Kleidung ab, kämmten sich mit der Hand die Haare. Es könnte sein, dass sie unterwegs auf ein Gasthaus oder einen Kiosk stießen. Je adretter sie aussahen, desto besser.

Schließlich war es stockdunkel. Es war die Nacht zum 14. Juni. Ihre achte Nacht draußen. So oder so würden sie in dieser Nacht das Tal hinter sich lassen. Notfalls würden sie im kahlen Gebirge sein, aber unter keinen Umständen umkehren. Şahin hatte die Kopie der Landkarte noch einmal genau studiert. Die Straße führte über die Kreisstädte Kelkit und Kale, bevor sie Gümüşhane erreichte. Kelkit war nicht weit weg von Erzincan. Sie wären in ein, zwei Nächten da. Dort könnten sich andere Möglichkeiten ergeben. Sie brachen auf.

Die Umgebung im Auge behaltend, durchquerten sie das Dorf Yalnızbağ. Oberhalb der Ortschaft zog sich die Straße um den Berg. In den frühen Abendstunden gab es regen Verkehr von Erzincan in die Dörfer. Sobald sie Autos hörten oder sahen, warfen sie sich der Länge nach auf den Boden und setzten anschließend den Marsch fort. Alle zwei-, dreihundert Meter wand sich eine Kurve links oder rechts herum. Herannahende Fahrzeuge konnten sie nun rechtzeitig erkennen. Sie sahen den Rücklichtern nach, wie sie hinter einer Kurve verschwanden und weiter oben an einer anderen wieder auftauchten. Auf diese Weise versuchten sie, frühzeitig Straßensperren auszumachen. Sie sperrten Augen und Ohren auf und achteten auf das kleinste Geräusch, immer bereit, auf der Stelle loszusprinten.

Erschöpfung, Unruhe, Enttäuschung, Freude. Einfach war es nicht, die endlosen Serpentinen eines Gebirgszuges zu erklimmen, der aus aufeinandergetürmten Hügeln und Erhebungen zu bestehen schien. Schon gar nicht, wenn der Wind sie peitschte wie zwei schwache Zweige, die er ins Tal abwärts zu schleudern drohte. An ihrer Brust der Wind, im Rücken der Berg. Die allgegenwärtige Sorge, auf Soldaten zu treffen. Zwei Militär-Pick-ups waren schon hinaufgefahren. Sicherlich Straßensperren. Voller Zuversicht waren sie zwei Lastwagen hinterhergelaufen, aber beide Male vergeblich. Dennoch waren sie froh über jeden Schritt, mit dem sie weiter von Erzincan wegkamen. Deshalb marschierten sie, gegen den tobenden Wind kämpfend, unentwegt weiter, auch wenn sie am Ende ihrer Kräfte waren. Der Mond wand sich mit ihnen um die Kurven, überstieg die Gipfel. Im Mondschein, der die asphaltierte Straße reflektierte, würden sie die Soldaten rechtzeitig sehen.

Sie waren gerade aus einer Kurve heraus und schritten auf gerader Strecke voran, als Bekir plötzlich mit einem mächtigen Satz den Abhang hinuntersprang. Şahin hatte nichts bemerkt, sprang aber hinterher. Halb fallend, halb rollend purzelten sie den fast senkrechten Abhang hinunter, atemlos vor Anspannung. Nach etwa 100 Metern krallten sie sich an der Erde fest und sahen hinauf. Im Dunkeln waren keine Umrisse zu erkennen. Auch war ihnen niemand hinterhergelaufen.

«Bekir, was hast du denn gesehen? Da ist doch nichts.»

«Ich hab's gesehen. Ganz deutlich! Ein Soldat hat sich eine Zigarette angezündet. Dann hat er sie in der hohlen Hand versteckt. Glaub ich.»

«Könnte es nicht ein Glühwürmchen gewesen sein?»

«Nein! Ich sag doch: Es war ein Soldat!»

«Dann haben sie uns nicht gesehen», sagte Şahin.

«Oder sie haben nichts unternommen, weil sie uns eh nicht geschnappt hätten.»

Sie stiegen weiter hinab. Nun waren sie wesentlich ruhiger. Sie gingen zum gegenüberliegenden Berghang und kletterten hinauf. Sie durften die Straße nicht aus den Augen verlieren, sonst würden sie sich heillos verlaufen. Sie hatten keine andere Wahl, als der Straße in gebührendem Abstand zu folgen, soweit es die Gegebenheiten der Landschaft zuließen. Immer wieder vornüberfallend, immer wieder hinunterrutschend, erklommen sie unter großen Strapazen den fast senkrechten Hang. Sie waren an der Kurve vor der nächsten Steigung angekommen. Außer Atem und in Schweiß gebadet. Kurz beobachteten sie den ein wenig unter ihnen liegenden, geraden Straßenabschnitt. Wegen des Hügels dahinter drang nicht viel Mondlicht auf die Straße. Sie konnten nichts erkennen. «Da sind garantiert Soldaten», murrte Bekir vor sich hin. «Egal! Hauptsache, wir sind ihnen entkommen», erwiderte Şahin.

Nach diesem Zwischenfall waren sie noch mehr auf der Hut. Sie gingen näher am Straßengraben, jederzeit bereit, zur Seite zu springen. Der Weg wurde länger und länger, je weiter sie gingen. Wenn sie hofften, den letzten steilen Anstieg erklommen und oben angekommen zu sein, tauchte die nächste Haarnadelkurve auf, die einen anderen Hang, einen anderen Berg hinaufführte. Mit jedem Schritt schwanden die Kräfte. In der einen Woche hatten sie viel Gewicht verloren. Wenn das Album im Hosenbund nicht wäre, würde Şahin die Hose verlieren. Das Album rutschte ihm immer wieder zwischen die Beine. Deshalb steckte er es hinten in den Hosenbund.

Siegreichen Kommandanten gleich, die den letzten feindlichen Berg erobert hatten, standen sie Stunden später voller Freude auf dem Gipfel. Ihre Blicke wanderten zwischen dem Mond am Himmel und dem imposanten Tal hin und her, das wie ein Silbertablett darunter glänzte. Die Lichter der Stadt im Tal waren wie die Sterne am Himmel, blinkend, verlockend. Der Anblick überwältigte sie. «Was für eine große Stadt. Als wäre sie groß genug, dass Hunderte Flüchtiger in ihr untertauchen können.» Als sie wieder losgingen, nahm Şahin die Mütze ab und winkte.

Lebe wohl, Erzincan, sagte er zu sich. Lebe wohl, Stadt, in deren Gefängnis ich saß und aus deren Gefängnis ich floh. In deren Gärten ich hungerte und in deren Tal ich schutzlos dastand, deren Berge ich bewunderte und überwand. Lebe wohl! Mit jedem Schritt verschwand die Stadt ein wenig mehr, bis sie schließlich nicht mehr zu sehen war.

Jetzt schlängelte sich der Weg in Serpentinen den Berg hinab. Nachdem sie noch einige Minuten gegangen waren, ließen sie sich an einem etwas abseits gelegenen Platz nieder.

«Wir haben eine kleine Rast verdient.»

«Rauchen wir eine.»

Versteckt unter ihren Westen zündeten sie die Zigaretten an.

«Es ist ein Uhr vorbei.»

«Ganze fünf Stunden haben wir für den Aufstieg gebraucht.»

«Obwohl wir sehr zügig gegangen sind.»

«Ich bin todmüde. Du auch?»

«Wir sind so gut wie in Sicherheit! So gut wie! Wenn wir keinen Fehler machen, finden sie uns nicht mehr!»

«So ist es!»

Sie hatten erst ein paar Züge genossen, als ihnen kalt wurde. Der Wind blies in einem fort und trocknete ihren Schweiß. Sie rollten sich zusammen, zogen die Westen über den Kopf und versuchten, sich an dem Feuer der in der hohlen Hand verborgenen Zigaretten zu wärmen. «Los, Bekir, gehen wir weiter. Die Kälte macht uns schläfrig. Unterwegs rauchen wir weiter.»

Oberhalb der Straßen waren die Gipfel und die zu ihnen führenden Kuppen und Hänge, unter ihnen, als Verlängerung, die Abhänge. Nach einer Weile hörten sie weit unterhalb einen Bach plätschern. Er schlängelte sich mit der Straße abwärts, auf beiden Seiten von einem dichten Wald begrenzt. Sie freuten sich über den Anblick wie Lämmer im Frühling.

«Wir gehen bis zum frühen Morgen. Dann verstecken wir uns im Wald. Jetzt kann uns niemand mehr etwas anhaben.»

«Weißt du, wie wir uns tagelang in diesen Feldern im Dreck herumgewälzt haben?»

Sie zündeten sich noch eine Zigarette an und zogen genussvoll den Rauch ein. Manchmal ließen sie die Zigarette auch im Mund stecken. Wie schön es war, zu rauchen, ohne die brennende Zigarette in der hohlen Hand zu verstecken. Das musste Freiheit sein! Sie fühlten sich leicht wie eine Feder. Sie waren aufgekratzt und stimmten ein Lied an. Sie sangen aus voller Kehle:

Los, meine Schöne, nimm mich in den Arm
Wir fürchten uns vor niemandem
Los, meine Schöne, nimm mich in den Arm
Wir fürchten uns nicht vor dem Gendarm

Plötzlich zerriss ein Brüllen die Stille: «Stehenbleiben! Wer da?» Das Blut gefror Şahin in den Adern. Trotzdem blieb er nicht stehen. Er sah sich nicht einmal um, ging einfach weiter. Er wollte Zeit gewinnen. Wieder brüllte jemand: «Stehenbleiben! Wohin willst du?» Schneidend, bestimmt klang die Stimme, als zerreiße sie die Finsternis. «Nach Kelkit!», rief Şahin diesmal und ließ seine Stimme möglichst natürlich und locker wirken, ohne seine Schritte zu verlangsamen. Aus dem Augenwinkel beobachtete er die schattenhaften Gestalten. «Bleib stehen! Oder wir schießen!» Die Stimme klang strenger und schärfer. «Wer zum Teufel bist du?», rief Şahin und drehte beim Gehen leicht den Kopf in ihre Richtung. Mit einem halb spöttischen, halb verärgerten Ton, als wolle er jemanden zurechtweisen. Als habe er nicht mitbekommen, dass sie Gendarmen waren und er stehenbleiben sollte. «Wir schießen! Bleib stehen!»

Şahin versuchte, die Entschlossenheit in der Stimme abzuschätzen. Nein, es würde nicht möglich sein, sie länger hinzuhalten. Die Soldaten standen unmittelbar vor ihm. Verdammt, dachte er, wir haben vielleicht noch 50 Meter vor uns. Da können sie uns 50 Mal niederschießen. Doch er hatte eine Entscheidung getroffen: Sieg oder Tod! Er sprintete los, schnell wie der Blitz.

Dreißig.
Damals in Aybasti (10)

Es waren die letzten Dezembertage. Gemeinsam mit einem Freund war er bei einer Bauernfamilie zu Gast. Sie hatten gegessen und nippten an ihren Teegläsern, als er aufschrak. Der Nachrichtensprecher hatte gerade ‹Şavşat› gesagt. «Bei einer Operation in der Dorfgemeinde Şalcı im Landkreis Şavşat konnten die Sicherheitskräfte nach Hinweisen aus der Bevölkerung zwei Terroristen tot fassen. Bei einem der

Toten handelt es sich um Erkan Uzunemirağaoğlu, den militärischen Verantwortlichen der Terrororganisation Dev-Yol.» Die Nachricht traf Şahin mitten ins Herz.

In der Nacht konnte er kein Auge zumachen. Er dachte an seine Gespräche mit Erkan, ihre gemeinsamen Dorfbesuche, an die Demonstrationen und Kundgebungen, wie sie Gönül entführt hatten und so vieles mehr. Tränen schossen ihm ins Gesicht und die Luft blieb ihm weg. Er wollte hinausstürzen und sich all den Schmerz aus dem Leib schreien und diese verdammte Welt verfluchen. Er malte sich aus, sämtliche Gendarmeriestationen zu überfallen und die Juntageneräle standrechtlich zu erschießen. Aber es linderte seinen Schmerz nicht. Wie auch! Der weltliebenswerteste, der weltbeste, der weltverrückteste Mensch war Erkan. Gottes Lieblingsgeschöpf. Gott, der alle Menschen aus Lehm erschuf, hatte Erkan aus Liebe und Leidenschaft, Mut und Freundschaft, aus Liedern und Gedichten, aus dem Überschwang von Flüssen und der Geschwindigkeit des Windes, aus dem Nektar der Blumen erschaffen. Gott, der alle Menschen zu seinen Dienern gemacht hatte, hatte ihn frei erschaffen, der weder Diener noch Knecht sein konnte. Er war doch keiner, der so kampflos, sieglos von dieser Welt gehen konnte, ohne ganze Armeen in die Flucht zu schlagen!

Sie waren nur noch sehr wenige, die frei waren und nun in irgendwelchen Kreisstädten oder auf dem Lande festsaßen, und versuchten, mit einer Handvoll neuer, unerfahrener, ängstlicher Menschen die Stellungen nicht kampflos aufzugeben. Doch diese Neuen waren kaum gewappnet gegen Kälte, Hunger und Schlafmangel. Obendrein standen sie unter der Führung von Kadern, die weder die geringste militärische Kompetenz noch die geringste Ahnung von Kampfkunst hatten. In die Enge getrieben, vermochten sie nichts als im Kampf zu sterben. Und innerhalb ihres eng gesteckten Bewegungsradius war es nur eine Frage von Tagen, wann sie eingekreist würden. Die Linke, die sämtliche Bücher über sämtliche Guerillakämpfe dieser Welt gelesen hatte, war dem 12. September ohne Guerilla entgegengetreten. Sie war außerstande, schnell und unerschrocken die Initiative zur Bildung von Guerillaeinheiten zu ergreifen. Denn sie gebärdete sich schwerfälliger als die Armee. Das Resultat würde die Niederlage sein, eine Niederlage ohne einen einzigen Gegenangriff, obwohl es mehr als genug Mitkämpfer von der Sorte Erkans gab.

Am nächsten Abend ging Şahin mit seinen Freunden nach Fatsa, um dort alle zusammenzutrommeln, die noch übriggeblieben waren und die abgerissenen Beziehungen wiederaufzunehmen. Es machte ihm immer mehr zu schaffen, dass sie mit jedem Tag dahinschwanden, in alle Winde verstreut und aktionsunfähig waren. Jetzt, da auch Erkan erschossen war, geriet er in Wut. Sie mussten sich auf der Stelle zusammenreißen und das verlöschende Feuer der Revolution neu entfachen.

Die Repression war in Fatsa viel stärker als in Aybastı. Überall gab es Soldaten. Ihre Zahl überstieg noch die Laubblätter, die von den nackten Bäumen herabgefallen waren und Feld und Flur bedeckten. Die Soldaten hatten in jedem Dorf eine Militärwache errichtet und durchsuchten jeden Fleck. Ihr Ziel war, alles, was mit der Revolution zu tun hatte, von der Erdoberfläche verschwinden, keinen einzigen Revolutionär übrig zu lassen. Es war ihnen ziemlich gut gelungen. Die schier unzählige Masse von Revolutionären war zerschlagen. Dutzende, einschließlich der Führungskader, waren erschossen, Hunderte gefasst worden.

Wer sich unter diesen Umständen auf den Weg nach Fatsa machte, begab sich ins Feuer. Das Schlimmste war, nicht zu wissen, wo die Stellungen der Soldaten waren. Nicht gefangen genommen zu werden, würde an ein Wunder grenzen. Dennoch konnte Şahin nicht umhin, sich auf den Weg zu machen.

Einunddreißig.
Nach dem Ausbruch (1)

Mit gesenktem Kopf rannte er, darauf wartend, dass Kugeln ihn in den Rücken, an den Armen, den Beinen trafen. Er hörte Bekirs Schritte hinter sich. Mit einer schnellen Armbewegung nahm er das Album aus dem Hosenbund in die Hand. Es behinderte ihn beim Gehen. Lebewohl, Liebste, Lebewohl mein Ein und Alles! Er sah Gönüls Antlitz vor sich. «Die werden dich erschießen. Wie viele Tage, denkst du, kannst du im Gebirge überleben? Höchstens zwei!» Als sie sich den Abhang hinunterfallen ließen, konnte Şahin noch immer nicht glauben, dass sie lebten. Sie hatten nicht geschossen und sie mussten den Weltrekord gebrochen haben, so schnell wie sie gelaufen waren.

Nun purzelten sie den steilen Abhang hinunter zum Bach, etwa 200 Meter. Hände, Ellbogen, Knie stießen gegen Steine. Die Gefahr war noch nicht vorbei und die Soldaten nahmen bestimmt die Verfolgung auf. Es war ein Wunder, aber sie waren ohne große Verletzungen, als sie am Ufer ankamen. Sie mussten den Bach überqueren und in den Wald auf der anderen Seite gelangen. Das Wasser, das in einem schmalen Strang floss, war nicht tief, aber das Flussbett ziemlich breit. Helle Steine leuchteten im Mondschein wie Spiegel. Die Soldaten könnten sie ohne Weiteres von da oben sehen. Zielen konnten sie auch. «Wir durchqueren den Bach im Laufschritt. Wenn sie schießen, ist die Chance, dass sie uns verfehlen, höher», sagte Şahin. «Ist gut», kam von Bekir.

Während sie das breite Flussbett schnell wie Pfeile durchquerten und den Wald erreichten, wurde keine einzige Kugel auf sie abgefeuert. Fürs Erste waren sie gerettet. Aber sie konnten nicht im Wald bleiben. Es lag auf der Hand, dass am Morgen Hunderte Soldaten den Wald absuchen würden. Es war ein schmales Wäldchen entlang des Baches. Sie würden sie auf jeden Fall finden. Es war etwa halb drei. In zwei Stunden würde es hell. Wie weit könnten sie schon in dieser kurzen Zeit kommen? Dem Hinterhalt waren sie entwischt, dem sicheren Tod entkommen. Doch wenn sie an künftige Gefahren dachten, verging ihnen die Freude.

Die Bäume waren derart dicht, Zweige und Äste so ineinander verschlungen, dass sie nur langsam vorankamen. Sie mussten die Zweige, an denen sie hängenblieben, beiseite schlagen und sich den Weg ebnen, ohne einen einzigen Zweig abzubrechen. Sie durften keine Spuren hinterlassen. Gesicht und Hände waren zerkratzt. Bekir war die Hosennaht im Schritt gerissen und er fluchte. Überhaupt fluchten sie ohne Unterlass. Şahin war wütend auf sie beide. Wieso hatten sie nicht bedacht, dass die Soldaten ihnen an der Straße einen Hinterhalt legen könnten? Sie waren immer davon ausgegangen, dass sie mit ihren riesigen Fahrzeugen eine Barrikade errichten und sie mitten auf der Straße erwarten würden.

Obwohl sie sich abhetzten, hatten sie erst nach 20 Minuten das kleine Waldstück durchquert. Anschließend gingen sie an einem Kanal weiter, der sich in Richtung des Weidelandes erstreckte. Kurz darauf tauchte aus Richtung Erzincan dieses Aufklärungsflugzeug über ihnen auf. Es überflog das Flussbett, verschwand hinter einem Berghügel und kam wieder zurück. In der Stille der Nacht war sein Surren doppelt so laut.

«Die Kerle haben keine Zeit verloren.»

«Dieses Scheißflugzeug sieht wohl auch nachts.»

«Ich glaube nicht, dass sie uns sehen können. Sonst hätten die längst geschossen. Es wird die Gegend auskundschaften, für die Operation am Morgen.»

«Schöne Gegend zum Auskundschaften!»

«Gottverdammte Scheißgegend, öd und kahl.»

Aus Angst, ohne Schutz auf freiem Feld dazustehen, gingen sie im Gras hastig hin und her. Wenn sich das Aufklärungsflugzeug näherte, ließen sie sich fallen, wenn es sich entfernte, gingen sie weiter.

Um sie herum waren nur nackte Hügel. Unten am Bachufer ein paar Lichter, die zu einer Siedlung gehörten. Und wenn sie dorthin gingen? Da könnten sie sich vielleicht in eine Hütte oder einen Stall schleichen. Aber dort würden die Soldaten zuerst suchen. Außerdem könnten sie von den Bewohnern gesehen werden. Wenn sie wenigstens ein Weizenfeld fänden! Aber es gab keins. Je später es wurde, desto nervöser wurden sie. Dabei waren sie auf frisch bewässertes Weideland geraten, so dass sie mehrmals ausrutschten und ihre Schuhe sich mit Wasser vollsogen. Trotzdem hätten sie sich hineingelegt, aber das Gras ging ihnen gerade mal bis zu den Knöcheln. Sie waren von oben bis unten nass. Sie fühlten sich erbärmlich und hilflos und fluchten wie Droschkenkutscher.

Vor ihnen tat sich nun ein Weg auf, der einen steilen Hang hinaufführte. «Folgen wir dem Weg. Vielleicht finden wir hinter dem Hügel etwas.» Es war kurz vor vier. Viel Zeit hatten sie nicht mehr. Als sie den Hügel erklommen hatten, erstarrten sie. Weit und breit kein Fleckchen, das sich als Versteck geeignet hätte. Die Hänge waren kahl. Dabei waren es steile Berghänge, die von den Gipfeln bis tief hinunter zum Bach führten. Jenseits des Baches konnten sie die Umrisse von hohen Felswänden erkennen. Vielleicht könnten sie eine Nische in einer Felswand oder eine Höhle finden. Aber es dämmerte bereits und sie würden es nicht mehr schaffen. Verzweifelt sahen sie sich um. «Die werden uns erwischen. Verdammt!»

Sie gingen weiter. Vielleicht konnten sie an den Hängen der vielen Gipfel oder in den Senken etwas Passendes finden. Doch es gab kein Versteck. Auch die Ufer der Bäche in den Senken waren kahl und öde. Sie gingen einfach weiter. Je heller es um sie herum wurde, desto mehr wuchs ihre Verzweiflung. Gleich würde der Morgen anbrechen und die Hubschrauber würden auf ihren Köpfen landen. Sie waren hoffnungslos wie Vögel ohne Nest.

Nachdem sie einen weiteren Abhang umrundet und einen Bach durchquert hatten, standen sie plötzlich doch vor einem Wäldchen. Es war so klein, dass ein Soldat allein nur Minuten brauchen würde, es zu durchsuchen. Es waren weit auseinanderstehende, kleinwüchsige Bäume, deren Zweige den Untergrund nicht verdeckten. Dennoch mussten sie hierbleiben, sie hatten keine andere Wahl. Es war inzwischen hell und die Hubschrauber konnten jeden Moment auftauchen. Auf der Suche nach einem geeigneten Versteck kletterten sie bis zum oberen Ende des Forstes. Schließlich entdeckten sie ein kleines Stück Dickicht zwischen den Bäumen. «Los, Bekir, wir legen die Zweige dicht übereinander, so dass sie den Untergrund abdecken. Sonst sehen die uns vom Helikopter aus.»

Gesagt, getan. Etwas später saßen sie gut getarnt im Unterholz. Sie hatten die Zweige ineinandergesteckt und eine Art Schirm über sich geflochten. Der Untergrund war abschüssig, so dass sie sich mit den Hüften abstützen mussten. So kauerten sie mit angezogenen Knien übel gelaunt da. Die Angst, erwischt zu werden, drückte auf ihre Herzen wie ein Schraubstock. Sie froren. Socken und Hosenbeine waren völlig klamm, ebenso der Rücken. Bekir sagte in die Stille hinein: «Glaubst du, dass sie uns erwischen?»

«Ich kann es nicht einschätzen. Aber die Gefahr ist groß!»

«Es ist erst fünf. Mehr als 14 Stunden, bevor es dunkel wird.»

«Sie haben alle Zeit der Welt, die Gegend abzusuchen. Wir sind ja überhaupt nicht vorangekommen!»

«Überhaupt nicht!»

«Wir hatten keine Zeit dazu.»

«So war's.»

Dann schwiegen sie wieder und hingen ihren Gedanken nach. «Die werden sich auch denken können, dass wir nicht weit gekommen sind», meinte Bekir nach einer Weile.

«Klar.»

«Deshalb werden sie ausschließlich diese Gegend absuchen.»

«Das denke ich auch.»

«Eigentlich sind wir in genau die andere Richtung gegangen.»

«Ja, schon. Aber weit gekommen sind wir nicht.»

«Nein.»

«In einer Stunde sind die hier.»

«Spätestens.»

«Am meisten werden sie wohl das Waldstück am Bach absuchen. Das ist dicht. Das wird sie eine Weile beschäftigen.»

«Aber zu uns werden sie dann auch kommen.»

«Sind ja auch so viele wie Sandkörner am Meer. Die werden sich verteilen. Die einen in den Wald, die anderen in diese Richtung.»

«Und in dieser Richtung gibt's nichts anderes als das Dickicht hier.»

«Aber eben auch kein anderes Versteck.»

«So ist es.»

«Hier würde uns ein einziger Soldat finden.»

«Klar. Aber wenn die Hubschrauber nicht wären, würden sie uns auch dann nicht erwischen, wenn sie mit einer ganzen Kompanie kämen.»

«Die Hubschrauber lassen nicht locker.»

Eiskalt waren ihre Worte. Selbst ihre Stimmen fröstelten. Welches Thema sie auch anschnitten, es war gleich wieder versiegt. Es gab keinen Platz für Träume.

«Die Hubschrauber können jeden Augenblick kommen», sagte Bekir.

«Bestimmt», entgegnete Şahin.

«Aber die werden uns nicht sehen können.»

«Nein.»

«Nein. Wir haben alles richtig abgedeckt.»

«Das haben wir wirklich gut gemacht.»

«Was mir wirklich Sorgen macht, ist, dass sie Soldaten absetzen könnten, um das Dickicht abzusuchen.»

«Meinst du?»

«Warum nicht?»

Bevor sie noch etwas sagen konnten, wurde der Himmel vom Lärm der Hubschrauber zerrissen. Sie kamen.

Einer der Hubschrauber flog vom Gipfel hinunter auf die gegenüberliegende Felsenwand zu, die er eine Zeitlang durchkämmte. Dann kehrte er um und nahm Kurs auf das Wäldchen. Schnurstracks, ohne einen Millimeter nach rechts oder links abzuweichen. Sie zogen die Knie an die Brust, so gut es eben ging. Es klang, als wolle der Hubschrauber genau auf ihren Köpfen landen. Unaufhörlich flogen sie über sie hinweg. So dicht, dass sie den Piloten erkennen konnten und die Zweige über ihnen im Wind der Rotoren schwankten. Schließlich drehte er eine letzte Runde über dem Wald und entfernte sich ins Gebirge. Von der Landstraße her, aus Richtung Kelkit und vom Bach war das Dröhnen anderer Hubschrauber zu hören. Fünf Minuten später schwebte der Hubschrauber von eben wieder über ihren Köpfen. Dann flog er wieder zu den Felsen und auf das Waldstück zu.

«Wie's aussieht, kommen wir nicht davon.»

«Sieht so aus.»

«Jammerschade! So ein Mist!»

Hoffnungslos flüsterten sie miteinander. Ihre zusammengekniffenen Augen, die den Hubschrauber durch die Zweige beobachteten, kurz einander zugewandt. Sie lächelten bekümmert.

Zweiunddreißig.
Damals in Fatsa

Als sie in Fatsa die ersten Häuser des Bezirks Ilıca erreichten, brach schon der Morgen an. Sie mussten sofort einen Unterschlupf finden. Sein Freund kannte sich hier gut aus. Er hatte sich einige Monate hier aufgehalten, bevor er nach Aybastı gekommen war. Allerdings konnte auch er nicht einschätzen, wie die Menschen inzwischen zu ihnen standen. Keine Tür wurde geöffnet. «Geht weg», hieß es. «Nehmt es uns nicht übel, aber wir stehen unter unglaublichem Druck.» Einen Mann konnten sie überreden, kurz mit ihnen zu sprechen. Er konnte viele Todesnachrichten und Festnahmen, von denen sie gehört hatten, bestätigen. Lediglich vier, fünf ihrer Leute konnten untertauchen.

Aber er wusste nichts über ihren Verbleib. «Die findet ihr nicht», sagte der Mann. Sie standen buchstäblich auf der Straße und fanden unter einer Brücke Obdach, wo sie vor neugierigen Blicken geschützt waren. Abends stiegen sie nach Kayaköy hinauf, das eine Stunde entfernt lag. In der Nacht zuvor hatten sie erfahren, dass die Soldaten die Wache im Dorf geräumt hatten und nun nur noch kamen, um Hinweisen nachzugehen. Şahin verließ sich auf seine Freunde, die sich in der Gegend gut auskannten. Doch auch hier öffnete ihnen niemand die Tür. Sie hegten deshalb keinerlei Hoffnung, die Untergetauchten in dieser Gegend zu finden.

Sie mussten umkehren. Sofort. Es war spät, fast Mitternacht. Zu Fuß würden sie es nicht mehr zurück nach Aybastı schaffen. Während sie am Straßenrand standen und beratschlagten, was sie tun sollten, tauchte vor ihnen ein Auto auf. Kurzentschlossen nahmen sie ihre Pistolen in die Hand und traten auf die Straße. Sie wollten sich des Autos bemächtigen, um zur Landstraße Fatsa-Aybastı zu kommen. Auf dem Hinweg hatte es da keinerlei Kontrollen gegeben. Wenn sie trotzdem auf einen Kontrollpunkt stießen, würden sie kämpfen und fliehen.

Auf dem Rücksitz saß ein junger Mann, ein flüchtiger Bekannter. Şahin steckte die Pistole weg und setzte sich neben ihn. «Mach, dass du hier wegkommst! Sonst fassen sie dich», beschimpfte der Fahrer den Freund, der auf dem Beifahrersitz Platz genommen hatte. «Deshalb haben wir dich ja angehalten», erwiderte der. «Bring uns nach Aybastı.»

«Gut, aber ich muss erst nach Hause, mich umziehen. Wie du siehst, bin ich im Schlafanzug. Wartet hier. Ich gehe schnell nach Hause.»

Wäre es nach Şahin gegangen, hätte er die Pistole gezückt und ihn zur Weiterfahrt gezwungen, aber als sein Freund völlig selbstverständlich mit ihm ausstieg, blieb ihm nichts anderes übrig, als es ihm gleichzutun. Sie warteten etwas abseits der Straße. Es begann zu nieseln. Eine Stunde verging, ohne dass der Fahrer zurückkam. Es war ein Fehler gewesen, ihm zu trauen. Sie klopften an seiner Tür. Niemand erschien. Endlich öffnete eine Frau das Fenster. «Mein Mann kommt nicht. Lasst uns in Ruhe!», sagte sie wütend. Dann schloss sie das Fenster und zog die Vorhänge zu.

Es war kurz vor Tagesanbruch. Sie waren in einer ausweglosen Lage. Şahin wies den jungen Mann zurecht. «Du wirst jetzt den Mann aus dem Haus holen! Egal wie!» Der klopfte ans Fenster und drohte, erst das Auto in Brand zu stecken, dann das Haus. Aber die Drohungen fruchteten nicht. Schließlich fragten sie ihren Bekannten, ob er sie mit nach Hause nehmen könnte. «Nein, das geht nicht, aber das Haus meines Onkels steht leer, seit er in die Kreisstadt gezogen ist. Da kann ich euch hinbringen.» Eine Stunde vor Tagesanbruch waren sie endlich da. Nachdem er ihnen ein Zimmer, Matratzen und Bettzeug zurechtgemacht hatte, ging er. Bevor Şahin sich schlafen legte, fragte er seinen Genossen noch einmal: «Kennst du ihn gut? Nicht, dass er uns verratet.»

«Ausgeschlossen. Ich kenne die Familie. Der Junge hier hat an unseren Aktionen im Dorf teilgenommen und im Haus des Fahrers sind wir ein und aus gegangen. Der hatte bestimmt nur Angst, aber verraten wird er uns nicht.» Er schien sich seiner Sache sehr sicher zu sein und sie hielten es deshalb für überflüssig, Wache zu halten. Sie waren so erschöpft und übernächtigt, dass sie sofort einschliefen.

Zwei Stunden später wurden sie von Stiefelgetrappel geweckt. Şahin hatte gerade zur Pistole gegriffen und sich aufgerichtet, als ein Feldwebel und ein Gendarm die Zimmertür aufstießen und die Gewehre auf ihn richteten. Schlaftrunken und überrumpelt, wie sie waren, hatten sie nicht reagieren können. Als sie hinausgeführt wurden, sah Şahin den Fahrer und den Jungen neben dem Hauptmann stehen. Hatten sie sie verraten, weil sie Spitzel waren oder sich aus Angst vor Repressalien auf die Seite der mächtigen Armee geschlagen? Das wusste er nicht. Was er aber wusste, war, dass sie selbst einen großen Fehler begangen hatten, indem sie, nach all dem, was geschehen war, in diesem Haus übernachteten.

Sie begannen sofort mit der Folter. Als sie einige Stunden später in Perşembe in Gewahrsam genommen wurden, waren ihre Fußsohlen schon zu Ballons angeschwollen und die aufgeschürften Beine voller Blut. Ihre Schnurrbärte waren mit einer Nagelschere abgerupft worden.

Dreiunddreißig.
Nach dem Ausbruch (2)

Stunden vergingen. Allmählich wurde es dunkel. Ihre Augen strahlten und ein sattes Lächeln zog sich um ihren Mund. Ihre Herzen waren einem Spatzennest gleich, voller Gezwitscher. 14 Stunden hatten sie auf den Tod gewartet. Jeden Augenblick, jede Minute war das Ende gegenwärtig gewesen. Eine halbe Stunde noch, bevor es stockdunkel sein würde. Was war schon eine halbe Stunde? «Selbst wenn sie jetzt noch kommen! Na und! Wir lassen uns in der letzten halben Stunde nicht erwischen!»

Endlich war es soweit. Finsternis voller Freiheit, der Tag der Flüchtenden. Ihre Sorgen verrannen zwischen ihren lächelnden Lippen. Übermütig sprangen sie in die Luft, lachten voller Freude.

«Bekir, sind wir wirklich noch am Leben?»

«Keine Ahnung. Vielleicht sollten wir uns gegenseitig kneifen. Dann wissen wir es.»

«Ich hatte schon nicht mehr geglaubt, dass wir davonkommen.»

«Ich auch nicht.»

«Es ist das reinste Wunder.»

«Ja, ein Wunder.»

«Fast hätten sie uns erwischt.»

«Gestern Abend hätten wir fast ins Gras gebissen.»

«Wirklich! Wenn sie geschossen hätten, hätten sie uns getroffen. Hundertprozentig.»

«Ich habe mit einem Kugelhagel gerechnet, als ich davongerannt bin.»

«Ich auch. Die hätten uns regelrecht durchsiebt.»

«Seltsam, dass sie nicht geschossen haben.»

«Es war gut, dass du gefragt hast: ‹Wer zum Teufel bist du?› Ich glaube, sie waren sich nicht sicher, ob wir nicht vielleicht doch unbescholtene Leute sind.»

«Das glaube ich auch! Später haben sie es bestimmt bitter bereut.»

«Die wurden bestimmt festgenommen.»

«Egal! Denken wir an uns selbst.»

«Was sollten wir deiner Meinung nach tun?»

«Runter an den Bach. Der fließt bestimmt in den Kelkit. Auf diese Weise wären wir einige Kilometer weiter von dort entfernt, wo sie uns aufgelauert haben und wieder auf der Straße nach Kelkit.»

«Gut. Aber sie werden vermuten, dass wir der Landstraße folgen und ins Schwarzmeergebiet wollen. Die werden sich da auf die Lauer legen.»

«Richtig. Aber haben wir eine andere Wahl?»

«Nein.»

«Eben. Wir gehen am Fluss entlang, statt an der Straße. Dann geraten wir in keinen Hinterhalt.»

Sie rannten das abschüssige Weideland hinunter. Mit dem Wissen, noch einmal davongekommen zu sein, fühlten sie sich leicht wie Vögel. Die Freiheit war noch immer die ihre. Und es war so schön, über Wiesen zu gehen. Von Stein zu Stein sprangen sie durch den kleinen Bach. Dann folgten sie ihm abwärts. Auch wenn sie den Weg vor sich recht gut sehen konnten, stolperten und fielen sie immer wieder hin. In drei oder vier Stunden würde der Mond aufgehen.

Zwei Stunden später standen sie vor einem großen, alleinstehenden, beleuchteten Gebäude, davor eine Baumreihe und ein Bach. Vorsichtig traten sie näher. Wegen der Bäume konnten sie das Gebäude nicht einsehen.

«Und wenn es eine Polizeistation ist?»

«Es ist alles möglich.»

«Wir gehen aber trotzdem dran vorbei. Ansonsten verlieren wir zu viel Zeit.»

«Wir müssen vorsichtig sein.»

Das Wasser schien tief zu sein. Sie zogen Schuhe und Hosen aus und stiegen hinein. Sie bemühten sich, das Gleichgewicht zu halten und behielten gleichzeitig das Gebäude im Auge. Obwohl sie keine fünf Meter davon entfernt waren, konnten sie nicht ausmachen, ob es bewohnt war. Als sie den Bach durchquert hatten, schlichen sie durch die Bäume am Haus vorbei abwärts. Das leiseste Knacken konnte sie verraten. Dennoch kamen sie nicht umhin, die Zweige abzutasten. Sie waren so ausgehungert, dass sie sich auf alles Essbare stürzen würden. Aber es war nichts dran. In gebührender Entfernung, an einer Stelle, an der zwei Bäche zusammentrafen, zogen sie sich wieder an. Rechts von ihnen, oberhalb des Bachbetts, gab es eine Dorfstraße.

«Vielleicht gibt es einen Hinterhalt?»

«Wer weiß?»

«So mächtig sind die auch wieder nicht, dass sie auf allen Dorfstraßen stehen.»

«Und wenn die Straße zu einer Polizeistation führt?»

Trotzdem gingen sie aus Bequemlichkeit am Straßenrand und nicht am Bach entlang. Nun tauchte eine ganze Ansammlung von Häusern auf. Fast überall brannte Licht. Plötzlich schlugen zwei Hunde an.

«Die kläffen wegen uns.»

«Ja, die wecken alle auf.»

Der Mond war aufgegangen. In den Gärten standen Bienenstöcke und die Hunde waren wohl deshalb da.

«Wenn die Köter nicht wären, würden wir etwas Honig mitnehmen.»

«Oh ja.»

«Das wäre toll.»

«Ob wir es trotz des Gebells versuchen sollen?»

«Unmöglich. Die Köter lassen uns nicht heran.»

«Und dann haben wir die Bienenstockbesitzer am Hals.»

«Du hast recht.»

Sie stiegen von der Straße hinab zum Bach. Nun begannen noch mehr Hunde zu bellen. Es war unerträglich.

«Die treiben sämtliche Anwohner vor die Tür.»

«Falls Soldaten im Dorf auf der Lauer liegen, sind die längst alarmiert.»

«Wir müssen wieder ans andere Ufer.»

«Ja, wir müssen uns beeilen.»

Sie hatten keine andere Wahl, sie mussten sich ganz ausziehen. Das Wasser reichte ihnen bis zur Brust. Mit letzter Kraft schafften sie es, der Strömung standzuhalten und nicht mitgerissen zu werden. Am anderen Ufer zogen sie sich hastig wieder an. Es war unmöglich, am Bach entlangzugehen. Steile Felswände säumten das Ufer. Sie erklommen eine Anhöhe und nahmen einen steinigen, mit Dornen bewachsenen Pfad. Die Hunde hatten sich inzwischen beruhigt. Das Gelände war so unwirtlich, dass kein rechtes Vorankommen möglich war. Nahezu bei jedem Schritt stolperten sie, manchmal purzelten sie den Abhang hinab. Die Steine schürften ihre Haut auf, Dornen stachen sie. Sie fluchten. «Komm. Gehen wir zum Bach hinunter. Und wieder ans andere Ufer. Scheiß verdammter Ort!» Sie hatten die Häuser auf der anderen Seite längst hinter sich gelassen.

«Ja, hier brechen wir uns noch die Beine.»

«So einen widerlichen Ort habe ich mein ganzes Leben nicht gesehen.»

Sie stiegen langsam die Felsen hinab zum Bach. Wenn sie nur leicht ins Rutschen kämen, würden sie Hals über Kopf hinunterstürzen. Auf der anderen Seite des Baches gingen sie an der Straße weiter. Sie schlotterten vor Kälte. Nach einer Weile trennte sich die Dorfstraße vom Bach. Sie blieben am Ufer, stolperten immer wieder über frisch bewässerte Wiesen und durch sumpfiges Gebiet, bis sie schließlich in kniehohem Schlamm versanken. Sie versuchten, weiter unten im nassen Gras voranzukommen. Es musste heftig geregnet haben. Bis zur Hüfte wurden sie nass, waren steif vor Kälte und mit ihrer Kraft am Ende. Ihre Mägen krampften vor Hunger. Als ob das nicht genug war, begann es zu regnen.

Auf der anderen Seite, etwas oberhalb des Flusses, verlief die Landstraße nach Kelkit, wo sie in den Hinterhalt geraten waren. Şahin sah auf die Uhr. Es war kurz vor zwei. «Lass uns eine Pause einlegen», sagte er. «Wir können uns kaum noch auf den Beinen halten und wer weiß, ob wir wieder vor Gendarmen davonlaufen müssen. Außerdem werden wir auf der Straße vom Tagesanbruch überrascht, wenn wir so weitergehen. Richtig voran kommen wir in unserem Zustand eh nicht.»

Weiter vorn am Flussufer waren schemenhaft Büsche zu erkennen. Sie sahen sich die Stelle genauer an. Sie eignete sich tatsächlich als Versteck. Ob tagsüber Leute vorbeikommen würden, konnten sie nicht einschätzen. Aber ihnen fehlte die Kraft weiterzugehen, und es goss in Strömen. Kurz entschlossen schoben sie die krummen Zweige beiseite und fielen kraftlos auf die nasse Erde. Erschöpfung und Kälte liessen sie sogleich in einen Dämmerzustand fallen. Nicht dass wir erfrieren, schoss es Şahin durch den Kopf. Aber er konnte kaum die Lider aufhalten. Wäre der stechende Schmerz in seinen steif gewordenen Füßen nicht, wäre er sofort eingeschlafen. Bekir richtete sich auf und zog Schuhe und Socken aus. Was er machte, war sinnvoll, aber Şahin wagte es nicht. Er fürchtete, zu erfrieren, wenn er die Socken auszog.

«Wenn der Morgen graut, müssen wir wach sein, Bekir. Notfalls müssen wir bei Tagesanbruch einen besseren Platz suchen.»

«Mir fallen die Augen zu.»

«Dann schlafen wir abwechselnd. Ich wecke dich gegen Morgen.»

«Ist gut.»

Obwohl er immer wieder einnickte, schlief Şahin nicht. Zitternd vor Kälte wartete er den Morgen ab. Als es dämmerte, steckte er den Kopf hinaus. Auf der rechten Seite gab es Felsen, unmittelbar hinter ihnen ein Feld.

«Steh auf, Bekir, schau. Ich glaube, wir können uns hier verstecken. Aber es könnten Bauern vorbeikommen, um auf den Feldern zu arbeiten. Aber wenn einer Wache schiebt, könnte es gehen.»

«Ja, wir schlafen abwechselnd», sagte Bekir als er sich umsah. «Nicht schlecht, der Platz.»

Şahin zog Schuhe und Socken aus, lehnte sie an einen Ast und legte sich schlafen. Nach eineinhalb Stunden wachte er auf. Eine tröstlich schöne Morgensonne war aufgegangen, die ihn durch die Zweige blendete. «Leg du dich jetzt hin, Bekir. Ich kann nicht. Ich schlafe später.»

Er wollte die Morgensonne betrachten. Er schlich zum Bachufer hinunter. Es war niemand zu sehen. Die Sonnenstrahlen und das Plätschern des Baches nahmen all seine Sorgen. Er streckte die Füße ins Wasser, wusch seine Hose unterhalb der Knie, dann Schuhe und Socken. Ab und zu warf er einen Stein ins Wasser und freute sich wie ein Kind, wenn es spritzte. Sorgfältig wusch er sich Gesicht und Hände. Dann ging er wieder zurück in die Büsche. Er lehnte Schuhe und Socken an die Zweige, damit sie in der Sonne trockneten. Wegen des Baches werden wir die Hubschrauber erst spät hören, dachte er. Wahrscheinlich tauchen sie aus heiterem Himmel über unseren Köpfen auf.

Außer zwei kleinen Kindern, die am späten Vormittag am gegenüberliegenden Ufer spielten und einem Hirten, der nachmittags vor den Felsen seine Ziegen weiden ließ, kam niemand vorbei. Ihre einzige Sorge war der Regen.

In der Dämmerung brachen sie auf. Es wäre gut, wenn sie die Felsen hinter sich ließen, bevor sie gar nichts mehr erkennen konnten. Sie gingen über einen Betonkanal, der durch die Felsen hindurch führte. Sie hatten sich vom Bach und von der Straße entfernt und waren tief in das Gelände eingedrungen. Als es stockdunkel war, sahen sie ein Dorf mit schwach brennenden Lichtern vor sich. Sie beschlossen, höher ins Gelände zu steigen, um einen Bogen um die Ortschaft zu machen. Sie gingen durch kniehohen Schlamm. Dann stießen sie wieder auf die Landstraße nach Kelkit. Oberhalb der Straße erstreckte sich das felsige Gebirge, unterhalb eine Schlucht. Weiter unten, am Flussufer, waren Felder und Weiden zu sehen, aber der Fluss entfernte sich immer mehr von der Straße, um zwischen den schemenhaft zu erkennenden Bergen zu verschwinden.

Sollten sie dem Fluss folgen oder die Straße entlang marschieren? Sie standen am Wegesrand und überlegten. Selbstverständlich wäre es sicherer, dem Fluss zu folgen, aber der Hunger hatte sie derart geschwächt, dass sie diesen strapaziösen Marsch höchstens eine Nacht durchstehen würden. Wenn sie der Straße folgten, könnten sie unterwegs auf ein Lokal oder ein Geschäft stoßen, wo sie etwas einkaufen konnten. Schließlich entschieden sie sich für die Landstraße. Sobald sie etwas gegessen hatten, würden sie sich wieder ins freie Feld begeben. Sie setzten sich in Bewegung.

«Wir müssen sehr umsichtig sein.»

«Den Blick weit nach vorne gerichtet.»

«Bei dem geringsten Geräusch springen wir sofort runter.»

«Wir marschieren hintereinander. Sollten wir in einen Hinterhalt geraten, kann wenigstens einer überleben.»

Einmal ging der eine, einmal der andere voran. Wenn sie einen Wagen hörten, schlugen sie sich abseits der Straße ins Gelände und hielten sich an Felsvorsprüngen und Grasbüscheln fest, bis die Gefahr vorüber war. Immer wieder hielten sie inne, um zu sehen, ob die schemenhaften Umrisse vor ihnen Bäume, Felsen oder Soldaten waren. Manches Gestrüpp oder Dornengewächs hatte die Form eines Menschen. Vorsichtig näherten sie sich Schritt für Schritt den Schatten, bereit, jeden Augenblick hinunter zu hechten. Oder sie bewarfen sie mit größeren Steinen, bevor sie sich näherten.

Obwohl sie schon zwei Stunden marschierten, führte ihr Weg weder zu einem Restaurant noch zu einem Geschäft. Früher oder später würden sie in einen Hinterhalt geraten. Dennoch blieben sie auf der Straße, in der Hoffnung, vielleicht doch eine Raststätte zu finden.

«Hätten wir doch unsere Rucksäcke nicht dagelassen», fluchten sie immer wieder.

«Hätten wir etwas zu essen, würden wir rauf auf die Berge und erst im Schwarzmeergebiet runterkommen.»

Sie waren bereits so abgemagert, dass ihnen ständig die Hosen rutschen, wenn sie nicht die Hände in die Taschen steckten, um sie festzuhalten. Das Album blieb längst nicht mehr in Şahins Hosenbund stecken. Er zog es immer wieder hoch und nahm es in die Hand. Nach einiger Zeit sahen sie entfernt schwaches Licht in den Himmel aufsteigen. Weil es aus einer Senke kam, konnten sie keine Gebäude ausmachen.

«Der Helligkeit nach zu urteilen, muss es etwas Großes sein, ein Hotel, eine Raststätte oder eine Tankstelle.»

«Selbst wenn es da Soldaten gibt, wir brauchen etwas zu essen.»

Sie marschierten weiter auf einer Wiese, parallel zur Straße. Die Berge ragten nun neben ihnen auf. Unten im Tal brannten Laternen, an denen bunte Schilder hingen. Sie machten drei Gebäude aus, «eins muss die Tankstelle, das andere die Gaststätte sein», flüsterten sie einander zu. Im Scheinwerferlicht eines vorbeifahrenden PKW konnten sie die Straße überblicken. Keine Spur von Soldaten oder Polizisten. Niemand hielt den Wagen an. Was aber, wenn in der Gaststätte Soldaten waren?

Sie behielten die Gebäude und die Straße im Auge. Während sie langsam abstiegen, drangen keine Geräusche aus den Häusern. In beiden brannte schwaches Licht, aber es war niemand zu sehen. Es gab zwei Tankstellen, und sicher war jemand drinnen, der Nachtdienst hatte. Das Gebäude auf der anderen Seite war stockdunkel. Wie es aussah, gab es hier nichts zu essen, nur Kraftstoff. Sie machten lange Gesichter.

«Dass es an einer Tankstelle nicht einmal einen kleinen Kiosk gibt!»

«Scheiß Land!»

«Geh ein paar Schritte weiter und warte auf mich. Ich werde mal bei der Tankstelle klopfen.»

Während Bekir in der Dunkelheit verschwand, näherte sich Şahin der Tankstelle. Er klopfte seine Kleidung ab, schob die Mütze ein wenig in den Nacken und steckte das Album wieder in den Hosenbund. Er klingelte. Nach dem dritten Klingeln machte ein Mann um die 30 Jahre im Schlafanzug die Tür einen Spalt auf. «Gott zum Gruß, Meister», sagte Şahin ruhig.

«Gott zum Gruß!»

«Wir sind mit dem Bus liegengeblieben, Meister. Wir haben in Kelkit Ersatzteile angefordert. Aber die Fahrgäste sind hungrig. Es sind kleine Kinder dabei. Ich bin der Beifahrer. Der Chef schickt mich, damit ich was zu essen besorge. Ob ich bei euch etwas kaufen kann?»

Er sprach locker, leichthin, in Beifahrermanier.

«Also, Bruder, wir haben nichts. Aber da hinten ist ein Dorf. Im Geschäft kannst du etwas bekommen. Kekse hat er bestimmt.»

«Wie finde ich das Geschäft?»

«Ganz leicht», erwiderte der Mann. «Wenn du da an der Schule vorbeiläufst, bist du fast schon im Dorf. Im sechsten Haus wohnt der Inhaber. Du klopfst und weckst ihn.»

«Danke, Meister! Dann versuche ich mein Glück. Entschuldige die nächtliche Störung.»

«Nicht der Rede wert. Alles klar!»

«Gute Nacht!»

«Gute Nacht!»

Ohne Eile ging Şahin auf die Straße. Der Mond war aufgegangen. Er drehte sich um und sah auf die Fenster der Tankstelle. Der Mann war nicht zu sehen, er musste wieder in den hinteren Raum gegangen sein. Şahin winkte Bekir zu sich.

«Was ist?»

«Da hinten im Dorf gibt es ein Geschäft, hat er gesagt.»

Sie hatten keine Wahl. Sie mussten dringend etwas essen. Bald waren sie bei den ersten Häusern. Sie standen leicht versetzt um einen kleinen Platz herum, so dass es schwierig war, das sechste Haus auszumachen. Schließlich entschieden sie sich für eines und klopften.

Auch nach wiederholtem Klopfen regte sich drinnen nichts. Sie probierten es an der nächsten Tür. Wieder nichts. Es wurde langsam ungemütlich. Wahrscheinlich würden bald alle Bewohner aufwachen. Dieses Mal versuchten sie es an einem Neubau mit Außentreppe. Şahin stieg hinauf und klingelte. Nach dem zweiten Klingeln ging das Außenlicht über der Tür an. Gleichzeitig wurde die Tür einen Spalt breit geöffnet. «Wer sind Sie? Was wollen Sie?», fragte eine Frau mit zittriger Stimme. Şahin tischte ihr mit seinem höflichsten Ton die Reisebusgeschichte auf. «Ob Sie mir sagen könnten, wo das Haus des Inhabers ist?»

«Im Dorf, aber das ist nicht leicht zu finden.»

«Gibt es jemanden, der mich hinbringen kann? Ich weiß, ich mache Ihnen Umstände, aber denken Sie an die Kinder im Bus.»

«Also. Ich weiß nicht. Mein Sohn ist zwar da.» Sie zögerte.

Şahin säuselte noch liebenswürdiger. «Bitte, liebe Tante. Die Kinder sind völlig aufgelöst.»

Die Frau ließ sich erweichen. «Dann gehe ich ihn einmal wecken», sagte sie schließlich.

Wenig später kam sie mit einem Jugendlichen zurück. «Mein Sohn bringt sie zum Inhaber, aber ganz wohl ist mir dabei nicht», sagte sie freimütig.

«Aber, liebe Tante?»

«Es sollen Ausbrecher hier herumlaufen.»

«Keine Sorge, liebe Tante. Du brauchst keine Angst zu haben», sagte Şahin mit seinem einnehmenden Lächeln.

«Gut», sagte die Frau.

Als er mit dem jungen Mann die Treppe hinunterstieg, schloss sie die Tür leise ab. Zu Bekir, der am Wegesrand wartete, sagte er kurz: «Bleib du hier, Kumpel, ich gehe mit dem jungen Mann zum Geschäft.» Şahin hielt es für besser, wenn sie nicht zusammen dahingingen. «Wer war das?», fragte der junge Mann prompt.

«Ein Fahrgast. Ich habe ihn gebeten, mich zu begleiten.»

Fünf Minuten später näherten sie sich einem zweistöckigen Betonbau, der zwischen den alten Holzhäusern wie ein Schloss wirkte. Es war tatsächlich das sechste Haus. Sie stiegen die Treppe hinauf.

Der Junge klopfte und rief: «Onkel Hacı!»

Weil sich drinnen nichts rührte, klopfte er immer heftiger gegen die Tür. Şahin beschlich ein mulmiges Gefühl. Was, wenn es eine Gendarmeriestation im Dorf gab? Und wenn Soldaten auftauchten? Der Junge klopfte wie eine Kanone, aber ‹Onkel Hacı› reagierte nicht. Nun begann auch Şahin zu klopfen und ‹Onkel Hacı› zu rufen. Das wird nicht gutgehen, aber wenn er sich jetzt aus dem Staub machte, würde der junge Mann misstrauisch, sagte er sich. Nur Ausbrecher würden sich vor Lärm fürchten.

Schließlich erschien ein rüstiger, langbärtiger Mann um die 80 in einem langen weißen Nachthemd an der Tür.

«Gott zum Gruß, Onkel Hacı. Ich habe Kundschaft hier.»

Onkel Hacı musterte Şahin mit verschlafenen Augen von Kopf bis Fuß.

«Wir sind mit dem Bus liegengeblieben. Ich bin hier, um etwas für die Fahrgäste zu besorgen, Onkel Hacı. Ich bin der Beifahrer.»

Onkel Hacı ging wortlos hinein. Drei Minuten später kam er angezogen wieder zurück, um mit ihnen hinunterzugehen.

Es war ein klassischer Dorfgreissler. Bunte Baumwollstoffe, Kopftücher, Nylonpullover, Gummischuhe, aufgebrochene Kartons mit Lebensmitteln. «Was gibt es denn so an Essbarem, Onkel Hacı?» Şahin sprach lässig und seelenruhig. Die schlammverkrustete Mütze hatte er vorsichtshalber in seine Gesäßtasche gesteckt.

«Nur Kekse und geröstete Kichererbsen», sagte Onkel Hacı.

«Keine Bonbons? Die Kinder mögen so etwas.»

«Die Bonbons sind aus.»

«Dann nehme ich zwei Packungen Kekse. Bitte steck mir alles in einen festen Plastikbeutel, damit ich es gut tragen kann. Und die Kichererbsen nehme ich alle.»

Während Onkel Hacı seine Bestellung einpackte, sah Şahin sich die Nylonpullover auf dem Tisch an, aber sie waren für Damen. Wenn er sagte, dass er für seine Frau war? Aber das könnte auffallen, dachte er und ließ es sein.

«Deine Klamotten sind aber ganz schön verschlammt», sagte der junge Mann.

«Tja, Bruder. Als Beifahrer musst du ständig unter den Wagen kriechen. Was soll man machen? Schuften für das tägliche Brot.» Onkel Hacı packte die Kekse und gerösteten Kichererbsen in einen großen Plastikbeutel. «Hast du keine Zigaretten, Onkel Hacı? Mir sind sie ausgegangen.» Die letzten beiden Zigaretten hatten sie gestern Morgen geraucht, bevor die Hubschrauber am Himmel auftauchten.

«Nein, aber ich frage einmal meinen Sohn. Vielleicht hat der welche.»

«Was macht das?» Der Preis kam Şahin unverschämt vor. Und der will die Pilgerfahrt gemacht haben, dachte er und musste lächeln, als er die Summe auf den Tresen legte. Dann schulterte er den Beutel. Gemeinsam traten sie hinaus.

Onkel Hacı ging noch einmal nach oben und brachte ein Päckchen Marlboro. «.1000 Lira», sagte er.

Das ging zu weit. «Du hast dir auf Kosten der Dörfler ein kleines Schlösschen gebaut. Reicht dir das nicht? Schau. Da steht 800 drauf», sagte Şahin und zeigte auf das Etikett.

«Dann 800.»

Şahin zahlte. «Dann mach's gut, Onkel Hacı. Entschuldige noch einmal die Störung. Aber du hast eine gute Tat vollbracht. Und viel Geld verdient.»

Er war so glücklich, dass er beinahe einen Freudentanz aufgeführt hätte. Um dem jungen Mann zuvorzukommen, stellte er ihm, wie auf dem Hinweg, eine Frage nach der anderen. So hatte er schon erfahren, dass er das Gymnasium beendet, zweimal an den Hochschulprüfungen teilgenommen, aber nicht bestanden hatte. «Macht nichts! Versuch's weiter. Gib dir Mühe. Du siehst ja an mir, was aus einem wird, der nicht studiert hat. Du machst dir den Rücken krumm», sagte er und gab ihm weitere Ratschläge. Bekir wartete am Haus. Şahin reichte dem jungen Mann die Hand. «Hab vielen Dank, Bruder! Du warst uns eine große Hilfe.»

«Gern geschehen. Gute Reise!»

Auf der Landstraße erlaubte Şahin sich endlich, lauthals loszuprusten.

«Was hast du denn alles gekauft?»

Şahin deutete auf den Plastikbeutel und hielt sich den Bauch vor Lachen.

«Zwei Packungen Kekse. Und ein halbes Kilo geröstete Kichererbsen.»

«Ooh!»

«Und ein Päckchen Marlboro!»

«Wahnsinn!»

«Ja, Wahnsinn!»

Sie sprangen vor Freude hin und her. Şahin wirbelte den Plastikbeutel durch die Luft.

«Wir suchen uns ein abgelegenes Plätzchen und schlagen uns den Bauch voll!»

«Und danach eine amerikanische Zigarette!»

«Hurra!»

Nach etwa 300 Metern sahen sie links von der Straße eine kleinere ebene Fläche mit Gestrüpp und Gras unter Bäumen. Direkt dahinter ragte das Gebirge steil auf.

«Komm, setzen wir uns unter die Bäume.»

«Gute Idee!»

Es war stockfinster. Selbst wenn Leute vorbeikommen sollten, würden sie sie nicht wahrnehmen. Sie öffneten eine Kekspackung und steckten fünf, sechs Kekse auf einmal in den Mund.

«Nicht einmal im Çankaya Palast wird so köstlich gespeist!»

«Nicht einmal im Weißen Haus!»

«Wir essen erst einmal, soviel wir können. Aber den Rest müssen wir gut aufteilen.»

«Wir müssen lange damit auskommen.»

«Jetzt geht es bergauf mit uns.»

«Wir sind davongekommen!»

«Die Soldaten können sich sonst wohin beißen.»

«Nie wieder an die Straße.»

«Wenn wir nur etwas zu essen haben.»

Fast die Hälfte des Packungsinhalts aßen sie auf. Sie waren völlig satt. «Wenn wir zu Ende geraucht haben, sollten wir uns wieder auf den Weg machen, Bekir. Zum Berg hinter uns. Es ist fast schon zwei. Gerade genug Zeit, um eine Bleibe für die Nacht zu finden.»

Sie rauchten beide zwei Zigaretten. Die Glut verbargen sie in der hohlen Hand, die Kippen vergruben sie. Als sie sich aufrafften, fiel Şahins Blick auf ein im Mondschein glänzendes Schild an der Straßenseite. «Da vorn ist ein Schild. Sehen wir uns das einmal aus der Nähe an. Dann wissen wir, wie weit es bis Kelkit ist.»

Das Mondlicht spiegelte sich auf dem Asphalt und blendete die Augen. Sie waren kaum fünf Schritte darauf zugegangen, als Şahin ruckartig stehenblieb. Er sagte leise: «Halt, Bekir!»

«Was ist denn?»

«Da ist ein Soldat!»

Sein Herz raste und seine Wangen glühten. Mit starren Blick sahen sie zur anderen Straßenseite hinüber. Es war nichts zu hören. Die Umrisse des Soldaten, den er nur aus dem Augenwinkel wahrgenommen hatte, waren wieder verschwunden. Oder hatte er sich geirrt? Nein, das glaubte er nicht. Er flüsterte aufgeregt: «Zurück, Bekir, zurück!»

Sie traten langsam Schritt für Schritt zurück. Şahin ließ den Pfahl nicht eine Sekunde aus den Augen. Sie waren kaum fünf Schritte zurückgewichen, als graue, dunkle Schatten auf sie zustürmten. Dann die Rufe: «Haaalt! Stehenbleiben! Wir schießen!» Schüsse hallten durch die Nacht. Sie warfen sich aufs Geratewohl den Abhang hinunter und landeten in der Mulde eines Baches, der von den Bergen ins Tal stürzte. Die war voller riesiger Steine, die wie Regalbretter, übereinandergestapelt waren. Ihre Köpfe, Knie und Beine schlugen dagegen, während sie hektisch um ihr Leben rannten. Die Kugeln zischten über ihre Köpfe hinweg. Şahin sprang von einem Stein auf den nächsten. Seine Mütze, das Erinnerungsstück an einen lieben Freund, blieb an einem Zweig hängen und fiel hinunter. Er hatte keine Zeit, sich darum zu kümmern. Wenn nur das Album nicht hinunterfiele! Der Plastikbeutel auf seinem Rücken schien schwer wie ein Felsen. Er dachte kurz daran, ihn abzuwerfen, ließ es aber.

Die Schüsse verebbten nach und nach. Am Fuß des Tals angelangt, stiegen sie aus dem Bach. Die Soldaten konnten sie nun nicht mehr sehen, also auch nicht beschießen. Sie hetzten einen Hang hinauf. Der Gipfel schien so hoch, als berühre er das Himmelsgewölbe. Dabei waren sie jetzt schon außer Atem. «Nimm mir den Beutel ab, Bekir. Sonst falle ich um.» Bekir nahm den Proviant, aber nach einer Weile konnte er ihn auch nicht mehr tragen und gab ihn zurück. Sie waren nass geschwitzt. Şahin schleppte sich noch etwa zehn Schritte, dann sackten ihm die Knie weg. Bekir nahm ihm den Beutel wieder ab. «Lass uns wenigstens eine der Schachteln wegwerfen», sagte er schwer atmend. «Auf keinen Fall! Wenn wir das unten gemacht hätten, ja. Aber jetzt würden wir eine Spur hinterlassen.» Sie stiegen weiter hoch bis zu einer Anhöhe. In der Ferne sahen sie ein großes Waldgebiet. Sie steuerten sofort darauf zu. Doch die zahllosen glitschigen Steine an den Muldenwänden erschwerten den Aufstieg. Das Gelände wurde immer steiler, wie eine Wand. Und die Zeit raste. Bald würde der Morgen grauen und sie wären völlig schutzlos in dieser kahlen Landschaft.

In der letzten Nacht hatten sie den Weltrekord im Gehen gebrochen, dieses Mal mussten sie den im Klettern gebrochen haben. Doch vergeblich! Als sie den Gipfel erreichten, dämmerte es. Weitaus schlimmer war, dass hier am Bergrücken weit und breit nichts stand als ihre im Wind schwankenden Körper. Nur nackte, durch Gebirgsbäche voneinander getrennte Felswände, die sich bis zu einem Fluss in der Tiefe erstreckten. Gegenüber, auf der anderen Seite des Flusses, ragte ein mächtiges Gebirge mit Felsenwänden in die Höhe, zu dessen Fuß drei große Fahrzeuge hintereinander auf dem Saumpfad fuhren, drei gelbe Scheinwerfer. Der Wind trug die Fahrgeräusche zu ihnen herüber. Şahin erkannte sofort das widerwärtige Brummen der Militärfahrzeuge.

«Sie kommen, Bekir.»

«Sie kommen.»

«Die ganze Gegend werden sie heute mit Soldaten vollstopfen.»

Mit leerem Blick sahen sie an den kahlen Hängen hinauf, die immer besser zu erkennen waren. Erschöpft, ausgelaugt, entkräftet waren sie. Und das Schlimmste: Sie waren ohne Hoffnung, ihren Verfolgern zu entkommen. Etwa 50 Meter tiefer sahen sie kleine Flecken. Sie stiegen hinab. Es waren zwei vertrocknete Haufen Gestrüpp. Sie hatten keine andere Wahl und krochen hinein. Die Keksschachteln passten nicht mehr hinein, sie steckten sie in das zweite Gehölz. Doch die ungeöffnete Schachtel ragte heraus. Sie gruben ein Loch, die anderen Kekse behielten sie bei sich.

Inzwischen war es taghell. Zusammengekauert harrten sie unter den Zweigen aus. Je blauer der Himmel, desto mehr verfinsterten sich ihre Gesichter. Ermattet, enttäuscht, entmutigt.

«Dieses Mal haben wir keine Chance!»

«Dieses Mal finden sie uns!»

«Jammerschade!»

«Wir haben aber auch ein Pech!»

«Zwei Nächte hintereinander, zwei Hinterhalte.»

«Kaum dem Ersten entkommen, folgt der Zweite.»

«Die legen sich alle dauernd auf die Lauer. Und wir hängen sie alle ab. Und dann scheitert es daran, dass wir kein Schlupfloch finden!»

«Sie wissen, dass wir ins Gebirge wollen.»

«Und auf dem Gipfel nur dieses Gehölz hier!» Sie sprachen mit brüchiger Stimme.

«Zusammengestoßen wären wir fast mit den Kerlen. Zum Glück hat sich einer bewegt, sonst hätten wir ihn nicht gesehen.»

«Du hast Augen wie ein Adler.»

«Und du hast sehr kräftige Beine. Alle Achtung, wie du den Beutel tragen konntest.»

Vom Bergrücken schallte das Dröhnen eines Hubschraubers herunter. Erregt und unruhig horchten sie. Es war schrecklich, hilflos und wehrlos zu sein. Fliehen, davonkommen, überleben! Şahin kamen wieder die Worte von Major Fehmi Kalemtaş, dem Leiter des Çorumer Militärgefängnisses, in den Sinn. Auf der Flucht musste er häufig an diese Worte denken. Was war dem Major wohl durch den Kopf gegangen, als er gehört hatte, dass er ausgebrochen war? Dass er wusste, was *Survival* bedeutete? Wusste er das wirklich? Der Ausbruch war ihnen gelungen. Und der Rest?

«Hast du schon mal das Wort *Survival* gehört, Bekir?»

«Nein. Was bedeutet das?»

«Es bedeutet fliehen, davonkommen, überleben.»

Das Dröhnen der Hubschrauber hinter dem Berg schwoll immer mehr an. Sie kamen immer näher. Bekir versuchte zu lächeln. «Dieses Mal kommen wir nicht davon.»

«Nein, dieses Mal nicht», entgegnete Şahin mit gequälten Lächeln. «Die strecken uns leblos nieder, noch bevor wir den Bach da unten erreicht haben.»

«Du sagst es.»

Vierunddreißig.
Damals in Çorum

Im Mai 1983 waren sie an einem Frühlingstag vom Militärgefängnis in Amasya nach Çorum gebracht worden. Dort wurde der Aybastı-Prozess fortgesetzt. In Linienbussen wurden sie zur Verhandlung transportiert. Begleitet von Soldaten, hatten sie die gesamte Fahrt über sehnsüchtig hinausgeschaut, zu den Bergen voller Blumen, grünen Tälern und Bächen. In den Ortschaften, durch die sie kamen, sahen sie Burschen und Mädchen in Schuluniformen herumschlendern und Kinder, die Murmeln spielten. Und sie? Was erwartete sie in Çorum? Genau das, was ihnen in allen Militärgefängnissen blühte, erst einmal die traditionelle Tracht Willkommensprügel und eine Fülle von Misshandlungen, damit sie sich an die Haftregeln hielten. Über das Çorumer Gefängnis hatten sie schlimme Dinge gehört, die alle mit Folter begannen und mit Folter endeten.

Unter den Blicken einer großen Anzahl Soldaten wurden sie aus den Bussen geführt. Das Gelände war weiträumig umstellt, innerhalb dieses Kreises standen mehrere Reihen mit Schlagstöcken ausgestattete Soldaten bereit.

«Na los!»

«Schneller! Schneller!»

«Nicht umsehen!»

«Na, wie viele Soldaten habt ihr auf dem Gewissen?»

Einige begannen, ihren Befehlen mit den Schlagstöcken Nachdruck zu verleihen. Die Häftlinge setzten sich zur Wehr und es kam zu einem Gerangel. Dann wurden sie in den kleinen Hof vor dem zweistöckigen Gewahrsam geführt und an der Wand aufgereiht. Sie waren mehr als 70 revolutionäre Gefangene. Etwa 20 MHPler, die ebenfalls angeklagt wurden, standen ein wenig abseits von ihnen. Şahin und seine Freunde lehnten es kategorisch ab, mit den MHPlern zusammengebracht zu werden. Anfangs hatte sie sich auch gewehrt, im selben Prozess vor Gericht gestellt zu werden. Aber schließlich hatten sie es akzeptiert, weil es hilfreich sein würde, die Kooperation offizieller und ziviler Faschisten bei ihren Massakern anzuklagen.

Ein groß gewachsener, gutaussehender Mann in Luftwaffenuniform im Rang eines Majors lehnte an der Mauer und taxierte mit strengem Blick die Häftlinge, die vor ihm aufgereiht dastanden. Dann setzte er zu einer Ansprache an. Er sprach gepflegt und flüssig. Seine Stimme war sanft. Aber die Worte! «Ihr sollt wissen, dass dieses Gefängnis vermint ist. Wenn ihr mich ärgert, drücke ich sofort auf den Knopf. Der Abstand zwischen Gott und mir ist winzig. Ich dulde nicht die geringste Regelverletzung.» Dann erläuterte er die Gefängnisregeln: Linke und Rechte würden gemeinsam untergebracht. Die Soldaten waren mit ‹mein Kommandant› anzureden und es würde täglich militärische Übungen geben. Bei Zählungen hätten sie sich wie Soldaten aufzustellen und stillzustehen. Er begann mit Drohungen und endete mit Drohungen.

Şahin meldete sich zu Wort: «Wir sind keine gewöhnlichen Gefangenen. Wir sind politische Häftlinge. Wir sind Verfechter einer Weltanschauung. Das ist auch der Grund unseres Gefängnisaufenthalts.

Nirgends haben wir militärische Regeln akzeptiert, die unserer Weltanschauung zuwiderlaufen. Auch hier werden wir das nicht tun. In anderen Gefängnissen wurden wir misshandelt und gefoltert, ohne uns je zu beugen. Dass wir mit den Faschisten in einer Zelle untergebracht werden, kommt genauso wenig in Frage wie die Einhaltung militärischer Regeln. In dem Maße, indem Sie die Freiheit haben, nach den eigenen Regeln zu leben, nehmen wir uns die Freiheit, unsere politische Würde zu wahren. Daraus resultierende Konsequenzen werden allein in Ihrer Verantwortung liegen.»

Sie wurden in den beiden oberen Stockwerken des Polizeigewahrsams untergebracht, die MHPler im Gefängnistrakt. Zwei Stunden später kam der Major zurück. Nun sprach er in einem liebenswürdigen, sanften, väterlichen Ton zu ihnen. Er spielte den guten Polizisten. «Ich habe eure Akten studiert, Freunde. Alle sind voll mit roten Vermerken. Wie es aussieht, werdet ihr uns viel Arbeit machen. Aber wir werden euch zu jeder Zeit menschenwürdig unterbringen und behandeln. Ich verabscheue die Folter. Dem Soldaten, der die Hand gegen euch erhebt, mache ich das Leben zur Hölle. Wenn ihr krank seid, werden wir euch notfalls auf unseren Rücken ins Krankenhaus tragen. Ihr werdet sehen, dass wir euch stets anständig behandeln, wie Gentleman. Aber denselben Anstand, denselben Respekt, erwarten wir auch von euch. Unsere Geduld ist groß. Wenn ihr uns besser kennt, werdet ihr freiwillig auf unsere Bedingungen eingehen. Ich weiß, bislang hattet ihr nur mit Folterern zu tun. Euer Zorn ist gewaltig. Aber ihr werdet sehen, dass wir anders sind.»

Weil er mit Prügeln nichts erreichen würde, hatte er sich offenbar entschieden, ihnen Bananen hinzuhalten, und wenn er von Gentlemen sprach, meinte er Sklaverei. Die Begriffe Gentlemen und militärische Regeln waren unvereinbar. So hatte Şahin Bekanntschaft mit Major Fehmi Kalemtaş gemacht.

Sie verhielten sich, wie sie es für richtig hielten, ohne die militärischen Regeln zu akzeptieren. Die Gefängnisverwaltung mahnte bei jeder Gelegenheit ihre Regeln an. Kaum gaben sie ihnen einen Löffel Essen mehr, kaum verlängerten sie die Besuchszeit um fünf Minuten, kamen neue Forderungen aufs Tapet. Inzwischen hatten sie den Major näher kennengelernt. Fast täglich ließ er sich auf Diskussionen mit ihnen ein. Er unterschied sich von den Offizieren, mit denen sie zuvor zu tun hatten und die nur Phrasen wie Vaterland, Nation, Patriotismus droschen. Er war ein kultivierter, gebildeter Mann. Şahin genoss es, mit ihm zu diskutieren. Ab und an erfuhr er von ihm Dinge, die er so noch nicht gehört oder gelesen hatte. Der Major verfügte über ein solides Wissen in Politik, Kunst, Philosophie und Mythologie. Er hatte eine angenehme Stimme und einen gehobenen, flüssigen Sprachstil. Er war ein guter Zuhörer und bemühte sich, seinen Gesprächspartner ausreden zu lassen, auch wenn er anderer Meinung war. Zwar sagte er, dass er 1968 aktiv gewesen sei, aber das war mit Vorsicht zu genießen. Denn diese Litanei gehörte zum Repertoire fast aller Offiziere, mit denen Şahin zu tun gehabt hatte. Trotz all dieser fortschrittlichen und kultivierten Seiten hatte der Major keinerlei Skrupel, Gefängnisdirektor zu sein.

Der Verhandlungstag nahte und die Leitung, deren Bananenpolitik nicht fruchtete, hatte begonnen, diskret mit dem Prügelstock zu winken. Alles deutete darauf hin, dass sie nach der Verhandlung zum Angriff übergehen würde. Einmal hatte der Major das schon ganz offen gesagt. «Wir sprechen uns, wenn die Verhandlung vorbei ist. Niemand knöpft sich also die Jacke zu, wenn ich den Raum betrete? Wir haben hier einen Mann, der benutzt seine Fäuste so», hatte er gesagt und den Arm mit der geballten Faust ausgestreckt.

Für die Häftlinge hatten die Prozesse große Bedeutung, vor allem wegen der Folter. Die Militärrichter versuchten, sich aus der Affäre zu ziehen und behaupteten, keine Befugnisse zu besitzen, sich in die Angelegenheit der Gefängnisleitung einzumischen. Doch sie mussten immer wieder Strafanzeigen gegen die Verantwortlichen wegen Folter annehmen. Entlassene Gefangene und Anwälte versuchten ebenfalls, Informationen über die Folter in den Gefängnissen nach draußen zu tragen. Allein deshalb wartete die Leitung des Çorumer Militärgefängnisses das Ende des Prozesses ab.

Die politischen Gefangenen versuchten, angesichts der schweren Folter und der Repressalien, ihre politische Würde zu verteidigen. Die Formulierung weitergehender Forderungen und der Kampf, sie durchzusetzen, steckte noch in den Kinderschuhen und beschränkte sich auf wenige Haftanstalten. Im Çorumer Militärgefängnisses war dieser Kampf bereits aufgenommen worden.

Zwei Wochen vor Verhandlungsbeginn hatte der Feldwebel bei einer Zählung irritiert feststellen müssen, dass sie nicht in Reih und Glied dastanden und die Gefangenen teilten ihm ihren Beschluss mit: «Von nun an werden wir uns bei der Zählung nicht aufstellen. Wenn ihr zählen wollt, dann kommt und zählt uns da, wo wir sind, im Bett oder beim Hofgang. Wir werden euch die Zählung nicht erschweren. Wir versprechen, bis zur Beendigung der Zählung zu bleiben, wo wir sind. Aber wir werden uns nicht mehr in einer Reihe aufstellen wie Schafe beim Viehhändler. Denn wir sind genauso Menschen wie ihr. Noch eins. Ihr versucht uns Vorschriften über Frisuren und Bärte zu machen und setzt uns seit einiger Zeit deshalb unter Druck. Dabei hatten wir bereits am ersten Tag klargestellt, dass wir tägliches Rasieren nach Militärart und Bürstenhaarschnitt nicht akzeptieren. Bisher hat sich jeder von uns alle drei oder vier Tage rasiert. Aber nun nehmen wir eine andere Haltung ein. Was Haare und Bart angeht, wird jeder frei entscheiden und sich rasieren, wann und wie er möchte. Wer mag, lässt sich einen Bart wachsen. Wer mag, rasiert sich täglich. Wer mag, lässt sich die Haare bis auf die Schultern wachsen oder sich eine Glatze rasieren. Niemand hat zu keinem Zeitpunkt und an keinem Ort das Recht, sich in die Haar- und Bartlänge eines anderen einzumischen.»

Zwei Tage lang keine Reaktion von der Gefängnisleitung. Sogar die drei Zählungen am Tag fielen aus. Der Major ließ sich nirgends blicken. Am dritten Tag meldete der wachhabende Soldat zur Mittagszeit, sie sollten in die Zellen zurück, der Major wolle mit ihnen sprechen. Alle taten wie geheißen und warteten. Plötzlich drangen aus dem unteren Stockwerk Schlüsselrasseln, Schreie, Schläge, Flüche, Parolen. Sie eilten ans Fenster. Der Gefängnishof war voller Soldaten. Sie sahen, wie die Freunde geschlagen und in die Zellen gesperrt wurden. Die Befehle des Majors waren aus dem Lärm herauszuhören. Sofort rammten sie den langen Esstisch zwischen Zellentür und Wand. Im Gegensatz zu den meisten Gefängnistüren ging diese nach innen auf. Nun würde sie nicht mehr aufgehen. Sie waren in den Aufstand getreten. Anschließend gingen sie an die Fenster und schlossen sich den Parolen von unten an. In beiden Stockwerken riefen 70 Menschen: «Die Würde des Menschen wird die Folter besiegen!» Die Soldaten antworteten mit Schlagstöcken und Flüchen. Sie hörten Schlagstöcke brechen, so heftig schlugen sie zu. Schließlich gelang es ihnen, alle Gefangenen in die Zellen einzusperren. Dann kamen sie zu ihnen und rüttelten an der Tür. «Macht die Tür auf! Nehmt die Barrikaden weg!», schrie der Major. «Wir wollen den Staatsanwalt sprechen und öffnen die Tür nicht, bevor er kommt.» Der Major trat in den Hof, vor die Fenster. Şahin wiederholte durch die Fenstergitter noch einmal: «Wir fordern, dass der Staatsanwalt kommt!» Der Major sagte kurz: «Ich gebe euch fünf Minuten. Wenn ihr die Tür nicht öffnet, lasse ich Tränengasbomben hineinwerfen.»

«Wir werden sie nicht öffnen.»

Während sie riefen: «Nieder mit den Folterern!», verließ der Major den Hof. Dann bezogen bewaffnete Kommandos im Hof Stellung. Die Finger am Abzug, warteten sie auf Befehle. Die Gefangenen hörten nicht auf, Parolen zu skandieren und bereiteten sich auf die Gasbomben vor. In Waschzubern bereiteten sie Salzwasser vor, tränkten Hand- und Taschentücher darin, um sie sich auf das Gesicht legen zu können. Auch in den anderen Abteilungen wurde revoltiert, die Parolen hallten durch das gesamte Gefängnis.

Eine Stunde später tauchte der Major mit einem etwa 40-jährigen Mann in Zivil auf. Beide stellten sich vor den Fenstern im Hof auf. «Ich bin der Çorumer Staatsanwalt», begann der Mann. «Ich hörte, dass ihr mich sprechen wollt. Aber ich bin kein Militärstaatsanwalt. Insofern obliegt mir die Zuständigkeit nicht. Ich kann nur versuchen zu vermitteln.»

«Sie, Major, gehen bitte!», rief Şahin. «Wir akzeptieren niemanden als Ansprechpartner, der foltert. Wir möchten mit dem Staatsanwalt allein sprechen.» Der Major grinste nur und verließ den Hof.

«Die Gefängnisverwaltung greift zum Mittel der Folter. Soeben wurden unsere Freunde im unteren Stockwerk zusammengeschlagen und in die Zellen gesperrt. Wir haben legitime Forderungen für humane Haftbedingungen gestellt und die Gefängnisleitung reagierte mit Gewalt und Misshandlungen. Wir fordern, dass Sie in Ihrer Eigenschaft als Staatsanwalt und Jurist einschreiten. Die Folter ist umgehend einzustellen, die Kommandos aus dem Gefängnis sind abzuziehen und die Türen unserer Freunde aufzuschließen.»

«Ihr befindet euch in einem Militärgefängnis und steht vor einem Militärgericht. Ihr wisst, dass ich als ziviler Staatsanwalt in eurer Angelegenheit nichts tun kann. Die Zuständigkeit für Militärgefängnisse liegt bei der Ausnahmezustandsbehörde.»

Nun waren überall empörte Rufe zu hören.

«Was für ein Jurist sind Sie?»

«Wie können Sie angesichts der Folter untätig bleiben?»

«Das gesamte Land steht unter Folter und Sie zucken nicht einmal mit der Wimper.»

«Indem Sie nichts gegen die Folter unternehmen, machen Sie sich vor der Menschlichkeit schuldig.»

Der Staatsanwalt antwortete nicht, verließ den Hof und kehrte einige Minuten später zurück. «Ich habe eure Forderungen an den Major weitergeleitet, meine Herren. Er akzeptiert sie nicht. Er fordert euch auf, die Tür aufzumachen. Mehr kann ich nicht tun.»

Nachdem der Staatsanwalt unter ihren Protesten verschwunden war, baute sich der Major mit den Feldwebeln und Soldaten vor der Zellentür auf. «Macht die Tür auf, Freunde! Wir werden euch nicht foltern. Wir werden alle Zellen aufschließen. Wir werden versuchen, die Probleme zu lösen, indem wir miteinander sprechen. Wie früher.» Er klang liebenswürdig, sanft, einnehmend.

«Versprechen Sie es?»

«Soldatenehrenwort!»

Er hielt sein Wort nicht und ließ sie auch im oberen Stockwerk in die Zellen sperren. Daraufhin traten insgesamt 70 revolutionäre Häftlinge in einen unbefristeten Hungerstreik. So nahm der Kampf seinen Anfang.

Genau 42 Tage dauerte ihr Protest. Ihre Briefe, Fotos, Gedichte, Bücher, Verteidigungsmanuskripte nahmen sie ihnen. Ihr Recht, Briefe zu versenden und zu erhalten, auf Besuchszeiten, Kantinenbesuche, Tee und Zigaretten wurden vom ersten Tag missachtet, die Fenster mit Zement zugemauert, so dass sie kein Tageslicht, keine frische Luft hatten. Dann folgten körperliche Angriffe. Einen nach dem anderen schleiften sie aus der Zelle, durch die Korridore. An Armen und Beinen gefesselt, schnitten sie ihnen unter Schlägen die Kopf- und Barthaare ab. Sie schabten sie blutig.

«Ja, ich bin ein Faschist, Scheißkerle! Ein Faschist! Na und? Und ich zeige euch, was es heißt, ein Faschist zu sein! Staatsräson hier, Pöbel dort!», brüllte Feldwebel Kamer Tekin. Sie antworteten mit Parolen und Liedern und schlugen mit ihren Absätzen gegen die eisernen Zellentüren. Wenn sie nachts mit 70 Leuten Lieder anstimmten, wurde ganz Çorum wach. Die Gefängnisleitung ließ draußen einen Generator laufen, um sie zu übertönen. Doch sie ließen sich nicht mundtot machen. Zweimal traten sie aus Protest gegen die Übergriffe in den Hungerstreik, der erste dauerte eine Woche, der zweite zehn Tage.

Beim letzten Angriff warfen sie Şahin mit vier Gefangenen in unterirdische, fensterlose, feuchte Einzelzellen, die so genannten Kerker. In diesen Zellen gab es weder Toilette, Waschbecken, Licht noch Pritsche. Wegen der Feuchtigkeit war der Betonboden mit glitschigem Schlamm überzogen. Ein 20 Zentimeter breites, eineinhalb Meter langes, zwei Zentimeter dickes Brett gaben sie ihnen zum Liegen. In dem runden Hof vor den Zellen hingen schwere Sträflingsketten aus osmanischer Zeit an Eisengittern, dick wie Männerschenkel. In diesen Hof mündeten die Türen von zwei weiteren Zellen. An der einen stand «Todeszelle», an der anderen «Kettenzelle». Im gegenüberliegenden Korridor gab es neu gebaute Zellen, die so genannten Beobachtungszellen. Şahin und seine Freunde wurden täglich einmal tagsüber und einmal nachts zur Toilette geführt. Dem Flurfunk zufolge waren hier etwa 40 Menschen untergebracht, die nach einer Razzia in einem Dorf bei Çorum inhaftiert worden waren. Die meisten waren älter, einige über 50. Sie wurden der ‹Beihilfe zum Terrorismus› bezichtigt. Ihre Schmerzensschreie hörten nicht auf. Sie waren ständigen Tritten und Stockschlägen durch Wachhabende ausgesetzt. Ihre drei täglichen Zählungen waren eine einzige Qual, denn sie mussten die Zahlen so laut brüllen, dass das gesamte Gefängnisgebäude dröhnte. Trotzdem wurden sie verprügelt, weil sie angeblich nicht laut genug gebrüllt hatten. Und sie mussten die Zahlen wieder und wieder brüllen. Ein oder zwei Mal täglich wurde ihnen erlaubt, gemeinsam auf dem Hof zu rauchen. Şahin konnte sie durch die Löcher in seiner Zellentür sehen. Sie waren kahl geschoren. Es war verboten zu sprechen und sie standen stumm da und rauchten, den Blick zu Boden gerichtet. Sie wirkten mehr tot als lebendig. Alles Lächeln war aus ihren Augen erloschen. Wenn sich ihnen ein Soldat näherte, nahmen sie sofort Haltung an. Trotzdem ging kein Soldat vorbei, ohne ihnen ein paar Schläge oder Tritte zu versetzen. Einmal musste Şahin mitansehen, wie Feldwebel Kamer Tekin zwei Männer im Alter seines Vaters bewusstlos prügelte.

Fausthiebe, Tritte, Kniestöße, Ohrfeigen. So sah es aus, das Gefängnis von Major Fehmi Kalemkaş, der am ersten Tag großspurig getönt hatte, dass er Folter verabscheue.

Şahin führten sie in den Tagen des Aufruhrs dreimal hintereinander zum Major in den Hof. An allen drei Tagen stellte der Major unter Beweis, dass er mit dem ‹Mann, der seine Fäuste so und so benutzt›, sich selbst gemeint hatte. Er schlug genauso zu, wie er es damals vorgemacht hatte. Nachts kam Feldwebel Kamer Tekin in ihre Zellen, um sie der Reihe nach zu misshandeln. Dann ließ der Major sich drei Tage nicht blicken. Am Morgen des siebten Tages kam er wieder und ließ Şahin nach draußen bringen. «Du verlässt uns. Wenn es nach mir ginge, würde ich dich nicht gehen lassen, aber der Befehl kommt von oben», sagte er.

In den ersten drei Tagen hatte Şahin kein Wort mit ihm gesprochen, weil er jedes Mal von ihm verprügelt worden war. Er beantwortete weder seine Fragen noch reagierte er auf irgendetwas. Hände auf dem Rücken, die Beine gespreizt, den Blick auf ihn gerichtet, stellte er sich seinen Fäusten. Dieses Mal gab sich der Major wieder den Anschein eines zivilisierten, zuvorkommenden, respektvollen Menschen. Er wollte sprechen. Und wenn es stimmte, was er sagte, waren es Şahins letzte Minuten in diesem Gefängnis. «Eins würde ich gern wissen», sagte Şahin. «Sie sind ein gebildeter Mann. Sie wissen, was menschlich und was menschenunwürdig ist. Wie kann es sein, dass Sie zu einer äusserst primitiven und unmenschlichen Methode wie der Folter greifen?»

Der Major antwortete nicht. Täglich war er gekommen und hatte das Gespräch mit ihnen gesucht. Nur an den Tagen der Übergriffe ließ er sich nicht blicken. Es kam vor, dass er ihre Ansichten teilte, ihnen recht gab. «Wenn es nach mir ginge, würde ich euch weder in die Zellen sperren noch mich in eure Haare und Bärte einmischen. Aber der Befehl kommt vom Ausnahmezustandskommandanten», pflegte er zu sagen.

Irgendwie hatte er auch recht. Den Befehl zum ersten Sturm auf die Zellen hatte er vor den Augen des gerichtlichen Beraters gegeben, der vorgab, ihre Forderungen anhören zu wollen. Sollte die Ausnahmezustandskommandantur zustimmen, ginge der Major sofort auf ihre Forderungen ein. Hätten sie sich den militärischen Sanktionen brav und widerstandslos gebeugt, hätte er nicht im Geringsten daran Anstoß genommen, dass man sie zugrunde richtete. Aber er war ihrer Widerstandsaktionen überdrüssig und dass sie ständig ganz Çorum auf den Plan riefen. Die Vorfälle waren bis zur BBC vorgedrungen.

Ihr Widerstand wurde gebrochen, indem sie die Gefangenen verlegten und eine kleine Gruppe dort beließen. Eine Gruppe, zu der auch Şahin gehörte, brachten sie nach Amasya zurück, die andere verlegten sie nach Samsun. Auf dem Höhepunkt der Revolte, am dritten Tag des zweiten Hungerstreiks, war der Major zu Mittag vor Şahins Zelle aufgetaucht. Er lag auf seinem Bett und versuchte, an irgendetwas anderes zu denken, als an Essen. Der Major musste schon eine Weile dagestanden haben. Ein Lächeln spielte um seinen Mund. Şahin verhielt sich kühl, um seine Haltung zu unterstreichen. «Was ist? Verwehrst du mir schon den Gruß? Komm! Lass uns ein wenig plaudern.» Höflich lud er ihn ein.

Şahin ging zur vergitterten Tür. «Worüber möchten Sie sprechen?»

«Du bringst mir den Sozialismus bei und ich dir *Survival*. Bist du dabei?» Er lachte. Er verstand, seine Ausführungen mit feinem Humor zu würzen. Şahin konnte nichts erwidern, weil er nicht wusste, was *Survival* bedeutete. Der Major hatte es an seinem Blick gemerkt.

«Weißt du, was *Survival* heißt?»

«Nein. Was?»

«Es bedeutet fliehen, davonkommen, überleben. Es ist ein militärischer Begriff. Ich weiß, wie es geht. Und du weißt, was Sozialismus bedeutet. Lehren wir einander. Bist du dabei?»

«Ich bin dabei», hatte Şahin erwidert und sie hatten gelacht. Dabei war er es, der auf Şahins Identitätskarte den Vermerk «Gefängnisausbrecher» hatte anbringen lassen, obwohl es eine große Auswahl seiner Vergehen gab. «Ich weiß nicht, ob Sie mir beibringen können, was *Survival* ist, aber es wäre mir wirklich eine Freude, Ihnen den Sozialismus zu erklären. Sehen Sie sich doch bitte einmal um. Da stehen Speisen in Hülle und Fülle. Wir befinden uns im Hungerstreik, Sie aber geben die Anweisung, uns Speisen hinzustellen. Wie können Sie ein ruhiges Gewissen haben, wenn Sie so etwas tun?»

«Lass mein Gewissen da raus», hatte der Major gesagt und sich entfernt.

Möglicherweise gab es unter den Leitern der Militärgefängnisse keinen anderen, der so gebildet und so dialogbereit war. Um sein Gewissen ein wenig von der Realität der systematischen Folter als Teil des Systems ablenken zu können, machte er vielleicht auf diese Weise sein eigenes *Survival*, indem er vor sich selbst weglief.

Fünfunddreißig. Die Tage der Flucht (3)

Ständig sahen sie auf die Uhr. Die Minutenzeiger waren langsam wie hinkende Ameisen. Ein Augenblick währte Stunden. Die Zeit drehte sich im Kreis, Kummer, Beunruhigung und Schmerz ins Unermessliche steigernd. Freude war ein Wort aus Märchen, hinter 40 finsteren Toren verborgen. Gönüls Worte bauten sich wieder und wieder vor Şahins Augen auf, dazu ihr vorwurfsvoller Blick. «Habe ich es dir nicht gesagt? Habe ich nicht gesagt, dass sie dich erschießen? Habe ich es nicht gesagt? Habe ich es nicht gesagt?»

Am Nachmittag gesellten sich Gewitter zum Dröhnen der Hubschrauber. Dann begann es zu nieseln. Sie wurden klatschnass. Ein Tropfen Freude tat sich in ihren Herzen auf, setzte sich wie ein Rosenblatt auf ihre Wangen. Aus einem der 40 finsteren Tore drang ein Lichtstrahl in ihre Augen.

«Der Regen könnte ihre Operation beeinträchtigen. Was meinst du?»

«Das hoffe ich.»

Als die hinkenden Ameisen auch den 600. Hügel bezwangen, kam Freude auf und ihre Gesichter strahlten. Nun waren sie zwei junge, Blatt für Blatt grünende Rosenstöcke im Gebüsch. Zwei gutgelaunt zwitschernde Nachtvögel.

«Wir leben!»

«Ja, wir leben!»

«Wie dumm die sich anstellen. Die sind noch grün hinter den Ohren. Es wäre eine Schande, denen in die Hände zu fallen.»

«Du sagst es.»

«Die haben in dem Wald da unten bestimmt viel Zeit verloren.»

«Nie wieder an die Straße.»

«Die Straße ist unser Grab.»

«Gehen wir über die Berge. Immer die Straße im Blick.»

«Zu essen haben wir ja Gott sei Dank.»

«Wie gut, dass wir die Kekse nicht weggeworfen haben.»

«Ja, wirklich.»

Die Schachtel neben ihnen war fast leer, die restlichen Kekse steckten sie in ihre Taschen und vergruben die Verpackung. Kekse und Kichererbsen hievte Bekir sich auf den Rücken. Es war dunkel geworden und sie erklommen den Hügel. Die Wiesen waren feucht, sie bekamen nasse Füße. Sie froren, aber es kümmerte sie nicht. Sie waren frei. Die Straße, an der wer weiß wie viele Soldaten auf der Lauer lagen, lag nun da unten, in weiter Ferne. Şahin sah ab und zu hinunter und dachte sich: ‹Wir werden es schaffen, dein *Survival*. Du wirst es sehen!›

Es war eine sternenklare Nacht und sie konnten die Umrisse der Berge sehen, die sich vor ihnen auftürmten. Ohne Rast gingen sie bis zum frühen Morgen. Den Tag verbrachten sie in einem kleinen Wäldchen. Sie waren so hoch oben, dass sie die Straße und die Menschen im Dorf aus der Vogelperspektive sahen. Als es dämmerte, gingen sie wieder los. Das Gelände wurde allmählich unwegsamer. Steile Pässe und tiefe Schluchten wechselten sich ab und so kamen sie nur noch langsam voran.

Stunden später passierten sie ein trockenes Bachbett und erklommen anschließend einen Steilhang. Auf dem Gipfel hatten sie eine herrliche Sicht. Vor lauter Staunen machten sie Luftsprünge. «Hurra! Das ist Kelkit! Wir sind endlich da!»

Vor ihnen im Tal glitzerten die Lichter der Stadt. Voller Begeisterung sahen sie hinunter auf diese so unerwartet vor ihnen liegende Schönheit. Nach all den Jahren in Gefangenschaft und den anstrengenden Tagen in Freiheit genossen sie den Blick, als stünde ein weit geöffnetes Tor der Hoffnung vor ihnen. Ein Tor, über dessen Schwelle sie treten konnten, um sich unter die Menschen zu mischen und auf die sonnigen Straßen zu begeben. Wie viele Menschen dort lebten? Hunderte. Nein, Tausende! Mütter und Töchter, Väter und Söhne, Verheiratete und Ledige, Versprochene und Verlobte, glücklich und unglücklich Verliebte, Verzweifelte und Wahnsinnige, Verrückte und Müßiggänger, Wohlhabende und Habenichtse. Menschen. Menschen, von denen sie jahrelang getrennt waren.

«Sieh nur, schon tauchen die Städte vor uns auf.»

«Ja.»

«Wir werden es schaffen.»

«Und ob!»

«Warten wir den Morgen ab. Dann können wir alles bei Tageslicht sehen.»

«Lass uns hier Rast machen.»

«Wenn wir schon einen Wald in der Nähe haben.»

«Ich verdurste.»

«Und ich erst!»

«Wenn wir uns rechts halten, kommen wir zu dem Bach, den wir eben gekreuzt haben. Da können wir trinken und die Dosen füllen.»

Als sie an der Bachmulde angekommen waren, kletterten sie aufwärts und fanden das Wasser. Eine kühle Gebirgsquelle, an der die Dörfler eine kleine Rinne angebracht und eine Tränke aufgestellt hatten. Sie setzten sich hin, füllten die Bierdosen und löschten ihren Durst. Sie aßen vier, fünf Kekse. Eine schmackhafte Mahlzeit, die sie zuversichtlich stimmte. Doch sie brauchten zwei Stunden, bis sie ihren Rastplatz am Waldrand wiederfanden. Sie waren in ein dichtes Waldstück geraten, einen regelrechten Dschungel. Nadelbäume, Eichen, Unterholz, Dornengestrüpp. Die Zweige legten sich ihnen wie Schlangen um den Körper. Für einen Schritt mussten sie die Kraft eines Elefanten aufbringen und das Geäst und die Dornen waren so unbarmherzig, dass ihnen fast die Augen ausgestochen wurden, aber umkehren war mindestens genauso beschwerlich. Sie fluchten in einem fort. Sie waren voller Kratzer und nass geschwitzt.

Vom Waldrand aus beobachteten sie den Verkehr in der Stadt. Sie folgten den Lichtern der Autos und versuchten zu erkennen, wie es auf den Zufahrtsstraßen aussah und ob irgendwo Fahrzeuge angehalten wurden. Das Einzige, was sie wussten, war, dass die Straße nach Erzincan unmittelbar unterhalb des Hügels vorbeiführte, auf dem sie standen. Die Müdigkeit sorgte dafür, dass sie sich hinlegen mussten. Sie konnten die Augen kaum noch aufhalten, doch der schneidende Wind weckte sie wieder und wieder. Nicht einmal die Zweige erzitterten so stark wie sie, nicht einmal die Erde unter ihnen kühlte so stark aus wie sie.

In der Morgendämmerung machten sich auf die Suche nach einem geeigneten Platz, wo sie den Tag verbringen konnten. Im Wald fanden sie eine von Tannen umgebene, einigermaßen ebene Wiese. Hasen hoppelten davon. «Siehst du, auch andere nehmen vor uns Reißaus», scherzte Bekir. Es war ein idealer Picknickplatz. Hier würden sie den Tag verbringen und konnten die gesamte Umgebung überblicken. Wenn jemand kam, Soldat oder Zivilist, sie würden ihn rechtzeitig sehen und in Deckung gehen.

Um sich aufzuwärmen, drehten sie ein paar Runden. Eine Last war von ihnen abgefallen. All das hier, die Lichtung, die Wildblumen, die zwitschernden Vögel, der Duft der Tannen im Sonnenschein, entzückte sie. Ihre Hoffnungen wuchsen und wuchsen.

«Es sieht ganz so aus, als ob wir ihnen entkommen wären.»

«Und ob wir ihnen entkommen sind.»

Inzwischen war es taghell. Die umliegenden Berge waren, bis auf einige bewaldete Hänge, kahl. Deshalb begann der Name der Stadt mit ‹Kel›, also ‹kahl›. Sie saßen im einzigen Waldstück weit und breit. Das Tal, das sich wie ein smaragdgrünes Meer zwischen dem Gebirgszug, auf dem sie saßen, und der gegenüberliegenden Bergkette erstreckte, musste das Kelkit-Tal sein, das sie aus dem Sachunterricht kannten.

Etwas weiter entfernt war eine kleine Siedlung zu erkennen. Sie lag an der Straße, die von Erzincan schnurgerade ins Stadtzentrum führte. Der parallel zur Straße verlaufende Fluss entfernte sich anschließend davon und verschwand irgendwo im Tal, um dann wieder die Stadt zu betreten. Die rund drei Kilometer Luftlinie entfernte Kreisstadt erinnerte an einen schmalen, langen Körper, der sich zu Füßen der Berge gen Süden erstreckte. Die ausgestreckten Arme und Beine gehörten zu den Stadtteilen. Die Vororte und Dörfer waren kleinere und größere Sprenkel im Tal.

Wenn ihre Karte stimmte, gab es in der Stadt vier Durchgangsstraßen, die nach Erzincan, Bayburt, Sivas und Gümüşhane. Auf der Karte waren zwar auch die Himmelsrichtungen der Straßen zu sehen, aber es war von oben nicht auf Anhieb zu erkennen, welche die Hauptstraßen waren. «Wenn wir den Verkehr beobachten, finden wir das heraus», sagte Şahin. «Die Durchgangsstraßen werden stärker befahren sein als die Nebenstraßen. Und am stärksten wird der Verkehr auf der Straße nach Gümüşhane sein.»

Sie beschlossen, abwechselnd den Verkehr zu beobachteten. Şahin war zwar müde, aber die Neugierde ließ ihn nicht schlafen. Während sich Bekir unter einen Baum legte, steckte er die Karte in die Tasche und begann, den wachsenden Berufsverkehr zu beobachten.

Als er gegen Mittag Bekir weckte, war er sicher, die Straße nach Gümüşhane ausgemacht zu haben. Es war die Straße, die am südlichen Ausgang der Stadt zum gegenüberliegenden Gebirgsfuß führte, um ihn zu begleiten und sich später in Serpentinen um die Berge zu schlängeln. Auf ihr war der Verkehr am stärksten. Er zeigte sie Bekir und legte sich anschließend hin. Ein bequemer Schlafplatz. Und nur eine Handbreit von der Rettung entfernt. Endlich konnte er ruhig schlafen. Zwei Stunden später stand er auf.

«Gab es irgendetwas?»

«Nein, nichts.»

«Das scheint eine ziemlich ruhige Ecke zu sein.»

«Sieht so aus.»

«Und die Hubschrauber lassen sich auch nicht blicken.»

«Die werden uns immer noch da oben suchen. Vielleicht können sie sich nicht vorstellen, dass wir schon so weit gekommen sind. Oder sie denken, dass wir nicht mehr nach Kelkit wollen.»

«Oder sie wollen, dass wir uns in Sicherheit wähnen und leichtsinnig werden. Was denkst du?»

«Ja, das sehe ich genauso.»

«Wir sollten die Stadt meiden. Wie es aussieht, führt die Straße nach Gümüşhane weiter vorn die Berge hoch. Wir werden ihr in gebührender Entfernung folgen und bis zu den steilen Anstiegen gehen und versuchen, da auf einen Lastwagen zu springen. Diesmal müssen wir es schaffen, das ist der sicherste Weg. Nicht in die Stadt.»

«Gut, aber wir sollten wenigstens zum Stadtrand gehen. Vielleicht finden wir da auf einer Baustelle Gewand. Sonst erfrieren wir noch», meinte Bekir.

«Das ist zu gefährlich. Wegen der Kleidung würde ich das nicht riskieren. Zweimal sind wir schon in einen Hinterhalt geraten. Die erwarten uns in Kelkit mit jeder verfügbaren Einheit. Selbst wenn wir wie durch ein Wunder davonkommen, würden wir unnötig Spuren hinterlassen. Je mehr sich unsere Spur verliert, desto besser für uns.»

«Aber die werden doch nicht überall auf der Lauer liegen.»

Es gab einen kurzen, heftigen Wortwechsel. Bekir wollte partout nicht von seinem Standpunkt abrücken, gab aber schließlich nach. Frustriert griffen sie zu den Keksen und Kichererbsen. Maßlos. Bis sie kaum noch welche hatten. Am späten Nachmittag führte ein Hirte seine Herde auf die Wiese unten am Hang. Zum Glück blieb er dort. Als es allmählich dunkel wurde, zog er mit seinen Tieren weiter.

Es wäre gut, wenn sie den Wald noch vor Einbruch der Dämmerung verließen. Die Plackerei gestern wollten sie nicht noch einmal erleben. Sie brachen auf. Die Kichererbsen waren aufgebraucht. Die verbliebene Lage Kekse schütteten sie in den Plastikbeutel. Die leere Schachtel rissen sie vorsichtig in vier Teile. Zwei steckten sie hinten ins Hemd. Das würde die Kälte ein wenig abhalten. Die anderen verstauten sie im Beutel, um sie später als Schlafunterlage zu benutzen.

Als sie im Tal ankamen, war es bereits dunkel. Als Orientierungspunkte dienten ihnen Baumreihen und Strommasten, die sie sich tagsüber eingeprägt hatten. Auf diesem Weg dürfte es eigentlich keine Hinterhalte geben. Sie würden Kelkit in ein paar Stunden hinter sich lassen. Und wenn sie Glück hatten und die steilen Stellen frühzeitig erreichten, würden sie auf einen Laster springen und noch in dieser Nacht am Schwarzen Meer absteigen.

Doch am nächsten Morgen mussten sie feststellen, dass sie im Kreis gegangen waren. Die ganze Nacht hindurch hatte es geregnet. Sie waren völlig fertig und ließen sich leblos ins feuchte Gras fallen. Nass bis auf die Haut, verschlammt bis zu den Knien. Die Sonne war hinter einer dicken, finsteren Wolkenschicht verborgen, die gegen Mitternacht sämtliche Sterne am Himmel gefangen genommen hatte.

«Das war die schlimmste Nacht meines Lebens.»

«Eine schlimmere kann es nicht geben.»

Sie lagen, alle Viere von sich gestreckt, am Fuße des Hangs am Bachufer, wo sie zwölf Stunden zuvor aufgebrochen waren. Sie waren total erschöpft und entmutigt.

«Im ganzen Tal gibt es wohl kein Fleckchen, das wir nicht betreten haben.»

«Das kannst du wohl laut sagen.»

«Wir haben uns im Kreis gedreht wie ein Gaul in einer Tretmühle.»

«Immer im Kreis.»

«Wie Beamte vom Katasteramt bei der Arbeit.»

Bald nach dem Aufbruch mussten sie die Orientierung verloren und sich verlaufen haben. Sie waren mehrmals von der geplanten Route abgewichen, weil sie fürchteten, auf Soldaten zu treffen. Deshalb hatten sie einen völlig anderen Weg eingeschlagen und waren orientierungslos herumgeirrt. Gegen drei Uhr hatten sie gemerkt, dass sie unterhalb der Kreisstadt angelangt waren. Sie bekamen es mit der Angst zu tun, bei Tagesanbruch keinen Zufluchtsort zu haben. In einem Feld hatte Bekir ein ganzes Kilo Kartoffeln ausgegraben. Dann waren sie in ein Sumpfgebiet geraten und bei jedem Schritt knietief im Schlamm versunken. Die Zeit raste davon. Sollte ein Hubschrauber kommen, wären sie geliefert. Außerdem könnten Soldaten irgendwo auf der Lauer liegen und sie durch Feldstecher beobachten. Es blieb ihnen nichts anderes übrig, als wieder zu dem Wald zurückzugehen, wo sie tagsüber gewesen waren. Stunden später erreichten sie endlich den Bach unterhalb des Waldrands.

Sie tranken aus dem sprudelnden Gebirgsbach, wuschen sich und säuberten die Kleidung und die Schuhe. Anschließend nahmen sie den Trampelpfad durch den Wald zu der Lichtung und legten sich dort wieder schlafen.

Als sie gegen zwei Uhr am Nachmittag das Röhren von Hubschraubern vernahmen, saßen beide ausgeschlafen unter einem Baum. Auf der Stelle krochen sie unter dichteres Gebüsch. Der Hubschrauber drehte einige Runden über dem Berg, um dann zum Tal hinüberzufliegen. Anschließend glitt er gen Süden und verschwand hinter einem Gebirgsmassiv. Eine halbe Stunde später kehrte er zurück, drehte noch ein paar Runden über dem Tal und verschwand wieder Richtung Erzincan.

«Ob uns jemand gesehen und gemeldet hat?»

«Das glaube ich nicht. Aber auf den Feldern haben wir jede Menge Spuren hinterlassen. Vielleicht hat es jemand gemeldet.»

«Außerdem können sie natürlich auch ohne konkrete Hinweise hergekommen sein. Schließlich wissen sie, dass wir diese Richtung einschlagen.»

«Na klar!»

Was sollten sie nun tun? Sie waren wieder einmal unterschiedlicher Meinung. Die Müdigkeit und die Ungewissheit hatten ihre Nerven so strapaziert, dass sie immer gereizter wurden und sich schließlich anschrien. Şahin wollte es über die Berge versuchen. Bekir war dagegen. «Du siehst doch, dass wir keine Kraft mehr haben! Zum Bergsteigen schon gar nicht! Schau dir das Gebirge an! Das dauert Tage. Du warst es doch, der alle halbe Stunde eine Rast einlegen musste, oder?»

Şahins Antwort fiel genauso laut und barsch aus. «Und, was schlägst du vor? Dass wir uns per Anhalter durchschlagen oder in die Stadt gehen und einen Bus für Pendler nehmen? Das wäre purer Wahnsinn! Das macht man, wenn man völlig verzweifelt ist. Noch können wir uns auf den Beinen halten. Noch kriechen wir nicht auf allen vieren.» Sie schrien noch eine Weile herum. Dann sagte Şahin rundheraus: «Was du da vorschlägst, mache ich nicht mit, mein Freund. Jahrelang habe ich mich abgemüht und es endlich geschafft auszubrechen. Ich will nicht blindlings gefasst werden. Wir müssen nicht zusammenbleiben. Wenn du darauf bestehst, können wir uns trennen.» Das wollte Bekir auf keinen Fall. Sie schwiegen. Nach einer halben Stunde beruhigten sie sich. «Am besten bleiben wir einige Tage hier im Wald, damit sie uns völlig vergessen. In der Zeit können wir in aller Ruhe nachdenken und vielleicht einen besseren Weg finden», sagte Şahin.

«Gut», entgegnete Bekir knapp.

«Dann sollten wir uns eine Art Unterstand bauen, der uns vor Wind und Regen schützt.»

Zunächst suchten sie eine entlegene Stelle, wo sie vor Hubschraubern und Vorbeikommenden sicher waren. Dann sammelten sie Zweige und Laub und machten daraus einen Unterstand. Zur besseren Tarnung verteilten sie anschließend reichlich Laub darauf. Als die Dunkelheit hereinbrach, gingen sie den Pfad wieder hinunter. Zehn Kekse hatten sie noch, die sie den ganzen Tag nicht angerührt hatten. Sie wollten sie am Wasser essen.

Zwei Stunden später kehrten sie auf die Ebene zurück. Sie setzten sich auf die Kekskartons und betrachteten die Stadt. Şahin wurde von den Erinnerungen an frühere Abende in Şavşat heimgesucht. Gemeinsam mit den Genossen hatten sie auf der von bunten Lichtern erleuchteten Terrasse des Volkshauses gesessen, Tee getrunken und zur Saz gesungen. Lieder von Kampf, Hoffnung, Freiheit und Liebe. Dann waren sie stundenlang lärmend durch die Straßen gezogen und hatten Wandzeitungen geklebt, die von Freiheit und einer schönen, aufgeklärten Zukunft kündeten. Manchen war die aufgeweckte, freiheitsliebende Jugend, die sich für ihr Volk engagierte, ein Dorn im Auge. Viele von ihnen waren deshalb verhaftet worden. Seit Jahren war es ihnen nun verwehrt, auch nur einen Schritt unter Menschen zu setzen, unter die Sonne, die Sterne. Alles was Menschen guttat, war ihnen verwehrt worden.

«Jetzt müsste man hinunter ins Dorf und an irgendeine Tür klopfen und sagen, dass man fremd in der Gegend sei und Einlass begehre», unterbrach Bekir das Schweigen. Sie teilten die gleichen Gefühle und begannen gemeinsam zu träumen.

«Die werden dich dann willkommen heißen.»

«Und dir das Bad zeigen.»

«Dann steigst du in die Wanne und kommst zwei Stunden nicht mehr heraus.»

«Sie geben dir frische Wäsche und du setzt dich an den gedeckten Tisch auf den Balkon.»

«Dann kommen die Teegläser.»

«Schließlich zeigen sie dir ein weiches Bett mit schneeweißer Bettwäsche.»

«Mit den ersten Sonnenstrahlen trittst du auf die Hauptstraße.»

«Du wirst der erste Kunde der Bäckerei sein und ein frisch gebackenes Brot mit Butter bestreichen lassen.»

«Dann setzt du dich in einen Teegarten, an einen Tisch am Gehsteig in der Sonne. Und bestellst beim Kellner einen Tee im Samowar.»

«Die Passanten werden dich nicht misstrauisch beäugen, sondern begrüßen, wie man einen Fremdling in der Kleinstadt begrüßt, mit freundlichem Blick und Nicken.»

«Ein Mädchen in einer weißen Bluse wird an dir vorbeigehen, die Brust auf und ab hüpfend wie eine Meereswoge. Mit kurzem, blauem Rock. Aus funkelnden Augen und voller Liebe wird sie dich ansehen.»

«Du richtest dich auf und lädst sie ins Kino ein.»

«Ins Freilichtkino.»

«Bis zum Abend wirst du dir die Zeit vertreiben.»

«Spielst mit den Kindern Murmeln.»

«Und Fußball.»

«Mit den jungen Leuten schlenderst du durch die Straßen.»

«Polizisten und Gendarmen werden nicht sofort nach deinem Ausweis fragen, weil du fremd bist.»

«Und auch nicht zu ihren Waffen greifen.»

«Genug geträumt, oder was meinst du?»

«Eigentlich ja.»

«Die Städte sind tabu für uns.»
«Tabu.»
«Die Städte sind Fallen.»
«Fallen.»
«Wir genießen nun die Freiheit von Naturburschen.»
«Die Freiheit von Ausbrechern.»
«Die illegale Freiheit.»
«Ich friere und du?»
«Ich auch. Sollen wir aufbrechen?»
«Ja, lass uns zu unserem Unterschlupf gehen.»

Am nächsten Tag saßen sie am Nachmittag unter den Bäumen. Alles war klamm. Der Unterschlupf hatte die Kälte nicht abhalten können. Erst gegen Morgen war ihnen eingefallen, die Köpfe in den Nylonbeutel zu stecken, um sich mit dem Hauch des eigenen Atems ein wenig zu wärmen.

Bekir zerkrümelte Baumrinde und rollte sie zu einer Zigarette. Dann zündete er sie an und verbreitete dicken schwarzen Rauch.

«Wie kannst du das Zeug rauchen?»
«Was soll ich sonst tun? Willst du auch einmal?»
«Wie schmeckt das?»
«Frag besser nicht! Ist halt Rauch.»

Auch wenn es ihn anfangs abstieß, konnte Şahin nicht anders. Er drehte sich auch eine. Es war ein stinkender, bitterer Rauch, der in der Lunge stach und er konnte sie nur halb aufrauchen. Bekir rauchte unbeirrt weiter. Für ihn war der Tabakentzug schlimmer als alles andere.

«Falls sie uns schnappen, werde ich als erstes nach einer Zigarette fragen. ‹Gebt mir erst eine Zigarette, dann könnt ihr mich nach Herzenslust foltern›, werde ich sagen.»

«Die wären bereit, uns kiloweise Zigaretten zu geben, wenn sie uns nur in die Finger bekämen. Aber kaum haben sie dich in der Hand, geben sie dir nicht einmal eine Kippe.»

«Vor lauter Folter kämen sie auch gar nicht dazu.»

«Richtig. Wir dürfen uns glücklich schätzen, wenn sie unsere Körper nicht als Aschenbecher benutzen. Die Soldaten werden sie richtig gegen uns aufgehetzt haben. ‹Wegen denen habt ihr keine ruhige Nacht. Wegen denen seid ihr fix und fertig›. Jeder Soldat wird uns einen Tritt verpassen.»

«Besonders die in Erzincan werden ihre ganze Wut an uns auslassen.»

Ihre Mägen rebellierten wieder, der Hunger wurde unerträglich. Sie hatten zwar Kartoffeln, aber sie konnten kein Feuer machen.

«Am besten essen wir sie roh», meinte Bekir.

«Ich weiß nicht. Ob wir die so herunterbekommen.»

Bekir nahm eine und biss hinein. Er kaute und schluckte. Şahin lief das Wasser im Mund zusammen. Er schnappte sich auch eine.

«Schmeckt nicht schlecht, oder?»

«Kann man essen. Saftig und ein wenig süßlich. Wir müssen sie gut rationieren.»

«Wir benehmen uns wie Primitivlinge.»

«Wir sehen auch so aus.»

«Fast wie ausgebrochene Häftlinge.»

Sie lachten. In der Tat sahen sie zum Fürchten aus. Mit langen Bärten, wild wucherndem Haar. Alle Farbe war aus ihren Gesichtern gewichen. Sie waren aschfahl. Hände und Gesichter waren von alten und neuen Schrammen und Kratzern übersät, die älteren waren verkrustet. Ihre Kleidung, besonders die Hosen, war voller Löcher. Bekirs aufgerissener Hosenschritt war noch weiter aufgegangen, so dass seine Unterhose hervorschaute, wenn er saß. Die kaputte Hose machte ihm besonders zu schaffen, weil dort der Wind hineinkroch.

«Die Sache muss bald ein Ende haben.»

«Aber wie?»

Immer wieder kamen sie auf dieses leidige Thema zu sprechen.

«Und wenn wir nicht nachts, sondern tagsüber in die Stadt gehen, etwas einzukaufen, Essen, Rasierklingen, Kamm, Kleidung und so weiter.»

«Gut», sagte Bekir sofort. «Wir geben uns als Anwohner aus.»

«Dass wir uns tagsüber in die Stadt wagen, wird auch die Polizei nicht erwarten.»

«Sie würden uns für Dörfler halten. Komm, lass uns auf der anderen Seite des Bachs entlang zum Stadtrand gehen.»

Sie überlegten, welcher Weg der richtige wäre. Şahin erwog, allein zu gehen. Zu zweit würden sie eher auffallen. Der ruhige Anblick des Tales unter der Sonne ergriff ihn. Es wird schon nichts passieren, dachte er und der Gedanke setzte sich in seinem Kopf fest. Er wechselte die winterlichen Kurzstiefel gegen Bekirs Mekaps.

Dann überdachte er alles noch einmal. Er empfand Zweifel und Furcht. Argwöhnische Blicke, Soldaten und Polizisten, die sich auf ihn warfen, fürchtete er. Nein! Diese Idee war mehr als waghalsig.

«Ich habe es mir anders überlegt. Es ist zu gefährlich, und noch dazu am helllichten Tag weglaufen.»

«Soll ich gehen?»

«Ich werde dich nicht aufhalten. Aber ich rate davon ab. Wenn du mich fragst: Lass es. ‹Zwei Ausbrecher in Richtung Kelkit unterwegs›. Das wird dort in aller Munde sein. Und so, wie wir aussehen, wird jeder Verdacht schöpfen, der uns sieht.»

Die Sonne ging bald unter. Je näher der Abend rückte, umso unruhiger wurden sie. Sie suchten fieberhaft nach einer zündenden Idee, um endlich Ruhe zu finden. Sie bissen sich auf die Lippen, während sie grübelten und verschiedene Möglichkeiten abwogen. Erschöpfung, Kälte, Strapazen, Hunger. All das hatte sie in einen psychotischen Zustand getrieben, der nach einer schnellen Lösung drängte. Auch wenn Şahin nach wie vor an dem Gedanken hing, über die Berge zum südlichen Gebirge und von da nach Gümüşhane zu gehen, löste der Anblick all der in den Himmel hinaufragenden Berge einen Überdruss in ihm aus, sodass er sich nach einfacheren Wegen sehnte.

«Gehen wir zurück nach Erzincan», schlug Bekir vor.

«Nach Erzincan?»

«Ja. Da werden sie uns nicht mehr suchen.»

«Gut. Und wie kommen wir dahin? Ehe ich die Berge noch einmal erklimme, gehen ich lieber vorwärts und klettere auf diese dort.»

«Versuchen wir, per Anhalter weiterzukommen. Gehen wir an die Straße da unten und halten den Daumen hoch.»

«So wie wir aussehen? Wie sollen wir durch die Kontrollen kommen?»

«Ich glaube nicht, dass es bis zur Kreuzung Erzincan-Sivas eine Kontrolle gibt. Vielleicht liegen ein paar Soldaten auf der Lauer, aber mehr nicht. Vor der Kreuzung könnten wir in das Dorf Yalnızbağ hinunter. Wenn uns jemand mitnimmt, sagen wir, dass wir Tagelöhner sind. So hätten wir auch alle wegen unseres Aussehens in die Irre geführt.»

«Und was machen wir, wenn wir in Yalnızbağ sind?»

«Wir gehen querfeldein bis in die Nähe der Kreisstadt. Und am frühen Morgen betreten wir die Stadt als Dörfler. Ich gehe nicht davon aus, dass sie uns nach all der Zeit noch in der Kreisstadt suchen. Da sind ein paar Leute aus Erzincan, mit denen ich vor zwei Jahren im selben Gefängnis saß. Ich habe zwar keine Adressen, aber irgendwie könnten wir die finden.»

«Ob die uns helfen?»

«Keine Ahnung. Aber sie würden uns wohl nicht wieder wegschicken, wenn wir vor ihrer Tür stehen.»

«Wissen kann man das nie. Aber trotzdem: Einverstanden!»

«Dann sollten wir keine Zeit mehr verlieren und zur Straße hinuntergehen, sobald es Abend wird», sagte Bekir.

«Gut. Entweder gehen wir unter oder wir kommen durch.»

Gegen Abend stiegen sie zum Bach hinunter. Den Plastikbeutel, die Kartonstücke und Bierdosen hatten sie vergraben und die letzten sechs Kartoffeln in die Taschen gesteckt. Sie wuschen sich, reinigten die Kleidung und kämmten einander die Haare. Sie waren ruhig. Ja, sogar heiter. Sie lachten, scherzten. Hunger, Kälte, Fußmärsche, Hinterhalte würden sie hinter sich lassen. Als sie ihre Körperpflege beendet hatten, gingen sie auf die Felder im Tal. Es war inzwischen so dunkel, dass man die Hand nicht mehr vor Augen sah. Kurze Zeit später erreichten sie den Stadtrand. Ihre Anspannung stieg. An der Kreuzung setzten sie sich auf einen Betonblock. Wer sie sah, würde sie für Anwohner halten. Auf der anderen Seite, etwa 100 Meter weiter vorne, zweigte eine kleine Straße ab, die zu einem Dorf führte.

«Ich halte den Daumen hoch, Bekir. Sollte jemand anhalten, spreche ich mit ihm. Du bewegst dich währenddessen nicht von der Stelle. Denn wenn sie uns beide sehen, könnten sie es sich anders überlegen. Sitzen wir erstmal drin, ist es leicht, ihren Argwohn mit unseren Lügengeschichten zu zerstreuen.»

Innerhalb weniger Minuten fuhren zwei PKW und ein Reisebus in Richtung Erzincan vorbei. Für alle drei hob Şahin die Hand, aber keiner hielt an. Sie mussten so bald wie möglich hier wegkommen. Sonst würden sie von zu vielen Autofahrern gesehen werden. Außerdem konnte jederzeit ein Militär- oder Polizeifahrzeug vorbeikommen. Als sich ein Auto von Kelkit her nährte, erhob Şahin sich erneut und trat einen Schritt auf den Asphalt. Prompt hielt ein PKW vor ihm an. Şahin beugte sich hinunter. Der Fahrer saß allein im Auto, schaltete das Innenlicht ein und musterte Şahin.

«Guten Abend, Meister. Wohin fahren Sie?»

«Warum fragst du?»

Es war ein unangenehmer Mann in den Dreißigern. «Wir wollen nach Erzincan.»

Dabei hatte Şahin sich leicht umgedreht und mit dem Arm in Bekirs Richtung deuten wollen. Aber dieser war längst aufgesprungen und stand bereits neben ihm. Mit einem Mal wurde der Fahrer argwöhnisch. «Ich fahre nicht nach Erzincan», antwortete er knapp. «Na gut, Meister. Gute Fahrt!»

Der Mann sagte weder ‹Danke› noch ‹Alles Gute›, gab Gas und bog in die Seitenstraße ein, die in den Ort führte. «Das hat mir nicht gefallen, Bekir. Der hat bestimmt einen Verdacht.» Sie setzten sich wieder auf den Betonsockel. Şahin war gereizt. Bei ihm schrillten alle Alarmglocken. «Was jetzt? Ob der Mann so schnell ein Telefon findet, um uns zu melden? Sollen wir auf der Stelle weg oder auf weitere Autos warten?»

Während Şahin eine große Gefahr aufziehen sah, sagte Bekir: «Wird schon nichts passieren. Wir warten weiter.»

Kaum fünf Minuten später kam der Wagen wieder zurück und bog in die Landstraße Richtung Kelkit ein. Nun saßen vier Männer im Wagen. Beim Abbiegen drehte der Fahrer den Kopf und sah zu ihnen rüber. Dann gab er Gas. «Steh auf, Bekir. Machen wir, dass wir hier wegkommen», sagte Şahin. «Der Kerl wird als erstes zur Polizeiwache fahren. Der hat bestimmt den Braten gerochen.»

Bekir blieb unbeeindruckt und zog Şahin am Ärmel.

«Dann lass uns in die Stadt gehen. Selbst wenn sie uns melden, was soll passieren? Bevor sie hier sind, haben wir uns längst ein Taxi in Richtung Gümüşhane genommen.»

«Wie kann man sich nur wider besseren Wissens in die Stadt begeben!»

«Jetzt übertreibst du aber.»

Bekir hakte sich bei Şahin ein, zog ihn hoch und lief los Richtung Kelkit. Vielleicht hat er recht und ich mache mir überflüssige Sorgen, dachte Şahin. Vielleicht bin ich paranoid. Auch wenn er versuchte, sich Mut zuzusprechen, gelang es ihm nicht. Seine Füße wollten einfach nicht.

«Gehen wir doch wenigstens nicht am Straßenrand!»

«Erst wenn wir an dem Viertel da vorbei sind.»

«Gut, dann lass uns rennen.»

Als sie fast an den ersten Häusern waren, kamen Scheinwerfer aus Richtung Kelkit auf sie zu. Der Höhe der Scheinwerfer nach zu urteilen, ein Minibus, ein LKW oder ein Autobus.

«Heben wir wenigstens für den noch die Hand», sagte Şahin.

«Dann fahren wir wenigstens bis hinter Erzincan mit. Dort suchen sie bestimmt nicht nach uns.»

«Gut. Versuchen wir es. Vielleicht haben wir Glück.»

«Du versteckst dich da im Garten. Und dieses Mal bleibst du da!»

Zwischen der Straße und den Häusern waren Obst- und Gemüsegärten. Bekir setzte sich drei Meter hinter ihm ins hohe Gras unter Bäumen. Er war von der Straße nicht zu sehen. Şahin betrachtete angestrengt den Wagen. Er war nur noch 30, 40 Meter von ihnen entfernt, aber er konnte nichts erkennen. Er klemmte das Album fest unter den linken Arm und hob die rechte Hand. Der Wagen wurde langsamer, bremste abrupt und blieb neben ihm stehen. Erst dann sah Şahin, dass es ein Militär-Pick-up war.

Sechsunddreißig. Damals in Erzincan (1)

Juni 1984. Die Angeklagten im Aybastı-Prozess wurden aus den Militärgefängnissen Amasya, Çorum und Samsun nach Erzincan transportiert. Der Massenprozess mit 350 Angeklagten trat in seine letzte Phase. In der Hauptverhandlung sollten die Verteidigungsreden der Angeklagten gehört und das Urteil gesprochen werden. Unmittelbar nach ihrer Ankunft wurden sie erst einmal nach allen Regeln der Kunst verprügelt, ihre Notizen zur Verteidigung beschlagnahmt und nicht wieder ausgehändigt. Auch Şahins.

Außer an den Wochenenden wurden sie täglich zu den Verhandlungen gebracht. Das Gericht war zehn Minuten vom Gefängnis entfernt. Auf der Hin- und Rückfahrt wurden sie von den Soldaten beschimpft und mit Schlagstöcken traktiert. Den Angeklagten, die im 2. Militärgefängnis untergebracht waren, erging es weitaus schlimmer. Nach jedem Prozesstag wurden sie von den Soldaten erbarmungslos misshandelt. Zwar gehörten Misshandlungen zum gewöhnlichen Gefängnisalltag, aber jetzt wurden sie besonders übel zugerichtet, weil sie in ihren Verteidigungsreden die Folter anprangerten und die Staatsführung des 12. September als faschistische Junta bezeichneten. Die Unantastbarkeit des Rechts auf Verteidigung war nur eine Worthülse.

Als Şahin nach vorne trat, um seine Rede vorzutragen, saß auch Gönül im Zuschauerraum. Sie war erst vor eineinhalb Monaten aus dem Gefängnis in Erzurum entlassen worden. Im Mai 1981 war sie festgenommen und im Artviner Dev-Yol-Massenprozess von einem Militärgericht verurteilt worden.

Zwei verlorene Liebende, die sich jahrelang nicht gesehen und eine Zeit lang nicht einmal ein Lebenszeichen voneinander erhalten hatten. Nach ihrer Freilassung war sie sofort ins Militärgefängnis Amasya gekommen, wo Şahin saß. Wie bei ihrer letzten Begegnung, vor Jahren, hatten sie einander nur durch den Drahtzaun des Besuchsraums sehen können. Und nun wieder.

«Wie geht es dir?»

«Gut! Und dir?»

«Auch gut!»

Sie hatten kaum etwas gefunden, was sie einander sagen konnten. Trennung, das war wie splitternackt unter jahrelangem Schneetreiben zu frieren. Sehnsucht, das war in einem Jahre währenden Feuer bei lebendigem Leibe zu verbrennen. Sie hatten so viel zu besprechen, aber was sollten sie in fünf Minuten Besuchszeit sagen? Wie sie in Weinbergen und Wäldern von Soldaten mit Seitengewehren auf Schritt und Tritt verfolgt wurden? Wie sie einander in Höhlen und hohlen Stämmen gesucht hatten? Oder die Tage auf der Flucht? Oder wie sie tage- und nächtelang im Gefängnis ihre Fotos betrachtet und den Namen des Anderen geflüstert hatten? Mit Blicken, die Gedichte rezitierten, hatten sie einander angeschaut: Ich liebe dich. Kilometertief, kilometerweit. Ich liebe dich, hundertprozentig, tausendprozentig, unendlich.

Gönül saß hinten auf einem Holzstuhl. Sie trug Sachen, die er gern an ihr sah. Eine weiße Bluse über einem blauen Rock. Auch wenn ihr

Gesicht durch das Leid der Jahre ein wenig getrübt schien, hatte sie noch den Sonnenglanz ihrer Augen.

«Ich bin ein marxistisch-leninistischer Revolutionär. Ich bin gegen Imperialismus, Faschismus, Rassismus, Chauvinismus, kurz gegen jedes ausbeuterische und repressive Regime, das Gesellschaften ins Unglück treibt. Durch mein gesamtes politisches Leben hindurch habe ich mich für eine Welt eingesetzt, in der niemand niemanden unterdrückt und ausbeutet, in der jeder bedingungslos frei ist. Und das werde ich auch weiterhin tun, solange ich lebe.»

Er begann seine Rede ohne das obligatorische «Verehrter Vorsitzender, verehrte Richter». Seit den ersten Prozessen 1981 hatte er diese Anrede nicht mehr benutzt. Er brachte es nicht über die Lippen, sie «verehrt» oder «Richter» zu nennen.

«Sie behaupten, ein unabhängiges Gericht zu sein, das im Namen des türkischen Volkes urteilt. Das trifft nicht zu! Wann und mit welchem Gesetz wurden Sie von der Nation ermächtigt, politische Prozesse zu führen? Zu keiner Zeit und durch kein einziges Gesetz! Die einzige Ermächtigung, die die Nation Militärgerichten erteilt, betreffen militärische Vergehen. Sie jedoch führen politische Prozesse gegen Tausende Zivilisten. Wann und mit welchem Gesetz hat der Wille der Nation im gesamten Land den Ausnahmezustand ausgerufen und Sie als Ausnahmezustandsgericht eingesetzt? Noch einmal: Zu keiner Zeit und durch kein einziges Gesetz! Nicht die Nation, sondern die Militärjunta hat Sie ermächtigt. Die Generäle des 12. September haben die Exekutive und Legislative an sich gerissen und Sie mit der Judikative beauftragt. Auch diese Aktion der Generäle steht außerhalb der durch die Nation erteilten Zuständigkeiten. Also ist Ihr Gericht kein legitimes, sondern ein illegitimes Justizorgan. Da Sie von den Machthabern eingesetzt wurden, sind Sie außerstande, unparteiisch zu sein. Noch dazu von einer Staatsführung, die beabsichtigt, uns mit der Wurzel auszurotten und zu vernichten. Ist die Tatsache, dass der Vorsitzende des Gerichts nicht Richter, sondern Oberst der Landstreitkräfte ist, nicht der beste Beweis dafür?

Der Staatsanwalt beschuldigt uns gemäß Artikel 146 der ‹Gründung einer illegalen Organisation› und dem ‹gewaltsamem Versuch, die Verfassung der Türkischen Republik ganz oder teilweise außer Kraft zu setzen›. Nehmen wir einmal an, wir hätten uns an solch einem

Versuch beteiligt. Fünf Generäle haben, unter Einsatz der türkischen Streitkräfte, auf illegale Art und Weise die Staatsführung an sich gerissen, die Verfassung außer Kraft gesetzt, alle verfassungsmäßigen Einrichtungen, allen voran das Parlament, aufgelöst und de facto die verfassungsmäßige Ordnung zerstört. Der Versuch ist strafbar, die Realisierung nicht? Sie und der Staatsanwalt ignorieren dieses Verbrechen der Generäle. Und indem Sie uns verurteilen und die Generäle nicht antasten, treten Sie eines der Grundprinzipien des Rechts mit Füßen, nämlich: Vor dem Gesetz sind alle gleich.

Der Staatsanwalt beruft sich auf die im Militär-Dienstgesetz der türkischen Streitkräfte begründete Vollmacht zum Schutz und zur Wahrung der Republik, um der Militärregierung, sich selbst und diesem Prozess zur Legitimation zu verhelfen. Genauso legen die Generäle die Aktion vom 12. September aus und behaupten, rechtmäßig gehandelt zu haben. Dabei steht im genannten Artikel nicht das Geringste darüber, dass diese Kompetenz dazu eingesetzt werden darf, die Staatsführung an sich zu reißen. Das ist eine politische Auslegung der Generäle. Die Pflicht von Staatsanwälten und Richtern ist, gemäß der Verfassung und der Gesetze und nicht nach den politischen Auslegungen gewisser Leute zu handeln. Sie haben gemeinsam mit dem Staatsanwalt die Prozessführung übernommen und sich für Zweites entschieden.

In der Anklageschrift werden unsere Vernehmungsprotokolle im Polizeipräsidium als wichtigstes Beweismittel angeführt. Doch wir alle haben diese Aussagen widerrufen und Sie wissen lassen, dass sie unter Folter zustande kamen. Wir haben Ihnen die Folterspuren an unseren Körpern gezeigt. Einige von uns stehen mit gelähmten Fingern und herabhängenden Armen vor Ihnen. Es ist bekannt, dass auf allen Polizeistationen und in Gewahrsam Folter und Misshandlungen an der Tagesordnung sind. Wir haben Ihnen die Namen der folternden Polizisten, Kommissare, Offiziere und Soldaten genannt. Gegen wie viele von ihnen haben Sie Anzeige erstattet? Gegen niemanden! Schlimmer noch, Sie haben die unter Folter erpressten Aussagen der Anklageschrift akzeptiert. Damit lassen Sie sich auf das Niveau der Inquisition herab und stellen sich schützend vor die Folterer.

Ich erkenne das Gericht nicht an. Ich spreche ihm jede Kompetenz ab. Ich lehne ein Gericht ab, das unter Folter abgepresste Aussagen akzeptiert. Es ist weder unabhängig noch legitim. Was Sie repräsentieren, ist nicht das Recht, sondern das Militärrecht, das Recht des 12. September, der Junta der Generäle. Ich werde mich dennoch verteidigen, denn ich bin überzeugt, dass es um historische Verantwortung geht.»

Siebenunddreißig.
Die Tage der Flucht (4)

Ohne zu zögern, sprintete er los und rannte auf die andere Strassenseite. Er war gerade am Pick-up vorbei, als er auf dem Asphalt das Getrappel von Stiefeln, das Klacken von Waffen sowie den Ruf «Stehenbleiben! Nicht weglaufen!» vernahm. Wie breit der Asphalt war! Jetzt aber, jetzt, Liebste, werde ich erschossen, jetzt bin ich am Ende! Gedanken, schnell wie Kugeln, schmerzlich wie Kugeln, schossen ihm durch den Kopf. Als er ins Tal sprang, sah er sich kurz um, ohne an Tempo zu verlieren. Die Umrisse der Soldaten konnte er deutlich erkennen. Das Album in der Hand, leicht zusammengekrümmt, in Erwartung eines sich über ihn ergießenden Kugelhagels, flog er durch die Felder, einem Vogel mit tausend Schwingen gleich. Lebe wohl, meine Schöne! Lebe wohl, meine Rose! Lebe wohl Freiheit, die kürzer währte als das Leben einer Rose!

Warum waren immer noch keine Schüsse zu hören? Sie wollten ihn wohl einholen und lebend fassen. Aber sie würden ihn nicht bekommen und sobald sie das merkten, das Feuer eröffnen. Was für ein Pech, auf einer Ebene zu sein! Ein paar Kugeln würden ihn auf jeden Fall treffen.

Er warf sich mit Schwung in den Fluss. Der Kelkit führte kein Hochwasser. Trotzdem reichten ihm die Fluten bis zur Brust. Ab der Mitte musste er schwimmen. Mühsam rettete er sich ans andere Ufer, watete durch den Sumpf und erklomm eine Anhöhe, auf der sich Felder ausbreiteten. Plötzlich landete er in einer Dornenhecke. Die Dornen stachen ihn überall. Es gelang ihm, sich hinaus zu winden und er gelangte auf ein Feld. Dort blieb er stehen und sah sich um. Er schnappte nach Luft. Hinter ihm war niemand. Er war ihnen entronnen! Entronnen! Im Dunkeln konnten sie nicht schießen, aus Angst, einander zu treffen. Seine Augen suchten in der Ferne die Landstraße ab. Er sah die Scheinwerfer des Pick-up. Ihm war, als hörte er Hilferufe und spitzte die Ohren. Haben sie Bekir erwischt, fragte er sich. Er hatte hinter sich nur ein Huschen wahrgenommen. Bekir hatte versucht, ihm zu folgen, statt in die entgegengesetzte Richtung zu rennen. Er stolperte und fiel den aus dem Wagen springenden Soldaten in die Hände, fürchtete Şahin. Es versetzte ihm einen Stich. Er stand wie angewurzelt da, nicht wissend, was er tun sollte. Es schien, als habe es nun keinen Sinn mehr zu entkommen.

Aber dann besann er sich und rannte weiter. Es hatte nach Schmerzensschreien geklungen, als wenn sie ihn gleich an Ort und Stelle misshandelten. Klar. «Wer ist da geflüchtet? Wohin wolltet ihr? Welche Richtung hat er eingeschlagen?» Sie würden natürlich auf der Stelle versuchen, es aus ihm herauszuprügeln. Bestimmt hatten sie Verstärkung angefordert und lagen nun auf sämtlichen Wegen und Straßen im Tal auf der Lauer. ‹Sperrt die Augen auf! Wir dürfen ihn nicht entwischen lassen! Umstellt die ganze Gegend! Er darf nicht entwischen!› Die Funkgeräte würden heiß laufen.

Er lief unbeirrt auf die Umrisse eines Berges zu, der sich hinter der Kreisstadt erhob. Er würde nicht von seinem Ziel abweichen, sonst würde er, wie in der Nacht zuvor, im Kreis gehen. Nur so könnte er das Tal verlassen.

Die Schuhe waren mit Wasser vollgelaufen und die nassen Hosenbeine behinderten ihn beim Gehen. Er zog die Schuhe aus, schüttete das Wasser weg und wrang Socken und Hosenbeine aus. Erst als er die Schuhe wieder zuband, merkte er, dass es gar nicht seine Schuhe waren. Sollte das alles sein, was ihm von Bekir geblieben war? Er stellte sich vor, wie er unter den Misshandlungen litt. Wie Schlagstöcke und Gewehrkolben auf ihn niederprasselten. Wie seine Zähne brachen, Mund und Nase bluteten, Augenbrauen aufplatzten. Wie sein nacktes Fleisch unter der Zigarettenglut brannte. Geliebter Freund, dachte er. Nur 15 Tage hat deine Freiheit gedauert! Eine 15-tägige Freiheit voller Hunger, Kälte, Hinterhalte und Hubschrauber! Unermessliche Wut und Rache stiegen in ihm auf. Wie niederträchtig ist das! Einen Mann, der solch eine großartige Flucht hingelegt hat, in einem Moment der

Wehrlosigkeit zu fassen! Wie erbärmlich! Der Autofahrer kam ihm in den Sinn. Er bedachte ihn mit den schlimmsten Flüchen. Was hatte er davon, der gemeine Kerl?

In der Ferne sah er Wagen mit gelben Lichtern fahren. Sie würden nun überall Kontrollstellen aufbauen, an Straßen, Kanälen, Wegen, Ufern und im Gelände. Wer weiß, wie viele Soldaten und Polizisten in diesem Tal ihre Gewehre auf ihn richteten. Wie viele Kugeln in wie vielen Gewehrläufen steckten. Immer wieder hielt er inne und sah sich um. Dann schaute er zum Himmel empor. Wie zahlreich die Sterne waren und wie allein er sich fühlte! Aber er würde niemals die Hände hochheben, niemals! Auch nicht, wenn die Gewehrläufe ihm in die Brust gerammt würden. Bis zum letzten Atemzug würde er seine Freiheit nicht aus der Hand geben. Sollten sie ihn durchsieben. Wenn es ihm die Beine abriss, würde er weiter kriechen. Er würde sie einen Hinterhalt nach dem anderen legen lassen bis in die Früh, er würde sie nicht eine Sekunde schlafen lassen.

Als er zwei Stunden später am Fuß des Berges ankam und der Aufstieg begann, fühlte er zum ersten Mal so etwas wie Freude. Er hatte noch zweimal den Fluss durchschwommen und einige abgelegene Dörfer passiert, mit hämmerndem Herzen, jede Sekunde bereit, davonzurennen. Die Anspannung hatte an seinen Kräften gezehrt. Er war todmüde.

Er wollte unbedingt die Straße nach Gümüşhane ausfindig machen und entschied deshalb, am Fuß des Berges entlang auf die andere Seite zu gehen. Auf diese Weise könnte er Kelkit hinter sich lassen und die Ausfallstraße im Süden erreichen.

Vor ihm tauchte nun ein breiter Wasserkanal auf, der sich wie ein Gurt um den Berg legte. Er sprang auf die andere Seite und lief ein ganzes Stück oberhalb des Kanals entlang. Schließlich könnten sie auch an Kanälen Stellung beziehen. Egal wie erschöpft er war, er musste bis zum frühen Morgen durchhalten und so weit wie möglich von Kelkit wegkommen.

Bald sah er unter sich die Lichter der Stadt. Doch dieses Mal ging ihm nicht das Herz auf. Die Straßen waren voller Soldaten. Die Stadt sollte sich schämen. Wer weiß, in welcher Gendarmeriestation Bekir gerade vor Schmerz aufschrie. Die Stadt sollte sich ihrer Gendarmen schämen.

Langsam ließ er die Stadt hinter sich. Gegen drei Uhr sah er vor sich vereinzelte Lichter aufscheinen. Je näher er an die Siedlung herankam, desto lauter wurde das Hundegebell. Wahrscheinlich warteten dort Soldaten. Er stieg deshalb wieder etwas höher. Von oben konnte er eine asphaltierte Straße, die durch die Siedlung führte, und im Süden die Umrisse eines Berges erkennen, an dessen Fuß ein Wagen entlangfuhr. Ja, das musste die Straße nach Gümüşhane sein. Er müsste auf die andere Seite kommen. Aber wie könnte er dort den Soldaten ausweichen? Nein, das war keine gute Idee. Das Hundegebell verhieß nichts Gutes. Er würde bestimmt in einen Hinterhalt geraten. Am besten wäre es, die Gegend tagsüber zu erkunden. Er war sich nun auch nicht mehr sicher, ob es tatsächlich die Straße nach Gümüşhane war. In der Nähe nahm er eine Baumgruppe wahr, die Ausläufer eines sich über den gesamten Berghang erstreckenden Waldes. Er war nicht mehr imstande, klar zu denken und konnte sich kaum noch auf den Beinen halten. Unter dem ersten Baum sackte er kraftlos zusammen. Nicht einschlafen, dachte er. Ich muss wach sein, wenn es dämmert. Wer weiß, wo ich mich befinde. Sobald es hell ist, werden sich Hubschrauber auf mich stürzen. Mit aller Kraft versuchte er, sich gegen den Schlaf zu wehren. Er fror und zwang sich, die Besinnung nicht zu verlieren. Sobald der Schlaf ihn übermannte, schrak er wieder auf. Wirre Gedanken schossen ihm durch den Kopf. Raureif legte sich auf ihn, die nasse Kleidung verwandelte sich in Eis. Sein Körper war stocksteif, nicht das kleinste Zittern zu spüren. Er wimmerte nur.

Als der Morgen anbrach, öffnete er die Augen und rappelte sich auf. Beim Anblick des bis zum Gipfel reichenden Waldes wusste er, dass er sich nicht geirrt hatte. Hier war er vor den Hubschraubern sicher. Er lief tiefer in den Wald hinein, bis er einen hochgewachsenen Wacholderstrauch fand, brach einige Zweige ab und legte sie so in den Strauch, dass es einigermaßen natürlich aussah und ihn von oben abschirmte. Dann stieg er in das Geäst.

Seine einzige Sorge war, dass sie im Wald nach ihm suchen könnten. Dann hätte er keine Chance. Er spähte durch die Zweige und auf die unter ihm liegende Siedlung. Leider konnte er nicht erkennen, was dort unten vor sich ging. Der Verkehr auf der Straße, die aus der Siedlung hinausführte, wurde von Minute zu Minute dichter: Sammeltaxis, Busse, Sattelschlepper, Lastwagen und viele PKW. Vielleicht war das die Straße nach Gümüşhane. Neue Zuversicht keimte in ihm auf, die Müdigkeit, Kälte und Lebensgefahr vergessen ließ. Er blinzelte in die Sonne und lachte. Er würde entkommen! Egal, auch wenn die Armee sonst alles unter Kontrolle hat, meine Liebste. Ich werde entkommen!

Plötzlich drang von der Siedlung eine metallische Stimme an sein Ohr, eine Lautsprecherdurchsage. Aufgeregt spitzte er die Ohren. Gestern Nacht. Terroristen. In unserer Region. Niemand verlässt das Haus. Wir werden alles auf den Kopf stellen. Das Oberste zuunterst kehren. Wenn wir sie gefasst haben, haben wir Ruhe.

Das Volk, für das er jahrelang im Gefängnis gesessen hatte, wollte ihn fassen. Wie viele seiner Freunde saßen im Gefängnis? Wie viele seiner Freunde, blutjunge Menschen, hatten das eigene Leben für diese Menschen geopfert? Er ließ kein gutes Haar an dem, der die Durchsage gemacht hatte. «Wir werden unsere Ruhe haben.» Von wegen! Was habe ich euch getan, dass ihr keine Ruhe habt? Was wird es euch bringen, mich zu fangen? Würdet ihr euch nicht den eigenen Arm, die eigene Zunge abschneiden? Die Soldaten setzen euch unter Druck, damit ihr uns jagt, stimmt's? Wenn ihr eure Ruhe haben wollt, dann wehrt euch! Sagt wenigstens: Was haben wir damit zu tun, sind wir Polizisten, Gendarmen? Wenn er jetzt ein Megafon zur Hand hätte, würde er ihnen entgegen schmettern, wie unwürdig das ist. Dass sie nicht frei sind, solange sie sich der Unterdrückung beugen, auch wenn sie nicht im Gefängnis sitzen. Und ihnen Nazıms Gedicht vortragen:

Wie das Schaf bist du, mein Bruder.
Wenn der Händler den Stock hebt mischst du dich schnell
unter die Herde und läufst fast stolz ins Schlachthaus.

«Alles auf den Kopf stellen», hatte der Mann gesagt. Damit meinte er bestimmt den Wald, in dem er war. In der Umgebung war nichts anderes, worauf diese Worte gemünzt sein könnten. Er musste sich von der Siedlung entfernen, ohne den schützenden Wald zu verlassen. Er würde bis in die Gipfellagen klettern und dahinter gab es vielleicht andere Wälder. Er musste sich beeilen, die Hubschrauber waren bestimmt schon unterwegs. Die Sonne war längst aufgegangen. Und wenn ihn beim Aufstieg jemand von der Siedlung aus sah? Die Bäume standen weit auseinander, das Gelände war steil. Er griff die abgebrochenen

Zweige, hielt sie sich über Kopf und Rücken und ging los. Wenn jemand von der Siedlung zum Wald schauen würde, wäre die Bewegung dieser unter Bäumen wandernden Zweige nicht zu erkennen.

Eine halbe Stunde später erreichte er den Gipfel. Doch hier oben war der Berg, bis auf ein paar einzeln stehende Sträucher, kahl, auch auf der abgewandten Seite nichts als baumlose Hänge. Es konnte sich nur noch um Minuten handeln, bis die Hubschrauber auftauchten. Dann würde er keine weiteren Schritte mehr machen können. Er verkroch sich unter dem nächsten Strauch. Sollten die Bewohner das in die Tat umsetzen, was sie vorhatten, würden sie ihn finden, dachte er mit verzerrtem Gesicht.

Wie immer bemerkte er zunächst das durchdringende Dröhnen des Helikopters, bevor er ihn sah. Er schien dem Flusslauf zu folgen. Dann schwebte er den Hang hinauf. Er flog so tief, als ob er Soldaten absetzen wollte. Verdammt, ich werde ihnen in die Hände fallen.

Achtunddreißig.
Damals in Erzincan (2)

Die Richter unterbrachen ihn nicht.

«Der Staatsanwalt behauptet, wir hätten die verfassungsmäßige Ordnung außer Kraft setzen wollen. Nach der Verfassung von 1961 ist die türkische Republik ein unabhängiger, laizistischer, sozialer und demokratischer Rechtsstaat. So weit, so gut. Aber war die Türkische Republik wirklich jemals ein Rechtsstaat? Haben sich die politischen Führungen wirklich an diese Grundprinzipien der Verfassung gehalten?»

Şahin ging ausführlich auf die Geschichte nach 1961 ein, auf die wirtschaftlichen, politischen und militärischen Verträge, die die Regierungen mit den imperialistischen Staaten geschlossen hatten, erinnerte an die Zugeständnisse, die sie gegenüber der Weltbank und dem Internationalen Währungsfonds gemacht hatten, sprach über die Beherrschung der Wirtschaft durch multinationale Konzerne und die Abhängigkeiten gegenüber den USA, der NATO und der UdSSR. Das

Pentagon hatte am 11. September 1980 Stunden vor dem Putsch in einer Meldung an das Weiße Haus Junta-General Tahsin Şahinkaya mit den Worten zitiert, man habe in der Türkei die Macht an sich gerissen, sagte Şahin. Er sprach auch über die Ungerechtigkeiten in Wirtschaft, Politik, Bildung. Eine Handvoll monopolistischer Holdings habe – trotz Hunger, Arbeitslosigkeit und Armut in der Arbeiterklasse – immer mehr Vermögen angehäuft. Er redete über die gewissenlose Ausbeutung der arbeitenden Bevölkerung und der landlosen Bauern durch Großgrundbesitzer, über Dörfer ohne Strom, ohne Schulen, Straßen und Krankenhäuser, Arbeit ohne Versicherung, ohne Gewerkschaft, über fehlende Chancengleichheit im Bildungssystem, fehlenden Wohnraum, Menschen, die immer noch in Höhlen lebten. Das auf Ausbeutung durch multinationale Konzerne gestützte und vom Imperialismus abhängige System instrumentalisiere die Religion. Um die Massen ruhig zu stellen, würden im ganzen Land Prediger- und Koranschulen gegründet, in denen Hunderttausende Kinder und Jugendliche zu Scharia-Anhängern und ‹Stürmern› ausgebildet würden. Der Staat bevorzuge die sunnitische Ausrichtung des Islam und unterdrücke die alevitische Gemeinschaft. Er zitierte Demirel, der gleich zu Beginn seiner Regierungszeit erklärt hatte, dass diese Verfassung ein Luxus für das Land sei. Nach dem Militärputsch von 1971 habe Demirel ein Drittel der Verfassung geändert, so dass die Generäle bei diesem Putsch nicht einmal zur Waffe greifen oder das Parlament auflösen mussten. Dieses System dulde weder die sozialistische Weltanschauung noch die Forderungen der Massen nach Demokratie, Gleichheit, sozialer Gerechtigkeit und Freiheit und antworte mit Gewalt und Terror auf deren Widerstand. Bereits unter den Regierungen der Nationalen Front seien revolutionäre, demokratische und fortschrittliche Menschen staatlichen Repressionen ausgesetzt gewesen. Sie hätten ihre Arbeit verloren, seien suspendiert, strafversetzt und verbannt worden. Die Kontrollmechanismen der Justiz seien außer Kraft gesetzt worden. Als all diese Repressalien nicht fruchteten, seien militante Kräfte des Koalitionspartners MHP zu Morden und Anschlägen angestiftet worden. Das habe zum Bürgerkrieg und den von MHPlern organisierten Massakern geführt. Die Worte des Ministerpräsidenten, ‹Ich lasse mich nicht dazu hinreißen zu sagen, dass die Rechten morden›, seien zynisch. Şahin erinnerte an die Massaker, die staatliche

Sicherheitskräfte verübten, das Massaker auf dem Taksim-Platz am 1. Mai 1977, an die Folter auf Polizeistationen, die Schließung und das Verbot demokratischer Organisationen, Streiks, Kundgebungen, Versammlungen und Demonstrationen, die Aufhebung aller demokratischen Rechte und Freiheiten durch die Artikel 141 und 142 und an den Versuch, alle Minderheiten, allen voran die Kurden, aber auch Lasen, Georgier oder Tscherkessen, zu Türken zu machen, ihre Abstammung zu leugnen und allen Widerstand und Protest blutig niederzuschlagen.

«Ein solches System ist weit davon entfernt, wie in der Verfassung verankert, unabhängig zu sein. Es ist eine despotische Klassenherrschaft der Kapitalisten, Wucherer und Großgrundbesitzer. Dass wir hier angeklagt werden, den Versuch unternommen zu haben, die Verfassung der Türkischen Republik ganz oder teilweise außer Kraft zu setzen und nicht die Generäle des 12. September, ist lächerlich! Sollten Sie die wirklichen Verantwortlichen eines solchen Vergehens vor Gericht stellen, müssten Sie das Richterschwert der Justizia aus diesem Gerichtssaal hinaus, auf den Çankaya Palast richten auf die Generäle!

Außerdem wird uns Landesverrat vorgeworfen, dass wir eine auf Klassenherrschaft beruhende Ordnung errichten wollen, dass wir Terroristen seien. Sind nicht diejenigen Landesverräter, die das Land den imperialistischen Staaten auf dem Silbertablett servieren und mit Genehmigung der USA putschen? Wir, die nie einen Vertrag mit einer ausländischen Macht unterzeichnet haben, sollen Landesverräter sein? Dabei haben wir gegen das Anlegen der 6. Flotte* demonstriert. Während die Herrschaft einer Handvoll Kapitalisten über Millionen von Werktätigen gutgeheißen wird, werden wir bezichtigt, die Herrschaft einer Klasse über eine andere installieren zu wollen. Wie ist dies alles mit dem Recht vereinbar? Sie wissen genauso gut wie jeder andere in diesem Land, dass die Faschisten zuerst zur Waffe gegriffen und Massaker verübt haben. Das ist eine unumstößliche Tatsache. Es ist ebenfalls eine Tatsache, dass sich im weiteren Verlauf Polizisten und geheime Militärkräfte daran beteiligt haben, beispielsweise am Massaker vom 1. Mai 1977. Wie kommt es, dass kein einziger Täter festgenommen wurde, obwohl sämtliche İstanbuler Polizeikräfte auf dem Platz anwesend waren, wo 34 Menschen starben? Während ein Staatsorgan die Demonstration genehmigte, brachte eine Geheimorganisation den Demonstranten den Tod. Mit Scheinprozessen gegen einige MHPler kann man die Wahrheit nicht vertuschen. Der Staat hat sich unter Einsatz staatlicher, ziviler und offizieller Mordorganisationen schuldig gemacht und einen Bürgerkrieg herbeigeführt. Unsere Aktionen sind kein Terrorismus, wir nehmen vielmehr unser legitimes Recht auf Verteidigung in Anspruch. Was hätten wir angesichts der Repressalien, Morde und Massaker tun sollen?

Ja, wir Sozialisten kämpfen für die Errichtung einer sozialistischen Ordnung, eine sozialistische Verfassung. Bedauerlicherweise waren wir nicht in der Lage, über Propaganda und Agitation hinauszugehen. Wäre es uns doch nur gelungen, anstelle dieser grausamen, ausbeuterischen, kapitalistischen Ordnung eine sozialistische Ordnung in Freiheit zu errichten, ohne Unterdrückung, Ausbeutung! Das blieb uns verwehrt! Die Geschichte zwang uns dazu, gegen den Faschismus und den faschistischen Terror zu kämpfen, statt uns auf die Errichtung einer sozialistischen Ordnung zu konzentrieren. Das ist kein Vergehen, sondern eine Menschenpflicht.

Was der Staatsanwalt in seiner Anklage sagt, ist richtig. Ich habe mich an der Erstürmung der Gendarmeriestation in Alankent beteiligt. Es war eine legitime Tat. Haben Sie jemals von Kugeln durchsiebte Menschenkörper auf dem Rücken getragen? Ich habe es getan. Haben Sie jemals Mütter, Großväter, Kinder gesehen, die blutüberströmte Leichen beweinten? Ich habe es gesehen. Um zu verstehen, was zu jener Zeit in Aybastı geschehen ist, müssen Sie nicht dort gewesen sein. Sie brauchen nur die Anklageschrift aufzuschlagen und sich das Datum noch einmal vor Augen zu führen. Und Sie werden sehen, dass alles mit dem Auftakt der Operationen der Faschisten begann. Bekanntlich haben diese ab dem 21. August tagtäglich Morde und Massaker verübt. Wie aber ist es zu erklären, dass in einer Zeit, in der der Staat alle seine Militär- und Polizeikräfte in der Region einsetzte, die Faschisten tagtäglich morden konnten? Ist so etwas ohne Unterstützung von offizieller Seite möglich? Lesen Sie dazu die Aussagen der Faschisten oder blättern Sie in Ihren Protokollen. Vor Ihnen und vor uns allen haben die Faschisten selbst ausführlich erläutert, wie sie ermutigt und unterstützt wurden. Statt für die Sicherheit der Bürger zu sorgen, wurden die Sicherheitskräfte immer mehr zu Beschützern jener, die es auf das Leben der Bürger abgesehen hatten. Vergleichen Sie wiederum die Daten! Nach dem 14. Oktober, dem Tag unseres Überfalls auf die

Gendarmeriestation, gab es in Aybastı keinen einzigen Todesfall mehr. Warum? Die Sicherheitskräfte mussten die Faschisten zurückzupfeifen und die Zusammenarbeit vertuschen. Erst nach dem Überfall wurden Faschisten, die zuvor in Militär- oder Polizeiuniformen aktiv waren und in Polizeistationen ein und ausgingen, in Gewahrsam genommen und verhaftet. Wenn das nicht ein Ergebnis des Überfalls war, was dann? Dank dieser Aktion haben wir die Zusammenarbeit zwischen offiziellen Sicherheitskräften und zivilen Faschisten zerschlagen und verhindert, dass weitere Menschen ermordet, Frauen zu Witwen und Kinder zu Halbwaisen wurden. Wir bedauern es außerordentlich, dass während des Überfalls ein Nachtwächter getötet und zwei Gendarmen verwundet wurden. Das lässt sich nicht wiedergutmachen. Aber es ist unser Trost, dass durch diese Aktion Dutzende von Menschenleben gerettet werden konnten.

Eingangs habe ich bereits gesagt, dass ich Sie nicht für ein unabhängiges, legitimes und unparteiisches Gericht halte. Bestrafen Sie mich, so hart Sie wollen. Ihr Urteil wird vor der Geschichte keine Gültigkeit haben. Mehr noch! Je höher Ihre Strafe gegen mich ausfällt, desto besser! Denn daran kann ich ermessen, wie gut ich gegen den Faschismus gekämpft habe. Ich bin zutiefst überzeugt, dass die Geschichte auf unserer Seite ist und uns freisprechen wird.»

Für die Urteilsverkündung waren starke Sicherheitsvorkehrungen getroffen und auch im Gerichtssaal zahlreiche Soldaten aufgeboten worden. Der Zuschauerraum war bis auf den letzten Platz besetzt. Şahin war Angeklagter Nummer Eins, sein Name wurde zuerst aufgerufen. Er erhob sich.

«Wegen Gründung und Führung der illegalen Organisation Dev-Yol in Aybastı sowie der erwiesenen Teilnahme an deren bewaffneten Aktionen, wird nach Artikel 146, Paragraph 1 des Türkischen Strafgesetzbuches die Todesstrafe verhängt.»

Dann die anderen Angeklagten.

«Todesstrafe.»

«Lebenslanger Freiheitsentzug.»

«36 Jahre Haft.»

«Lebenslanger Freiheitsentzug.»

«15 Jahre Haft.»

«Todesstrafe.»

Die Todesstrafen waren mehrheitlich beschlossen worden, ein ziviler Richter der Strafkammer sprach sich mit dem Argument dagegen aus, dass die Todesstrafe unzeitgemäß sei. Als der Vorsitzende Richter angesichts der Todesstrafen ‹den Stift brach›, erhoben sich alle Angeklagten und riefen wie aus einem Mund:

«Nieder mit dem Faschismus! Es lebe unser Kampf!»

«Todesstrafen, Kerker können uns nicht einschüchtern!»

«Die Geschichte wird uns freisprechen!»

Während die Richter hastig den Saal verließen, stürzten sich die Soldaten auf die Angeklagten. Es kam zu einem Gerangel. Şahin sah zu Gönül. Ihre Blicke trafen sich. Er winkte ihr lächelnd zu und sie tat es ihm gleich.

Am nächsten Tag wurden sie nach Samsun ins Militärgefängnis gebracht. Dort hatte ein Hauptmann das Sagen, der ihnen die Fingernägel ausriss. Jeder Soldat konnte die Häftlinge jederzeit nach Herzenswunsch zusammenschlagen.

Şahin kam nicht damit nach, zu zählen, wie viele Arreststrafen ihm aufgebrummt wurden. Zwei Jahre lang wurde er immer wieder bestraft, weil er sich weigerte, den Korridor der Wärter sauber zu wischen.

Eines Tages wurde er von einem Offizier in Begleitung eines Trupps Soldaten frühmorgens geweckt. Er vermutete, dass er wieder in die Arrestzelle gebracht werden sollte. Aber er irrte sich. Er wurde verlegt, mit fünf Mitgefangenen verbannt. Im Gefangenentransportfahrzeug fragte Şahin, wohin sie gebracht würden.

«Nach Erzincan», antwortete der Transportkommandant.

«Und wohin da?»

«Ins Gefängnis Nr. 1!»

Şahin war wütend und maßlos enttäuscht. Wer weiß, wie lange er seine Fluchtträume aufschieben musste. Aus jedem Gefängnis konnte man ausbrechen, nur nicht aus diesem. Doch er gab seine Träume nicht auf und setzte den jahrelang ersehnten Ausbruch genau in diesem Gefängnis in die Tat um.

Neununddreißig.
Nach der Flucht

Um halb sieben wurde es langsam dunkel. Seit einer Stunde hatte er den Hubschrauber nicht mehr gehört. Das war ein beruhigendes und beflügelndes Gefühl. Die Dörfler mussten woanders nach ihm gesucht haben. Ein Hirte hatte sich mit seiner Herde ganz in der Nähe niedergelassen. Şahin fürchtete, dass der Hirtenhund ihn wittern könnte. Doch er hatte Glück.

Jetzt spürte er den Hunger. Er hatte nichts mehr zu essen. Er hoffte vor der Dunkelheit noch etwas weiterzukommen und machte sich wieder auf den Weg. Er blieb auf dieser Höhe, um sich so weit wie möglich von Kelkit zu entfernen und dann zur Landstraße nach Gümüşhane abzusteigen.

Bei Einbruch der Dunkelheit kam er an einen Graben. Er konnte kaum etwas sehen und stieg vorsichtig hinein. Zum Glück war er ausgetrocknet und so konnte er ihn mühelos passieren. Anschließend begann er den Aufstieg. Doch jeder Schritt fiel ihm schwer. Als er endlich den Gipfel erreichte, hatte er völlig die Orientierung verloren und er brach wie ein nasser Sack zusammen.

Als er die Augen öffnete, merkte er, dass es ein Schwächeanfall gewesen sein musste. Er raffte sich mühsam auf, doch nach wenigen Schritten wurde im erneut schwarz vor Augen. Verdammt! Er konnte nicht mehr.

Schließlich kam er wieder zu sich. Ein paar 100 Meter weiter flackerten ein paar schwache Lampen, wahrscheinlich eine Alm. Ob er dort um ein Stück Brot und ein Glas heiße Milch bitten sollte? Und eine Jacke, die ihn wärmen würde? Nein, nein! Das durfte er nicht riskieren! Niemand würde ihm helfen, keiner! Er hatte die Lautsprecherdurchsage noch gut im Ohr. «Wenn wir sie gefasst haben, haben wir Ruhe.» Warum sollten die Leute auf der Alm anders sein? Auch sie würden ihn an die Soldaten ausliefern. Gönüls Worte kamen ihm in den Sinn. «Wer würde dir helfen da draußen? Niemand.» Aber warum nicht? Gehörten die Leute hier nicht auch zum Volk, für das sie so viele Opfer gebracht und ihre Jugend im Gefängnis verbracht hatten? Mein armes Volk, ging ihm durch den Kopf. Seine Unwissenheit, Ängstlichkeit, Gleichgültigkeit und Unterwürfigkeit sind erbärmlicher als mein derzeitiger Zustand.

Auf allen vieren kriechend und immer wieder zusammenbrechend, schleppte er sich weiter. Stunden später erreichte er die Alm und ließ sich kraftlos unter einem Busch nieder. Er war völlig fertig. Bald würde der Tag anbrechen. Wenn er dieses Versteck gefunden hatte, sollte er bleiben. Die Straße nach Gümüşhane befand sich nun jenseits des Kelkit. Vom Gipfel aus hatte er die Wagenlichter gesehen. Etwas weiter unten müssten die steilen Anstiege sein. Am besten wäre es, den Tag hier zu verbringen und am Abend erneut zu versuchen, auf einen LKW zu springen. Aber es war müßig. Er konnte nicht mehr, zog die Knie an die Brust, die Weste über den Kopf und fiel in einen unruhigen Schlaf.

Als es dämmerte, lag er mitten auf einem Feld mit aufkeimendem Getreide. Hier konnte er auf keinen Fall bleiben. Dem Hundegebell nach zu urteilen, musste weiter oberhalb eine Almhütte oder ein Dorf sein. Er versuchte, seinen steifen Körper zu bewegen. Alle Knochen taten weh, als würden sie zerbrechen. Doch es half nichts. Er musste weiter und einen besseren Platz finden. Schließlich konnte hier jederzeit jemand vorbeikommen. Unter Aufbietung seiner letzten Kräfte stand er auf, streckte sich und ging langsam weiter, bis er eine kleinen Anhöhe erreichte. Unten im Tal sah er den Fluss und die Straße nach Gümüşhane. Hierher würde sich wohl kaum jemand verlaufen. Etwas weiter unten gab es ein paar Bäume, unter denen er sich vor dem Hubschrauber verstecken könnte. Er schaffte es gerade noch bis dahin. Legte sich unter einen Busch und schlief sofort ein.

Als er aufwachte, war es bereits hell. Der Schlaf hatte ihm gutgetan und er war ein wenig zu Kräften gekommen. Er sah sich um. Nur ein paar 100 Meter weiter befand sich die Landstraße. Neidisch beobachtete er die Menschen in den vorbeifahrenden Fahrzeugen. Plötzlich tauchten hintereinander zwei Militär-Pick-ups auf. Sie waren vermutlich auf dem Weg zu einer Kontrollstelle, um Soldaten abzuholen. Mit ausdruckslosem Blick sah er ihnen nach.

Mit der aufgehenden Sonne hellte sich auch seine Stimmung auf. Er nahm die Schönheit der Natur um ihn herum wahr. Betrachtete die Blumen, bewunderte ihre kräftigen Farben, ihr Blau, Gelb und Rot. Plötzlich tauchte ein Bauer auf, die Hacke auf der Schulter, schaute in Şahins Richtung. Er ging zu einem Bewässerungskanal und begann zu arbeiten. Wenig später kam eine Frau mit zwei kleinen Kindern. Auch auf weiter weg liegenden Felder wurde nun gearbeitet. Kinder spielten herum.

Die Einsamkeit machte ihm zu schaffen. Sehnsüchtig beobachtete er, wie sie alle zu Mittag aßen. Er konnte es kaum mitansehen, wie der Bauer an einem Baumstamm lehnte und nach dem Essen ganz in Ruhe eine rauchte. Şahins Magen rebellierte. Er pflückte ein paar Wildkräuter, bekam sie aber kaum hinunter. Einige schmeckten bitter, andere süßlich. Schließlich nahm er nur noch die, die die Bienen bevorzugten.

Kurz vor Einbruch der Dunkelheit brach er auf. Die Bauern waren längst fort. Er ersparte es sich, die Brotkrümel und Zigarettenstummel auf den Feldern aufzusammeln. Er durfte keine Zeit verlieren, wenn er diese Nacht auf einen Lastwagen aufspringen wollte.

Er fühlte sich besser als gestern und kam zügig voran. Nach einer Weile stieg er zum Kelkit hinab, zog sich halb aus und durchwatete ihn. Dann ging es auf feuchtem Gelände weiter. Überall quakten Frösche. Nach ein paar hundert Schritten tauchte der Fluss wieder vor ihm auf. Noch einmal zog er sich aus, vertrieb am anderen Ufer die Frösche, die empört ins Wasser sprangen und lief weiter über Felder und Wiesen. Die Landschaft war mit Wassergräben durchzogen. Das Lärmen der Frösche war nervtötend. Kurze Zeit später stieß er wieder auf den Fluss. Es wurde langsam lästig, sich dauernd an- und auszuziehen. Fluchend watete er hindurch.

Nun war er weit von der Straße abgekommen. Felder, nichts als Felder. Erst nach einer halben Stunde hörte er wieder den Lärm der Straße. Die Autos schienen sehr schnell zu fahren. Rechts von ihm konnte er die Lichter eines größeren Dorfes erkennen. Er musste entweder an die Straße oder einen Umweg über die Berge machen. Aber das würde zu lange dauern. Und wer weiß, wie oft er wieder durch den Fluss waten musste. Als er noch unschlüssig herumstand, hörte er plötzlich ein Auto aus Richtung Kelkit kommen. Er sah die Scheinwerfer. Langsam, sich vorsichtig umsehend, ging er näher an die Fahrbahn heran und legte sich der Länge nach auf den Boden. Er ließ den PKW vorbeifahren und wollte abwarten, bis ein weiterer Wagen vorbeifuhr. Vielleicht könnte er im Scheinwerferlicht sehen, ob es in der Nähe einen Hinterhalt gab.

Wenig später erhellten Scheinwerfer aus Richtung Gümüşhane die Dunkelheit. Er hob vorsichtig den Kopf. Keine 30 Meter entfernt blieb der Wagen abrupt stehen und machte die Beleuchtung aus. Es folgte Türen knallen. Der lässt bestimmt Fahrgäste raus, dachte Şahin. Aber warum hatte er dann die Scheinwerfer ausgeschaltet und den Motor abgestellt? Vielleicht gehörte der Wagen jemandem aus dem Dorf und er hatte ihn dort abgestellt, dachte er. Doch dann hörte er wieder zwei Türen. Kurz darauf wurde der Motor angelassen, die Scheinwerfer blendeten auf und der Wagen setzte sich in Bewegung. Als er an ihm vorbeifuhr, presste sich Şahin auf den Boden. Sein Herz schlug wie wild. Es war ein Militär-Pick-up. Er wandte seinen Kopf zu der Stelle, wo der Wagen eben gestanden hatte. Es war stockfinster, er konnte weder etwas sehen, noch hören. Warum hatte er dort angehalten? Hatte er Soldaten mitgenommen, die dort auf der Lauer gelegen hatten? Er sah auf die Uhr. Es war halb elf. Noch früh. Womöglich hatten sie dort Soldaten abgesetzt. Etwas später tauchte ein PKW aus Richtung Kelkit auf. Als er vorbeifuhr, hob er vorsichtig den Kopf und erschrak. Der Wagen hielt nicht weit entfernt an. Im Scheinwerferlicht sah er einen schwer bewaffneten Soldaten. Der Wagen fuhr kurz darauf weiter. Kein Laut war zu hören, nicht der geringste Schatten zu sehen. Wie gut sie sich verstecken konnten! Es war unmöglich sie zu bemerken, bevor man ihnen in die Hände fiel. Und genau das wäre passiert, wenn er etwas später hier gewesen wäre. Diesmal hätten sie ihn sicherlich erschossen, keine Frage! Was sollte er machen? Ihm wurde abwechselnd heiß und kalt.

Er musste weg hier. Vorsichtig robbte er in die entgegengesetzte Richtung, lautlos und langsam. Als er weit genug entfernt war, stand er auf, schaute noch einmal in die entgegengesetzte Richtung und überquerte vorsichtig die Straße. Nun befand er sich auf einer leicht ansteigenden Wiese und lief in gebückter Haltung weiter. Schließlich richtete er sich auf, konnte aber nichts sehen. Am liebsten würde er Steine auf die Soldaten herabregnen lassen! Es war höchste Zeit, sich endgültig von den Straßen zu verabschieden. Jeder Schritt ein Hinterhalt, jeder Schritt eine Falle.

Kurz vor der Morgendämmerung ließ er sich erschöpft unter eine hochgewachsene Pappel fallen. Es war windig und es nieselte. Sein Körper wollte ihm nicht mehr gehorchen, die Augenlider auch nicht.

Er war unentwegt marschiert, ohne auch nur ein Gestrüpp zu finden, in dem er den Tag verbringen könnte. Einen Hügel nach dem anderen hatte er erklommen. Schließlich hatte es ihn hierher verschlagen, zu diesem mickrigen Gebüsch.

Şahin war völlig entkräftet und kroch unter das Gestrüpp. Bald schon würde der Tag anbrechen und die Bauern kämen in die Felder. Und dann würden sie zur Polizei gehen, um Meldung zu machen. Oder aber ihn an Armen und Beinen packen und zur nächsten Gendarmeriestation schleifen. Schlaf nur nicht ein, schärfte er sich ein!

Als er die Augen öffnete, war es fast schon hell. Er stand sofort auf. In der Ecke eines Gartens stand eine kleine Holzhütte. Vielleicht konnte er sich dort verstecken oder etwas Brauchbares finden. Die Hütte stand leer. Dort war nichts, außer einem Blechkübel. Er lehnte sich an die Wand. Der Wind drang durch die Ritzen und wirbelte Staub durch die Hütte. Wie ein Zweig im Wind schwankte sein Körper. Die Bauern würden mit Sicherheit hierher kommen. Wohin könnte er flüchten, wenn jemand kam? Nirgendwohin! Er sank zu Boden und rollte sich zusammen. Er war nass bis auf die Haut, schlaflos, erschöpft und völlig ausgehungert. Ohne Hoffnung. Er fühlte sich wie benommen und wurde vom Schlaf übermannt.

Als er schließlich die Augen wieder öffnete, fühlte er sich gut. Länger als eine Stunde musste er geschlafen haben. Mit den ersten Sonnenstrahlen drang liebliches Vogelgezwitscher in die Hütte. Er stand auf und öffnete vorsichtig die Tür. Der Himmel war wolkenlos, ein herrlicher Morgen. Im nassen Gras glitzerten die Sonnenstrahlen, Rosenstöcke verströmten einen betörenden Duft. Wie könnte er sich an solch einem Tag Handschellen anlegen lassen? Wie könnte er sein Leben aufs Spiel setzen? Ohne länger zu warten, verließ er die Hütte. Mit neuer Kraft, neuer Leidenschaft ging er los. Er übersprang einen Wassergraben, dann die kleine Erhebung dahinter und trat in die Felder. Er hielt die Hand an die Stirn, damit die Sonne ihn nicht blendete. Ein paar Kilometer entfernt ragte ein Berg auf, dessen Gipfel bewaldet war. In zwei Stunden könnte er dort sein. Wenn er Glück hatte, käme der Hubschrauber bis dahin nicht. Selbst wenn, könnten sie ihn für einen Bauern halten, der aufs Feld ging. Er hatte ohnehin keine andere Wahl.

Zwei Stunden später stand er auf dem Gipfel. Wald, soweit das Auge reichte. Kiefern, Eichen, Kastanien. Auch auf der gegenüberliegenden Seite ragten bewaldete Berge auf. Wer konnte ihn in diesen Wäldern finden? Niemand! Unter wie vielen Bäumen konnten sie ihm schon auflauern, an wie vielen dieser Berge einen Hinterhalt legen? Jetzt konnten sämtliche Hubschrauber der Armee über ihm kreisen. Ihm konnte es egal sein.

Er sah alles aus der Vogelperspektive: die Weizenfelder, die grünen Weiden. Genau in ihrer Mitte trafen vier Straßen auf einer Kreuzung zusammen. Eine davon war die aus Kelkit, an der er knapp dem Tod entkommen war. Die anderen beiden Straßen waren uninteressant für ihn. Ihn interessierte nur die Letzte, die aus dem Städtchen heraus dorthin führte, wo am Horizont die beiden Gebirge aufeinandertrafen, das, auf dem er stand und das vor ihm. Als er sah, dass Sattelschlepper, Lastwagen und Reisebusse über die Straße fuhren, keimte wieder etwas Hoffnung in ihm auf. Er holte die abgemalte Landkarte hervor und versuchte, die Straßen zuzuordnen. Es musste die Straße nach Şiran sein.

Sollte es ihm nicht gelingen, auf einen Laster aufzuspringen, würde er zu Fuß nach Şiran gehen. Das müsste in zwei oder drei Tagen zu schaffen sein, denn im Wald konnte er auch tagsüber gehen. Und wenn man bedachte, dass nicht mehr die Gefahr eines Hinterhalts drohte, würden sie bald seine Spur verlieren. Şiran lag nicht auf der Schwarzmeerroute, sondern im Binnenland. Es grenzte an Giresun. Er könnte sich in der Kleinstadt unter die Leute mischen und sich später irgendwie bis zur Schwarzmeerregion durchschlagen. Am erfolg versprechenst aber war immer noch, auf einen Laster aufzuspringen. In dem Gebirge müsste es viele steile Straßen geben. Dort könnte er sich auf die Lauer legen.

«Ich werde hier herauskommen, meine Liebste, ich werde es schaffen, meine Schöne!» Er öffnete das Album und schaute sich Gönüls Fotos an. Wie staubig und klamm sie geworden waren. Genauso abgerissen musste auch er aussehen, seit Tagen in Todesangst, zwischen Kugelhagel und Hinterhalten. «Wenn du ausbrichst, lasse ich mich scheiden!», hatte sie gesagt. Ob sie die Scheidung wohl eingereicht hatte? Ob er nie wieder mit ihr zusammen sein würde? Er pflückte Gänseblümchen und rupfte die Blütenblätter ab: Sie lässt sich scheiden, lässt sich nicht scheiden, lässt sich scheiden. Manches Gänseblümchen sagte ja, manches nein. Der Gedanke, dass sie die Scheidung eingereicht haben könnte, war schmerzhaft. Mit leerem Blick starrte er zur Sonne. Als blicke er auf einen schwarzen Stein. Und wenn sie sich etwas angetan hatte? Diesmal war die Sonne blutbesudelt. Blut rann durch das Blau des Himmels.

Das Blöken von Schafen riss ihn aus seinen Gedanken. Er erhob sich und marschierte los. Wie angenehm es war, ohne Angst am helllichten Tag durch den Wald zu gehen. Wie schön, den Tannenduft einzuatmen! Welches Glück, an den Ästen zu ziehen, sich an den Stamm einer Platane zu lehnen! Immer wenn er ansprechende Kräuter sah, steckte er sie in den Mund. Manchmal kam er auch an Heckenrosensträuchern vorbei, von denen er weiße und rosafarbene Blütenblätter aß.

Drei Tage später, am Morgen des 27. Juni, erwachte er auf einer Tannenschonung. Er stand auf, steckte die Hände in die Hosentaschen und zog die Hose hoch, die ihm mittlerweile fast über die Hüften rutschte. Nachdem er eine Weile in die Sonne gestarrt hatte und sich seine Gänsehaut langsam glättete, sah er die Straße vor sich. Die ganze Nacht hatte er unten an einem Anstieg ausgeharrt, das Knurren seines Magens im Ohr und vor Kälte zittern. Nur drei Lastwagen waren vorbeigekommen und keinen hatte er erwischt. Bei Tagesanbruch hatte er aufgegeben, den Bach durchquert und sich unter die Tannen gelegt. Bevor er eingeschlafen war, hatte er einen Entschluss gefasst: Er würde sich an die Straße stellen und einen Wagen anhalten. Es reichte. Er war am Ende. Unfähig, auch nur einen einzigen Schritt weiterzuwandern. Seit sechs Tagen hatte ihn niemand mehr zu Gesicht bekommen, hatte er keinerlei Spur hinterlassen. Drei Tage lang war er mit letzter Kraft, von der er selbst nicht wusste, woher er sie genommen hatte, weiterzugehen, hatte Berge bestiegen, Wälder durchschritten und Gebirgsbäche durchquert. Bei jeder Anhöhe hatte er sich an die Straße geschlichen, stundenlang auf der Lauer gelegen, aber keinen LKW erreicht, weil bereits nach fünf, sechs Schritten seine Beine versagt hatten und ihm die Luft wegblieb. Kein Wunder, schließlich hatte er sich in den letzten Tagen ausschließlich von Wildkräutern und Rosenblättern ernährt. Wenn er nur einen Gefährten hätte, den er fragen konnte: «Was machen wir jetzt? In welche Richtung soll es gehen?»

So stand er einsam da, die Hände in den Taschen, und überlegte. Wenn er sich die Straße anschaute, sah er Gefängnismauern. Wie konnte man diese Berge verlassen und sich freiwillig hinter jene Mauern begeben? Wie diese grenzenlose Natur mit dem strahlend blauen Himmel als Dach, gegen jenen lumpigen Betonhaufen eintauschen? Er würde garantiert in eine Straßenkontrolle geraten. Und wie sollte er bitte schön aus dem Auto fliehen? Sein Fahndungsfoto hing bestimmt in sämtlichen Büros und jeder Fernfahrer hatte seine Beschreibung gehört. So wie er aussah, würde jeder Verdacht schöpfen. Nein, nein! Diese Straße würde ihn geradewegs ins Gefängnis führen. So leicht durfte er nicht aufgeben. Nicht den Mut verlieren. Noch kroch er nicht auf allen vieren. Noch konnte er, wenn auch mühsam, gehen. Er musste weitergehen. Er musste einen Ausweg finden. Was sollte er der Sonne sagen, wenn er so leicht aufgab? Wie beharrlich sie ihre Strahlen auf ihn richtete. Als wolle sie sagen: «Im Gefängnis wirst du sie vermissen. Lass dich nicht davon beirren, dass ich nächtens verschwinde. Die Nächte haben auch ihre guten Seiten. Jeden Morgen scheine ich von neuem auf deinen Weg, lege dir die ganze Natur zu Füßen. Denk gut nach, denk gut nach! Finde den Weg zur Rettung, finde den Ausweg! Ich bin dir gewogen. Und du hast mich jahrelang nicht vergessen. Hast immerzu meinen Namen gerufen, hast dich für die sonnigen Tage eingesetzt. Ich möchte nicht, dass du mich wieder entbehren musst. Halte durch, halte durch!» Er steckte die Hosenbeine in die Socken, kehrte der Straße den Rücken und ging auf den Berg zu.

Auf dem Gipfelplateau angekommen, sah er an einem der gegenüberliegenden Hänge ein Dorf mit Lehmziegelhäusern. An einen Baum gelehnt, beobachtete er die Gegend. Ob die Dörfler ihm gewogen waren? Ob einer von ihnen sich Gedanken machte, wo er gerade war und wie es ihm ging, einer, der für ihn betete und sich wünschte, ihm irgendwo zu begegnen, um ihm zu helfen? Wenn er hinginge, ihnen sagte, dass er Revolutionär sei, sich für sonnige Tage einsetze, wegen dieses Einsatzes jahrelang die Sonne, das sonnengleiche Antlitz der Liebsten entbehrt habe und nun kurz davor sei, sein Leben auszuhauchen. Ein paar Leute gäbe es bestimmt, die bereit wären, ihm zu helfen. Aber sie würden es nicht offen tun. Sie hätten Angst, dass die Mehrheit sie melden würde. Spitzel, Zivilpolizisten, Zivilgendarmen. Das war neuerdings die Mehrheit.

Kurze Zeit darauf fuhren ein Lastwagen, ein Kleinbus und ein Pick-up voll mit Arbeitern durchs Dorf. Es war ungefähr neun Uhr. Die meisten Männer des Dorfes waren also weg. Würde ihm irgendetwas passieren, wenn er ins Dorf ginge? Es sah nicht so aus, als ob es eine Polizeistation gäbe. Ohne groß zu überlegen, ging er entschlossenen Schrittes los. Zehn Minuten später stand er an einem Brunnen, wusch sich ausgiebig Gesicht und Hände, klopfte die Kleidung ab, brachte sein Haar in Ordnung, wusch das ursprünglich weiße, aber völlig verdreckte Taschentuch, das er vor Tagen unter einem Baum gefunden hatte, wrang es aus und band es sich um den Hals. Dann klemmte er sich das Album unter den Arm.

Am Dorfeingang begegnete er einer alten Frau, die dort Kühe hütete. Şahin legte seine ganze Liebenswürdigkeit in seine Stimme: «Tante, gibt es im Dorf ein Geschäft?»

«Ja.»

«Und wo?»

«In der Dorfmitte. Immer geradeaus, dann kommst du direkt darauf zu.»

«Danke, liebe Tante.»

Durch eine schmale Gasse kam er zum Dorfplatz. Er tat, als sehe er auf den Boden. Dabei beobachtete er unauffällig die Umgebung. Eine Frau, die sich vor einem Haus mit ihren Kindern beschäftigte, verhüllte hastig ihr Gesicht, als sie ihn bemerkte. Eine andere rannte bei seinem Anblick schnell ins Haus. Şahin erschrak. Die hatten mit einem Blick erkannt, dass er einer der gesuchten Ausbrecher auf der Flucht war. Und wenn sie ihm das Leben schwer machten? Das würde ihm zu Herzen gehen, aber nun war es eh zu spät.

«Junger Mann, wo ist hier der Greissler?», fragte Şahin einen Jugendlichen, der mit einem Mädchen auf einer Mauer saß. Der Junge sah auf und kam neugierig auf ihn zu, die kleine Schwester an der Hand.

«Was wollen Sie denn da?»

«Einkaufen.»

Der Junge zögerte. Dann sagte er zu dem Mädchen: «Geh und sag, dass sie den Schlüssel bringen.» Während das Kind um die Ecke rannte, trat der Junge näher. «Willkommen, Bruder», sagte er.

«Danke.»

«Woher kommen Sie?» In seiner Stimme lagen Neugierde und Misstrauen.

Şahin wies in die Richtung, aus der er gekommen war und sagte leichthin: «Von da oben.»

«Wie kommt es, dass Sie sich hierher verirrt haben?»

«Ich bin Kartograf! Kartenzeichner. Wir bringen im Gebirge Markierungen an. Unser Proviant ist aufgebraucht. Ich wollte sehen, ob wir hier etwas bekommen.»

«Woher sind Sie?»

«Aus Gümüşhane. Wo ist das Geschäft?»

Der Junge wies auf ein flaches Gebäude. «Mein Onkel ist in der Stadt, aber der Schlüssel ist zu Hause. Die bringen ihn gleich.»

Sie gingen gemeinsam zum Geschäft. Şahin gab sich alle Mühe, ruhig zu wirken, kontrollierte ständig sein Verhalten und den Ton seiner Stimme. Der Halbwüchsige löcherte ihn mit Fragen.

«Und Sie gehen die ganze Zeit im Gebirge herum?»

«Im Allgemeinen ja. Geländearbeit eben.»

«Und sind Sie Fremden begegnet?»

«Für mich und meine Kollegen ist doch jeder ein Fremder.»

«Das meinte ich nicht. Ich meinte die Ausbrecher.»

«Ach die! Uns gehen jede Menge Leute über den Weg, aber es steht niemandem auf der Stirn geschrieben, ob er ein Ausbrecher ist. Ausserdem heißt es, die wären in der Gegend von Sivas.»

«Nein, nein. Einige sollen hier irgendwo sein. Die Soldaten waren zweimal im Dorf. «Meldet es, wenn ihr irgendwelche Fremden seht», haben sie gesagt. «Die Ausbrecher sind hier in der Gegend. Und wenn ihr unterwegs Soldaten begegnet, sagen die dann nichts?»

«Was können die uns schon sagen? Wir sind im Auftrag der Regierung hier.»

Der Blick des Jungen fiel wieder auf das Album. «Was ist das, Bruder? Ein Album?» Es hatte fast so geklungen, als hätten die Soldaten den Dörflern gesagt: «Einer von denen hat ein Album dabei.» Şahin war irritiert. «Ach wo. Das ist unser Berichtsheft», sagte er. «Aber ein paar Fotos stecken drin. Von meinen Kleinen.»

Eine Frau kam mit einem Schlüsselbund in der Hand und schloss das Geschäft auf. Jetzt war erst einmal Schluss mit der Fragerei. Es war ein gewöhnlicher Gemischtwarenladen mit Lebensmitteln und Textilien. Şahin fragte lässig: «Was habt ihr so?»

«Kekse, Lokum, Feigen, Bonbons, Oliven. Was brauchen Sie, Bruder?» Der Junge hatte sich neben die Frau hinter die Verkaufstheke gestellt. Ihr Kopf war mit einem leichten Tuch verdeckt. Sie schwieg und musterte Şahin von oben bis unten.

«Gib mir acht Pakete von diesen Picknickkeksen», sagte Şahin. «Vier mit Sesam, ein Kilo Lokum, ein halbes Kilo Oliven, ein halbes Kilo Akide-Bonbons.»

Während die beiden das Bestellte abwogen und einpackten, überlegte Şahin, was er noch kaufen könnte. Da bemerkte er, dass sieben oder acht Frauen vor dem Schaufenster standen und ihn neugierig anstarrten. Als sich ihre Blicke trafen, traten sie einige Schritte zur Seite. Es beunruhigte ihn. Es hatte sich also herumgesprochen, dass eine verdächtige Person im Dorf war. «Junger Mann, würdest du bitte diesen Frauen sagen, dass sie vor mir nichts zu befürchten haben?» Die Frauen tuschelten, streckten immer wieder die Köpfe und sahen herein. Der Junge ging um die Geschäftstheke herum zur Tür. «Keine Sorge. Der kommt vom Amt. Bringt im Gebirge Markierungen an.» Die Erklärung befriedigte sie offensichtlich nicht. Sie blieben. Şahin gab seine letzte Bestellung auf und ging dann selbst vor die Tür. Eine kaum merkliche Erregung ging durch die Frauengruppe. Einige zogen ihre weißen Tücher höher ins Gesicht. Şahin wandte sich an eine alte Frau in der ersten Reihe und lächelte.

«Was ist, liebe Tante? Ihr wirkt etwas befremdet.»

«Wer bist du, Sohn?»

«Ich bin Kartenzeichner, liebe Tante! Wir bringen auf den Bergen Markierungen an. Unser Proviant ist aufgebraucht und ich bin hinunter, um Nachschub zu holen.» Er sprach mit liebenswürdiger, sanfter Stimme.

«Weißt du, Sohn, wir würden dich sogar zu Hause bewirten. Wenn du nicht einer von diesen Ausbrechern bist!»

«Wir sind keine Ausbrecher oder so, liebe Tante. Ich bin Angestellter des Gouverneurs. Seid unbesorgt.»

«Wir sorgen uns aber, Sohn. Die Soldaten kommen und nehmen uns in die Zange. Sie fragen ständig, ob wir die Flüchtigen nicht gesehen haben.»

«Macht euch keine Sorgen. Die finden sie bestimmt bald. Dann habt ihr Ruhe.»

Langsam gingen die Frauen auseinander. «Alles fertig, Bruder.» Das war die Frau hinter der Theke. Auch sie hatte Vertrauen gefasst und sprach. «Es wäre nett, wenn ihr alles in einen Sack oder Beutel steckt. Dann kann ich es leichter auf dem Rücken tragen.»

Während der Junge alles in einem Plastiksack verstaute, begann die Frau zu rechnen. Dann war alles so weit fertig. «Also dann. Auf Wiedersehen!» Er schulterte den Sack und verabschiedete sich.

«Alles Gute, Bruder. Danke für den Einkauf», sagte die Frau.

Voller Freude trat er hinaus. Er war überglücklich. Es war nichts passiert. Außerdem besaß er nun einen Haufen Lebensmittel. Zehn Minuten später war er wieder auf seinem Gipfel. Sobald er vom Dorf aus nicht mehr zu sehen war, trat er in den Wald, setzte sich auf eine ebene Stelle unter den Tannen und öffnete den Plastiksack.

Zehn Tage später, am Morgen des 7. Juli, wurde er von Stimmen und Lärm geweckt. Er hatte sich spät in der Nacht in einem Gebüsch schlafen gelegt und gesehen, dass sich oberhalb von ihm eine Gemeinde befand. Als er lauschte, merkte er, dass die Dörfler das Vieh auf die Weide trieben. Ob sie hierher kommen würden? Zum Glück war das Gebüsch weitläufig und dicht. Der gestern gefasste Entschluss kam ihm in den Sinn. Er lächelte. Dies war sein letzter Tag in der Gegend. Am nächsten Tag würde er zur Straße hinuntergehen und es per Anhalter probieren. Zehn Tage waren seit seinem Einkauf vergangen. In diesen zehn Tagen hatte er es nicht bis Şiran geschafft. Es reichte. Er würde sich an die Straße stellen.

Bald darauf brach er auf. Er klopfte die Kleidung ab, faltete den Plastiksack, in dem sich nur die in Zeitungspapier gewickelten Fotos und das Paar Schuhe befanden, das er sich aus den beiden Deckeln des Albums gebastelt hatte und hängte ihn über die Schultern. Er stieg langsam den Berg hinauf. Bald schon war er auf einer Höhe mit der Gemeinde. Er blieb immer wieder stehen, um sich zu vergewissern, dass er nicht gesehen wurde. Sonst könnte er sich nicht an die Straße stellen und würde wieder Tage brauchen, um dafür zu sorgen, dass sie seine Spur verloren.

Diesmal war er äußerst diszipliniert mit seinem Proviant umgegangen. Morgens, mittags und abends gab es je zwei Kekse, einen Lokum, eine Feige und vier Oliven. Zwischen den Mahlzeiten jeweils zwei Bonbons. Nachts noch einmal vier Bonbons. Bonbons zu essen, wärmte ihn nachts. Außerdem half es gegen die Langeweile. Obwohl er niemals richtig satt war, schlug er nicht über die Stränge und griff stattdessen zu psychologischen Tricks. Langsamer zu essen, einen Bissen bis zu drei Minuten zu kauen.

Trotz aller Disziplin war der Proviant dann doch aufgebraucht. Er hatte nichts mehr als eine Feige, zwei Bonbons und eine Handvoll Äpfel von der Größe von Murmeln in den Jackentaschen, die er vor zwei Wochen in den Gärten gepflückt hatte.

Als die Dunkelheit hereinbrach, schlich er hinunter zum Ortseingang. Dort warf er sich sofort in den Straßengraben. Seit dem letzten Hinterhalt wagte er sich nur an die Straße, wenn er sie überqueren musste. Er folgte dem Bach, der unterhalb der Straße verlief. Und verschwand wenig später in den Obstgärten. Die Häuser standen an der anderen Seite des Bachs und er schlich so dicht an ihnen vorbei, dass er den Duft des Essens riechen und Gesprächsfetzen aus den Wohnzimmern hören konnte. Als er nach den Zweigen eines Baumes griff, fühlte er kleine Äpfel. Er füllte seine Taschen und steckte die anderen in den Rucksack. Er hielt sich nicht lange dort auf, um niemandem aufzufallen. Er folgte einem Bewässerungskanal. Gegen Morgen schlug er sich auf einer Anhöhe gegenüber der Landstraße in ein Dornengestrüpp, um den Tag über dort auszuharren.

Er beobachtete die Autos und Fußgänger im Ort. Er hatte kein einziges Polizei- oder Militärfahrzeug gesehen. Da beschloss er, es per Anhalter zu versuchen. Es war Sonntag, der 8. Juli, vielleicht sollte er den Dienstag abwarten. Am Montag, zu Wochenbeginn, könnten es mehr Verkehrskontrollen geben. Außerdem musste er noch an einen Bach, um sich zu rasieren, zu waschen und die Kleidung zu reinigen.

Vor fünf Tagen hatte er, 300 Meter von der Landstraße entfernt, an einem schmalen Gebirgsbächlein drei Tage Rast gemacht, sich rasiert und sich des langen Bartes entledigt, der sofort verraten hätte, dass er ein ausgebrochener Häftling war. Es war ein entlegenes, sicheres Plätzchen. Hier wollte er sich erholen und wieder zu Kräften kommen und ein paar Dinge ausprobieren, die er sich ausgedacht hatte. Ausserdem hätte er dann weitere zwei, drei Tage fernab von Menschen verbracht und seine Spur noch mehr verwischt.

Am ersten Tag hatte er der Reihe nach Hemd, Unterhemd, Hose, Schuhe und Socken gewaschen und die Wäschestücke in der Sonne getrocknet. Dann hatte er sich selbst gründlich gewaschen. Seit dem Einkauf war er im Besitz von Rasierklingen, einer Rolle schwarzen Garn und einer Nähnadel. Mit einer der Klingen befreite er seine Hände von Schwielen und Hornhaut. Er musste sauber und adrett aussehen, wenn er unter Menschen kam. Darum achtete er darauf, dass er sich keine neuen Kratzer an Gesicht und Händen zuzog. Damit die alten schneller verheilten, wusch er sich regelmäßig das Gesicht. Am Abend stieg er zu den beiden Tannen am Hang, kroch in das Geäst, zog die Jacke über den Kopf und rollte sich zusammen. Zu der Jacke war er vor zwei Tagen gekommen. Er war tagsüber in der Nähe eines Dorfes an Feldern vorbeigekommen, auf denen Bauern arbeiteten. Damit sie ihn nicht sahen, hatte er sich in einem ausgetrockneten Bachbett versteckt und war darin weitergegegangen, bis zu einem Feld, auf dem mehrere Vogelscheuchen aufgestellt waren. Eine trug eine schwarze Jacke. Er steckte immer wieder den Kopf aus dem Bachbett und sah einmal zu den Bauern, einmal zur Vogelscheuche. Er sprang blitzschnell auf, schnappte sich die Jacke und war mit einem Satz wieder im Bach. Niemand hatte etwas bemerkt. Die Jacke war ihm etwas zu groß, in die Jahre gekommen und abgerissen. Schnee- und regenreiche Jahre hatten ihre Spuren hinterlassen. Wenn er sie anzog, fühlte er sich wie ein primitiver Höhlenmensch, der alle, die ihm begegneten, zu Tode erschreckt. Dennoch war sie ein unglaubliches Geschenk. Er fror nachts weniger.

Am nächsten Morgen begann er sein Tagewerk mit einer Rasur. Aus einem t-förmigen Ast hatte er sich kürzlich bereits eine Halterung für Rasierklingen gefertigt. Den längeren Teil hatte er auf dem Stiel mit einer Klinge gespalten, eine Klinge zwischen beide Teile gelegt und sie mit Nähgarn verknotet. Er befeuchtete sorgfältig seinen Bart und rasierte sich, wobei er die Rückseite seiner Uhr als Spiegel benutzte. Eine dreiviertel Stunde dauerte die Rasur. Sein Gesicht war nun glatt wie ein Babypopo. Um nicht erkannt zu werden, hatte er den Schnurrbart stehen gelassen. Weder die Polizei noch das Militär besaßen von ihm ein Foto mit Schnurrbart. Außer dem Rasierer hatte er auch einen Kamm aus einem dünnen Ast geschnitzt und ihn mit zehn Zinken versehen. Nach der Rasur kämmte er sich damit und betrachtete sich in seinem improvisierten Spiegel. Jetzt sah er wieder wie ein Mensch aus.

Danach zog er das Unterhemd aus. Die Träger legte er am Rücken übereinander und nähte beide Lagen zusammen. Statt des Unterhemds trug er jetzt ein T-Shirt. So hatte er es sich vorgestellt. Wenn er darüber die Weste trug, würde er nicht mehr mit einem karierten Hemd vor die Leute treten, sondern mit einem hellblauen T-Shirt. Nun waren die Schuhe an der Reihe. Da er davon ausgehen musste, dass allen Fahrern sein Foto gezeigt worden war und sie eine Personenbeschreibung von Bekir hatten, würden ihn die gelben Mekap-Schuhe verraten.

Er schnitt den umgeschlagenen Saum seiner Cordhose ab und trennte die Naht der Hosentaschen auf. Dann öffnete er das Album und schnitt die Folien ab, in denen die Fotos steckten. Vom Album waren jetzt nur noch die braunen lederbezogenen Außendeckel und die weißen lederbezogenen Innendeckel übrig. Er hatte vor, sommerliche Stoffschuhe anzufertigen, so wie sie in den Läden verkauft wurden. Die Deckel würde er zu Sohlen verarbeiten und die Hosenteile für die Oberteile verwenden. Es kam nicht darauf an, ob sie haltbar waren oder nicht. Es würde reichen, wenn sie an seinen Füßen blieben, solange er an der Straße stand, um mitgenommen zu werden. Wenn er in der Stadt war, könnte er sich neue kaufen. Bevor er mit dem Nähen anfing, kümmerte er sich um die Fotos. Er wischte die Folien von innen. Dann machte er ein Foto nach dem anderen sauber, küsste jedes einzelne, legte es wieder zwischen die Folien und wickelte sie in das Zeitungspapier ein, das er aus dem Geschäft hatte.

Zeit seines Lebens war er handwerklich ungeschickt gewesen. Darüber hatte er sich immer geärgert und die Freunde bewundert, denen alles leicht von der Hand ging. Dieses Mal war er richtig wütend auf sich selbst. Er fluchte, wenn er sah, wie dumm er sich anstellte und hätte sich am liebsten die Finger gebrochen. Er konnte es einfach nicht! Dabei hatte er das erforderliche Material. Gut, die Nadel war zu dünn und er musste aufpassen, damit sie nicht brach. Zwei Tage lang mühte er sich ab. Aber schließlich war es soweit. Nachdem er sie einige Male anprobiert hatte, war er zufrieden und verstaute die Schuhe im Sack. «Das wäre geschafft», sagte er zufrieden. Danach stopfte er die Löcher in Hose und Weste. Nach drei Tagen beendete er die Rast. Er war erholt, rasiert, frisch gebadet, sauber, mit neuem T-Shirt und neuen Schuhen ausgestattet.

So, wie er den Gedanken an die Flucht während der jahrelangen Gefangenschaft nie aufgegeben hatte, würde er nun durchhalten, bis er am Ziel war. Jedenfalls gab er sich jede nur erdenkliche Mühe. Er musste es schaffen! Aus dem Gefängnis auszubrechen, war nur der halbe Erfolg, der ganze, dass er in Sicherheit war, ohne gefasst zu werden. Der eisigen Kälte, dem Hunger, der unerträglichen Erschöpfung hatte er getrotzt und durchgehalten. Das Schlimmste war die Einsamkeit. Wie oft hatte er im Gebirge, wo nicht ein einziges Licht zu sehen war, in die Finsternis geblickt und geseufzt: ‹Als wäre ich der einzige Mensch auf der ganzen Welt!›. Wenn er ein Lied summen wollte, um wenigstens die eigene Stimme zu hören, brachte er nur ein Krächzen heraus. Vor lauter Schweigen war seine Kehle eingerostet, so kam es ihm vor. Wie vielen Tagträumen er sich hingegeben hatte, um die Einsamkeit zu kompensieren. Er hatte sich alle Menschen in Erinnerung gebracht, die er je gekannt hatte, war alle Gespräche mit ihnen noch einmal durchgegangen. Mit Entsetzen stellte er fest, wie viele Freunde erschossen worden waren, fast 40, die er persönlich kannte. Erkan, Özgüç, Necmi, Ensar, Feridun, Ekrem. Ekrem, der erst entkommen, aber dann zurückgekehrt war, um einen verwundeten Freund zu retten. Und anschließend mit allen gemeinsam Parolen skandiert, Lieder gesungen und bis zum letzten Atemzug gekämpft hatte. Auf einem der Fotos, die er bei sich trug, war Erkans Tochter Diren zu sehen, die beim Tod des Vaters drei Monate alt war. Diren: Lehne dich auf! Setze dich zur Wehr! So hatte er seine Tochter genannt. Sie war dem Vater sehr ähnlich. Nicht nur in Bezug auf den Namen. Özgüç und Necmi! Seine Weggefährten beim ersten Ausbruch. Zehn Tage vor seiner Gefangennahme hatte Şahin von Özgüçs Tod erfahren. Sie hatten es nicht glauben wollen, nicht glauben können. Selbst die Bauern, die die Nachricht überbrachten, konnten es nicht glauben. Es war unmöglich, ihn zu töten! Özgüç galt in Fatsa als richtiger Held. Den «blinden Namık» nannten sie ihn. Unglaubliches erzählte man über ihn: Wie er ganz allein mit einem Bataillon Soldaten fertig geworden war. Wie er einen Konvoi von 30 Jeeps mit seinem Maschinengewehr in die Flucht geschlagen hatte, den Munitionskasten auf dem Rücken.

Wie bei einer Operation Soldaten und Offiziere den Rückzug antraten, nur weil sie unter einem Baum seine Mütze gefunden hatten. Seinen Leichnam hatten die Soldaten genau drei Tage im Zentrum von Fatsa zur Schau gestellt. Necmi war bereits vor zwei Jahren zusammen mit zwei Freunden in Ünye erschossen worden. Die auf freiem Fuß befindlichen Dev-Yol-Kader hatten sich landesweit zusammengetan und 1982 die Initiative zu einem Guerillakrieg ergriffen. Doch diese Initiative war gescheitert. Einige waren erschossen, andere festgenommen worden, wieder andere hatten das Land verlassen. Von Ensars Tod hatte er im Orduer Gefängnis bei einem Besuch erfahren. Im Juli 1981. Er hatte die Stimme gesenkt und seine Besucher gefragt, ob es ein Lebenszeichen von Gönül gebe, die seit eineinhalb Monaten in Polizeigewahrsam war. «Sie wurde nach Erzurum verlegt», hatten sie berichtet. «Es geht ihr den Umständen entsprechend gut.»

Aber die Freude wurde getrübt. «Ensar ist tot. An den Folgen der Folter gestorben», hatten die Besucher anschließend erzählt. Şahins Herz war Faser für Faser zerrissen, wie der Drahtzaun zwischen den Besuchern und ihm. Die Nachricht hatte ihn fassungslos gemacht. Ensar war gemeinsam mit Gönül gefasst worden. Im Gebirge von Şavşat, in einem unterirdischen Versteck. Und am Tag nach seiner Verhaftung war er gestorben. «Am meisten haben sie auf ihn eingeschlagen. Sie haben ihn bewusstlos geprügelt», hatte Gönül beim ersten offenen Besuchstag erzählt.

Şahin gedachte aller verstorbener und lebender, im Gefängnis sitzender und auf freiem Fuß befindlicher Freunde. Und aller Mädchen und Frauen, in die er verliebt gewesen war. Sie rief er nachts zu sich. In der Eiseskälte des Windes wärmten sie ihn als Traumgestalten. Wieder und wieder erzählte er sich von Freiheitskämpfen, die er kannte. Auf dieser Welt musste die Freiheit hart erkämpft werden. Und daher kam es, dass sie so begehrenswert und schön war. Diese Schönheit erlebte Şahin nun innerlich. Während er, zusammengekrümmt unter einem Baum, zitterte und die Krümel von der Keksrolle ableckte. Während er in diesem gottverlassenen Gebirge mutterseelenallein herumwanderte. Es wurde ihm warm ums Herz und seine Augen strahlten. Sich für den Erhalt der Freiheit zur Wehr zu setzen, war von unbeschreiblicher Schönheit.

Und da war noch der Mondschein, der ihm Kraft gab. Er war wieder am Himmel zu sehen. Als er sich nach den drei Tagen Rast wieder auf den Weg gemacht hatte, war Neumond gewesen. Wie er sich gefreut hatte! Regungslos hatte er ihn minutenlang betrachtet und mit ihm gesprochen wie mit einem Freund.

«Wo warst du, Mondschein? Warum hast du mich allein gelassen?»

«Ich habe derweil andere Menschen begleitet.»

«Gibt es denn andere auf dieser Welt wie mich, denen man auflauert, Mond?»

«Oh ja! Du bist nicht allein. Da sind so viele auf Erden, die um der Freiheit willen kämpfen.»

«Und in meinem Land, Mond? Gibt es in meinem Land Menschen, die an mich denken, für meine Rettung beten, die sich um mich sorgen?»

«Und ob! Deine Freunde haben jubiliert, als sie hörten, dass du geflohen bist. Du bist in aller Munde. In den Häusern, den Teestuben, auf den Straßen. Wie viele Menschen haben Trost und Genugtuung empfunden. Wie viele wünschten, sie könnten dir helfen.»

«Und Gönül? Wie geht es meiner Gönül, Mondschein?»

«Ich weiß nicht!»

«Du weißt es.»

«Du weißt es besser als ich.»

«...»

«...»

«Ich bin am Ende, Mondschein. Ich habe keine Kraft mehr.»

«Viel Glück!»

Jetzt musste er alles dem Zufall überlassen. Am nächsten Tag würde er sich an die Straße stellen. Mit Moral alleine konnte man nicht die Welt erwandern. Es gehörte auch etwas Kraft dazu. Aber er hatte keine mehr. Genau einen Monat war er auf der Flucht, seit einem Monat war er auf den Beinen. Aber es nahm kein Ende mit den Bergen und Hügeln. Wer weiß, wie viele Berge und Hügel es noch bis Şiran waren. Damit er weitergehen konnte, brauchte er Lebensmittel. Das würde dazu führen, dass er Spuren hinterließ und Tage brauchte, um sie zu verwischen. Und die paar Kekse, die er fände, würden seine grundlegende Entkräftung nicht beheben. Da ihn seit zehn Tagen niemand zu Gesicht bekommen hatte, war jetzt ein guter Zeitpunkt, sich an die Straße zu stellen.

Auf der Suche nach einem Bach war er mitten in Berge, Hügel, Almen und Winterquartiere geraten. Am Eingang zu einem Winterquartier war ihm plötzlich ein Mann auf seinem Esel über den Weg gelaufen. Im Quartier selbst sah ihn ein weiterer Mann, der gerade die Wiese mähte. An einer anderen Stelle musste er Hirten aufgefallen sein. Das war ärgerlich. Er verfluchte sein Pech, verfluchte sich selbst, weil er so unvorsichtig geworden war. Musste das sein, ausgerechnet jetzt, wo er alle Spuren verwischt hatte? Er stieg hastig hinab. Vor ihm war ein Dorf, um das er einen Bogen machte. Ein Trampelpfad schlängelte sich um die Anhöhe. Als er weiterging, kam er an einen plätschernden Brunnen. Schnell rasierte er sich. Ob die Leute, die ihn gesehen hatten, Verdacht geschöpft hatten? Könnte es nicht sein, dass sie ihn für einen Habenichts aus den umliegenden Dörfern gehalten hatten? Natürlich nicht! Hier kannte jeder jeden. Er hatte sich rasiert und sich anschließend Hose und Unterhemd ausgezogen, um sie zu waschen. Plötzlich hatte er hinter sich Stimmen gehört und zwei Frauen und ein Kind entdeckt, die den Trampelpfad hochkamen, eine auf einem Esel. Er raffte schnell seine Sachen zusammen und sprang mit einem Satz in die Dornenhecke am Wegesrand. Er fluchte, weil er wieder einmal so unvorsichtig gewesen war. Sie mussten ihn gesehen haben. Andererseits gab es hier kein anderes Schlupfloch als dieses stachelige Gebüsch. Nur baumlose Wiesen weit und breit. Die Frau auf dem Esel war alt. Die junge Frau sah sich immer wieder um, während sie der Alten beim Absteigen half. Sie suchte ihn! Nicht einmal zehn Meter trennten sie voneinander und besonders dicht war das Gebüsch auch nicht. Kurz darauf trafen sich ihre Blicke. Şahin richtete sich langsam auf, in Unterhosen, und begann sich ohne Hast anzuziehen. Dann schulterte er seinen Sack und lief langsam durch die Wiesen abwärts. Er hatte sich entschieden. Unter diesen Umständen konnte er nicht noch einen Tag warten. Noch bevor es Abend wurde, wäre das ganze Gelände voller Soldaten. Wenn ihn jedoch sofort jemand mitnähme, wäre er kilometerweit entfernt, bevor die Meldung alle Polizeistationen erreicht hatte.

Als er außer Sichtweite war, begann er zu rennen. An einem kleinen Bach machte er Halt und versteckte Jacke, Kamm und Rasierer unter einem Stein. Dann trat er ans andere Ufer und betrat die Dorfstraße. Er zupfte seine Weste zurecht, nahm den Sack in die Hand und schlenderte weiter. Zehn Minuten später konnte er die Landstraße sehen. Er holte die selbstgefertigten Schuhe aus dem Sack und tauschte sie eilig gegen die Mekaps. Den Sack mit seinem Hemd, den Fotos und den Mekaps faltete er zu einem kleinen Paket zusammen und nahm es in die Hand. Eine Minute später war er an der Straße und gab sich den Anschein eines Bauern, der in die Stadt mitgenommen werden wollte.

20 Minuten später wartete er immer noch. Niemand hatte ihn mitgenommen. Es war niederschmetternd. Gerade als er es sich anders überlegen und wieder ins freie Gelände aufsteigen wollte, hielt ein PKW etwas weiter vorn an. Er lief ihm nach und öffnete die Beifahrertür. Am Steuer saß ein gut gekleideter Mittdreißiger. «Guten Abend, mein Herr. Wohin fahren Sie?» Mit der Antwort hatte er überhaupt nicht gerechnet. Er hatte geglaubt, dass er sich in Richtung Şiran bewege. Doch er ließ sich nichts anmerken. «Nehmen Sie mich mit?»

«Steigen Sie ein!» Kaum saß Şahin, da fuhr der Mann schon los. Zum ersten Mal seit Jahren saß er ohne Handschellen und ohne Gendarmen in einem Fahrzeug.

Vierzig.
Die Rettung

Nach Monaten erreichte Şahin İstanbul. Es war ihm gelungen, Kontakt zu Freunden aufzunehmen. Sein Pass für die Ausreise ins Ausland war fertig. Die Sicherheitskräfte vermuteten, dass er auf jeden Fall nach Şavşat reisen würde, um Gönül zu sehen. Gönüls Haus wurde rund um die Uhr bewacht, das Telefon abgehört, sie selbst auf Schritt und Tritt verfolgt und jeden zweiten Tag zur Wache bestellt und nach Şahin befragt. Sie war stolz und aufrecht wie immer. Mit großer Gelassenheit verfolgte sie in der Presse und im Fernsehen die Berichte über Gefängnisausbrecher, über Operationen, um sie zu erwischen, die Namen der Gefassten und was alles unternommen wurde, um auch die noch Flüchtigen zu fassen. Sie gewährte niemandem einen Einblick in das Feuer in ihr.

An dem Tag, an dem er ins Ausland gehen würde, schrieb Şahin ihr in einem Teegarten einen Brief. Dann bestellte er sich noch einen Tee.

Die Sonne war von dem ständigen Scheinen rot geworden und bereitete am Horizont ihren Abschied vor. Der von Ölweidenfrucht- und Veilchenduft erfüllte Teegarten war bis auf den letzten Tisch besetzt. Die meisten Gäste waren jung. Den Verliebten wünschte Şahin Glück. Die Düfte sog er tief in sein Innerstes ein. Die Sonne betrachtete er, bis sie unterging. Dann nahm er einen letzten Schluck Tee und zahlte. Er trat auf die Straße, sah sich um und ging zum Postamt in der Nähe. Er gab den Brief auf, der mit «Lebe wohl, Liebste! Ich liebe dich mehr alles andere auf der Welt und werde dich niemals vergessen» endete. Dann trat er auf die Straße und hielt ein herannahendes Taxi an. «Zum Flughafen», sagte er dem Fahrer.

In seinem funkelnagelneuen Anzug mit Krawatte, einer Reisetasche in der einen, den gefälschten Pass in der anderen Hand ging er auf den Polizisten am Eingang des Flughafens zu. Am Morgen noch war er beim Friseur gewesen. Alle seine Ängste erwiesen sich als unbegründet. Überall kam er ohne Weiteres durch. Gleich würde das Flugzeug starten. Langsam stieg er die Stufen der Gangway hinauf. Auf der Letzten blieb er stehen und sah sich um. Die Dämmerung hatte eingesetzt und der Neumond stand am Himmel. Er wusste nicht warum, aber in seinen glücklichsten und verzweifeltsten Nächten war immer Neumond gewesen. Wie jetzt. Seine Heimat schien ihm zuzurufen: «Vergiss meine Mondnächte nicht!» Seine Augen füllten sich mit Tränen. Es fehlte nicht viel und er hätte angefangen, Rotz und Wasser zu heulen. Er verließ die Heimat.

Tot ist nur, wer vergessen wird.
Jüdisches Sprichwort

Glossar

Adelet Partisi (dt. Gerechtigkeitspartei, AP), gegründet 1961, war eine liberal-konservative Partei, stellte unter Süleyman Demirel mehrmals den Ministerpräsidenten und wurde nach dem Militärputsch 1980 verboten.

Akinci (dt. Akindschi) war Ende der 1970er Jahre eine islamisch-nationalistische Gruppe. Der Name bezieht sich auf Angehörige irregulärer osmanischer Reiterarmeen, die 1471 bis 1483 mit alljährlichen Streifzügen durch österreichische und von Österreich kontrollierte oder beanspruchte Gebiete zogen und während und nach der ersten Belagerung Wiens durch die Osmanen 1529 als «Renner und Brenner» bekannt wurden.

Baltaji Mehmed Pascha geb. 1662, war seit 1704 Großwesir des Osmanischen Reiches.

Balyoz-Angriffe (tr. Vorschlaghammer), war der Name eines Planes der türkischen Streitkräfte zur Zerschlagung der linken Opposition. Am 12. März 1971 putschte die Armee und übergab dem Staatspräsidenten Cevdet Sunay ein Memorandum, mit dem sie den Rücktritt der Regierung erzwang.

Başbuğ (dt. Führer, Häuptling), gemeint ist Alpaslan Türkeş, Gründer der Partei der Nationalistischen Bewegung, MHP.

Befreiungsleute gemeint ist die Gruppe Kurtuluş (dt. Befreiung). Sie vertrat eine orthodoxe marxistisch-leninistische Theorie und kritisierte den bewaffneten Kampf.

Çayan, Mahir geb. in Samsun, Mittelschule und Gymnasium in İstanbul. Er studierte erst Rechtswissenschaft und ein Jahr später Politikwissenschaft an der Universität İstanbul. Çayan schloss sich zunächst der Arbeiterpartei der Türkei (TİP) und später der Dev-Genç an. Zusammen mit Hüseyin Cevahir und anderen gründete er 1971 die Türkische Volksbefreiungspartei-Front (THKP-C). Er nahm an zwei Banküberfällen teil. Am 26. März 1972 entführte er zusammen mit neun anderen (Aktivisten der THKO und Dev-Genç sowie

Zivilisten aus Fatsa) zwei britische und einen kanadischen Techniker einer Radarstation in Ünye am Schwarzen Meer. Damit beabsichtigten sie, Deniz Gezmiş, Hüseyin Inan und Yusuf Aslan, die als Führer der THKO zum Tode verurteilt worden waren, freizupressen. Vier Tage später, am 30. März 1972, wurden Çayan und seine Freunde von einer Spezialeinheit der Armee im Dorf Kızıldere (heute Ataköy) gestellt und bis auf Ertuğrul Kürkçü getötet.

CHP Cumhuriyet Halk Partisi (dt. Republikanische Volkspartei) ist eine kemalistische sozialdemokratische Partei. Sie wurde 1923 von Atatürk gegründet. Im Jänner 1974 wurde der Vorsitzende der CHP, Bülent Ecevit, mit den Stimmen islamistischen MNP erstmals zum Ministerpräsidenten gewählt. Im Juli des Jahres besetzten türkische Truppen den Norden und Osten Zyperns.

Cumhuriyet überregionale CHP-nahe Tageszeitung mit Sitz in İstanbul, 1924 gegründet.

Devrimci Yol (dt. Revolutionärer Weg), trat am 1. Mai 1977 mit der gleichnamigen Zeitschrift erstmals öffentlich auf. Die Gründer waren Mitglieder der Föderation der Revolutionären Jugend der Türkei (Dev-Genç). Dev-Yol betrachtete sich selber eher als Bewegung denn als Partei, obwohl sie marxistisch-leninistische Ideen verfolgte. Nach dem Militärputsch 1980 wurden zahlreiche Mitglieder verhaftet, gefoltert und zum Tode oder zu langen Haftstrafen verurteilt.

Dev-Genç (dt. Revolutionäre Jugend). Die Föderation der Revolutionären Jugend der Türkei, wurde 1965 gegründet, mobilisierte einen wesentlichen Teil der studentischen Jugend, wurde nach dem Putsch 1971 verboten, konnte sich aber in kurzer Zeit neu formieren. In den 1970er Jahren erwuchs der größte Teil der linken Organisationen aus Dev-Genç, darunter die Türkische Volksbefreiungspartei-Front (THKP-C), die Kommunistische Partei der Türkei/Marxisten-Leninisten (TKP-ML), der Revolutionäre Weg (Dev-Yol), die Revolutionäre Linke (Dev-Sol), die Kurdische Arbeiterpartei (PKK) und die Revolutionäre Volksbefreiungspartei-Front (DHKP-C).

Devrimci Sol (dt. Revolutionäre Linke). 1978 von Dev-Yol-Militanten gegründet, die eine schlagkräftige politisch-militärische Organisation aufbauen wollten. Sie sah sich als rechtmäßige Nachfolgerin der THKP-C. Nach dem Putsch vom 12. September 1980 wurden die meisten Kader inhaftiert. Im November 1982 besetzten neun Dev-Sol-Militante aus Protest gegen die neue Verfassung der Putschisten das türkische Generalkonsulat in Köln. Daraufhin wurden Devrimci Sol und der Kulturverein Halk Der (Verein des Volkes) in der Bundesrepublik verboten. 1989 gelang zwei führenden Kadern, Dursun Karataş und Bedri Yağan, die Flucht aus einem Gefängnis in İstanbul. Anfang der 1990er Jahre kam fast das gesamte Zentralkomitee bei bewaffneten Auseinandersetzungen ums Leben.

Gezmiş, Deniz geb. in Ankara und am 6. Mai 1972 im Zentralgefängnis in Ankara gemeinsam mit Yusuf Aslan und Hüseyin İnan hingerichtet. Er war der bekannteste Aktivist der 1968er-Bewegung. Gezmiş war seit 1965 Mitglied der Arbeiterpartei der Türkei, wurde 1966 bei einer Solidaritätskundgebung für streikende Arbeiter zum ersten Mal verhaftet, studierte in İstanbul Rechtswissenschaften und gründete im Jänner 1968 gemeinsam mit Kommilitonen die «Organisation der revolutionären Rechtsstudenten» (Devrimci Hukuklular Örgütü). Er war maßgeblich an der Universitätsbesetzung im Juni 1968 und an den Protesten gegen die 6. US-Flotte beteiligt. Er wurde im Mai 1969 bei Protesten an der Universität verwundet. Daraufhin floh er und erhielt in Camps der Palästinensischen Befreiungsbewegung eine Guerillaausbildung. Ende 1969 gründete er mit Yusuf Aslan, Hüseyin İnan, Cihan Alptekin, Sinan Cemgin und Alpaslan Özdogan die Volksbefreiungsarmee der Türkei (THKO). Nach einem Bankraub in Ankara im Jänner 1971 entführten sie im März vier US-amerikanische Soldaten und forderten 400.000 $ Lösegeld, die Freilassung aller revolutionären Inhaftierten und die Verlesung ihres Manifests im Radio. Nach Ablauf des Ultimatums ließen sie die gefangengehaltenen Soldaten unversehrt frei. Nach dem Militärputsch 1971 verwundeten Gezmiş und seine Freunde zwei türkische Polizisten vor der US-amerikanische Botschaft in Ankara. Die THKO beschloss nun den bewaffneten Kampf von den Bergen Ostanatoliens aus aufzunehmen. Gezmiş und Yusuf Aslan wurden auf dem Weg dorthin in der Provinz Sivas in ein Feuergefecht verwickelt und festgenommen. Der Prozess gegen Gezmiş und seine Genossen begann am 16. Juli 1971 in Ankara. Er und 17 weitere Angeklagte wurden am 9. Oktober 1971 zum Tode verurteilt.

DISK Türkiye Devrimci İşçi Sendikalari Konfederasyonu (dt. Konföderation der Revolutionären Arbeitergewerkschaften der Türkei), gegründet 1967 von Mitgliedern, die aus der Konföderation von Arbeitergewerkschaften der Türkei (Türk-İş) ausgetreten waren, wurde nach dem Putsch 1980 verboten und gibt es bis heute.

Grosse Sieben gemeint sind die Großmächte vor dem Zweiten Weltkrieg: Großbritannien, Deutschland, Frankreich, Italien, Japan, die Sowjetunion und die USA.

Hoca (dt. Hodscha) war ursprünglich ein Titel und die Anrede für Lehrer, besonders für islamische Religionsgelehrte, wurde von vielen synonym für Genosse verwandt, wird aber auch benutzt, um jemandem besondere Achtung entgegenzubringen.

«Hurenvolk die Griechen» eine jahrtausendealte gemeinsame Geschichte und Kultur verbindet die Nachbarn auf beiden Seiten der Ägäis. Kriege, Zwangsumsiedlungen, Pogrome und Nationalismen belasten ihr Verhältnis jedoch bis heute.

Idealisten nennen sich selbst Ülkücü-Anhänger (dt. Idealismus) und sind eine faschistische, türkisch-nationalistische Bewegung. Ihr Symbol ist der «Graue Wolf» (tr. Bozkurt), der aus einem alttürkischen Mythos stammt und Stärke und Aggressivität der Bewegung symbolisieren soll. Sie propagieren einen «ethnischen Nationalismus», ihr großes Ideal ist «Turan», ein großtürkisches Reich, sowie die Eliminierung der politischen Gegner.

Kuruş die Türkische Währung unterteilt sich in Lira und Kuruş. 1 Türkische Lira entspricht 100 Kuruş.

Makarios III. war griechisch-orthodoxer Erzbischof, seit 1950 politischer Repräsentant der griechischen Zyprioten und von 1959 bis 1977 Präsident der Republik Zypern. Er musste 1974 wegen eines vom griechischen Militärregime versuchten Putsches auf Zypern kurzzeitig die Insel verlassen, kehrte nach dem Sturz der Militärs aber wieder in sein Amt zurück.

Maraş gemeint ist das Pogrom von Kahramanmaraş im Dezember 1978 gegen die alevitische Minderheit. Ein paar Tage zuvor war in einem Kino der Stadt während der Vorführung eines nationalistischen Films eine Schockgranate explodiert, aufgrund der geringen Sprengkraft jedoch niemand ernsthaft verletzt worden. Doch die Situation eskalierte. In einem alevitischen Café wurde am Tag darauf eine Bombe gezündet, und am nächsten Tag wurden zwei linke Lehrer erschossen. Während der Beisetzung kam es zu heftigen Auseinandersetzungen mit Faschisten, bei denen erneut zwei Menschen starben. In der Nacht des 22. Dezembers wurden die Häuser von Aleviten mit einem roten Spray markiert und Schüsse abgefeuert. Imame hielten Hetzreden und am 23. Dezember 1978 begann das Pogrom. Alevitische Wohnviertel wurden von Nationalisten und Mitgliedern der MHP angegriffen, Aleviten aus ihren Häusern gezerrt, gefoltert, getötet, Frauen vergewaltigt. Erst nach drei Tagen schickte die Regierung Ecevit die Armee, ohne weitere Übergriffe zu verhindern. Am Ende waren 111 Menschen tot, 552 Häuser und 289 Arbeitsstätten geplündert oder verwüstet.

Medrese (tr.) oder Madrasa (arabisch) ist ein Ort des Studiums und seit dem 10. Jahrhundert die Bezeichnung für eine Schule, in der islamische Wissenschaften unterrichtet werden.

MHP Milliyetçi Hareket Partisi (dt. Partei der Nationalistischen Bewegung), ist eine rechts-nationalistische Partei in der Türkei. Ihr Vorsitzender ist seit 1997 Devlet Bahçeli. Die MHP gilt als politischer Arm der «Idealisten» oder «Grauen Wölfe» des Parteigründers Alparslan Türkeş. Die MHP ging 1969 aus der «Republikanischen Bauern-Volkspartei» (Cumhuriyetçi Köylü Millet Partisi, CKMP) hervor, die ihrerseits als Abspaltung von der Millet Partisi entstand. Türkeş war als Oberst am Militärputsch 1960 beteiligt.

Moskauer Gräuel gemeint sind die Moskauer Prozesse in den Jahren 1936 bis 1938 gegen die alte Garde der Bolschewiki (Kommunistische Partei der Sowjetunion) wegen angeblicher terroristischer und staatsfeindlicher Aktivitäten, bei denen zahlreiche namhafte Revolutionäre zum Tode verurteilt und anschließend hingerichtet wurden.

Mustafa İsmet Pascha (seit 1934 İsmet İnönü), war Politiker der CHP und Weggefährte Atatürks, von 1923 bis 1937 erster Ministerpräsident der Türkei.

Müftü auch Mufti, ist ein sunnitischer Rechtsgelehrter, der ein islamrechtliches Gutachten (Fatwa) über eine Rechtsfrage nach Maßstäben der Rechtswissenschaft (Fiqh) abgibt und dieses gemäß der von ihm befolgten Rechtsschule nach der Scharia begründet. Fatwas können auch von Privatpersonen, manchmal auch Vertretern des Staates – in Schlichtungsverfahren von staatlichem Belang – vom Mufti-Amt eingeholt werden. Im Osmanischen Reich setzte die Regierung für jede Provinz einen Mufti ein. Die Institution des Großmuftis an der Spitze der Hierarchie von Ratgebern spielte hier eine wichtige politische Rolle.

Nationalistische Front gemeint ist die konservativ-nationalistische Regierungskoalition ab März 1975 aus Adelet Partisi (Gerechtigkeitspartei, AP), Milliyetçi Hareket Partisi (Partei der Nationalistischen Bewegung, MHP), der Republikanischen Vertrauenpartei (CGP) und der Millî Selamet Partisi (Nationale Heilspartei, MSP).

Nazim Nâzım Hikmet, geb. 1902 in Thessaloniki, gest. 1963 in Moskau, war Schriftsteller und Dramatiker und hat trotz Verfolgung, Publikationsverbot und Exil die türkische Literatur stark beeinflusst.

Yasin-ı Şerif Loblied auf den Propheten Mohammed.

Nachwort. Eine exemplarische Geschichte der Revolte in der Türkei

Adnan Keskins autobiografischer Roman ist ein beeindruckendes literarisches Werk über den kollektiven Widerstand gegen das Gefängnissystem in der Türkei. Er erzählt von der Flucht aus dem Militärgefängnis, vom Aufbruch der revolutionären Bewegung in den 1970er und 1980er Jahren und der Niederlage nach dem Putsch vom 12. September 1980.

Diese Bewegung hatte ihren Ursprung in der globalen Revolte von 1968. Ausgangspunkt war die Empörung über den Krieg der USA in Vietnam. Die Bewegung ging überall in der Welt von den Universitäten aus und fand ihren Widerhall von Osteuropa (Polen, Tschechoslowakei und Jugoslawien) über West-Deutschland bis Japan. Die Gemeinsamkeit war ihr antiautoritärer Impetus und der Wunsch nach grundlegenden gesellschaftlichen Veränderungen. Die ProtagonistInnen waren Studierende, SchülerInnen und junge ArbeiterInnen, ihre Ikonen Ho Chi Minh und Che Guevara. Auch in der Türkei identifizierten sich junge Studierende mit dem Vietcong und lateinamerikanischen Guerillabewegungen, die stellvertretend für den Widerstand der „Dritten Welt" gegen den US-Imperialismus standen. Die Protestbewegung kämpfte zunächst gegen die autoritären Strukturen an den Hochschulen, ging aber schnell darüber hinaus. Als im Juni 1967 die 6. US-Flotte in Istanbul vor Anker ging, kam es zu schweren Zusammenstößen mit der Polizei. Die Besetzung der Sorbonne im Mai 1968 in Paris wurde auch in der Türkei zum Fanal. Studierende besetzten die Campusse der Universität Istanbul und der Technischen Universität Ankara.

Während viele westeuropäische Linke nach dem Einmarsch der sowjetischen Armee in Prag 1968 mit dem Stalinismus brachen und in der Folge die undogmatische Linke an Bedeutung gewann, blieb die revolutionäre Jugend (Dev Genç) der Türkei davon weitgehend unbeeindruckt. Der Marximus-Leninismus und die Vorstellung von einer nationaldemokratischen Revolution, wie sie die Türkische Arbeiterpartei (TIP) vertrat, blieben tonangebend. Das Industrieproletariat und die LandarbeiterInnen galten als revolutionäre Subjekte. Studierende gingen in die Betriebe, um das revolutionäre Bewusstsein der Massen zu heben, beteiligten sich am Aufbau revolutionärer Gewerkschaften, erstellten Studien über die soziale Lage der LandarbeiterInnen und forderten eine gerechte Verteilung von Grund und Boden, sowie eine Enteignung des Großgrundbesitzes. Sie gründeten linke Buchläden und Verlage, zu deren Programm nicht nur kommunistische Klassiker gehörten, sondern auch Theodor Adorno, Wilhelm Reich, Herbert Marcuse und Walter Benjamin. Beatnix, Hippies, AnarchistInnen und andere unorthodoxe Strömungen, die in Westeuropa großen Einfluss auf die Bewegung ausübten, spielten in der Türkei keine Rolle. Wie in Westeuropa war die Revolte aber auch eine Zeit für gesellschaftliche Experimente.

Ein blinder Fleck der Linken in der Türkei war das widersprüchliche Verhältnis zum Kemalismus. Die meisten Linken teilten Atatürks Nationalismus und dessen Vorstellungen von der „Modernisierung" der Gesellschaft. Auch der Antiimperialismus war mit dem Kemalismus durchaus vereinbar, schließlich war die Republik auch aus dem sogenannten Befreiungskrieg gegen Großbritannien, Frankreich und Russland hervorgegangen. Der Genozid an den ArmenierInnen war dagegen weitgehend Tabu. Kein Wunder, dass die „Revolutionäre Kulturvereinigung des Ostens" (DDKO), die von einer Gruppe kurdischer StudentInnen gegründet worden war, unbedeutend blieb. Schließlich waren Vorurteile gegenüber Minderheiten in linken Kreisen der Türkei damals weit verbreitet.

Ende der 1960er, Anfang der 1970er Jahre wurde, vor dem Hintergrund eigener Erfahrungen mit der Staatsgewalt und unter dem Eindruck, den Guerillabewegungen Lateinamerikas hinterließen, in der revolutionären Jugend der Türkei die Frage des bewaffneten Kampfes diskutiert. 1970/71 gründeten Mahir Çayan und andere AktivistInnen der Studentenbewegung die militante „Volksbefreiungspartei und Front der Türkei" (THKP-C) und Deniz Gezmiş die „Volksbefreiungsarmee der Türkei" (THKO). Sie unterschieden sich ideologisch kaum. Die THKO propagierte den langandauernden Volkskrieg und scheiterte mit dem Versuch, in den Bergen Ostanatoliens Guerillastützpunkte aufzubauen, um von dort aus militärische Aktionen gegen die US-Armee durchzuführen. Deniz Gezmiş wurde zusammen mit Hüseyin İnan und Yusuf Aslan nach der Entführung von vier US-amerikanischen Soldaten gefasst und 1971 wegen des Versuchs, die verfassungsmäßige Ordnung zu stürzen, zum Tode verurteilt. Am 12. März 1971 putschte die Armee, zwang die Regierung Demirel zum Rücktritt und verhängte den Ausnahmezustand, um dem „wirtschaftlichen Chaos und der Anarchie im Lande" ein Ende zu setzen. Linke Organisationen wie Dev Genç, TIP, DISK und die Lehrergewerkschaft TÖS wurden verboten, Tausende AktivistInnen verhaftet. Zwei Wochen nach dem Militärputsch entführte Mahir Çayan mit neun anderen Militanten zwei britische und einen kanadische Techniker einer Radarstation am Schwarzen Meer, um die drei zum Tode verurteilten Genossen der THKO freizubekommen. Vier Tage später wurde das Kommando von der Armee in Kızıldere am Schwarzen Meer gestellt. Nur ein Mitglied überlebte das anschließende Feuergefecht und fand 2019 Exil in Deutschland. Deniz Gezmiş, Hüseyin İnan und Yusuf Aslan wurden 1972 im Militärgefängnis Ankara hingerichtet. 1973 wurde İbrahim Kaypakkaya, Gründer der Kommunistischen Partei der Türkei/Marxisten-Leninisten (TİKKO), unter der Folter ermordet. Er war der einzige linke Theoretiker, der den sogenannten Befreiungskrieg zur Gründung der Türkischen Republik in Frage stellte und die Verbindung zwischen der Vertreibung und Vernichtung der armenischen Bevölkerung und der Nationalstaatsbildung der Türkischen Republik kritisierte. Diese Schriften blieben in der Linken jedoch weitgehend unbeachtet. Trotz ihres Scheiterns wurden die drei hingerichteten Gründungsmitglieder des bewaffneten Untergrunds zu Ikonen der Bewegung, und ihre Theorien hatten beträchtlichen Einfluss auf die Bewegung. Der Militärputsch 1971 und die Erfahrung mit der staatlichen Repression wurden zum Wendepunkt für die Linke. Der Staatsstreich setzte den Illusionen über die nationaldemokratische Revolution und die fortschrittliche Rolle des Militärs, die in der Linken bis dahin weit verbreitet waren, ein Ende. 1974 übergaben die Militärs die Macht an eine zivile Regierung unter Bülent Ecevit. Die politischen Gefangenen kamen frei.

Die Organisationen der Linken, die aus der Bewegung der 1960er Jahre hervorgegangen waren, DEV-YOL (Revolutionärer Weg), Kurtuluş (Befreiung), Halkın Kurtuluşu (Volksbefreiung), Halkin Birligi (Volkseinheit) und Halkin Yolu (Volksweg) wuchsen nun innerhalb kurzer Zeit zu Massenorganisationen heran. Sie verfügten über großen Einfluss an den Universitäten, bei SlumbewohnerInnen und in einigen ländlichen Gebieten, ihr Einfluss auf die Industriearbeiterschaft war allerdings begrenzt. Der revolutionäre Gewerkschaftsverband DISK wurde von moskautreuen KommunistInnen dominiert. Die Linke verfügte Ende der 1970er Jahre über eine enorme Massenbasis, und es kam zu großen Mobilisierungen, Streiks und zahlreichen bewaffneten Konfrontationen. Am 1. Mai 1977 strömten Hunderttausende auf den Taksim Platz in Istanbul. 34 Menschen starben unter dem Kugelhagel der Konterguerilla. Danach gab es nahezu täglich Zusammenstöße zwischen Linken und Faschisten der MHP und Sicherheitskräften. Die Auseinandersetzungen nahmen Formen eines Bürgerkriegs an und verschärften sich von Tag zu Tag.

Ein Lichtblick war Fatsa. Die Region wurde im Oktober 1979 zum Hoffnungsträger der Linken, als der linke Kandidat Fikri Sönmez mit über 60 Prozent der Stimmen Bürgermeister von Fatsa wurde. Sönmez ging konsequent gegen die Korruption vor, was ihm große Popularität einbrachte. Außerdem wurden Selbstverwaltungskomitees gewählt, die in allen Bereichen öffentliche Aufgaben übernahmen. Im Juli 1980 fielen faschistische Schlägertrupps der MHP und die Armee in Fatsa und Umgebung ein und beendeten das kurze politische Experiment revolutionärer Selbstverwaltung. Nach dem Militärputsch wurden insgesamt 811 Personen aus Fatsa und Umgebung vor ein Militärgericht gestellt und acht Angeklagte zum Tode verurteilt, darunter auch Adnan Keskin. Fikri Sönmez starb 1985 in der Haft.

Trotz Massenbasis gelang es der Neuen Linken nicht, die politische und militärische Macht der kemalistischen Elite in der Türkei ernsthaft zu bedrohen. Die Linke war dogmatisch, autoritär und gegenüber neuen sozialen Herausforderungen wenig aufgeschlossen. Ihre Praxis war durch Konfrontationen mit der Staatsgewalt und den Faschisten bestimmt. Auch ihr Dogmatismus und die innerlinke Konkurrenz trugen zum Zerfall der Bewegung bei. Am 12. September 1980 putschte das Militär zum dritten Mal seit 1960. Die Junta verhängte über das Land das Kriegsrecht und verbot alle politischen Parteien. Die Regierung wurde des Amtes enthoben. Gewerkschaften, Vereine und Stiftungen wurden verboten und ihre Funktionäre vor Gericht gestellt, staatliche Institutionen gesäubert, 30.000 Linke entlassen. 650.000 Menschen wurden festgenommen. Auf Polizeistationen und in Gefängnissen war Folter an der Tagesordnung. Zehntausende wurden zu langjährigen Haftstrafen und viele zum Tode verurteilt.

Zehntausende linke AktivistInnen gingen ins Exil, die meisten nach West-Deutschland. Hier konnten sie an politische, soziale und kulturelle Strukturen anknüpfen, die sich mit der Arbeitsmigration entwickelt hatten. Von den Sicherheitsbehörden der Bundesrepublik und dem türkischen Geheimdienst beobachtet, engagierten sich viele Linke aus der Türkei in Arbeiter- und Studentenvereinen, Gewerkschaften, Exilorganisationen und Kulturvereinen. So entstand eine politische Exilszene mit vielfältigen Kontakten zu anderen Communities und zur Neuen Linken. Während die meisten ExilantInnen aus Portugal nach der „Nelkenrevolution", dem Sturz der Diktatur in Griechenland 1974 oder dem Tod Francos 1975 in Spanien zurückkehrten, blieb ExilantInnen aus der Türkei dieser Weg wegen des Bürgerkrieges verwehrt. West-Deutschland erlebte Anfang der 1980er Jahre große Demonstrationen gegen die Junta des 12. September. Ende der 1980er Jahre zerfielen die großen Exilorganisationen. Sie waren nicht in der Lage, die eigene Niederlage in der Türkei zu verarbeiten. Nur die Arbeiterpartei Kurdistans (PKK) hatte ihre Kader ein Jahr vor dem Putsch in den Libanon gebracht und setzte den bewaffneten Kampf 1984 fort. Der Kurdenkonflikt, der sich auch in der Community niederschlug, beschleunigte diese Entwicklung. Viele AktivistInnen zogen sich ins Privatleben zurück. Adnan Keskin, der 1987 in Köln Zuflucht fand, engagierte sich im Menschenrechtsverein TÜDAY, im Kölner Allerweltshaus und schrieb seine Lebenserfahrungen in vorliegenden Buch literarisch anspruchsvoll nieder.

Adnan verstarb im Jänner 2014 an Herzversagen, möge die Erde ihm leicht sein.

Dogan Akhanli, Martin Rapp, Juni 2019